FASZINATION ÄGYPTEN

NICHOLAS REEVES

FASZINATION ÄGYPTEN

Die großen archäologischen Entdeckungen von den Anfängen bis heute

Aus dem Englischen von Andreas Stieber,
Elisabeth Parada Schönleitner und Ursula Pesch

Frederking & Thaler

INHALT

VORWORT

Das vorliegende Buch versucht, die Entwicklung der Ägyptologie zu dokumentieren und zu illustrieren; anhand ihrer Triumphe soll das Voranschreiten der Disziplin nachgezeichnet werden, wobei auch die bisweilen wundersamen Kuriositäten nicht zu kurz kommen, die den Gang der Forschung mitbestimmt haben.

Natürlich erlaubt ein Werk dieses Umfangs lediglich die Darstellung einer begrenzten Auswahl der zahllosen bedeutenden Entdeckungen, welche die ägyptische Altertumsforschung vorzuweisen hat – es ist mir durchaus bewusst, wie viel Bekanntes und auch weniger Bekanntes noch hätte hinzugefügt werden können oder gar sollen, und zwar an fast jeder beliebigen Stelle des chronologischen Ablaufs. Die Auswahl dessen, was letztlich Eingang in dieses Buch gefunden hat, muss daher eine persönliche, subjektiv bestimmte sein, die vor allem jene Bereiche der Wissenschaft widerspiegelt, die mich aus beruflichen Gründen besonders interessieren oder einen anderen, vielleicht weniger erhabenen Reiz besitzen.

Dieses Buch ist eher für den hoffnungslosen Romantiker als für den Fachmann bestimmt. Es erhebt keinen Anspruch auf besondere Originalität, doch wenn es der Information und Unterhaltung einer allgemeinen Leserschaft, für die es geschrieben wurde, dient und sie vielleicht auch für das Thema begeistern kann, dann hat es bereits seinen Zweck erfüllt. Sollte es daneben auch für meine Kollegen aus der Wissenschaft hin und wieder als nützliche Zusammenfassung der Arbeit anderer dienen, dann umso besser.

NICHOLAS REEVES, LONDON

Der große Flinders Petrie leitet 1895 Ausgrabungen am Ramesseum in Theben (Seite 95). Gemälde von Henry Wallis.

6

CHRONOLOGIE

Die genaue Datierung der Dynastien sowie der Regierungszeiten einzelner
Herrscher werden noch immer in der Fachwelt viel diskutiert.
Diese Chronologie beruht auf den Angaben von John Baines und
Jaromir Malen (Atlas of Ancient Egypt, Oxford 1980, Seite 36 und 37).

VORGESCHICHTLICHE ZEIT	**früher als 4000 v. Chr.**	**ZWEITE ZWISCHENZEIT**	**1640 – 1532**
Faijum A, neolithisch / el-Tarif		15. Dynastie (Große Hyksos)	1640 – 1532
Merimde, neolithisch / el-Badari		16. Dynastie (Kleine Hyksos)	zeitgleich mit 15. Dynastie
		17. Dynastie (Theben)	1640 – 1550
VORDYNASTISCHE PERIODE	**früher als 3000 v. Chr.**		
[Omari A] / Naqada I		**NEUES REICH**	**1550 – 1070**
Maadi / Naqada II bis III		18. Dynastie	1550 – 1307
		19. Dynastie	1307 – 1196
FRÜHDYNASTISCHE ZEIT	**etwa 3000 – 2575**	20. Dynastie	1196 – 1070
»0.« und 1. Dynastie	etwa 3000 – 2770		
2. Dynastie	2760 – 2649	**DRITTE ZWISCHENZEIT**	**1070 – 712**
3. Dynastie	2649 – 2575	21. Dynastie	1070 – 945
		22. Dynastie	945 – 712
ALTES REICH	**2575 – 2134**	23. Dynastie	etwa 828 – 712
4. Dynastie	2575 – 2465	24. Dynastie (Sais)	724 – 712
5. Dynastie	2465 – 2323	25. Dynastie (Nubien und Theben)	770 – 712
6. Dynastie	2323 – 2150		
7. und 8. Dynastie	2150 – 2134	**SPÄTZEIT**	**712 – 332**
		25. Dynastie (Nubien und Gesamt-Ägypten)	712 – 657
ERSTE ZWISCHENZEIT	**2134 – 2040**		
9. und 10. Dynastie (Herakleopolis)	2134 – 2040	26. Dynastie	664 – 525
11. Dynastie (Theben)	2134 – 2040	27. Dynastie (Persische Herrschaft)	525 – 404
		28. Dynastie	404 – 399
		29. Dynastie	399 – 380
MITTLERES REICH	**2040 – 1640**	30. Dynastie	380 – 343
11. Dynastie (Gesamtägypten)	2040 – 1991	Persische Herrschaft	343 – 332
12. Dynastie	1991 – 1783		
13. Dynastie	1783 – nach 1640	**GRIECHISCH-RÖMISCHE ZEIT**	**332 v. Chr. – 395 n. Chr.**
14. Dynastie	Kleinkönige, zeitgleich mit 13. und 15. Dynastie	Makedonische Herrschaft	332 – 304
		Ptolemäerreich	304 – 30
		Römische Kaiser	30 v. Chr. – 395 n. Chr.

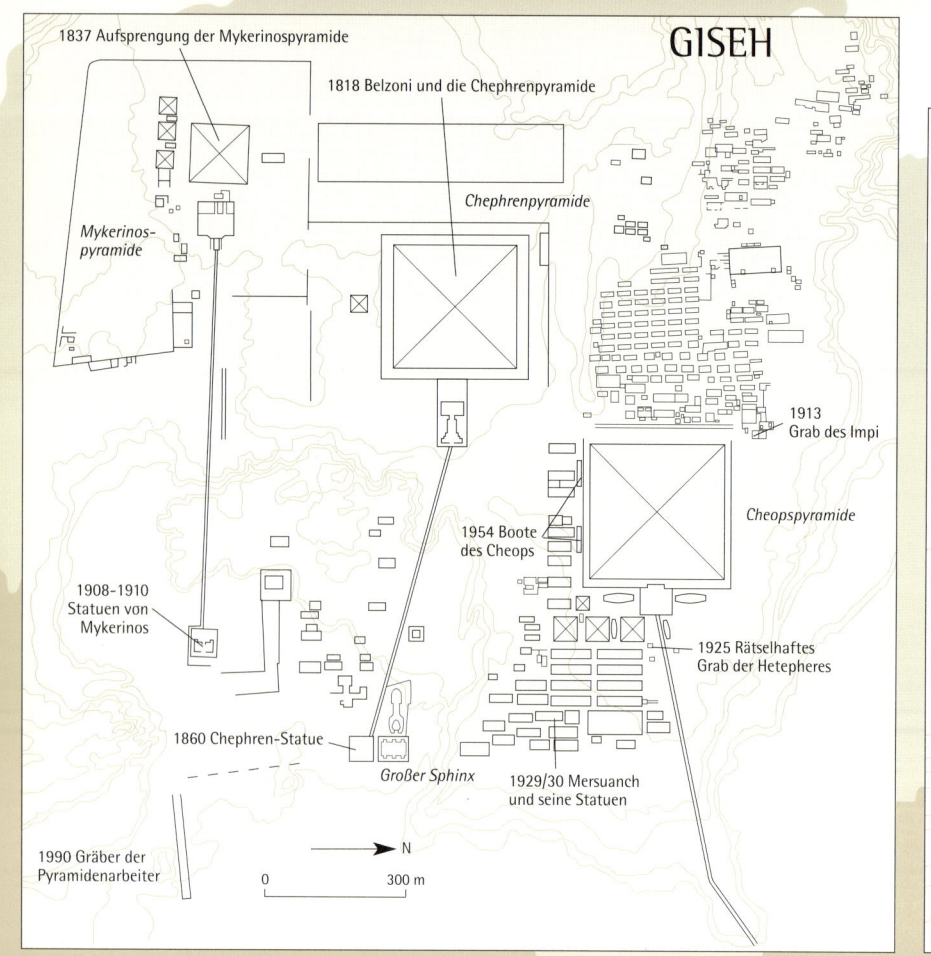

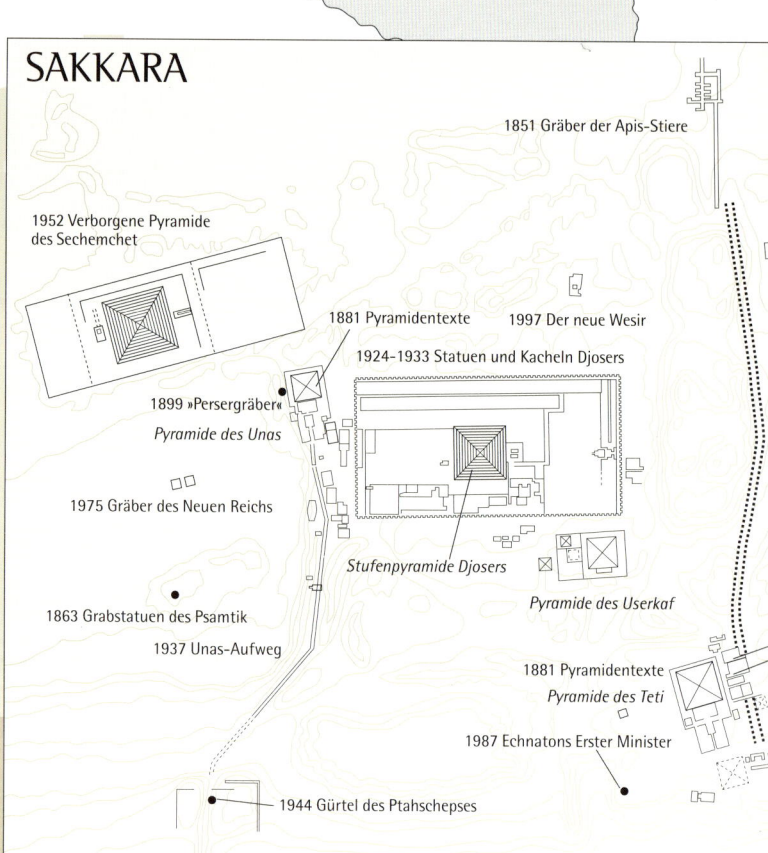

GISEH

1837 Aufsprengung der Mykerinospyramide

1818 Belzoni und die Chephrenpyramide

Chephrenpyramide

Mykerinos-pyramide

1913 Grab des Impi

Cheopspyramide

1954 Boote des Cheops

1908-1910 Statuen von Mykerinos

1925 Rätselhaftes Grab der Hetepheres

1860 Chephren-Statue

Großer Sphinx

1929/30 Mersuanch und seine Statuen

1990 Gräber der Pyramidenarbeiter

N

0   300 m

SAKKARA

1851 Gräber der Apis-Stiere

1952 Verborgene Pyramide des Sechemchet

1881 Pyramidentexte

1997 Der neue Wesir

1924-1933 Statuen und Kacheln Djosers

1899 »Persergräber«

Pyramide des Unas

1975 Gräber des Neuen Reichs

Stufenpyramide Djosers

Pyramide des Userkaf

1863 Grabstatuen des Psamtik

1937 Unas-Aufweg

1881 Pyramidentexte

Pyramide des Teti

1987 Echnatons Erster Minister

1944 Gürtel des Ptahschepses

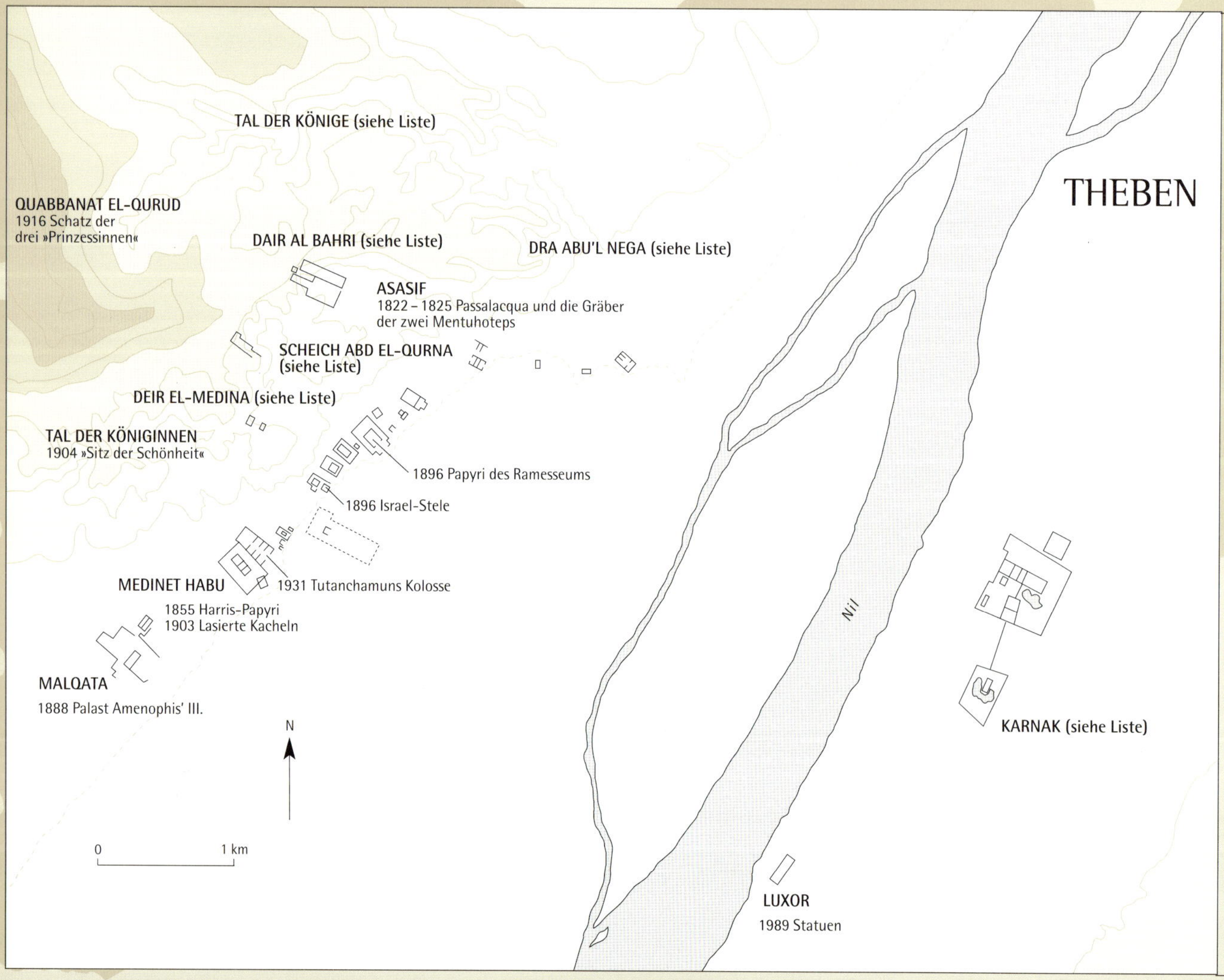

THEBEN

TAL DER KÖNIGE (siehe Liste)

QUABBANAT EL-QURUD
1916 Schatz der drei »Prinzessinnen«

DAIR AL BAHRI (siehe Liste)

DRA ABU'L NEGA (siehe Liste)

ASASIF
1822 – 1825 Passalacqua und die Gräber der zwei Mentuhoteps

SCHEICH ABD EL-QURNA (siehe Liste)

DEIR EL-MEDINA (siehe Liste)

TAL DER KÖNIGINNEN
1904 »Sitz der Schönheit«

1896 Papyri des Ramesseums

1896 Israel-Stele

MEDINET HABU
1855 Harris-Papyri
1903 Lasierte Kacheln

1931 Tutanchamuns Kolosse

MALQATA
1888 Palast Amenophis' III.

Nil

KARNAK (siehe Liste)

N

0   1 km

LUXOR
1989 Statuen

Tal der Könige
1799 Grab Amenophis' III.
1817 Belzoni und das Grab Sethos' I.
1888 Zeichnungen aus dem Tal der Könige
1898/99 Victor Loret im Tal der Könige
1902 – 1914 Theodore Davis im Tal der Könige
1922 Grabmal von Tutanchamun
1978 Schatz Ramses' XI.
1987 Grabkomplex der Söhne Ramses' II.

Dair Al-Bahri
1858 Königin von Punt
1858 Month-Priester
1881 Königsmumien
1891 Mumien der Amun-Priester
1998 »Grab des Pferdes«
1906 Hathor in Dair Al-Bahri
1920 Gräber der Ashayets und der Mayet
1920 Modelle des Mektire
1920 Die Mumie Wahs
1920 Briefe eines tyrannischen Vaters
1923 Gefallene Soldaten eines Königs
1906 Skarabäen aus Dair Al-Bahri
1929 Gräber der Meretamun
1964/65 das verlorene Gesicht einer Statue

Deir el-Medina
1818 Ramessiden-Papyri
1820 Papyri des Bernardino Drovetti
1864 Geschichte des Setna-Chaemwese
1886 Grab des Sennedjem
1906 Grab des Cha
1928 Bibliothek des Kenherchepschef

Dra abu'l Nega
1822 – 1825 Grab der Königin Mentuhotep
1827 Erstes unversehrtes Königsgrab
1857 Grab des Kamose
1858 Bostoner Geier
1959 Grabmal der Königin Ahhotep
1908 Petries Fund in Dra abu'l-Nega

Scheich Abd el-Qurna
1816 Dienerin von Durham
1860 Rhinds Grab
1896 Grab der Hatiai
1897 Frau des Nachtmin
1936 Grab der Eltern des Senenmut
1993 Überraschungen eines Grabs in Theben

Karnak
1816 Statuen der Sachmet
1874 Die Taweret
1903 Größter Statuenfund in Ägypten
1913 Statuen von Amenophis
1916 Carnarvon-Gold-Amun
1925 Amarna-König und seine Königin
1954 Stele des Kamose
1956 Echnaton-Tempel-Projekt

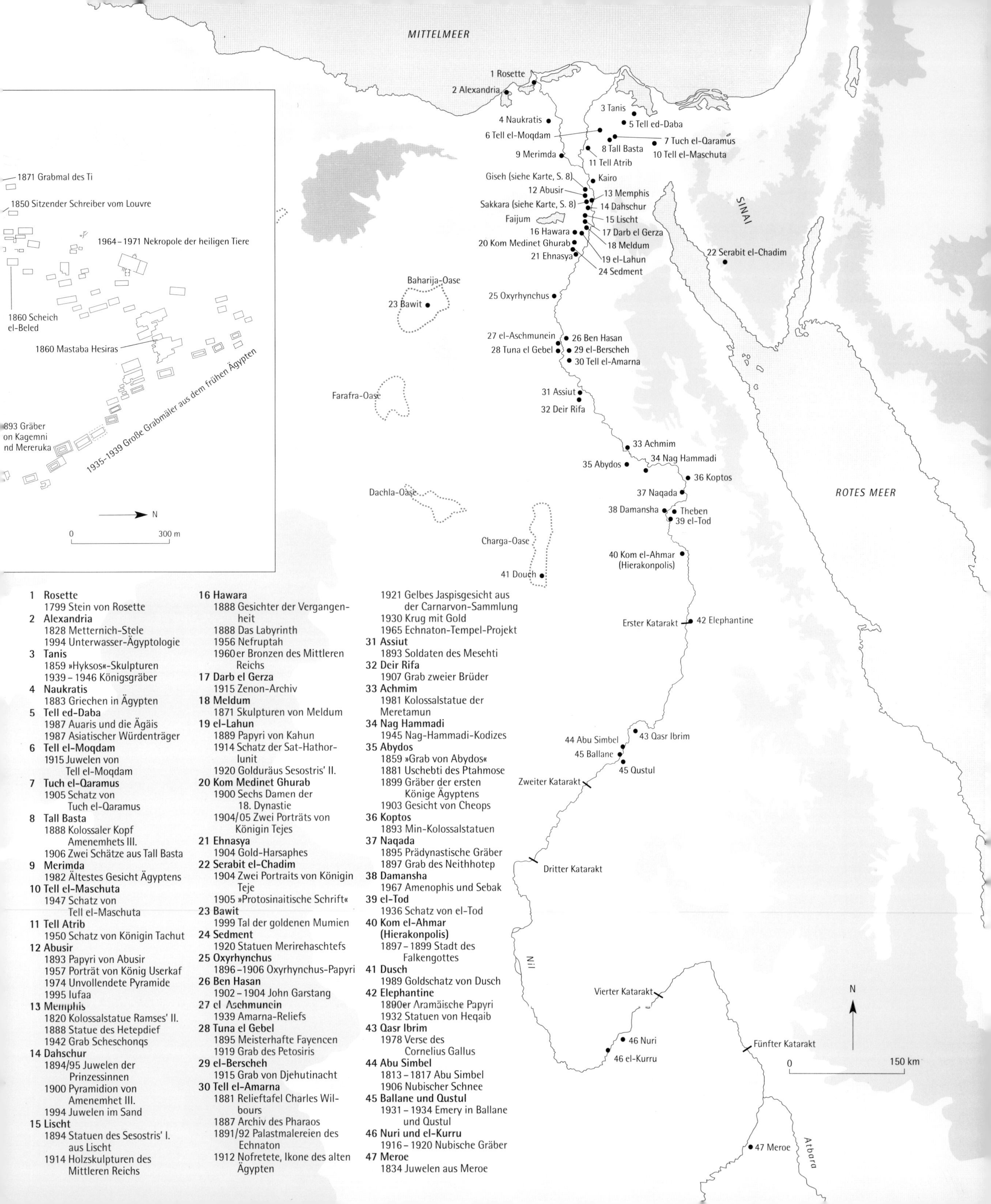

MITTELMEER
1 Rosette
2 Alexandria
3 Tanis
4 Naukratis
5 Tell ed-Daba
6 Tell el-Moqdam
7 Tuch el-Qaramus
8 Tall Basta
9 Merimda
10 Tell el-Maschuta
11 Tell Atrib
Kairo
Giseh (siehe Karte, S. 8)
12 Abusir
13 Memphis
Sakkara (siehe Karte, S. 8)
14 Dahschur
Faijum
15 Lischt
16 Hawara
17 Darb el Gerza
20 Kom Medinet Ghurab
18 Meldum
21 Ehnasya
19 el-Lahun
24 Sedment
SINAI
22 Serabit el-Chadim
Baharija-Oase
23 Bawit
25 Oxyrhynchus
27 el-Aschmunein
26 Ben Hasan
28 Tuna el Gebel
29 el-Berscheh
30 Tell el-Amarna
Farafra-Oase
31 Assiut
32 Deir Rifa
33 Achmim
34 Nag Hammadi
35 Abydos
36 Koptos
Dachla-Oase
37 Naqada
ROTES MEER
38 Damansha
Theben
39 el-Tod
Charga-Oase
40 Kom el-Ahmar (Hierakonpolis)
41 Douch
Erster Katarakt
42 Elephantine
44 Abu Simbel
43 Qasr Ibrim
45 Ballane
45 Qustul
Zweiter Katarakt
Dritter Katarakt
Nil
Vierter Katarakt
46 Nuri
46 el-Kurru
Fünfter Katarakt
N
0
150 km
47 Meroe
Atbara
1871 Grabmal des Ti
1850 Sitzender Schreiber vom Louvre
1964–1971 Nekropole der heiligen Tiere
1860 Scheich el-Beled
1860 Mastaba Hesiras
1935–1939 Große Grabmäler aus dem frühen Ägypten
893 Gräber on Kagemni nd Mereruka
N
0
300 m

1 **Rosette**
1799 Stein von Rosette
2 **Alexandria**
1828 Metternich-Stele
1994 Unterwasser-Ägyptologie
3 **Tanis**
1859 »Hyksos«-Skulpturen
1939–1946 Königsgräber
4 **Naukratis**
1883 Griechen in Ägypten
5 **Tell ed-Daba**
1987 Auaris und die Ägäis
1987 Asiatischer Würdenträger
6 **Tell el-Moqdam**
1915 Juwelen von Tell el-Moqdam
7 **Tuch el-Qaramus**
1905 Schatz von Tuch el-Qaramus
8 **Tall Basta**
1888 Kolossaler Kopf Amenemhets III.
1906 Zwei Schätze aus Tall Basta
9 **Merimda**
1982 Ältestes Gesicht Ägyptens
10 **Tell el-Maschuta**
1947 Schatz von Tell el-Maschuta
11 **Tell Atrib**
1950 Schatz von Königin Tachut
12 **Abusir**
1893 Papyri von Abusir
1957 Porträt von König Userkaf
1974 Unvollendete Pyramide
1995 Iufaa
13 **Memphis**
1820 Kolossalstatue Ramses' II.
1888 Statue des Hetepdief
1942 Grab Scheschonqs
14 **Dahschur**
1894/95 Juwelen der Prinzessinnen
1900 Pyramidion von Amenemhet III.
1994 Juwelen im Sand
15 **Lischt**
1894 Statuen des Sesostris' I. aus Lischt
1914 Holzskulpturen des Mittleren Reichs
16 **Hawara**
1888 Gesichter der Vergangenheit
1888 Das Labyrinth
1956 Nefruptah
1960er Bronzen des Mittleren Reichs
17 **Darb el Gerza**
1915 Zenon-Archiv
18 **Meldum**
1871 Skulpturen von Meldum
19 **el-Lahun**
1889 Papyri von Kahun
1914 Schatz der Sat-Hathor-Iunit
1920 Golduräus Sesostris' II.
20 **Kom Medinet Ghurab**
1900 Sechs Damen der 18. Dynastie
1904/05 Zwei Porträts von Königin Tejes
21 **Ehnasya**
1904 Gold-Harsaphes
22 **Serabit el-Chadim**
1904 Zwei Portraits von Königin Teje
1905 »Protosinaitische Schrift«
23 **Bawit**
1999 Tal der goldenen Mumien
24 **Sedment**
1920 Statuen Merirehaschtefs
25 **Oxyrhynchus**
1896–1906 Oxyrhynchus-Papyri
26 **Ben Hasan**
1902–1904 John Garstang
27 **el-Aschmunein**
1939 Amarna-Reliefs
28 **Tuna el Gebel**
1895 Meisterhafte Fayencen
1919 Grab des Petosiris
29 **el-Berscheh**
1915 Grab von Djehutinacht
30 **Tell el-Amarna**
1881 Relieftafel Charles Wilbours
1887 Archiv des Pharaos
1891/92 Palastmalereien des Echnaton
1912 Nofretete, Ikone des alten Ägypten
1921 Gelbes Jaspisgesicht aus der Carnarvon-Sammlung
1930 Krug mit Gold
1965 Echnaton-Tempel-Projekt
31 **Assiut**
1893 Soldaten des Mesehti
32 **Deir Rifa**
1907 Grab zweier Brüder
33 **Achmim**
1981 Kolossalstatue der Meretamun
34 **Nag Hammadi**
1945 Nag-Hammadi-Kodizes
35 **Abydos**
1859 »Grab von Abydos«
1881 Uschebti des Ptahmose
1899 Gräber der ersten Könige Ägyptens
1903 Gesicht von Cheops
36 **Koptos**
1893 Min-Kolossalstatuen
37 **Naqada**
1895 Prädynastische Gräber
1897 Grab des Neithhotep
38 **Damansha**
1967 Amenophis und Sebak
39 **el-Tod**
1936 Schatz von el-Tod
40 **Kom el-Ahmar (Hierakonpolis)**
1897–1899 Stadt des Falkengottes
41 **Dusch**
1989 Goldschatz von Dusch
42 **Elephantine**
1890er Aramäische Papyri
1932 Statuen von Heqaib
43 **Qasr Ibrim**
1978 Verse des Cornelius Gallus
44 **Abu Simbel**
1813–1817 Abu Simbel
1906 Nubischer Schnee
45 **Ballane und Qustul**
1931–1934 Emery in Ballane und Qustul
46 **Nuri und el-Kurru**
1916–1920 Nubische Gräber
47 **Meroe**
1834 Juwelen aus Meroe

EINFÜHRUNG

Oben Geschickt wird hier das Geheimnis der Pyramiden heraufbeschworen. Die Illustration von William Harvey stammt aus Edward William Lanes *Tausendundeiner Nacht.*

»[Abu Abd Allah Mohammed Ben Abdurakim Alkaisi] wurde darüber informiert, dass jene, die zur Zeit des el-Mamun [in die Große Pyramide eingebrochen waren], auf einen engen Gang stießen, der das Abbild eines Mannes aus grünem Stein enthielt ... und dass man, als er geöffnet wurde, darin einen menschlichen Körper in einer goldenen Rüstung fand, geschmückt mit Edelsteinen, in der Hand ein Schwert von unermesslichem Wert und über dem Kopf ein Rubin von der Größe eines Eis, der wie Feuer leuchtete und den el-Mamun an sich nahm. Der Autor ... bezeugt, dass er selbst das Behältnis sah, aus dem man den Körper entfernte, und dass es im Jahr 511 an der Pforte des Königspalasts in Kairo stand.
HOWARD VYSE

Nach der Ausbreitung des Christentums und der späteren Eroberung des Landes durch die Araber im Jahr 641 geriet das pharaonische Ägypten für mehr als tausend Jahre in Vergessenheit. Die Geheimnisse der Hieroglyphenschrift starben mit den letzten schriftkundigen Priestern, und die Monumente, die so lange den Zeitläuften getrotzt hatten, begannen zusehends zu verfallen. »Götzenbilder« wurden zerstört und einzigartige Bibliotheken und Tempelarchive mit den Früchten einer 3000-jährigen Kultur ungerührt den Flammen übergeben.

Rechts Dieser herrliche Kopf aus grünem Stein (Brooklyn 56.85) ist das Bruchstück eines Sphinx. Der schottische Maler Gavin Hamilton erstand das Stück 1771 in Rom; vermutlich war der Kopf in Tivoli, in den Ruinen der Villa Kaiser Hadrians (117–138 n.Chr.) gefunden worden, der das Fragment als dekoratives Stück nach Italien gebracht hatte. Der Kopf zeugt von Hadrians gutem Geschmack – das zwei Jahrtausende zuvor, Anfang der 12. Dynastie, geschaffene Kunstwerk zählt zu den schönsten aus jener an Skulpturen reichen Zeit.

Das alte Ägypten war nun verschwunden, doch das pharaonische Erbe sollte auch in den folgenden Jahrhunderten nicht ganz dem Blick verschlossen bleiben. Die Pyramiden beherrschten weiterhin die abendliche Silhouette von Giseh, und andere Zeugnisse der Geschichte ragten im ganzen Land empor. Verloren hatte man aber jedwedes Verständnis der Menschen, die diese Monumente errichtet hatten, und das Wissen, wofür ihre Bauten standen, war untergegangen.

Nur wenige machten sich in Ägypten zu dieser Zeit Gedanken über die Werke der »gottlosen« Pharaonen, es sei denn, es ging um Gold und Silber – Grabungen fanden einzig und allein deswegen statt und tatsächlich wurde oft genug reichlich davon gefunden.

Besonders ein Beteiligter an solchen präarchäologischen Vorkommnissen dürfte besonderes Glück gehabt haben. Nach der Überlieferung war es el-Mamun, Sohn des Kalifen Harun ar-Raschid, der im 8. Jahrhundert durch Zufall auf die reich ausgestattete Mumie des Pharaos Cheops stieß, des Erbauers der Großen oder Cheopspyramide. Seinerzeit betrachtete man aber zweifellos den Fund in der vorliegenden Form als unbrauchbares Altmetall, das demnach eingeschmolzen wurde, um weitere, standesgemäße Schmuckstücke für die Frauen des Finders zu liefern.

Diese für heutige Archäologen geradezu erschreckende Gier nach Gold, der vieles unwiederbringlich zum Opfer fiel, sollte sich aber im Laufe der Zeit allmählich wandeln – in den Wunsch nach Wissen. Die ersten Schritte auf dem Weg zu einer stärker durch Erkenntnis bestimmten Neugier an der Geschichte Ägyptens fanden aber nicht im Niltal statt, sondern im Europa der Renaissance, wo sich ein Interesse am Verständnis der Hieroglyphen und den »geheimen« Lehren der Alten entwickelt hatte. Da sie allerdings lediglich auf den verstreuten Bemerkungen der antiken Autoren beruhten, konnten die ersten Interpretationsversuche jedoch kaum Erfolg bringen und selbst die gelehrtesten Bemühungen der Zeit waren zum Scheitern verurteilt.

Unten Die Bronzetafel *Mensa Isiaca*, eine römische oder alexandrinische Arbeit des 1. Jahrhunderts n. Chr. in ägyptisierendem Stil zeigt Bilder von Göttern sowie Pseudohieroglyphen. Sie wurde zu Beginn des 16. Jahrhunderts in Rom (?) wieder entdeckt und führte viele Jahre diejenigen in die Irre, die versuchten, die geheimnisvollen und – wie man vermutete – allegorischen Hieroglyphen zu entschlüsseln – bis hin zu dem im 17. Jahrhundert lebenden Jesuiten und Universalgelehrten Athanasius Kircher, dessen Theorien zu den Hieroglyphen allerdings »alle Grenzen verrückter Fantastereien überschreiten«.

Doch trotz dieser ersten Rückschläge war in Europa nun die Neugier erwacht und so machte sich im 16., 17. und 18. Jahrhundert eine wachsende Zahl unerschrockener Forscher auf den Weg, um – auch jenseits von Kairo – mit eigenen Augen die Altertümer am Nil zu erkunden. Nur wenige von ihnen waren im eigentlichen Sinne Gelehrte, sondern eher Händler und Abenteurer, die nur selten wirklich in der Lage waren, ihre Entdeckungen angemessen zu interpretieren. Sie besaßen aber den gesunden Menschenverstand, vieles, was zuvor berichtet worden war, zu hinterfragen und als »Märchen« zu entlarven, die ersonnen wurden, »um Staunen hervorzurufen«.

Diese Erkenntnis brachte den Wendepunkt und schuf zugleich eine neue Grundlage, auf der sich die moderne Forschung entwickeln konnte. Mit der Ankunft der Expedition Napoleons und der Gelehrten in ihrem Tross im Jahr 1798 begann die eigentliche Suche nach dem alten Ägypten anhand seiner konkreten Monumente: Immer mehr Forscher reisten an, exakte Beschreibungen und Abschriften wurden angefertigt und Originalstücke zur genaueren Untersuchung nach Europa gebracht. Napoleon hatte dieses lange verschlossene Land der Pharaonen der systematischen Wissenschaft zugänglich gemacht – der Weg zu einem neuen Verständnis für die geheimnisvolle Geschichte des alten Ägypten war damit offen.

Oben Frontispiz der *Description de l'Egypte:* eine Zusammenschau der Wunder, auf die Napoleons »forschende« Armee stieß.

11

1798–1850
TEIL 1
DIE NEUGIER ERWACHT

»Soldaten! Vier Jahrtausende blicken auf euch herab.«

NAPOLEON BONAPARTE

Im Jahr 1798 führte Napoleon Bonaparte, damals ein 29-jähriger General der Französischen Revolution, einen militärischen Verband nach Ägypten mit dem Ziel, eine alternative Route nach Indien zu sichern, das damals unter britischer Kontrolle stand. Das Vorhaben sollte jedoch scheitern. Nach dem Sieg der britischen Flotte bei Abukir, nur einen Monat nach der Ankunft Napoleons, saß die Truppe drei Jahre lang in Ägypten fest.

Anders als bei ähnlichen Unternehmen wurde die Armee Napoleons von einer Kommission aus Wissenschaftlern, Ingenieuren und Künstlern begleitet, die sich die Situation zunutze machten. Einige ihrer Mitglieder fingen an, alles, was sie finden konnten, zu vermessen, abzuzeichnen und zu beschreiben. Auf ihrem Weg nilaufwärts folgte Entdeckung auf Entdeckung bei einer fast überwältigenden Menge von Monumenten und Statuen – aber auch Geheimnissen. Denn in den Tagen vor der Entzifferung der Hieroglyphen konnten die Reisenden nur wenig von dem, was sie sahen, richtig interpretieren oder verstehen oder historische Zusammenhänge herstellen.

Nach der Kapitulation der Franzosen im Jahr 1801 waren die Forscher endlich wieder in der Lage, nach Hause zurückzukehren. Aber erst 27 Jahre später kamen die letzten Seiten ihrer monumentalen Dokumentation aus der Druckerpresse. In detaillierten Zeichnungen und Plänen und ausführlichen Kommentaren bündelte *La Description de l'Égypte* die Ergebnisse von 30 Jahren Arbeit.

Mit der Expedition Napoleons war der Funke der Neugier übergesprungen und das Erscheinen der *Description* sollte das Feuer zu einem Flächenbrand anwachsen lassen. Binnen zehn Jahren nahmen Abenteurer die Stelle der Forscher ein und es begann eine wahre Orgie von Plünderung und Zerstörung, nach deren Ende unzählige Schätze unwiederbringlich verloren waren.

Der Alabastersarkophag des Pharaos Sethos I. aus dem Tal der Könige als Schaustück im Haus des exzentrischen Sir John Soane in London.

DER STEIN VON ROSETTE:
DIE ENTSCHLÜSSELUNG DER HIEROGLYPHEN

1799: Das Grabmal Amenophis' III. · 1799: Der Denon-Papyrus

Datum
1799

Entdecker
Pierre F. X. Bouchard

Ort
Rosette (Raschid)

Periode
Ptolemäerzeit,
Herrschaft Ptolemaios' V.,
196 v. Chr.

»*Sie sollen das Dekret auf eine Stele aus hartem Stein in der Schrift der göttlichen Wörter [Hieroglyphen], der Schrift der Urkunden [Demotisch] und der Schrift der Ionier [Griechisch] schreiben und sie in den Tempeln des ersten Ranges, den Tempeln des zweiten Ranges und den Tempeln des dritten Ranges nahe des göttlichen Bildnis des unsterblichen Pharaos aufstellen.*«

STEIN VON ROSETTE (DEMOTISCHER TEXT)

Der Stein von Rosette war zweifellos die wichtigste Entdeckung der Gelehrten, die an der Ägypten-Expedition Napoleons teilnahmen. Das Bruchstück einer großen Stele stellte sich als Teil eines zweisprachigen Dekrets heraus, das auf Ägyptisch (in hieroglyphischer sowie in demotischer Schrift) und Griechisch verfasst und am 27. März 196 v. Chr in Memphis durch die ägyptische Priesterschaft zu Ehren Ptolemaios' V. erlassen wurde. Wie aus den auf dem Stein vermerkten Texten hervorgeht, handelt es sich um eine von mehreren Stelen, die, mit der gleichen Verordnung versehen, an verschiedenen Orten aufgestellt wurden.

Die Stele, die sich möglicherweise ursprünglich in Saïs im Nildelta befand, wurde im Juli 1799 nördlich von Rosette (Raschid) gefunden; ans Tageslicht kam sie bei Arbeiten zur Sicherung der Küste gegen Angriffe der britischen Flotte, die vor dem Nildelta lag. Die Schanzarbeiten bei Rosette wurden unter der Leitung des Leutnants Pierre Bouchard durchgeführt. Der Ort war eine alte, den Franzosen als »Fort Julien« bekannte Festung. Offensichtlich war der Block als Ballast auf einem der zahllosen Boote nach Rosette gekommen, die im Mittelalter regelmäßig den damals geschäftigen Hafen anliefen.

Die Möglichkeit, dass die beschriftete Stele den Schlüssel zu den alten ägyptischen Schriftsystemen barg, wurde sofort erkannt und der Fund unverzüglich den Gelehrten des Institut d'Égypte gemeldet. Diese Hoffnungen konnte schließlich einige Jahre später der Franzose Jean-François Champollion bestätigen. Doch Besitzerfreuden blieben den Entdeckern letztlich versagt: Der Stein ging 1801 in Folge des Vertrags von Alexandria zusammen mit den anderen wichtigen Funden der Expedition an die Briten und befindet sich heute im Britischen Museum in London (EA 24).

JEAN-FRANÇOIS
CHAMPOLLION, »LE JEUNE«
(1790 – 1832)

- Geboren am 23. Dezember 1790 in Figeac, Frankreich.
- Schüler am Lyceum in Grenoble 1801 – 1807; Feststellung der Verwandtschaft von Ägyptisch und Koptisch; Studien bei Silvestre de Sacy, Paris 1807 – 1809.
- Dozent für Geschichte und Politik in Grenoble 1809 – 1816; Promotion 1810.
- Professor für Geschichte und Geografie, Grenoble 1818 – 1821.
- *Lettre à M. Dacier, relative à l'alphabet des hiéroglyphes phonétiques, employés par les Égyptiens...*, 1822.
- Besuch ägyptischer Sammlungen in Italien, 1824.
- *Précis du système hiéroglyphique des anciens Égyptiens...*, 1824.
- Direktor der ägyptischen Sammlungen, Louvre, 1826.
- Forschungsreise nach Ägypten mit Ippolito Rosellini, 1828/29.
- Erster Professor für Ägyptische Geschichte und Archäologie, Collège de France, 1831.
- Gestorben 42-jährig am 4. März 1832 in Paris.

Rechts Vieles von dem, was die Franzosen fanden, war westlichen Betrachtern vollkommen neu und sie machten nahezu allenthalben die eindrucksvollsten Entdeckungen. Sämtliche Funde sind in der *Description de l'Égypte* detailliert beschrieben – so wie hier das inzwischen zerstörte Grabmal von Amenophis III.

Links Der Stein von Rosette bot den Schlüssel zum Verständnis der altägyptischen Schriften. Durch die Säuberung sind die ursprüngliche Farbe und das Material des Steins wieder zum Vorschein gekommen – grauer Granit mit rosa Maserung. Seine frühere basaltähnliche Erscheinung rührte von einer dunklen Beschichtung (angeblich aus Schuhcreme), die Anfang des 19. Jahrhunderts aufgetragen wurde, um einen besseren Kontrast zum weiß eingefärbten Text zu erhalten.

Linke Seite Braune Quarzitstatue eines Beamten aus der Zeit der 12. Dynastie – eine von sieben Figuren, die Napoleon 1799 zur Ausschmückung von Josephines Schloss in Malmaison aus Ägypten mitbrachte. Das Werk ging später auf Umwegen über Sammler an das Brooklyn Museum (39.602).

Der Genius Champollions

> »… jedoch mag Herr Champollion zu seinen
> Schlussfolgerungen, die ich ihm mit größtem Vergnügen
> und Dankbarkeit zugestehe, keinesfalls durch Ersetzen
> meines Systems gelangt sein, sondern durch dessen
> volle Bestätigung und Erweiterung.«
> THOMAS YOUNG

Bevor die Franzosen den Stein von Rosette übergaben, wurden mehrere Abschriften der Texte angefertigt und Gelehrten zugänglich gemacht. Der Erste, der sich mit ihnen beschäftigte, war der französische Orientalist Baron Antoine Isaac Sylvestre de Sacy, der spatere Lehrer Champollions. Es dauerte jedoch nicht lange, bis er völlig entmutigt aufgab und seine Kopie an seinen schwedischen Kollegen Johan David Åkerblad weitergab. Åkerblad konnte mit der Identifizierung der wichtigsten Namen und einiger anderer Wörter im demotischen Teil beachtliche Fortschritte verbuchen. Aus seinen Korrelationen zog er aber den falschen

Schluss, dass die demotische Schrift eine prinzipiell alphabetische sei – ein Irrtum, auf Grund dessen seine Forschungen notwendigerweise scheitern mussten.

Weitere wichtige Fortschritte erzielte 1814, mehr als zehn Jahre später, der englische Universalgelehrte Thomas Young. Er konnte nachweisen, dass die demotische Schrift nicht alphabetisch war und die Kartuschen (die ovalen Umrahmungen bestimmter Schriftzeichen) im unvollständig erhaltenen hieroglyphischen Text Königsnamen enthielten. Einer der identifizierten Namen war »Ptolemaios«; zugleich glaubte ein anderer Engländer, W. J. Bankes, den Namen »Kleopatra« auf einem Obelisken lesen zu können, den Giovanni Battista Belzoni (Seite 18) von Philae nach England gebracht hatte. Auf diesen Erkenntnissen konnte Champollion dann seine brillanten Forschungen aufbauen.

Champollion hatte sich schon als Kind für das antike Ägypten interessiert, und die alte Schrift zu entziffern war für ihn ein lang gehegtes Ziel. Bereits als Zwölfjähriger hatte das Sprachgenie die Grundlagen des Hebräischen und

Oben Thomas Young leistete mehrere wertvolle Beiträge zur Entzifferung der Hieroglyphen, darunter die Erkenntnis, dass die Kartuschen Königsnamen enthalten.

Oben Der Obelisk Ptolemaios' VIII. Euergetes II. in Kingston Lacy, England. Der Text auf dem Sockel zeigte früher zwei von Kartuschen umrahmte Namen: »Ptolemaios«, zuvor von Thomas Young auch auf dem Stein von Rosette identifiziert, und »Kleopatra« (III.), den durch Bankes nachgewiesenen Namen der Gattin Ptolemaios' VIII.

Rechts Eine Seite aus Champollions bahnbrechendem Manuskript *Grammaire égyptien*. Die Arbeit erschien erst nach Champollions frühem Tod und wurde dank der Bemühungen seines Bruders Jacques-Joseph Champollion-Figeac gedruckt.

Arabischen erlernt und in den Jahren danach beschäftigte er sich mit Syrisch, Chaldäisch, Chinesisch, Sanskrit, Persisch und vielen anderen Sprachen. Im Alter von 16 hatte der begabte Jugendliche in einer Vorlesung in Grenoble bereits die Ansicht vertreten, dass Koptisch, auf das er sich inzwischen spezialisiert hatte, die späteste Form der alten Sprache der Hieroglyphen sei. Dies war keine neue Vorstellung – sie war erstmals 1636 von Athanasius Kircher entwickelt worden –, doch mit Hilfe des Steins von Rosette konnte Champollion sie ausbauen. 1808 hatte er dann schon 15 demotische Zeichen des Rosette-Dekrets und ihre koptischen Entsprechungen korrekt identifiziert.

Die endgültige Entzifferung der Hieroglyphen von Rosette kam danach nur langsam voran, war aber 1818, als Champollion zum Professor für Geschichte und Geografie in Grenoble berufen wurde, bereits gewiss. Vier Jahre später hatte er seinen ersten revolutionären Interpretationsversuch im *Lettre à M. Dacier* veröffentlicht und 1824 seine Gedanken im *Précis du système hiéroglyphique* fortgeführt. In ihrer Gesamtheit sollten diese jedoch erst nach seinem Tod in seiner *Grammaire* (1836 – 1841) und dem *Dictionnaire* (1841 – 1844) vorgestellt werden. Allerdings blieb noch immer viel zu tun, denn das ägyptische Schriftsystem hatte sich über einen Zeitraum von mehr als 3000 Jahren entwickelt und sowohl die Schrift selbst wie auch die entsprechende Sprache hatten sich dabei beträchtlich gewandelt. Doch die Tür zur Vorstellungswelt des alten Ägypten stand nun weit offen. Weitere Fortschritte waren nur mehr eine Frage der Zeit.

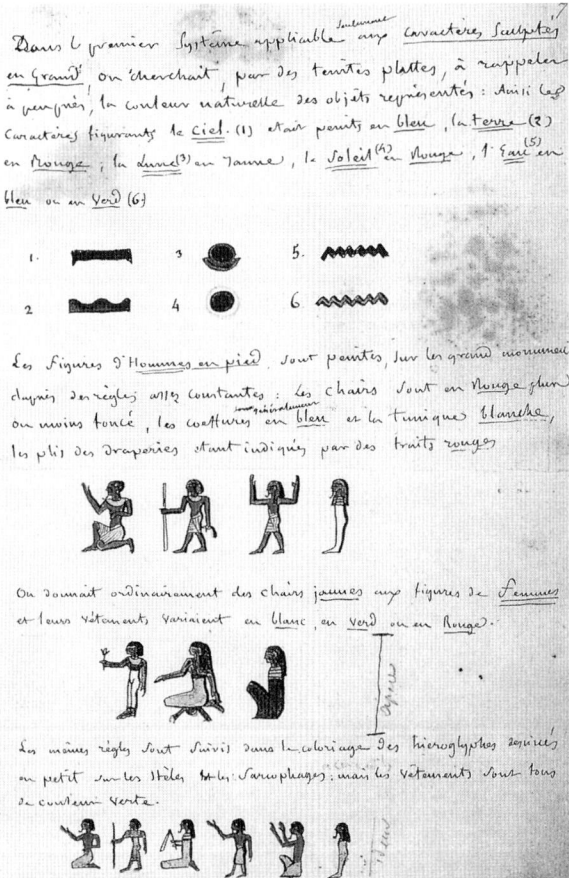

1799
Das Grabmal Amenophis' III.

Im Jahr 1799 wurden zwei junge Ingenieure aus Napoleons Truppenkontingent, Prosper Jollois und Édouard de Villiers du Terrage, zur Erkundung des Tals der Könige westlich des heutigen Luxor abkommandiert. Dort entdeckten sie das Grabmal Amenophis' III. (WV22), des Großvaters Tutanchamuns (Seite 160). Die Franzosen konnten nur Bruchstücke der Begräbnisausstattung bergen – das Grab war bereits in der Antike geplündert worden. Da die Hieroglyphen noch nicht entziffert waren, blieb auch der hier Beigesetzte unbekannt. Die Grabstätte war aber offensichtlich eine der prunkvollsten der Antike gewesen, wie die genaueren Forschungen Howard Carters im Jahre 1915 und jüngste Grabungen der Waseda-Universität (Tokio) unterstrichen haben.

1799
Der Denon-Papyrus

»Als mir [der Leichnam] gebracht wurde, spürte ich, wie ich vor Beklemmung erbleichte; ich wollte meine Entrüstung gegenüber jenen äußern, welche die Ruhe dieser Mumie gestört hatten, als mir in ihrer rechten Hand … eine Papyrusrolle … auffiel. Daraufhin segnete ich die Habsucht der Araber und mein Glück, das mir den Besitz eines solchen Schatzes geschenkt hatte, den ich kaum zu berühren wagte … das älteste aller Bücher der bekannten Welt.«

Jener Text, von dem der Franzose Vivant Denon berichtet und den er sorgfältig abgezeichnet hat, war für einen relativ niedrig stehenden Priester namens Djedhor verfasst worden und enthielt eine Reihe von Zauberformeln aus dem *Totenbuch* (eine Spruchsammlung für das Jenseits). Der Papyrus ist weniger bedeutend, war aber der erste, der von westlichen Forschern vor Ort gefunden wurde.

Rechts Kriegsbeute: das Bruchstück eines Obelisken Nektanebos' II. (30. Dynastie), das zusammen mit einem zweiten den Briten von den besiegten Truppen Napoleons ausgehändigt wurde. Die beiden herrlich verzierten Obelisken aus bestem Basalt waren in einem Bauwerk der islamischen Zeit wieder verwendet worden.

Unten Der Sarkophag Nektanebos' II., eine weitere Trophäe, welche die Franzosen abgeben mussten. Das in der Ptolemäerzeit aus dem Grab des Königs entfernte Stück hatte in einer Kairoer Moschee seine spätere Verwendung gefunden. Die Lage des Grabs ist heute nicht mehr bekannt.

DIE FRANZÖSISCHE ÜBERGABELISTE
(Objekte heute im Britischen Museum)

Die von den französischen Forschern gesammelten antiken Gegenstände stellten nach heutigen Maßstäben eine bunte, unzusammenhängende Anhäufung dar und spiegeln so das seinerzeit noch sehr beschränkte Wissen über das Altertum wider. Bei der Kapitulation der französischen Truppen 1801 gingen die größeren Stücke an die Regierung von König Georg III. und von dort weiter ans Britische Museum. Die kleineren wurden im persönlichen Gepäck französischer Gelehrter nach Frankreich gebracht. Auf der Übergabeliste stand auch der berühmte Stein von Rosette: »Sie wollen ihn…?«, fragte Menou, der französische Kommandant, »Sie können ihn abholen, wann immer es beliebt.« Die naturhistorischen Objekte der Kommission sollten, begleitet von ähnlich geringem Wohlwollen, den gleichen Weg nehmen. In den bitteren Worten Menous:

> »Ich wurde soeben informiert, dass einige unter unseren Sammlern den Wunsch haben, ihr Saatgut, ihre Mineralien, Vögel, Schmetterlinge oder Reptilien bis an den Ort zu begleiten, an den Ihr [die Briten] die Kisten zu verschiffen gedenkt. Mir ist nicht bekannt, ob sie sich zu diesem Zweck selbst ausstopfen zu lassen wünschen, aber ich kann Euch versichern …, dass ich mich dem nicht widersetzen würde.«

Britisches Museum Inventarnummer	Beschreibung
EA 24	Stein von Rosette
EA 523	Obelisk des Nektanebos II.
EA 524	Obelisk des Nektanebos II.
EA 10	Sarkophag des Nektanebos II.,
EA 23	Sarkophag des Nektanebos II.,
EA 86	Sarkophag des Chnumibremen
EA 66	Sarkophagfragment des Pepir… (?)
EA 9	Kolossale Faust
EA 25	Statuenfragment von kniendem Mann,
EA 81	Statue des Hohepriesters Roy
EA 137	Statue von Ahmose
EA 88	Sachmet-Statue
Nr. unklar	Sachmet-Statue
Nr. unklar	Sachmet-Statue
Nr. unklar	Sachmet-Statue
Nr. unklar	Sachmet-Statue
Nr. unklar	Sachmet-Statue
EA 7	Widderkopf
Nr. unklar	Fragment eines Löwenkopfes
Nr. unklar	Fragment eines Löwenkopfes
GRA Skulptur 1906	Statue von Marc Aurel
GRA Skulptur 1944	Statue von Septimius Severus
GRA Skulptur 2626	Säule

EA = Egyptian antiquities
GRA = Greek and Roman antiquities

1816–18
DAS ABENTEUER BEGINNT: DER GROSSE BELZONI

Nach 1816: Die Dienerin von Durham · 1813–1817: Abu Simbel · Nach 1819: Früher Blick auf die Amarna-Kunst · Nach 1816: Die Ramessiden-Papyri · Um 1816: Die Statuen der Sachmet

Datum
1816 – 1818

Entdecker
Giovanni Battista Belzoni

Ort
Theben (Tal der Könige, Gräber KV16, KV17, KV19, WV23 u. a.); Giseh (Chephrenpyramide)

Periode
Neues Reich, 18.–20. Dynastie, 1550 – 1070 v. Chr.; Altes Reich, 4. Dynastie, 2520 – 2494 v. Chr.

»...wir legten ab gen Ägypten, wo wir uns von 1815 bis 1819 aufhielten. Hier war es mir vergönnt, zum Entdecker einer Vielzahl von Überresten der Antike jener alten Nation zu werden.«
GIOVANNI BATTISTA BELZONI

Das nach der Kapitulation und der Vertreibung der Franzosen aus Ägypten im September 1801 entstandene Machtvakuum wurde durch den ehemaligen mazedonischen Söldner Muhammad Ali gefüllt, der 1799 ins Land gekommen war, um gegen die napoleonischen Truppen zu kämpfen. Im Jahr 1806 wurde er durch die Hohe Pforte als Generalgouverneur von Ägypten bestätigt und 1811, nach Jahren des Bürgerkriegs, konnte er schließlich die mameluckische Opposition zerschlagen und das Land befrieden. Anders als seine Vorgänger war der neue Herrscher des Landes am Nil ein nach Westen orientierter Erneuerer. Von dieser Zeit an waren Ausländer in Ägypten prinzipiell willkommen – und im Gefolge dieser Entwicklung schritt die Wiederentdeckung der alten Denkmäler zügig voran.

Auch wenn die Expedition Napoleons militärisch ein Fehlschlag war, hatte sie doch die Augen einer wissbegierigen Welt für die immensen antiken Reichtümer Ägyptens geöffnet. Das Erbe der Pharaonen versetzte bald ganz Europa in Begeisterung, die sich in Kunst und Architektur durch die Entwicklung eines populären ägyptisierenden Stils und in mehr wissenschaftlich ausgerichteten Kreisen durch die intellektuelle Herausforderung der mysteriösen ägyptischen Bilderschrift äußerte. All dies führte in der Öffentlichkeit zu einem steil ansteigenden Bedürfnis nach Information, in dessen Folge sich auch die großen europäischen Museen um entsprechende Erweiterungen ihrer Ausstellungen bemühten.

GIOVANNI BATTISTA BELZONI (1778–1823)

- Geboren am 5. November 1778 in Padua.
- Studien zur Hydraulik in Rom 1794 – 1798; Pläne, in den Kapuzinerorden einzutreten, die später wieder aufgegeben werden.
- Reisen durch Europa; Anstellung als Muskelmann – »der patagonische Samson« – im Zirkus von Charles Dibdin Junior am Sadlers-Wells-Theater in England.
- Reisen nach Spanien und Portugal 1812/13, Malta 1814 und Ägypten 1815, wo er versucht Muhammad Ali einen Wasserheber zu verkaufen.
- Erste Bekanntschaft mit Henry Salt 1816, der ihn beauftragt, Altertumsstücke zu sammeln; Grabungen im Tal der Könige 1816/17; Öffnung des Tempels von Abu Simbel 1817; Erforschung der Chephrenpyramide von Giseh 1818.
- Rückkehr nach England 1819; Veröffentlichung seines Werkes *Narrative of the Operations and Recent Discoveries* 1820; Egyptian-Hall-Ausstellung 1821.
- Gestorben am 3. Dezember 1823 in Gwato, Benin, auf der Suche nach der Quelle des Niger.

Oben Muhammad Ali, der Modernisierer Ägyptens, der westlichen Investitionen – und westlicher Neugier – die Tore öffnete.

Rechts Der speziell für die Bände der *Description de l'Égypte* gefertigte Schrein, der für die Abtei St. Peter in Salzburg entworfen wurde. Der ägyptisierende Stil spiegelt den in ganz Europa verbreiteten »französischen Wahnsinn« zu Beginn des 19. Jahrhunderts.

HENRY SALT (1780 – 1827)

- Geboren am 14. Juni 1780 in Lichfield.
- Ausbildung zum Porträtmaler 1797 – 1802; Sekretär des Viscount Valentia auf dessen Orientreise 1802 – 1806; Leitung der britischen Regierungsexpedition nach Abessinien 1809 – 1811.
- Britischer Generalkonsul in Ägypten 1815 – 1827; ausgedehnte antiquarische Erkundungen und Suche mit Hilfe von Belzoni, Caviglia und d'Athanasi; verkauft erste Sammlung ans Britische Museum 1823, zweite Sammlung an den König von Frankreich, dritte Sammlung durch Einlieferung an das Auktionshaus Sotheby's in London 1835.
- Gestorben am 30. Oktober 1827 in Desukh nahe Alexandria.

Diese Zeit sollte sich für die Zeugnisse der ägyptischen Vergangenheit, deren relative Sicherheit bis dahin durch jahrtausendelanges Nichtbeachten garantiert war, als gefährlich erweisen – nicht zuletzt weil die neue »Ägyptomanie« durchaus dem Wunsch des Herrschers entgegenkam, sein verarmtes Land zu entwickeln. Die Folge war die umfangreichste Räumung – und Zerstörung – von Grabstätten und Totentempeln, die das Niltal jemals erlebt hat. Dabei wurden sogar die noch von Napoleons Forschern ehrfurchtsvoll vermessenen und gezeichneten Monumente zur Verwendung als Baumaterial in ihre Einzelteile zerlegt.

Der Auftritt Belzonis

Die Nachfolger der französischen Gelehrten waren draufgängerische Abenteurer und Opportunisten, an deren Spitze, zumindest was die praktischen Aspekte betraf, einige Zeit lang zwei Männer standen: der französische Generalkonsul Bernardino Drovett (Seite 29) und der aus Padua stammende Giovanni Battista Belzoni.

Belzoni, Möchtegern-Hydraulikingenieur und ehemaliger Zirkus-Muskelmann, war 1815 im Alter von 25 Jahren in Begleitung seiner resoluten irischen Frau nach Ägypten gekommen – er träumte davon, durch den Verkauf eines neuen Wasserhebegerätes an die Regierung reich zu werden. Zwar hatte er mit diesem Begehren keinen Erfolg, doch bald winkte eine andere Einnahmequelle. Während seines Aufenthalts in Kairo hatte Belzoni den Schweizer Forscher Johann Ludwig Burckhardt kennen gelernt und sich mit ihm angefreundet. Dieser war es, der ihn mit Henry Salt bekannt machte, der von 1816 bis zu seinem Tod 1827 britischer Generalkonsul in Kairo war.

Die Begegnung dieser Menschen war ein Schlüsselmoment in der britischen Ägyptologie. Von Johann Ludwig Burck-

hardt dazu angeregt, hatte sich Henry Salt fest entschlossen, eine Sammlung alter ägyptischer Kuriositäten für den späteren Verkauf in Europa zusammenzustellen – und Giovanni Battista Belzoni, mit seiner Verbindung von Durchsetzungskraft und Intelligenz, war genau der Mann, den der britische Konsul zur Verwirklichung dieser Idee benötigte.

Nach verschiedenen kleineren Nachforschungen und Entdeckungen in den Gräbern und Tempeln von Theben in

Oben Aufstellung des *Jungen Memnon* im Britischen Museum. Belzoni hatte die Entfernung der extrem gut erhaltenen Kolossalbüste aus dem Tempel Ramses' II. in Theben mit höchstem Geschick und gerade noch rechtzeitig erreicht. Bernardino Drovetti war ebenfalls an dem Stück interessiert und hatte ein noch heute an der rechten Schulter sichtbares Sprengloch hineingebohrt, um mit einer Sprengung die Masse der Büste zu verringern.

Nach 1816
Die Dienerin von Durham

Es gibt zahllose schöne Beispiele ägyptischer Kunst, die in den verwegenen Tagen von Drovetti, Salt und ihresgleichen gesammelt wurden; allerdings sind jene, die noch einen Hinweis auf ihren Fundort aufweisen, schon auf Grund der Sammelmethoden eher selten. Ein solches Stück, das 1816 in Theben von Lord Algernon Percy, 1. Baron Prudhoe und 4. Herzog von Northumberland, gefunden wurde, ist dieser kleine Kosmetikbehälter aus Buchs-

baum in Form einer jungen Dienerin, der heute im Orientmuseum der Universität Durham (N 752) aufbewahrt wird. Herrlich geschnitzt und hervorragend erhalten, bricht die kleine Figur mit sämtlichen Konventionen des ansonsten strengen Regelwerks der ägyptischen Kunst. Sie entstammt einer Grube in der Nähe des Hauses von Giovanni d'Athanasi oberhalb des Grabes TT52 in Scheich Abd el-Qurna und gehörte ursprünglich einer wichtigen Persönlichkeit der Zeit Amenophis III.: Meriptah, dem ersten Propheten von Amun.

19

1813 – 1817
Abu Simbel

Der Schweizer Gelehrte Johann Ludwig Burckhardt reiste erstmals 1812 nach Ägypten und blieb dort bis 1817. Er sprach fließend Arabisch und gab sich so erfolgreich als Moslem aus, dass ihm schließlich der Zugang zu den für »Ungläubige« verbotenen heiligen Stätten in Mekka und Medina gewährt wurde. Burckhardt besuchte 1813 auch Abu Simbel in Nubien, um den Tempel der Hathor zu sehen. Er erreichte nicht nur dieses Ziel, sondern noch viel mehr – er fand einen zweiten, riesigen Tempel, der zu Ehren Ramses' II. tief in den Fels gehauen wurde und heute als eines der bedeutendsten Monumente der Antike gilt. Trotz seiner gigantischen Ausmaße war die Existenz des Tempels lange Zeit unbemerkt geblieben. Dank Burckhardts Verkleidung fiel sein allzu großes Interesse an dem Bauwerk nicht auf – man hätte ihn sonst dafür umgebracht. Er wollte aber mehr wissen und so überredete er Salt, es von dem Sand, unter dem es verborgen lag, befreien zu lassen, was 1817 durch Belzoni ausgeführt wurde – und über einen Monat dauerte.

der Gegend des modernen Luxor trat Belzoni seine erste Reise den Nil hinauf bis nach Abu Simbel und weiter nach Wadi Halfa an. Während der Fahrt trug er fortlaufend Stücke – neben Papyri in der Hauptsache Statuen für Salts Sammlung – zusammen, und zwar unter starkem und offen gezeigtem Misstrauen der Einheimischen:

> » ›So antwortet‹, fügte (der Bei) hinzu, ›habt Ihr in Europa einen Mangel an Steinen, dass Ihr hierher kommt, um sie mitzunehmen?‹ Ich antwortete, dass wir reichlich Steine hätten, aber dächten, dass jene aus Ägypten besser seien. ›Ha!‹, erwiderte er, ›es ist vielleicht, weil Ihr darin, so Gott euch hilft, womöglich Gold findet!‹ «

Es gab aber kein Gold und keine bedeutenden Funde – jedenfalls noch nicht. Erst nach seiner Rückkehr nach Luxor brach Belzoni zu den Entdeckungen auf, die ihn berühmt machten und schließlich den Neid und Zorn seines Auftraggebers hervorrufen sollten.

Triumph im Tal der Könige

Gegen Ende des Jahres 1816 erhielt Belzoni von Salt die Anweisung, den Abtransport des unteren Teils eines reich verzierten Sarkophags (Louvre D1=N 337) zu organisieren, den wir heute als die prunkvolle Ruhestätte Pharao Ramses' III. kennen. Der Deckel (Fitzwilliam Museum, Cambridge, E.1.1823) befand sich, ohne dass dies Salt bekannt gewesen wäre, unter dem Schutt in der Grabkammer und Belzoni beanspruchte ihn kurzerhand für sich. Durch diesen schönen Fund angespornt, beschloss Belzoni nun, auf eigene Faust weiterzumachen – und stieß unvermittelt auf ein weiteres Grab.

»Ich kann mich nicht rühmen, in diesem Grabmal eine große Endeckung gemacht zu haben«, schrieb er später,

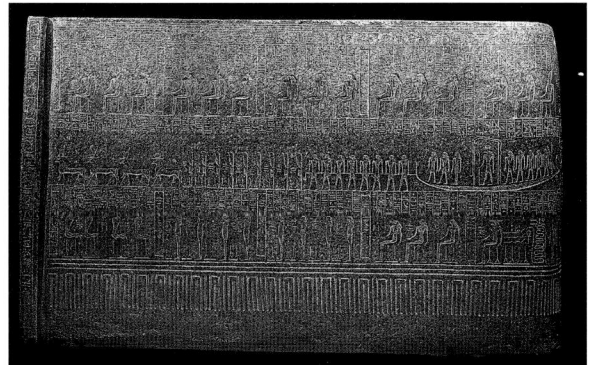

Ganz oben Der Granitsarkophag im Grab Ramses' III.

Linke Seite unten Den herrlich verzierten Deckel des Granitsarkophags hatte Giovanni Belzoni fortgeschafft.

Oben Der von Belzoni im Grab von Eje gefundene Sarkophag, für das Foto Ende des 19. Jahrhunderts mit Hilfe von Magnesium ausgeleuchtet.

bungsstätte besuchte, großzügig auf zwei weniger bedeutende Gräber hin – KV 30 und KV 31 –, sodass dieser sich mit seiner eigenen Grabung beschäftigen konnte.

Das Grab Sethos' I.

Die in kurzer Zeit zustande gekommene Ausbeute war äußerst eindrucksvoll, doch der größte Fund stand noch bevor – am 18. Oktober 1817:

> *»An dem Deckengemälde und den Hieroglyphen im Relief, die dort zu sehen waren, wo die Erde nicht hinreichte, bemerkte ich sofort, dass dies der Eingang zu einem großen und herrlichen Grabmal war. Am Ende dieses Gangs erreichte ich eine Treppe von 23 Fuß Länge … Von [deren] Absatz gelangte ich in einen weiteren Gang … am Ende dieses Gangs kam ich zu einer großen Grube, die mein Fortkommen beendete … An der anderen, dem Eingang gegenüberliegenden Seite der Grube, bemerkte ich eine kleine Öffnung.*
> *Nachdem wir durch die Öffnung geschlüpft waren, fanden wir uns in einer wunderbaren Halle wieder … Von dieser aus traten wir in eine kleine Kammer … Wir gingen weiter und kamen in eine große Halle …, die ich Säulenhalle benannte … «*

Belzoni war in den innersten Bereich von KV17 vorgestoßen, dem verschworenen Grabmal des Pharaos Sethos I., Vater von Ramses II.; es war das am besten erhaltene Beispiel antiker ägyptischer Grabmalarchitektur, das dahin ans Tageslicht gekommen war. Die kräftigen, leuchtenden Farben der verzierten Wände waren im Originalzustand erhalten und erstrahlten im Licht der Fackeln, welche die Forscher trugen.

Der Leichnam Sethos' war längst verschwunden. Wie Ägyptologen heute wissen, hatte er sein Grab eine Zeit lang mit seinem Sohn Ramses II. und seinem Vater Ramses I. geteilt, die am Ende des Neuen Reichs aus Sicherheitsgründen hierher gebracht worden war. Die gesamte Gruppe war später in das Grab von Inhapi umgebettet worden, wobei mindestens zwei der drei Leichname schließlich unter

Oben Eine von mehreren lebensgroßen hölzernen Wächterstatuen, die Belzoni aus dem Schutt des Grabes Ramses I. hervorholte. Ähnliche Standbilder, im Originalzustand erhalten, sollten hundert Jahre später im Grab Tutanchamuns (Seite 160) gefunden werden.

»obwohl es einige kuriose und einzigartige gemalte Figuren an den Wänden enthält.« Es sollte sich als die Grabstätte Ejes herausstellen, des Nachfolgers Tutanchamuns. Vollständig freigelegt wurde sie erst 1972 durch den amerikanischen Ägyptologen Otto Schaden.

Pharao Ejes Grab war das erste von acht Gräbern, die Belzoni in den folgenden Monaten entdeckte. Dazu zählten das unvollendete Grab WV25, das während der 22. Dynastie durch eine Privatfamilie wieder verwendet und von Belzoni in den Monaten August und September 1817 mit den schlagenden Argumenten eines Rammbocks geöffnet wurde, sowie KV19, die herrlich bemalte Grabkammer des Ramessidenprinzen Mentuherchopschef, und KV21 aus der Zeit der 18. Dynastie mit zwei weiblichen Mumien. Am 10./11. Oktober des Jahres 1817 kam das Grab von Pharao Ramses I., KV16, hinzu, in dem sich noch der Sarkophag und einige Stücke der antiken Grabbeigaben befanden. Belzoni wies den Earl of Belmore, der die Ausgra-

Links Pharao Ramses I., flankiert von den »Seelen« von Nechen (links) und Pe (rechts); Detail aus der gut erhaltenen Grabkammer des Königs in Theben, die Belzoni 1817 öffnete.

Belzonis Schnitt durch das Grabmal Sethos' I. *(unten links)* ver-
mittelte eine relativ genaue Vorstellung der Anlage – anders als
seine veröffentlichten Kopien
der umfangreichen Wand- und
Säulendekoration *(links)*. Im Vergleich mit der herrlichen Gestaltung der originalen Szenen *(unten)* ist Belzonis Dokumentation
selbst für die Möglichkeiten seiner Zeit extrem unzulänglich.

Links Der Alabastersarkophag aus dem Grab Sethos' I. im Tal der Könige neben anderen antiken Stücken des exzentrischen Architekten Sir John Soane, wie sie im Keller seines Hauses in London aufbewahrt wurden. Der Sarkophag steht heute noch dort.

Unten Kolossalstatue von Amenophis III. (Britisches Museum EA 14). Sie wurde von Belzoni am Ort des Totentempels des Königs in Theben ausgegraben, »am zweiten Tag meiner Suche … die beste, die ich bisher gefunden habe … fast zehn Fuß hoch und von vollendeter ägyptischer Kunstfertigkeit«.

den Mumien waren, die 1881 in Dair Al Bahri (Seite 64 ff.) gefunden wurden. Was übrig geblieben war, reichte aber für höchste Begeisterung: Quer über dem Eingang zu einem unterirdischen Gang im Boden der königlichen Grabkammer war der Sockel von Sethos' prächtigem anthropomorphen äußeren Sarkophag. Dieser aus einem einzigen honigfarbenen Alabasterblock gemeißelte Fund sollte Belzonis bedeutendster bleiben.

Salt war hocherfreut und ließ das Stück seiner für den Transport nach England bestimmten Sammlung hinzufügen. Nach langen Verhandlungen lehnte das Britische Museum den Sarkophag als zu teuer ab, woraufhin der Architekt Sir John Soane sofort zugriff und ihn sich als Dekoration für den Keller seines bizarren Hauses in London sicherte, wo er sich heute noch befindet.

Leider blieb der herrliche Zustand des Grabes Sethos' I. nur eine vorübergehende Erscheinung: Eine plötzliche Überflutung kurz nach der Entdeckung und die Abnahme von Wachsabdrücken von den Reliefs ließen die alten Farbschichten weitgehend verblassen und der Ruß der Fackeln und Öllampen von Tausenden von Touristen im 19. Jahrhundert verdunkelte erfolgreich das, was noch vorhanden war. Hinzu kam noch, dass Champollion, Ippolito Rosellini, Karl Richard Lepsius – allesamt Gelehrte – und andere, deren Namen nicht bekannt sind, das Monument durch brutales Entfernen ganzer Teile der Dekoration verstümmelten (Seite 34). Damals war dies ein Vorgehen im

Namen der Wissenschaft, doch es hinterließ deutlich sichtbare Narben.

Auch für Belzoni sollte sich der Fund als zweischneidiges Schwert entpuppen, denn er störte nachhaltig sein Verhältnis zu Henry Salt. Die Frage, wem denn die Entdeckung zuzuschreiben war – Auftraggeber oder Auftragnehmer –, wurde immer aktueller.

Ausgrabungen bei den Pyramiden

Belzonis Suche führte ihn durch ganz Ägypten und schon daher standen unweigerlich auch Ausgrabungen an den Pyramiden von Giseh auf dem Programm. Auch hier hatte der Italiener Glück. Im Frühjahr 1818 entdeckte er den von einer Steinplatte verschlossenen oberen Eingang zur Chephrenpyramide. Etwas später, am 2. März, gelangte er in die Grabkammer selbst:

> »Meine Fackel aus wenigen Wachskerzen gab mir ein nur schwaches Licht; ich konnte aber klar die wichtigsten Objekte erkennen. … Als ich mich in Richtung des westlichen Endes voranbewegte, war ich freudig überrascht, dass sich dort ein nahezu vollständig vergrabener Sarkophag befand.«

Er eilte hinüber, um einen genaueren Blick zu bekommen – doch ein königlicher Leichnam war nirgends zu sehen. Eine Handvoll Rinderknochen lag stattdessen dort: Andere

Nach 1819
Früher Blick auf die Amarna-Kunst

Der unvermeidliche Bruch zwischen Belzoni und Salt kam kurz nach der triumphalen Rückkehr des Italieners nach London 1819 und der Eröffnung der Ausstellung »seiner« Entdeckungen im Land der Pharaonen. Salt war entschlossen, seinen ehemaligen Mitarbeiter auszustechen und begann mit einem anderen »Bediensteten«, dem Griechen Giovanni d'Athanasi (Seite 32), weitere Ausgrabungen.

Zwar blieb Salt dabei der alles überragende Fund, auf den er wohl spekuliert hatte, versagt, doch kam vieles andere von Wert und Bedeutung ans Tageslicht – darunter diese außerordentliche, gelbe Kalksteinstatue unbekannter Herkunft eines Pharaos der Amarna-Zeit (Louvre N831), das sicher herausragendste Beispiel der Kunst dieser bedeutenden Epoche, das vor den Ausgrabungen durch Flinders Petrie im Jahr 1891 gefunden wurde (Seite 83). Das Standbild, das als eine Darstellung des Pharaos Echnaton gilt, misst in der Höhe 64 Zentimeter. Überreste eines um die Taille des Königs gelegten Arms deuten auf die frühere Begleitung durch eine Königin an seiner Seite. Die Statue dürfte das den tatsächlichen Zügen des Herrschers am nächsten kommende Porträt sein, das wir heute besitzen.

Suchende waren schon lange vorher da gewesen; sie hatten sich eine alternative Route durch die Pyramide gebahnt und ihre Essensreste hinterlassen. Eine arabische Inschrift an der Wand erinnerte an jenen Besuch über tausend Jahre vor Belzoni:

>*»Der Meister Mohammed Achmed, Steinschneider, hat sie geöffnet und der Meister Othman war anwesend und König Ali Mohammed vom Anfang bis zum Verschließen.«*

Rechts Anlässlich Belzonis Vordringen in die Chephrenpyramide von Giseh geprägte Münze.

Ganz rechts Belzoni betritt die Pyramide; Darstellung aus einem Kinderbuch des 19. Jahrhunderts.

Nach 1816
Die Ramessiden-Papyri

Unter den vielen Papyri, die Henry Salt im Jahr 1818 nach Europa schickte, waren einige aus dem Familienarchiv in Deir el-Medina, die zusammen als Ramessiden-Papyri bekannt sind. Eine Neuinterpretation eines dieser Briefe (Nr. 28) hat nun das Schicksal der Gräber im Tal der Könige in einem anderen Licht erscheinen lassen. In dem Text heißt es:

>*»An den Fächerträger zur Rechten des Königs, Hofschreiber und Feldherrn, Hohepriester von Amun-Re, König der Götter, Vizekönig von Kusch [Nubien], ... Pianchi, von den zwei leitenden Bediensteten, dem Schreiber der Ne-kropole, Butehaimun, dem Wächter Kar ... Wir haben vernommen, was unser Herr geschrieben und gesprochen hat: ›Legt ein Grab unter den Gräbern der Ahnen frei und bewahrt sein Siegel, bis ich zurückkehre.‹ So sprach er, unser Herr. Wir haben getan, was uns aufgetragen wurde ...«*

Pianchi versorgte sich offensichtlich aus den vergrabenen Reichtümern Ägyptens mit Mitteln für seine Feldzüge gegen Panehsai, den Vizekönig von Nubien – der Beginn der offiziellen Ausbeutung der Totenstadt von Theben, die lange Zeit als das Werk »unabhängiger« Grabräuber angesehen wurde.

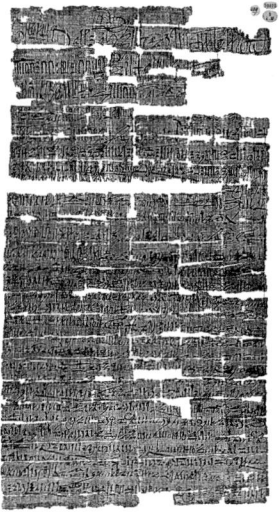

Um 1816
Die Statuen
der Sachmet

*»Herr Belzoni hat
Großes geleistet, aber
von Theben ist nur
die Oberfläche berührt;
seine Juwelenschätze
bleiben weiterhin uner-
forscht.«*
ROBERT RICHARDSON

Sachmet, die Göttin mit
dem Löwenkopf, gehört zu
den unbarmherzigeren im
altägyptischen Olymp und
ihre Statuen, die sie entweder sitzend oder stehend
darstellen, zählen zu den
Meisterwerken ägyptischer
Bildhauerkunst.

Die erste bekannte Aus-
grabung einer dieser Statu-
en fand um das Jahr 1760
statt, als der Naturwissen-
schaftler Vitaliano Donati
im Auftrag des Königs von
Savoyen Theben besuchte;
der König war bereit, für
ein mitgebrachtes Souve-
nir ein Vermögen zu be-
zahlen.

Etwa 40 Jahre später
stießen die Gelehrten der
napoleonischen Expedi-
tion auf 15 weitere, zum
Teil vollständige, zum Teil
unvollständige Exemplare
und 1816 fand Belzoni, der
für Henry Salt in Karnak
Ausgrabungen durchführ-
te, noch einmal 18, von
denen sechs weitgehend
unbeschädigt waren.

Anschließende Grabungen
durch Belzoni und Salt in
den Jahren 1817 und 1818
brachten dann noch 20
weitere Statuen ans Tageslicht, darunter fünf gut erhaltene.

Der Fund einer Reihe sehr
ähnlicher Sachmet-Dar-
stellungen im Totentempel
Amenophis' III. deutet
darauf hin, dass letztlich

hier der ursprüngliche
Standort der Statuen zu suchen ist.

Die Anzahl von Figuren,
die vermutlich in Karnak
standen, erscheint geradezu Schwindel erregend.
Mitte des 19. Jahrhunderts
schätzte Auguste Mariette
ihre Gesamtzahl noch auf

572, doch heute zählt man
insgesamt über 700. Der
Großteil ist mit Inschriften
für Amenophis III. verse-
hen, während andere die
Kartuschen des König
Ramses' II. der 19. Dynastie, des »Priesterkönigs«
Pinudjem I. der 21. Dynastie und des Pharaos Sche-

schonq I. der 22. Dynastie
tragen. Vermutlich aber
stellen viele dieser späteren Inschriften Modifika-
tionen jener unter dem
Herrscher der 18. Dynastie
geschaffenen Skulpturen
dar.

Die Sammlung ist als ein
»monumentales Gebet«

aus Stein bezeichnet wor-
den, das »die gefährliche
Göttin« durch einen
Zauber zur ewigen Be-
schützerin des Pharaos
machen sollte, möglicher-
weise gegen die Pest, die
im 14. vorchristlichen
Jahrhundert im Nahen
Osten wütete.

KAPITÄN CAVIGLIA
UND DIE KOLOSSALSTATUE RAMSES' II.

4000 v. Chr.

3000 v. Chr.

2000 v. Chr.

1000 v. Chr.

0

700 n. Chr.

Datum
1820

Entdecker
Giovanni Battista Caviglia

Ort
Memphis (Ptah-Tempel)

Periode
Neues Reich, 19. Dynastie,
Herrschaft Ramses' II.,
1290 – 1224 v. Chr.

»Vor sehr vielen Jahren wurde [diese Statue] England geschenkt, doch die Regierung, welche frohen Mutes £ 21 000 darauf verschwenden konnte, in Westminister eine große Uhr [Big Ben] schlagen zu lassen, war niemals wohlhabend genug, um aus Ägypten ein bedeutungsvolles Präsent herüberzuholen … «

FREDERICK WILLIAM FAIRHOLT

Belzoni und d'Athanasi waren nicht die Einzigen, die im Auftrag des unermüdlichen Henry Salt nach ägyptischen Altertumsstücken fahndeten. Weniger bekannt, aber ebenso bemerkenswert war der Genueser Kapitän zur See Giovanni Battista Caviglia. Caviglia arbeitete ab 1816 für Salt und fand danach eine Anstellung bei Howard Vyse (Seite 36), mit dem er sich jedoch bald zerstritt.

Diese Begegnung lag aber noch in der Zukunft, als Caviglia 1820 durch Salt und einen anderen britischen Konsulatsbeamten, Charles Sloane, mit Untersuchungen in Memphis beauftragt wurde; die Ruinen dieser einst prächtigen ersten Hauptstadt des alten Ägypten glichen seinerzeit einer Mondlandschaft. Caviglias wichtigster Fund sollte dort die Kolossalstatue Ramses' II. werden, die ursprünglich den Eingang des heute nur noch in spärlichen Überresten vorhandenen großen Ptah-Tempels bewachte. Die aus einem einzigen Kalksteinblock geformte riesige Statue lag mit dem Gesicht nach unten auf dem Boden und das perfekt erhaltene Antlitz des Pharaos war im Schlamm verborgen. Im Versuch, politisches Kapital aus dem Koloss zu schlagen, machte ihn Muhammad Ali der britischen Regierung zum Geschenk, doch es wurden nie Anstalten unternommen, die Statue auch abzuholen. Die beachtlichen Ausmaße der Figur bieten dafür möglicherweise eine Erklärung: Selbst in ihrem beschädigten Zustand misst sie noch annähernd elf Meter, während das Gewicht auf etwa hundert Tonnen geschätzt wird.

Den Sockel der Statue hatte 1852 der Armenier Joseph Hekekyan freigelegt, aber erst 35 Jahre später wurde sie angehoben und umgedreht. Nun kam auch die Schönheit des Stücks zum Vorschein und in England begann man sich Gedanken über eine Abtransport zu machen. Doch es war bereits zu spät. Die Politik hatte schon eingegriffen: »[Da] eine Entfernung die Franzosen verärgern würde… fragte Sir E. Baring, ob das Britische Museum auf seine Ansprüche verzichten würde.« Im Interesse der anglo-französischen Beziehungen ließ man die Statue liegen.

Oben Die hervorragend erhaltenen Gesichtszüge der Pharaonenstatue kamen erst ans Tageslicht, als sie auf den Rücken gedreht wurde. Ein sitzender Arbeiter verdeutlicht die enormen Ausmaße.

Links Die Kolossalstatue Ramses' II., mit dem Gesicht nach unten liegend, wie sie Kapitän Caviglia fand. Die Fotografie entstand vor 1887.

PASSALACQUA UND DIE GRÄBER DER ZWEI MENTUHOTEPS

1820er-Jahre: Die Papyri des Bernardino Drovetti

DAS GRAB DER KÖNIGIN MENTUHOTEP

Datum
1822 – 1825

Entdecker
Giuseppe Passalacqua

Ort
Theben (Dra abu'l-Nega)

Periode
Zweite Zwischenzeit,
17. Dynastie,
Herrschaft Djehutis,
um 1600 v. Chr.

DAS GRAB DES VERWALTERS MENTUHOTEP

Datum
1823

Entdecker
Giuseppe Passalacqua

Ort
Theben (Asasif)

Periode
Mittleres Reich,
12. Dynastie,
1991 – 1783 v. Chr.

Zu Beginn des 19. Jahrhunderts beherrschten zwar Männer wie Drovetti und Salt die Bühne der Antikensammler, aber daneben konnten sich auch einige weniger Einflussreiche behaupten. Einer dieser der Nachwelt weniger bekannten Ausgräber war der italienische Glücksritter Giuseppe Passalacqua, der zunächst als Pferdehändler nach Ägypten kam. Es dauerte jedoch nicht lange, da fand er sich schon inmitten der allgemeinen Grabungshysterie. Heute ist der Name Passalacqua mit zwei besonders interessanten Funden in Theben verbunden: dem einer unversehrten Begräbnisstätte aus dem Mittleren Reich sowie dem der ebenso intakten Grabkammer der Königin Mentuhotep, der Gattin Pharao Djehutis aus der 17. Dynastie.

Das Grab der Königin Mentuhotep

Das Grab der Königin Mentuhotep in Dra abu'l-Nega entdeckte Passalacqua irgendwann zwischen 1822 und seiner Abreise aus Ägypten 1825. Zuerst betreten hatten die Kammer einheimische Grabungsarbeiter, die mindestens ein wichtiges Stück entfernten, bevor Passalacqua den Fund zu sehen bekam. Was man ihm zeigte, waren die Mumie der Königin in ihrem Sarg und eine Kanopentruhe, die ursprünglich für ihren Gatten König Djehuti hergestellt worden war. Nach einem späteren Text auf der Vorderseite der Truhe wurde diese dann aber von Djehuti seiner Frau geschenkt und wahrscheinlich als Kosmetikbehälter benutzt. Diese Truhe wurde auf der Stelle mitgenommen und später mitsamt der restlichen Sammlung Passalacquas an das Ägyptische Museum in Berlin verkauft.

Den massiven Sarg der Königin, zu schwer oder auch zu unansehnlich, um die Mühe einer Entfernung zu rechtfertigen, ließ man vor Ort liegen. Hier untersuchte ihn 1832 John Gardner Wilkinson, der die hieratischen Inschriften – die ältesten heute bekannten Texte des *Totenbuchs* – sorgfältig kopierte. Der Sarg selbst ist inzwischen verschollen, aber die Abschriften befinden sich als Teil des Nachlasses Wilkinsons in der Bodleian Library in Oxford und im Britischen Museum (EA 10553).

Im Jahr 1996 hatte der Mentuhotep-Fund Giuseppe Passalacquas ein kurioses Nachspiel. Nach dem Tod eines englischen Privatsammlers kam die Existenz eines bis dahin unbekannten silbernen Diadems aus der Zeit der 17. Dynastie ans Tageslicht. Durch entsprechende Nachforschungen ließ sich das Stück auf die Ausgrabungen Anfang des 19. Jahrhunderts in der königlichen Nekropole von Dra abu'l-Nega in Theben zurückführen. Der Stil des wieder entdeckten Diadems ist ähnlich demjenigen des Königs Antef (Seite 32), das heute im niederländischen Leiden verwahrt wird. Dass aber das Diadem nicht nur eine, sondern zwei Uräus-Schlangen an der Stirnseite trägt, weist auf eine Königin – nicht einen König – als ursprüngliche Besitzerin hin; unter Berücksichtigung der möglichen Kandidatinnen schien es nun nicht unwahrscheinlich, dass dies eben Königin Mentuhotep war. Dann aber muss es sich bei dem Diadem um ein Stück handeln, das die ägyptischen Arbeiter seinerzeit aus dem Grab entfernten, bevor sie Passalacqua in die Kammer führten.

GIUSEPPE PASSALACQUA (1797 – 1865)

- Geboren 1797 in Triest.
- Kommt als Pferdehändler nach Ägypten; erkennt das Potenzial der Altertümer und beschließt, Ausgrabungen durchzuführen.
- Ausstellung seiner Sammlung in Paris 1826; Kauf der Sammlung durch den Louvre abgelehnt, die aber 1826 vom Ägyptischen Museum in Berlin erworben wird; Passalacqua wird 1827 Kustos in Berlin.
- Gestorben 1865 in Berlin.

Links Das Diadem der Königin Mentuhotep. Das Stück besteht aus Silber und ist mit einem für die Zeit der 17. Dynastie typischen in die Oberfläche getriebenen Korbmuster verziert. Die Uräus-Schlangen und die angefügten Streifen sind jedoch graviert – eines der frühesten Beispiele dieser Technik.

Unten Die bemalte Kanopentruhe aus Holz von König Djehuti, offenbar als Kosmetikkasten benutzt.

DIE GRABAUSSTATTUNG DER KÖNIGIN MENTUHOTEP

Rechteckiger Sarg, Holz, mit Inschriften (verloren)
Mumie (verloren)
Diadem mit doppelter Uräus-Schlange, Silber (Privatsammlung)
Kanopentruhe mit Kosmetikartikel (Äg. Museum Berlin 1179)
Truhe auf Podest, Schilf
Löffel, Holz
Behälter, Fayence
Behälter, Serpentin (1), Kalzit (5)
Pflanzenreste

Oben John Gardner Wilkinsons Aquarellskizze (heute in der Bodleian Bibliothek, Oxford) des Holzsargs der Königin Mentuhotep – eine wertvolle Aufzeichnung eines verlorenen Objekts.

Das Grab des Verwalters Mentuhotep

»4. Dezember [1823] … Kurz vor Sonnenaufgang rief mich Signor Passalacqua an die Stelle, wo er gerade arbeitete, um mir seine Funde zu zeigen. Er hatte bis in eine gewisse Tiefe gegraben und war auf den Eingang zu einer Grabkammer gestoßen … Hocherfreut durch seine Entdeckung stiegen er und die für ihn arbeitenden Araber hinab und traten mit Fackeln in den Händen in die Kammer …«
JOHN MADOX

Die bekannteste Entdeckung Passalacquas in Theben wurde nicht nur durch ihn selbst, sondern auch durch den ihn begleitenden englischen Reisenden John Madox dokumentiert. Madox beschreibt die Szene, die sich ihm beim ersten Blick in das Grab auftat:

»Die Kammer war geräumig, aber es gab nur einen großen Sarkophag, flankiert von zwei hölzernen Seitenfiguren mit Verzierungen an den Häuptern, und in einer Ecke war ein perfekt gearbeiteter verzinnter Ochsenkopf. Zu sehen waren auch zwei kleine Bootsmodelle, eines mit Ruderern, schön geschnitzt und mit

voller Takelage. Das andere Boot zeigte, wie Verstorbene auf dem Wasser zu ihrer Grabstätte gebracht wurden …«

Am nächsten Tag, an dem die eigentliche Räumung des Grabes begann, konnte John Madox seine Schilderung schließlich fortführen:

»Passalacquas Männer brachten den Sarkophag heraus, der wie eine große, lange Kiste aussah, eckige Enden hatte und ungewöhnlich im Vergleich zu den meisten anderen war. Man fand drei ineinander gesetzte Hüllen, was bei Mumien der ersten Ordnung üblich ist; sie waren eher ausgefallen als schön bemalt. Das Innere war mit einer Art Pergament ausgelegt, auf dem sich von einem Ende zum anderen hieroglyphische Zeichen befanden.«

Passalacqua hatte die unberührte Grabkammer eines Verwalters im Mittleren Reich gefunden, der zufällig den gleichen Namen trug wie die Besitzerin des ersten Grabes: Mentuhotep. Die des Verwalters war die erste Grabstätte des Mittleren Reichs, die in Theben freigelegt wurde. Später entdeckte man zwar zahlreiche ähnliche Gräber, aber zu diesem Zeitpunkt stellte der Fund eine derartige Novität dar, dass »ein Streit entstand zwischen Janni [Giovanni d'Athanasi, dem Agenten Henry Salts, Seite 32] und Passalacqua…, der sich schließlich von den Herren auf ihre Mitarbeiter übertrug, wobei einer der Leute Passalacquas die Auseinandersetzung eskalieren ließ, indem er einen von Jannis Männern tätlich angriff, worauf sich bald alle rüsteten.« – Anfang des 19. Jahrhunderts betrieb man die Ägyptologie offenbar mit sehr viel Leidenschaft.
Der Inhalt der neu entdeckten Grabkammer überstand glücklicherweise den Aufruhr und folgte schließlich seinem Entdecker nach Berlin, der dort in den Jahren 1826 und 1827 die ägyptische Sammlung betreute.

Rechts »Passalacquas Grabkammer« – das Frontispiz zum *Catalogue raisonné et historique des antiquités découvertes en Égypte*, der Veröffentlichung, mit der Passalacqua seine Funde in Paris zu vermarkten versuchte. In Frankreich zeigte man kein Interesse, aber 1826 ging die Sammlung – mitsamt dem Sammler – nach Berlin.

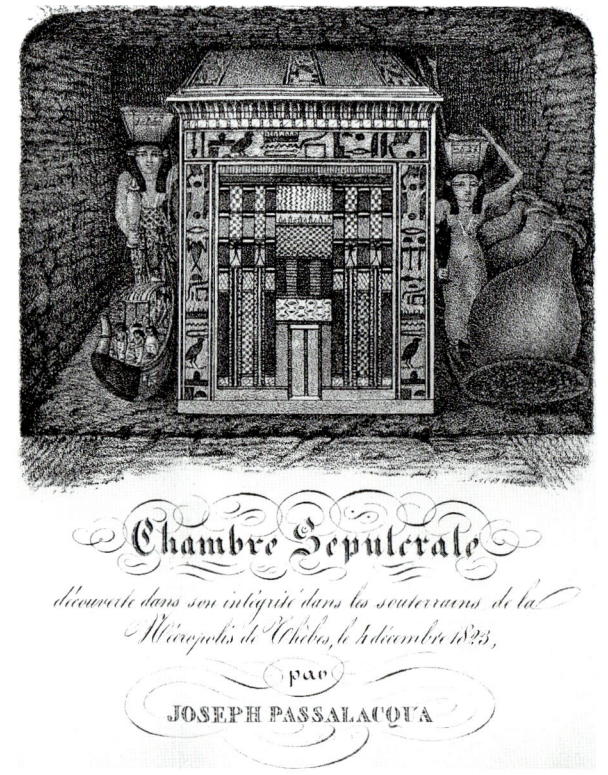

Chambre Sepulcrale

découverte dans son intégrité dans les souterrains de la Nécropolis de Thèbes, le 4 décembre 1823,

par

JOSEPH PASSALACQUA

1820er-Jahre
Die Papyri des Bernardino Drovetti

Der größte Konkurrent Henry Salts bei der Jagd nach Trophäen der ägyptischen Antike war der in Italien geborene Generalkonsul Frankreichs Bernardino Drovetti (oben). Die beiden Männer, mögen sie auch Rivalen gewesen sein, zeigten sich jedoch pragmatisch: Um Konflikte zu vermeiden, teilten sie das Land unter sich in zwei Grabungsbereiche auf. Abgesehen von gelegentlichen Anspielungen in zeitgenössischen Publikationen und einigen Briefen, gibt es heute kaum noch Informationsquellen über die Umstände der Funde Drovettis. Dieser Verlust wiegt um so schwerer, da der Konsul nicht nur eine der wichtigsten Figuren im Umfeld Muhammad Alis

sowie zugleich geistiger Vater der Modernisierung Ägyptens und des Kulturausstausches mit dem Westen war, sondern auch einer der erfahrensten Forscher, den das Land je gesehen hat. Er beaufsichtigte Ausgrabungen über eine längere Periode und zu einer Zeit, in der die Entdeckung intakter Gräber nicht selten war und viele der faszinierendsten Funde noch bevorstanden. Was damals der antike Reichtum des Landes zu bieten hatte, wird schon aus den prächtigen europäischen Sammlungen ägyptischer Kunst ersichtlich, an deren Aufbau Drovetti beteiligt war: diejenige in Turin (deren Grundstock Drovettis erste, an den König von Sizilien verkaufte Sammlung war), die im Louvre (aufbauend auf Salts und Drovettis zweiter Sammlung) und die in Berlin (erworben auf Veranlassung von Karl Richard Lepsius als Ergänzung der Stücke, die von Passalacqua und Baron von Minutoli stammten).

Die Turiner Sammlung ist besonders reich an dem empfindlichsten aller antiken Schätze, Papyri, von denen der erste große Fund Vivant Denon im Jahr 1799 gelungen war (Seite 16). Während der Denon-

Text eine Version des *Totenbuchs* darstellte, fanden sich unter den Papyri Drovettis Raritäten wie der Turiner Königspapyrus, ein antiker Plan der Grabanlage Ramses' IV. im Tal der Könige (unten) und eine Karte von Goldminen (oben), die alle aus Deir el-Medina stammten. Nach Meinung mancher Forscher waren diese Stücke – zu denen auch der berühmte juristische Papyrus, der eine Verschwörung gegen Ramses III. (P. Turin 1875) dokumentiert, sowie einige andere, später von Charles Harris (Seite 45) gekaufte Texte gehören – einst in demselben Staatsarchiv in Medinet Habu, dem Verwaltungszentrum im westlichen Theben am Ende des Neuen Reichs, aufbewahrt.

EIN GRABMAL FÜR DEN HELDEN:
GENERAL DJEHUTI

Datum
1824

Entdecker
Bernardino Drovetti

Ort
Sakkara

Periode
Neues Reich, 18. Dynastie,
Herrschaft Tuthmosis' III.
oder später,
nach 1479 – 1425 v. Chr.

4000
v. Chr.

3000
v. Chr.

2000
v. Chr.

1000
v. Chr.

0

700
n. Chr.

»Und er veranlasste, dass 200 Körbe, die er hatte anfertigen lassen, gebracht würden, und er veranlasste, dass 200 Soldaten sich in ihnen niederließen … Man sagte ihnen: ›Sobald ihr in die Stadt gelangt, sollt ihr … alle Personen, die sich in der Stadt aufhalten, festsetzen und ihnen sogleich Seilfesseln anlegen.‹«
DIE EINNAHME VON IOPPE

Bernadino Drovettis Ausgrabungen beschränkten sich nicht auf die fast unerschöpflichen archäologischen Schätze Thebens. Weitere reichhaltige Funde versprach Sakkara, die Nekropole der alten ägyptischen Hauptstadt Memphis. Hier betätigten sich Drovetti und seine Mitarbeiter mit größtem Erfolg und in Sakkara war es auch, wo Drovetti seine beeindruckendsten Entdeckungen machen sollte.

Die Ägypter waren ein stolzes Volk, das sich seiner militärischen Leistungen rühmte, mit denen es während der 18. Dynastie einen Großteil der antiken Welt dem eigenen Einfluss unterworfen hatten. Die Kriegsgewinne des Pharaos Thutmosis III., unter dessen Herrschaft das ägyptische Reich seine größte Ausdehnung erreichte, waren eine besondere Inspiration und fanden nicht nur in »historischen« Tempelinschriften zum Gefallen der Götter, sondern auch in der populären Volkskunst ihren Niederschlag.

Ein berühmtes literarisches Werk dieser Periode, bewahrt auf einem Papyrus des Britischen Museums (EA 10 060), berichtet von einem Ereignis während des Syrienfeldzugs Thutmosis' III. und ist heute als die *Einnahme von Ioppe* bekannt. Der Held dieser Geschichte ist Djehuti, ein General Thutmosis' III. Sein Coup bestand in der Eroberung des aufständischen antiken Jaffa im Süden Palästinas, indem er sich selbst und 200 Soldaten in Körben versteckt in die Stadt schmuggelte. Das Unternehmen wirkte derart überwältigend, dass es in der populären Überlieferung lange weiterlebte – und zwar als Geschichte von *Ali Baba und den 40 Räubern* aus *Tausendundeiner Nacht.* Diese raffinierte Kriegslist sicherte General Djehutis Ruhm als einer der großen Feldherren der Weltgeschichte und geradezu verblüffend erscheint, dass auch das Grabmal dieser historischen Figur bis in die Tage Bernardino Drovettis unversehrt geblieben war. Der Ägyptologe Joseph Bonomi berichtet im Jahre 1843 das, was ihm über die Entdeckung bekannt war:

Unten Statue Thutmosis' III., Pharao und Eroberer, unter dem General Djehuti diente.

Unten In Gold gefasster Skarabäus an seiner goldenen Originalkette aus dem Grab des Generals Djehuti. Die Unterseite zeigt einen Spruch aus dem *Totenbuch,* der vor dem Totengericht das Herz von einer Aussage gegen seinen Besitzer abhalten soll.

DIE GRAB-BEIGABEN DES GENERALS DJEHUTI

Kanopen,* Kalzit (4) (Florenz 2222 – 2225)

Salbenbehältnisse,* Kalzit (7) (Leiden AAL 37, L VIII 20; Louvre N1127; Turin 3225 – 3228)

Schalen,* Gold (1), Silber (1) (Louvre N 713, E 4886)

Schreibplatten,* Schiefer (1), Kalzit (1) (Leiden AD 39; Turin 6227)

Herzförmiger Skarabäus,* in Gold gefasster grüner Stein mit Goldkette (Leiden AO 1a)

Ring, Gold (Britisches Museum EA 71492)

Ring (?), Gold (Liverpool M 11437)

Armreif, Gold (Leiden AO 2b)

Dolch,* Bronze mit eingelegtem Holzgriff (Darmstadt Ae 1,6)

* Objekte, die Inschriften mit Namen und Titeln Djehutis tragen. Weitere Objekte, die möglicherweise dem Grab Djehutis entstammen, befinden sich in Bologna, Florenz, Leiden, London und Paris.

Oben Schale aus massivem Gold aus dem Grab Djehutis, auf der Innenfläche verziert mit Lotusblüten und Fischen. Den Rand schmücken die einzisellierten Namen und Titel des Besitzers und Hinweise auf seine Siege im Norden. Eine zweite, weniger gut erhaltene Schale besteht aus Silber.

Oben rechts Der goldene Ring, der sich seit einigen Jahren im Besitz des Britischen Museums befindet – ein spät aufgespürtes Einzelstück aus dem Grab des Generals. Der drehbare Stein trägt als Inschrift einen Namen Thutmosis' III. (Mencheperre).

»Im Winter des Jahres 1824 wurde in Sakkara ein Grab entdeckt, das eine vollständig in massives Gold eingehüllte Mumie (alle Gliedmaßen und jeder Finger hatten ihre eigene mit Hieroglyphen beschriftete Umhüllung), einen Skarabäus mit Goldkette, einen goldenen Ring und ein Paar goldene Armreife nebst anderen wertvollen Gegenständen enthielt.
Diese Zusammenstellung wurde den Grabungshelfern unter Stockschlägen ihrs Anführers Mohammed Defterdar Bei entrissen und auf diese Weise an Signor Drovetti (unter dessen Aufsicht die Ausgrabung stattfand) übergeben: der Skarabäus und die goldene Kette, ein Teil von der Umhüllung und die beiden Armreife, die heute im Museum in Leiden sind ...«

Rechts Einer der beiden im Grab Djehutis gefundenen goldenen Armreife – zweifellos ein Geschenk des Königs, dessen Kartusche er aufweist: Thutmosis III.

Unglücklicherweise teilten Drovetti und seine Helfer die Funde auf, ohne dass man Nachweise darüber geführt hätte, und der Ort des Grabes ist nicht mehr bekannt. So lässt sich aus der Masse von undokumentierten Grabbeigaben, die seinerzeit von Ägypten nach Europa gebracht wurden, heute nur ein kleiner Teil der Stücke aus dem Grab des Generals eindeutig identifizieren – und zwar größtenteils solche, die mit seinem Namen beschriftet sind. Diese wenigen Objekte (siehe Tabelle oben) zeigen aber ohne den geringsten Zweifel, dass die Ruhestätte des Generals herrschaftlich ausgestattet und bei ihrer Entdeckung noch gänzlich intakt war.

Bleibt nur die Hoffnung, dass das Grab – und damit vielleicht Stücke, die Drovetti zurückgelassen hatte – in künftigen Jahren wieder gefunden wird.

1827

DAS ERSTE UNVERSEHRTE KÖNIGSGRAB: PHARAO ANTEF VII.

1828: Die Metternich-Stele · 1828/29: Die französisch-italienische Expedition

Datum
1827

Entdecker
Ägyptische Ortsansässige

Ort
Theben (Dra abu'l-Nega)

Periode
Zweite Zwischenzeit,
17. Dynastie, um 1635 v. Chr.

Unten Begräbnisdiadem des
Königs Antef, schlicht gearbeitet
aus Blattsilber mit einer goldenen Kobra an der Stirn.

Das Jahr 1827 brachte die erste dokumentierte Entdeckung eines ägyptischen Königsgrabs, jenes des thebanischen Herrschers der 17. Dynastie Antef V. – auch wenn die Identität des Pharaos damals nicht klar war. Tatsächlich wurden die geschichtlichen Zusammenhänge erst acht oder neun Jahre später durch die Bemühungen von Giovanni d'Athanasi, der einige der gefunden Objekte erhalten hatte, erhellt. Athanasi beschreibt die Entdeckung durch Ortsansässige:

» … bei den Untersuchungen der Araber im Jahr 1827 … [wurde] im Berg … von
Dra abu'l-Nega [in Theben] ein kleines und separates Grab [freigelegt], das nur eine Kammer enthielt, in dessen Mitte ein Sarkophag stand, aus dem gleichen Stein gehauen und offensichtlich zur selben Zeit angefertigt wie die Kammer selbst … In diesem Sarkophag fand man [den Sarg Pharao Antefs V. und] seinen Körper so, wie er hineingelegt worden war. Sobald die Araber sahen, dass der Behälter reich verziert und vergoldet war, erkannten sie …, dass er einer Person von hohem Rang gehörte. Als sie daraufhin begannen, ihre Neugier zu befriedigen und den Sarg zu öffnen, bemerkten sie um den Kopf der Mumie ein Diadem, aus Silber und Mosaiken gearbeitet, dessen Mittelstück aus Gold gefertigt war und die Form einer Schlange, das Symbol der Königswürde, hatte. Im Behältnis lagen zwei Bogen und sechs Pfeile neben dem Körper …
Die Araber … fingen … sogleich an, die Mumie aufzubrechen, um an die Schätze zu gelangen, die sie vielleicht enthielt, doch die einzige Informationen, die ich über die von ihnen gefundenen Stücke zusammentragen konnte, ist die, dass der Skarabäus … ohne die Begleitung weiterer Ornamente auf der Brust lag. «

GIOVANNI D'ATHANASI
(JANNI ATHANASIOU)
(1798 – 1854)

- Geboren 1798 auf der griechischen Insel Lemnos.
- Geht 1809 zu seinem Vater, einem Kaufmann, nach Kairo; Diener des britischen Generalkonsuls Ernest Missett in Ägypten 1813 – 1815 sowie dessen Nachfolgers Henry Salt 1815 – 1817; ist Letzterem und dessen Nachfolger, John Barker, bei ihrer Suche nach Altertümern behilflich.
- Bis 1835 selbstständiger Sammler; verkauft seine Sammlung auf drei Auktionen 1836, 1837 und 1845 in London.
- Erfolgloser Kunsthändler 1849/50, London.
- Gestorben am 19. Dezember 1854 in London.

Trotz der Detektivarbeit d'Athanasis geriet der historische Zusammenhang des Fundes beinahe sofort in Vergessenheit, aber auf Grund ihres besonderen Charakters konnten die wichtigsten Teile des Ensembles später wieder identifiziert werden. Der Sarg des Königs, vorerst ohne geschichtliche Bedeutung (und besetzt von einem neuen, weiblichen Leichnam), gelangte 1835 über Henry Salts dritte Auktion bei Sotheby's ins Britische Museum (Britisches Museum, Nr. EA 6652). Mit ihm auf die Reise gegangen war der Skarabäus eines Königs namens Sebekemsaf (EA 7876) – offenbar dasselbe Stück, das d'Athanasi erwähnt. Das Diadem kam ein Jahr nach seiner Entdeckung auf separatem Weg nach Europa. Es befindet sich heute im Rijksmuseum van Oudheden in Leiden (AO11a).
Im Jahr 1860 bestimmte zunächst Auguste Mariette (Seite 40) die Lage des Grabes. 1919 wurde dann der Ort von Herbert Winlock (Seite 156) noch einmal lokalisiert, und zwar nahe einer Privatgruft aus der Zeit der Ramessiden. Hierbei handelt es sich mit ziemlicher Sicherheit um das Grab des Opferaufsehers Iuroi, das in einem Inspektionsbericht der Nekropole aus dem Jahr 16 der Herrschaft Pharao Ramses' IX. genannt wird. Das Schriftstück berichtet von einem gescheiterten Versuch von Grabräubern, durch die Gruft Iurois hindurch in das Grabmal Pharao Antefs V. vorzustoßen. Der König war noch einmal davongekommen und von dieser Zeit an über viele Jahrhunderte bis zum Jahr 1827 in seiner Ruhestätte ungestört geblieben.

Unten Als der Sarg Antefs in London eintraf, war dieser in Gold eingefasste grüne Skarabäus ein Teil der Lieferung. Auch wenn d'Athanasi ihn mit dem Grab in Verbindung brachte, weist eine Inschrift auf der Unterseite auf den früheren König Sebekemsaf.

Linke Seite Antefs gekalkter und vergoldeter Holzsarg. Die lebensechten Augen sind mit Kalzit und Obsidian ausgelegt und in einer Kupferlegierung gefasst. Zwar war der ursprüngliche Leichnam bei der Ankunft in London verschwunden, aber Reststücke von Leinen und Papyrus klebten noch an dem Harz im Inneren.

1828
Die Metternich-Stele

»Während der Herrschaft Nektanebos' II., des letzten der Pharaonen, besuchte ein Priester namens Nesatum … die Gräber der dem Atum heiligen Stiere von Mnevis in Heliopolis. Nesatum war ein Mann mit einer Vorliebe für Altertümer … und besaß offenbar auch die Mittel, diese Vorliebe zu pflegen. Er bemerkte bestimmte ›Texte‹ unter den Inschriften der Nekropole, die ihm besonders zusagten, und gab Anweisung, sie für ein Monument zu kopieren, das er zu Ehren von Mnevis und dem Pharao aufstellen wollte … «
NORA SCOTT

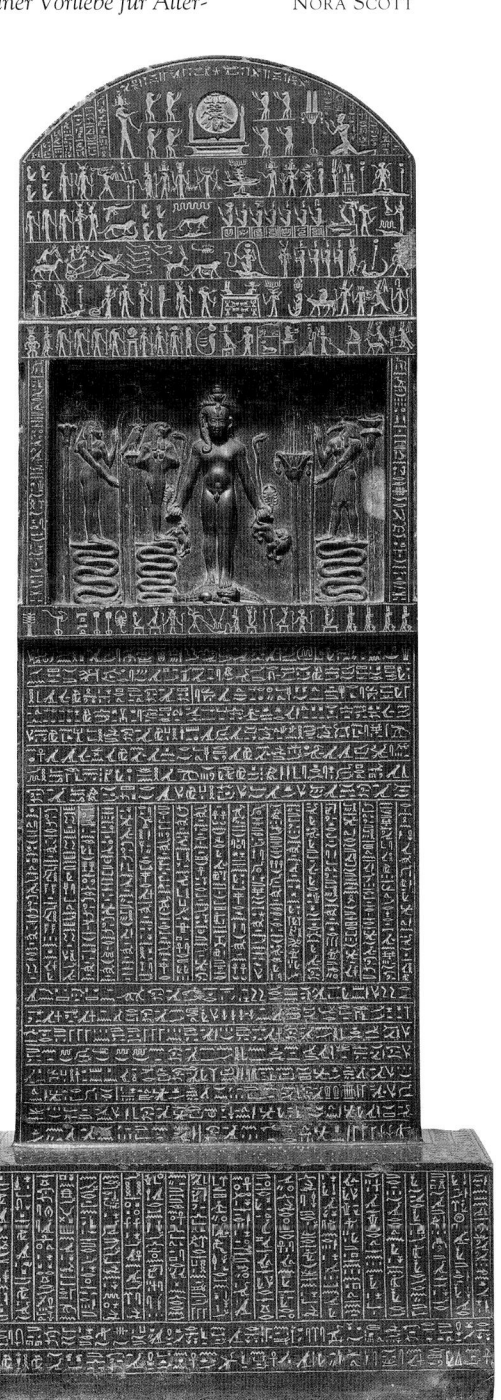

Das greifbare Ergebnis von Nesatums Frömmigkeit war eine große, elegante Grauwacke-Stele, die vermutlich Mitte des 4. Jahrhunderts v. Chr. in Heliopolis errichtet wurde. In griechisch-römischer Zeit hat man sie dann nach Alexandria gebracht. Jahrhunderte später, im Jahr 1828, wurde das Ehrenmal des Nesatum beim Bohren eines Brunnens für ein Franziskanerkloster aus der Erde geborgen, und zwar erstaunlicherweise in seinem Originalzustand. Nachdem Muhammad Ali die Stele dem österreichischen Kanzler Fürst Metternich zum Geschenk gemacht hatte, wurde das Stück noch einmal verfrachtet – dieses Mal nach Schloss Metternich in Böhmen. 1950 erstand dann schließlich das New Yorker Metropolitan Museum of Art die Metternich-Stele, wie sie heute allgemein genannt wird (MMA 50.58). Ursprünglich diente die Stele dazu, magischen Schutz vor wilden Tieren zu bieten. Die Gestaltung dominiert ein in den Stein eingelassenes Relief von Horus dem Kind, wie er verschiedene böswillige Tiere besänftigt; die restliche Fläche ist vollständig bedeckt mit Zaubersprüchen. Über diese Inschriften gegossenes Wasser nahm deren Kraft auf und konnte medizinisch genutzt werden, wie die Texte besagen, »um den Schlund jedes Reptils im Himmel, auf Erden oder im Wasser zu schließen«. Für bereits Betroffene war der Zauber ebenso wirkungsvoll:

»Fließe hinaus, Gift … Es ist Horus, der dich austreibt; er schneidet dich in Stücke, er speit dich aus … Steht auf, ihr Gequälten – Horus hat euch zurück ins Leben geholt; er, der neugeboren ist, ist selbst hervorgekommen und hat seine Feinde, die stechen, niedergeworfen …«

Derartige Gefahren waren im alten Ägypten allgegenwärtig und ähnliche kleinere Stelen mit weniger Text waren im Land weit verbreitet und galten seit der Zeit der 25. Dynastie als notwendige häusliche Einrichtungsgegenstände. Die Metternich-Stele Nesatums ist jedoch bei weitem das größte und schönste Monument seiner Art und ebenso das mit der umfassendsten Sammlung von Zaubersprüchen. Durch seine Errichtung hat der Priester Nesatum einen einzigartigen Dienst an der Öffentlichkeit geleistet; hoffentlich wurde ihm – als Gegenleistung der Götter, in deren Macht er so viel Vertrauen setzte – sein Wunsch nach einem langen und glücklichen Leben gewährt.

33

1828/29
Die französisch–italienische Expedition

»Auf dieses schon von muslimischen Verwüstungen und europäischer Gewinnsucht so ausgebrannte Ägypten hat sich nun auch die Gelehrtengemeinde wie eine Invasion von Barbaren gestürzt, um das wenige fortzutragen, das von den bewunderungswürdigen Monumenten noch übrig geblieben ist.«
ÉMILE
PRISSE D'AVENNES

Die rücksichtslose Ausbeutung der antiken Vergangenheit Ägyptens durch Schatzjäger wie Drovetti, Salt und Belzoni erwies sich glücklicherweise als vorübergehende Erscheinung, und ein Neuanfang mit sorgfältigeren Untersuchungen und Dokumentationen war bereits in Sicht.

Dieser Neuanfang begann 1821 mit der Ankunft von John Gardner Wilkinson, James Burton und Robert Hay, die von Mitte der 1820er- bis Mitte der 1830er-Jahre in Ägypten forschten. Ihr Interesse konzentrierte sich weniger auf den Abtransport ihrer Funde, sondern auf die wissenschaftliche Beschäftigung mit ihnen vor Ort.

In den Jahren 1828 und 1829 wurde außerdem unter der gemeinsamen Führung von Champollion und dem Italiener Ippolito Rosellini im Geiste der napoleonischen Expedition ein ähnlich angelegtes Forschungsunternehmen in die Tat umgesetzt. Einer der Teilnehmer des Unternehmens war der junge Künstler Nestor L'Hôte, dessen Arbeit später bedeutenden Einfluss auf die ägyptische Archäologie haben sollte (Seite 40). Mit dabei war auch Alessandro Ricci, der Belzoni 1817 bei dessen unbeholfener, aber ernsthafter Dokumentation des Grabmals Sethos' I. unterstützt hatte. Neuentdeckungen kamen nur wenige zum Vorschein, doch Champollion und seine Kollegen hatten sich auch die Erforschung der bereits bekannten Monumente zum Hauptziel gemacht. Dennoch konnte es wohl nicht ausbleiben, dass man einige Souvenirs von der Reise zurückbrachte, darunter zwei Wandreliefs aus dem Grab Sethos' I. (Seite 21), die jedoch, so der Franzose, lediglich zum Zweck ihrer Erhaltung entfernt wurden.

Unten Die französisch-italienische Expedition in Luxor auf einem Gemälde von Giuseppe Angelelli. In der Mitte der bärtige Champollion mit Ippolito und Gaetano Rosellini.

JUWELEN AUS MEROE:
DER FERLINI-GOLDSCHATZ

1837: Howard Vyse und die Aufsprengung der Mykerinospyramide
1842–1845: Lepsius und die preußische Expedition

Datum
1834

Entdecker
Giuseppe Ferlini und
Antonio Stefani

Ort
Meroe (Nordfriedhof,
Beg-Pyramide N6)

Periode
Spätes 1. Jahrhundert v. Chr.

»Der Fund von Ferlini steckt hier allen Leuten noch im Kopfe und hat seitdem schon mancher Pyramide den Ruin gebracht. In Chartûm war man auch voll davon und mehr als ein Europäer, auch der Pascha selbst, dachten noch dort Schätze zu finden.«
KARL RICHARD LEPSIUS

Nubien, das alte Kusch, südlich von Ägypten war das Tor ins Innere Afrikas und zugleich eine bedeutende Quelle von Gold und anderen Kostbarkeiten wie Elfenbein und Tierhäuten. Schon seit dem Alten Reich zeigten die Ägypter größtes Interesse an dem Land jenseits des Ersten Katarakts, das nach gelegentlicher Ausbeutung schließlich vom Neuen Reich vollkommen annektiert, und einem Vizekönig in Anika unterstellt und weitgehend ägyptisiert wurde. Als dann um das Jahr 1000 v. Chr. die ägyptische Herrschaft über Nubien zusammenbrach, konnte sich die landeseigene Kultur selbstständig weiterentwickeln – und zwar mit höchst eindrucksvollen Ergebnissen.

GIUSEPPE FERLINI
(um 1800–1870)

- Geboren um 1800 in Bologna.
- Oberstabsarzt der ägyptischen Armee im Sudan, 1830.
- Quittiert 1834 den Dienst, um mit Antonio Stefani in Meroe Ausgrabungen zu tätigen; die Funde werden verkauft und befinden sich heute in Berlin und München.
- Gestorben am 29. Dezember 1870 in Bologna.

4000 v. Chr.

3000 v. Chr.

2000 v. Chr.

1000 v. Chr.

0

700 n. Chr.

Rechts Restauriertes Kollier aus Stein, Fayence und Glas der Königin Amanischacheto aus dem Ferlini-Goldschatz. Das Schmuckstück zeigt abgewandelte, aber gut bestimmbare Formen dynastischer Amulette aus Ägypten.

Unten Ring mit dem perlenbehangenen, gekrönten Kopf eines Widders, der traditionellen tierischen Verkörperung des Amun, auf dem schildförmigem Aufsatz.

Unten Einer der emaillierten goldenen Armreife der Königin. Der Verschluss zeigt die Göttin Mut, Begleiterin des Amun.

Oben Eingangstor zur Pyramide der Königin Amanischacheto. Die 1844 von Ernst Weidenbach geschaffene Zeichnung ist ein Beispiel der herausragenden Präzisionsarbeit der von Lepsius geleiteten preußischen Expedition (Seite 37).

In den frühen Perioden des kuschitischen Königreichs lagen das religiöse Zentrum und die wichtigste Begräbnisstätte in Napata, wo sich heute ein Ruinenfeld mit mehreren archäologischen Grabungsstätten befindet (Seite 147). Seit dem vierten vorchristlichen Jahrhundert übte aber Meroe, am Ostufer des Nils, etwa 200 Kilometer nordöstlich von Khartum, den größten Einfluss aus. Im 3. und 4. Jahrhundert v. Chr. wurden hier mehr als 40 nubische Könige und Königinnen beerdigt und mit ihnen Hunderte ihrer geopferten Sklaven. Und in Merve war es auch, wo Giuseppe Ferlini auf vergrabene Schätze stieß.

Ferlini war ein italienischer Arzt in Diensten der ägyptischen Besatzungstruppen im Sudan, der immer mehr von der Idee besessen war, die zahllosen antiken Orte am oberen Nil auszugraben. Nachdem er im Jahr 1834 schließlich den Militärdienst quittiert hatte, tat er sich mit dem in Khartum ansässigen albanischstämmigen Kaufmann Antonio Stefani zusammen. Nach mehreren ergebnislosen Erkundungen kamen die beiden auf ihrem Weg den Fluss hinab schließlich nach Meroe.

Ferlini konzentrierte sich bei seiner Suche nach Wertvollem zunächst auf die kleineren Pyramiden der Totenstadt – in der Praxis kamen seine Ausgrabungen jedoch eher einer Verwüstung gleich. Als ihm dabei kein Glück zuteil wurde, wandte er sich einem der größten Grabmonumente des Nordfriedhofs zu – der gut erhaltenen Pyramide der Königin Amanischacheto (Begarawija-Nord 6). Heute wissen wir, dass Amanischacheto den Titel »kandake« trug und daher als Mutter des Königs ihre eigene Herrschaft ausübte; somit war sie eine wichtige Persönlichkeit, die in großem Stil beigesetzt wurde.

Ferlini ließ die Pyramide von oben – Block für Block – abtragen und schon bald erschien eine undichte Stelle. Der Italiener schreibt von der Öffnung der Pyramide:

»Die freigelegte Öffnung bestand aus fehlerhaft verlegten Steinen und erlaubte uns einen Blick auf den Innenraum und seinen Inhalt ... Wir ließen die oberen großen Blöcke

1837
Howard Vyse und die Aufsprengung der Mykerinospyramide

Der Italiener Belzoni war nicht der einzige Europäer seiner Zeit, der ein Interesse am Pyramidenfeld von Giseh zeigte (Seite 23).

1837 führte der britische Offizier Richard William Howard Vyse mit dem Bauingenieur John Shae Perring intensive Forschungen an der Cheops- und der Chephrenpyramide durch, gemessen an ihren Zerstörungen allerdings mit dürftigem Ergebnis. Die dritte Pyramide, die des Königs Mykerinos, in die sich die »Forscher« den Weg mit Schwarzpulver freisprengten, erwies sich als ergiebiger. In der Grabkammer (links) befand sich

ein Basaltsarkophag, der jedoch beim Untergang des Transportschiffs auf dem Weg nach England verloren ging. Man fand auch Teile eines Holzsargs (rechts) von der Umbettung des Königs während der 26. Dynastie (Britisches Museum EA 6647) sowie die Überreste eines menschlichen Körpers (Britisches Museum EA 18212), die zunächst Mykerinos zugeordnet wurden, heute aber als wesentlich jünger gelten.

DIE PYRAMIDEN VON GISEH VOR HOWARD VYSE

Pyramide	Bekannte innere Bereiche
Cheopspyramide	Alle, mit Ausnahme des ersten Entlastungsraums über der königlichen Grabkammer
Chephrenpyramide	Nur oberer Gang
Mykerinospyramide	Keine

1842 – 1845
Lepsius und die preu-ßische Expedition

Die von König Friedrich Wilhelm IV. finanzierte und von dem Begründer der deutschen Ägyptologie Karl Richard Lepsius geführte preußische Expedition verfolgte die gleichen hochgesteckten Ziele wie die französisch-italienische (Seite 34) – und ihre Bilanz fiel dabei sogar noch erfolgreicher aus. Das von Lepsius in zwölf Bänden verfasste, auf den Expeditionsergebnissen beruhende Werk *Denkmäler aus Aegypten und Aethiopien* (1849–1859) gilt heute noch als grundlegend. Wie ihre Vorgänger kehrten die Preußen ebenfalls nicht mit leeren Händen zurück: Ihr Reisegepäck wölbte sich auf Grund der Last von 15 000 Artefakten, darunter eine Säule aus dem von Unglück verfolgten Grabmal Sethos' I. (Seite 21) sowie Teile einer gekachelten Mauer aus der Stufenpyramide des Pharaos Djoser (Seite 169), ein Geschenk von Muhammad Ali als Dank für ein Porzellanservice, das er vom preußischen König erhalten hatte. Auf dem Gemälde von Georg Frey (rechts) feiern die Expeditionsteilnehmer auf der Cheopspyramide den Geburtstag des Königs.

entfernen, worauf sich eine rechteckige Kammer auftat … von etwa fünf Fuß Höhe und sechs oder sieben Fuß im Quadrat. Das Erste, was wir sahen, war ein großes Objekt, …bedeckt mit einem weißen Tuch, das schon bei der ersten Berührung in Fetzen zerfiel. Darunter erschien ein Bett oder eine Totenbahre in viereckiger Form …Auf dem Boden der Kammer …lagen Stücke von Glasmasse und an Schnüren zu Ketten zusammengebundene Steine, auch Amulette, kleine Götzenfiguren, ein Metallbehälter …und verschiedene andere Objekte … Ich sammelte alles, was ich fand, zusammen, packte es in Ledertaschen und versteckte so das Gold vor den Arabern … «

In der relativen Sicherheit ihres Zeltes untersuchten Ferlini und Stefani ihren Fund. Ferlinis »Seele füllte sich mit Freude«: »Ich bestaunte die Goldarbeiten, und als ich die große Menge davon betrachtete, wurde mir bewusst, dass sie bei weitem diejenige übertraf, die sich meines Wissens nach in sämtlichen Museen Europas zusammen befand …«
Nach einer Ausstellung der Funde in Europa im Jahre 1837 kaufte der bayerische König und leidenschaftliche Antikensammler Ludwig I. 1840 eine Auswahl der Stücke dem Entdecker Ferlini ab und holte sie nach München; den Rest erstand vier Jahre später auf Empfehlung von Karl Richard Lepsius das Ägyptische Museum in Berlin.
Seit seiner Entdeckung ist der Ferlini-Goldschatz ein Anlass für Kontroversen gewesen. Früher waren viele der Meinung, bei den Juwelen müsse es sich auf Grund ihrer minderwertigen Formen und der schlichten Verarbeitung um Fälschungen handeln. Heutige Debatten kreisen jedoch nicht mehr um ihre inzwischen unbestrittene Authentizität

als vielmehr um ihren gesamten Kontext. – Das Problem besteht darin, dass der zerstörte Teil der Pyramide Amanischachetos zu klein war, um eine Kammer mit den von Ferlini beschriebenen Dimensionen aufzunehmen. Tatsächlich spricht vieles für die Argumentation der Forscher Yvonne Markowitz und Peter Lacovara, dass Ferlini in Wirklichkeit seine Spuren verwischen wollte und nicht in der Pyramidenspitze auf die Juwelen der Königin gestoßen war, sondern in der darunter liegenden unterirdischen Grabkammer, von deren Existenz die Gelehrtenwelt erst 1921 durch die Ausgrabungen von George A. Reisner erfuhr, bei denen Fragmente eines bemalten Leichentuchs aus Leinen und weitere Juwelen zutage gefördert wurden, die man mit Ferlinis Goldschatz in Verbindung brachte.

Unten Die Pyramide der Königin Amanischacheto im Jahr 1821 (Darstellung aus Frédéric Cailliaud: *Voyage à Meroe*). Die Spitze war bereits vor Ferlinis Ankunft beschädigt.

1850–1881
TEIL 11
DIE ERSTEN ARCHÄOLOGEN

*»Die Interessen der … Wissenschaft verlangen nicht, dass die Aus-
grabungen abgebrochen, … sondern dass sie Regeln unterworfen werden
dergestalt, dass die Erhaltung der heute und in Zukunft entdeckten
Gräber vor den Schlägen von Ignoranz und blinder Habgier geschützt
und gesichert bleibt.«*

JEAN FRANÇOIS CHAMPOLLION

Mitte des 19. Jahrhunderts hatten einige Weitsichtige bereits bemerkt,
dass das Erbe des antiken Ägypten eine keineswegs unerschöpfliche
und zudem rasch dahinschwindende Quelle darstellte. Die Monumente des Landes befanden sich im Belagerungszustand der unge-
bändigten Leidenschaft von Drovetti, Salt und anderen.

Vieles, was Jahrtausende überdauert hatte und einer Erhaltung bedurft
hätte, ging in wenigen Jahrzehnten verloren.

Besserung war aber in Sicht: Die Bemühungen Champollions hatten
1835 zu einem Regierungserlass geführt, durch den eine Altertümerverwaltung ins Leben gerufen wurde. Doch erst 1850 begann man mit
der Ankunft eines weiteren Franzosen in Kairo – Auguste Mariette –
die anerkennenswerten Pläne der Behörde in der Praxis durchzusetzen.
Mariette sollte der erste tatsächliche Bewahrer der Monumente werden und für die kommenden 30 Jahre die treibende Kraft der ägyptischen Archäologie.

Die zahllosen bedeutenden Entdeckungen und Ergebnisse Mariettes
während seiner Reisen durch das Land wurden zur Sicherung und weiteren Erforschung in einem ägyptischen Nationalmuseum untergebracht,
dessen Gründung sein größtes Ziel und sein höchster Verdienst war.

Auch wenn damit die Zukunft vielversprechend aussah, befand sich
die Archäologie doch noch in ihren Anfängen. Aber zumindest sollten
Verluste – oft durch die nur wenig entwickelten Techniken
der Zeit verursacht – nun nicht mehr mit der persönlichen Bereicherung Einzelner zusammenhängen.

Goldener Brustschmuck (Detail)
des Apis VII., den Auguste
Mariette bei seinen Ausgrabungen fand.

DIE GRÄBER DER APIS-STIERE: AUGUSTE MARIETTE UND DAS SERAPEION

1850: Der sitzende Schreiber vom Louvre

Datum
1851

Entdecker
Auguste Mariette

Ort
Sakkara (Serapeion)

Periode
Neues Reich, 18. Dynastie – Ptolemäerzeit, 1391–30 v. Chr.

Unten Die Suche nach dem Serapeion: Mariettes Ausgrabungen in vollem Gang auf einer Illustration aus seiner Veröffentlichung über die Arbeiten. Ein tiefer Graben mit dem 135. Sphinx auf dem Grund durchschneidet die von Strabon beschriebene alte Prozessionsroute.

»Ebenso schlägt M. Mariette vor, Ausgrabungen an bestimmten, bisher nur ungenügend erforschten Orten in Ägypten zu unternehmen, um unser Museum mit dem praktischen Ertrag seiner Nachforschungen zu bereichern.«

CHARLES LENORMANT

Als Auguste Mariette 1821 im französischen Boulogne-sur-Mer zur Welt kam, lag die Veröffentlichung von Belzonis *Narrative* zwar bereits ein Jahr zurück, doch erst Mariette sollte es sein, der die Erforschung des alten Ägypten endlich auf eine systematische Grundlage stellte. Mariette entdeckte sein Interesse für die Geschichte des Landes durch die eher zufällige Bekanntschaft mit den Schriften und Zeichnungen von Nestor L'Hôte. L'Hôte hatte 1828 die Expedition von Champollion und Rosellini begleitet (Seite 34) und, als Mariette dessen Aufzeichnungen Seite um Seite aufsog, sprang die Begeisterung des Autors auf ihn über.

Von seiner neuen Leidenschaft in den Bann gezogen, begann Mariette mit ernsthaften Studien und erhielt schließlich 1849 eine Stelle im Louvre. Ein Jahr danach, im Alter von 28, fand er sich dann in Kairo wieder – im Auftrag der Bibliothèque nationale, die ihn in einem Anfall gekränkten Nationalstolzes auf die Suche nach koptischen Texten geschickt hatte, die den entsprechenden Neuakquisitionen des Britischen Museums ebenbürtig sein sollten.

Und Auguste Mariettes Ägyptenbesuch wurde tatsächlich bemerkenswert. Allerdings trat die Suche nach koptischen Texten schnell in den Hintergrund, als Mariette das legendäre Serapeion, die Begräbnisstätte der als göttlich verehrten Apis-Stiere, entdeckte. Dies war der bedeutendste Fund seit der Entdeckung des Grabmals Sethos' I. (Seite 21). Und für Ägypten bedeutete er den Beginn eines staatlichen Programms zur Ausgrabung, Rettung und Erhaltung seiner Altertümer. Die Suche nach historischen Objekten für die Sammlung des Louvre war ebenso Ziel der sechsmonatigen Mission Mariettes in Ägypten, wenn auch zunächst nur ein untergeordnetes, doch die Weigerung des koptischen Patriarchen, sich von weiteren kostbaren Texten zu trennen, gab dem Franzosen nun Gelegenheit, seine Energie gänzlich auf jene Aufgabe zu konzentrieren.

Mariette beschloss, auf der großen Begräbnisstätte in Sakkara zu beginnen, dem angeblichen Herkunftsort einer Reihe von Sphinxen, die ihm kurz nach seiner Ankunft in Kairo und Alexandria aufgefallen waren:

»Eines Tages, als ich mit dem Zollstock in der Hand durch die Nekropole ging und versuchte, Klarheit in meine Pläne von den Gräbern zu bringen, fiel mein Blick auf einen weiteren dieser Sphinxe ... Auch wenn er zu drei Vierteln vergraben war, befand sich der Sphinx doch offensichtlich noch an seinem ursprünglichen

FRANÇOIS AUGUSTE FERDINAND MARIETTE (1821 – 1881)

- Geboren am 11. Februar 1821 in Boulogne-sur-Mer.
- Französischlehrer in Stratford, England, 1839/40.
- Studium der Philologie, Douai, 1841; Dozent für Französisch, Collège de Boulogne, 1843.
- Beginn ägyptologischer Studien mit 21 Jahren.
- Arbeitsstelle im Louvre 1849.
- Besuch Ägyptens zur Suche nach koptischen Manuskripten.
- Entdeckung des Serapeions 1850 und des Taltempels von Chephren, Giseh, 1853; Ausgrabungen in Sakkara, Giseh, Theben, Abydos und auf Elephantine.
- Konservator am Louvre 1855 – 1861.
- Berufung zum ersten Direktor der ägyptischen Altertümerverwaltung 1858; Durchführung umfangreicher Ausgrabungen, vor allem vor 1863.
- Entdeckung des Ahhotep-Schatzes 1859.
- Erstes ägyptologisches Museum Ägyptens in Bulaq 1863.
- Tod der Ehefrau durch Cholera 1865.
- Schreibt einen Teil des Librettos von Verdis Oper *Aida*, Erstaufführung 1871 in Kairo.
- Gestorben am 18. Januar 1881 in Bulaq; heute auf dem Gelände des Kairoer Museums beigesetzt.

4000 v. Chr.

3000 v. Chr.

2000 v. Chr.

1000 v. Chr.

0

700 n. Chr.

*Aufstellungsort ... Die Herkunft der Sphinxe ...
jener Sammler in Kairo und Alexandria war geklärt.«*

Die Erwähnung bei Strabon, dem griechischen Geographen und Geschichtsschreiber des 1. Jahrhunderts v. Chr., von einer Allee aus Sphinxen, die zu dem berühmten Serapeion führte, war Mariette wohl bekannt. Hier sollten die heiligen Apis-Stiere begraben sein – ein Ort, den schon viele, darunter auch die Expedition Napoleons (Seite 14), vergeblich gesucht hatten. Diese Sphinxe schienen der Hinweis zu sein, den alle übersehen hatten, und Mariette beschloss, die Theorie zu prüfen.

Es dauerte nicht lange und die eilig zusammengestellte Truppe von Ausgrabungsarbeitern hatte über hundert weitere, einen langen Prozessionsweg säumende Sphinxe freigelegt. In den folgenden Wochen verlängerte sich die Allee beständig, bis sie schließlich vor einem verschütteten Tempelhof endete.

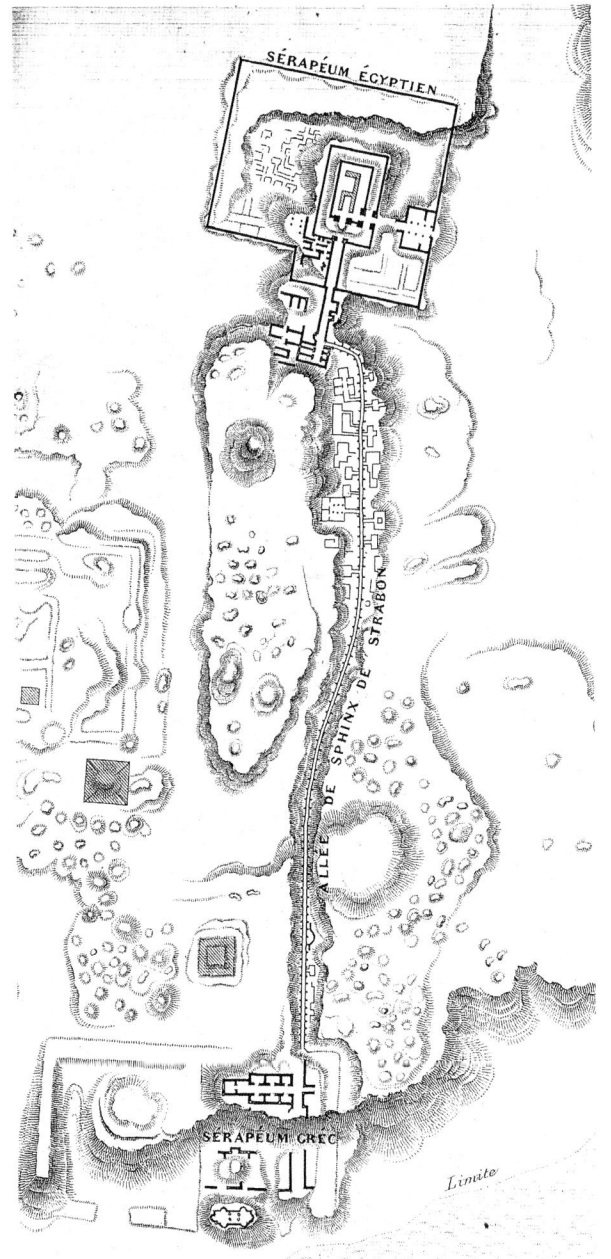

Links Einer der Kalksteinsphinxe, die Mariette schließlich den Weg zu dem verborgenen Heiligtum in Sakkara wiesen – ein Löwenrumpf mit Königshaupt.

Die Inschriften des neu entdeckten Tempels zeigten, dass er dem Gott Osiris-Apis geweiht war, dem toten heiligen Stier des Ptah. Als die Grabungen dann weitergingen, kam allmählich ein gepflasterter und ummauerter Prozessionsgang zum Vorschein, der direkt zu dem Serapeion-Tempel selbst führte.

Stierbestattungen und das Grab des »Chaemwese«

Beinahe ein Jahr nachdem Mariette mit der Suche begonnen hatte, konnte er endlich, am 12. November 1851, die Katakomben unter diesem Tempel betreten. Die offizielle Öffnung fand drei Monate später statt, nachdem Mariette die bedeutendsten Funde entfernt hatte. Der ägyptische Herrscher Pascha Abbas zeigte großes Interesse an derartigen Entdeckungen, allerdings hauptsächlich zur späteren Verwendung als Bestechungsgaben und Präsente für finanzkräftige Besucher – eine Bestimmung, die Mariette den Objekten unter allen Umständen ersparen wollte.

Die unterirdischen Bereiche des Serapeions bestanden aus einer langen, mit Stelen ausgeschmückten Galerie, die von einem gewaltigen Sandsteinportal verschlossen war. Seitenkammern enthielten insgesamt 24 herrliche Granitsarkophage mit einem Gewicht von jeweils bis zu 65 Tonnen; die riesigen Särge waren zwischen dem Jahr 52 der Herrschaft Psamtiks I. (26. Dynastie) und dem Ende der Ptolemäerzeit entstanden und für die Mumien der Apis-Stiere bestimmt – den irdischen Inkarnationen des Stadtgottes von Memphis. Nur drei der schweren Stiersarkophage trugen Inschriften, nämlich die Namen von Amasis und Kambyses sowie die Kartusche von Chababasch, Ägyptens letztem einheimischem Herscher vor dem kurzen Wiederauftauchen der Perser und der Ankunft Alexanders des Großen. Alle Sarkophage waren schon in der Antike geleert worden. 1852 fand man jedoch weitere Galerien mit

Links Ein Plan aus dem Ausgrabungsbericht Mariettes zeigt das Serapeion, wie es durch seine Ausgrabungen freigelegt worden war.

ähnlichen in den Stein gehauenen Grabkammern, den »Nebenkammern«. Diese bargen hölzerne Stiersärge aus der Zeit zwischen dem 30. Jahr der Herrschaft von Ramses II. und der 22. Dynastie. Und in einer dieser Kammern war ein Grab aus dem Jahr 55 der Herrschaft Ramses II. auf wundersame Weise unversehrt geblieben.

Die Entdecker – und nach ihnen ebenso viele andere Ägyptologen – glaubten auf Grund der Inschriften, die Chaemwese, den Sohn Ramses' II., nennen (Seite 57), dass der Sarg die sterblichen Überreste eines Menschen enthielt. Doch Äußerlichkeiten können auch täuschen: Trotz der namentlich gekennzeichneten Schmucksteine und einer anthropomorphen Maske war das, was Mariette gefunden hatte, keineswegs menschlichen Ursprungs, sondern ein vollständiger, wenn auch weitgehend zersetzter Stierleichnam – und zwar der von Apis XIV. Zudem tragen der Skarabäus, das Amulett und die 18 menschenköpfigen Grabfiguren, die dem Leichnam beigelegt waren, alle die Inschrift »Osiris-Apis«.

Ganz oben Die unterirdischen »Hauptkammern« des Serapeions. Bei den Sicherungsarbeiten fühlte sich Mariette durch Tausende von Touristen offensichtlich extrem gestört: »…diese Besuche sind unvorstellbar lästig. Die achte Plage Ägyptens.«

Oben Inschriften auf einem Sargdeckel für die Bestattung eines der Apis-Stiere. Diesen Deckel ließ man in der Zeit des persischen Einfalls unbenutzt am Eingang zu den »Hauptkammern« liegen.

Rechts Als Mumien fanden die heiligen Apis-Stiere ihre letzte Ruhestätte in monumentalen Steinsarkophagen.

1850
Der sitzende Schreiber vom Louvre

Mariettes Suche nach dem Serapeion hat zahlreiche eindrucksvolle Funde hervorgebracht, darunter nicht wenige Meisterwerke der ägyptischen Kunst. Eines davon ist die berühmte Figur des sitzenden Schreibers, die in einer Mastaba (Mariette C20) an der Prozessionsallee zum Serapeion gefunden wurde und sich heute im Louvre befindet (E3023). Wen die außerordentlich gut erhaltene Skulptur darstellt sowie die genauen Umstände ihrer Auffindung liegen jedoch bis heute in Dunkeln. Die Fachleute sind sich nicht einig: Für die einen ist die Skulptur das Abbild eines hohen Beamten namens Sechemka, für die anderen stellt sie den Provinzgouverneur Kai dar, von dem es, ebenfalls in Paris, eine weitere sitzende Darstellung gibt (Louvre A106). Gegen diese zweite Zuordnung spricht allerdings, dass Kai offenbar Linkshänder war, während der sitzende Schreiber einen Rechtshänder zeigt. Wer auch immer der Dargestellte gewesen sein mag, relativ sicher ist immerhin, dass die Figur den frühen Jahren der 5. Dynastie entstammt.

Oben Blattgoldmaske aus dem Sarg des Apis XIV. Durch seine anthropomorphe Form und die beschrifteten Schmuckstücke ließ sich Mariette fälschlicherweise zu dem Glauben verleiten, er habe das Grab von Chaemwese, einem Sohn Ramses' II., entdeckt.

Rechts Brustschmuck, der einem der Stiere (Apis IX) in den Sarg mitgegeben wurde: ein Falke mit Widderkopf, dessen Oberfläche ursprünglich mit Einlegearbeiten aus Glas und Halbedelsteinen verziert war.

Die abgelegenen Apis-Gräber

»Obwohl 3 700 Jahre seit Verschließen der Kammer vergangen waren, schien sich ihr gesamter Inhalt genau in seinem ursprünglichen Zustand zu befinden. Auf dem zuletzt eingefügten Stein in der Mauer, die das Portal verbarg, waren noch die Fingerabdrücke des Ägypters zu sehen, der ihn geprüft hatte. Ebenso erkennbar waren außerdem die Abdrücke nackter Füße im Sand auf dem Boden …«

Mariette führte seine Arbeiten im Serapeion das ganze Jahr 1852 hindurch fort und stieß dabei auf eine dritte Reihe von Stiergräbern aus der Zeit der 18. und 19. Dynastie. Eines dieser kleineren Gräber war wiederum unversehrt. Beim Blick in das schummerige Innere dieser letzten Entdeckung konnte Mariette eine ausgeschmückte Kammer mit zwei immensen, rechteckig geformten Särgen aus-

machen. Daneben standen vier große Kalzitkanopen mit Verschlüssen in Form von Menschenköpfen und eine stehende Osiris-Statue aus vergoldetem Holz. In unmittelbarer Nähe befanden sich auch zwei Schreine, geschmückt mit Darstellungen von Ramses II. und Chaemwese, wie sie den Apis-Stieren Gaben darbieten. In einer Nische in der Südmauer standen zwei große Grabfiguren von Chaemwese und gegenüber liegende ähnliche Nischen enthielten zwei magische Ziegel, ein Amulett und einzelne Teile eines Goldblattüberzugs. Einschnitte im Boden der Kammer bargen 247 weitere Grabfiguren aus Hartstein, Kalzit und glasiertem Ton.

Nach genauerer Untersuchung der Funde stellte sich heraus, dass die Körper beider Stiere in kleine Stücke zerteilt worden waren – manche fantasievolleren Inter-

pretationen gehen von einer rituellen Verspeisung der Tiere aus, bevor sie eingewickelt und großzügig mit Harz überzogen wurden. Auf jeden Fall war bei der Entdeckung nicht mehr viel von den Körpern selbst übrig. Zwischen den Überresten eines der Stiere (Apis IX), der in drei rechteckigen Särgen mit einem anthropomorphen Deckel mit vergoldetem Gesicht bestattet war, konnte Mariette aber eine Anzahl interessanter Grabbeigaben hervorholen. Dazu zählten 15 stierköpfige Grabfiguren, zehn goldene Schmuckstücke und einige Amulette aus Hartstein. Aus dem zweiten Sarg (Apis VII) kamen ein mit Einlegearbeiten geschmückter goldener Brustschmuck sowie sechs weitere Grabfiguren mit Apis-Köpfen.

Es dauerte nicht lange und etwa 230 Kisten voller Antiken waren auf dem Weg nach Paris in den Louvre, wo die Finanziers der Expedition derart beeindruckt waren, dass sie sogleich zusagten, die Mittel für eine zweite Forschungsreise zur Verfügung zu stellen.

43

Rechts Goldener Brust-
schmuck des Apis VII in der
Form eines Schreins mit
den Symbolen der Göttinnen
Wadjet (Kobra) und Nechbet
(Geier) sowie – darüber – dem
widderköpfigen Seelenvogel
Ba. In der Kartusche erscheint
ein Name Ramses' II.; während
die Schriftzeichen wie üblich
auf die Gesichter der Gottheiten ausgerichtet sind, ist
die Kartusche selbst umgekehrt
angebracht.

GRÄBER DER APIS-STIERE

Abgelegene Gräber		»Nebenkammern«		»Hauptkammern«	
Mariette-Nr.	Datierung	Mariette-Nr.	Datierung	Mariette-Nr.	Datierung
I	Amenophis III.	X–XIV	Ramses II.	XXXVIII	Psamtik I., 52. Jahr
II	vermutlich 18. Dynastie	XVI	Ramses VI.	XXXIX	Nekau II., 16. Jahr
III	Tutanchamun	XVII	Ramses IX.	XL	Uahibre, 12. Jahr
IV–V	Haremhab	XXVII	Osorkon II., 23. Jahr	XLI	Amasis, 23. Jahr
VI	Sethos I.	XXVIII	Takelot II., 14. Jahr	XLII	Kambyses, 6. Jahr
VII	Ramses II., 16. Jahr	XXIX	Scheschonq III., 28. Jahr	XLIII	Darius I., 34. Jahr
IX	Ramses II., 30. Jahr	XXX	Pami, 2. Jahr	XLIV	Darius I., 4. Jahr
		XXXI	Scheschonq V.(?), 4. Jahr(?)	XLV	Darius I.
		XXXII	Scheschonq V., 11. Jahr	ohne Nummer	Nefaarud I., 2. Jahr
		XXXIII	Scheschonq V., 37. Jahr	XLVI	Chababasch I., 2. Jahr
		XXXIV, XXXV	Bokchoris, 6. Jahr / Schabaka, 2. Jahr	LV	Ptolemaios VI. Philometor, 17. Jahr
		XXXVI	Taharqa, 24. Jahr	LVII	Ptolemaios VIII. Euergetes II., 52. Jahr
		XXXVII	Psamtik I., 20./21. Jahr	ohne Nummer	unbekannt

DIE HARRIS-PAPYRI:
QUELLEN ZUR ÄGYPTISCHEN GESCHICHTE

1860: Rhinds Grabmal

Datum
Vor 1855

Entdecker
Ägyptische Ortsansässige

Ort
Theben (unbekanntes Grab
nahe Medinet Habu)

Periode
Neues Reich, 20. Dynastie,
1196 – 1070 v. Chr.

Während Auguste Mariette sich allmählich einen Namen in der etablierten Welt der Archäologie machte, ging das Leben in der eher inoffiziellen Gegenwelt wie gehabt munter weiter. In den Ruinen förderte man nach wie vor zersetzte Schlammziegel als Dünger für die Felder, und professionelle Grabräuber gingen weiter ihrer Arbeit nach. Abnehmer der heißen Ware gab es nicht viele, aber sie waren gute Kunden und an interessanter Beute mangelte es keineswegs. Einzige Ausnahme waren gute Papyri, an denen auf dem Markt schon immer Mangel herrschte. Bereits seit den 1830er-Jahren wurden daher auch Falsifikate feilgeboten und bald begann der in Europa arbeitende berühmt-berüchtigte Fälscher Constantine Simonides mit längeren griechischen Texten zu experimentieren.

Unter den Papyrussammlern gab es nicht wenige bekannte Namen. Neben Belzoni und Salt (Seite 24) agierte etwa der griechische Kaufmann und schwedisch-norwegische Generalkonsul in Ägypten Giovanni d'Anastasi. Seine Beute umfasste unter anderem eine eindrucksvolle Reihe griechischer und demotischer Texte aus einer einzigen Bibliothek in Theben. Doch mit dem Engländer Anthony Harris konnte keiner mithalten.

Harris war Mitte des 19. Jahrhunderts britischer Intendanturbeamter in Alexandria und leitete mit seinem Bruder und Partner das Handelshaus Harris & Company. Im Februar 1855 wurde Harris, dem der Erwerb altägyptischer Kostbarkeiten schon um 1830 zur Leidenschaft geworden war, ein angeblich hinter dem Tempel von Medinet Habu gefundenes Papyrikonvolut angeboten. Die Versuchung war groß, aber da er nicht die Mittel besaß, die gesamte Sammlung zu kaufen, konzentrierte er sich auf diejenigen, die ihm am kostbarsten erschienen, und musste sich die übrigen schweren Herzens entgehen lassen. Die Liste der Papyri, die er behielt, ist aber nichtsdestoweniger geradezu ehrfurchtgebietend; als herausragendstes Stück gilt der so genannte Große Papyrus Harris, eine prächtige, illustrierte Liste von Tempelgaben, die einst Ramses III. spendete, und mit 40,5 Metern Länge der längste bekannte Papyrus des ägyptischen Altertums. Unter den anderen Schriften befand sich auch der Magische Papyrus Harris sowie drei Dokumente aus den berühmten Gerichtsakten der Prozesse gegen die Räuber der königlichen Gräber und

ANTHONY CHARLES
HARRIS
(1790 – 1869)

- Geboren 1790 in London.
- Gründet mit seinem Bruder in Alexandria das Handelshaus Harris & Company.
- Sammler ägyptischer Altertumsstücke, vor allem Papyri; erwirbt zahlreiche bedeutende Schriften, darunter die berühmten Grabräuberdokumente.
- Gestorben am 23. November 1869 in Alexandria.
- Sammlung wird 1872 durch Harris' Tochter Selima an das Britische Museum verkauft.

4000 v. Chr.

3000 v. Chr.

2000 v. Chr.

1000 v. Chr.

0

700 n. Chr.

Rechts Eine Seite des Großen Papyrus Harris, eine Liste der Schenkungen von Ramses III. an Amun und seine Priesterschaft. Das Dokument, an dem vier verschiedene Schreiber mitwirkten, zählt zu den schönsten, die aus der ägyptischen Antike bekannt sind.

Links Vignette aus dem Großen Papyrus Harris: Ramses III., die Weiße Krone Oberägyptens tragend, tritt vor Re-Horachte, den »großen Gott, Herrn des Himmels« – der Erste einer Prozession von Göttern aus Heliopolis, die einen Papyrusabschnitt einleitet.

REKONSTRUKTION DES PAPYRUSFUNDS VON 1855

Aufbe-wahrungsort	Museums-Inventarnummer	alternative Bezeichnungen
London	BM EA 9999	P. Harris I = Großer P. Harris
London	BM EA 10221*	P. Abbott
London	BM EA 10052*	
London	BM EA 10053*	P. Harris A = P. Harris 499 = P. Amherst VII
London	BM EA 10054*	
London	BM EA 10068*	
London	BM EA 10403*	
Liverpool	M 11162*	P. Meyer A
Liverpool	M 11186*	P. Meyer B
London	BM EA 10383*	P. de Burgh
Rochester New York (Pierpoint Morgan Bibliothek)	MAG 51.346.1*	P. Amherst VI*
Brüssel	E 6857*	P. Leopold II

* Grabräuberdokumente

Tempel während der Herrschaft Ramses' VI. und Ramses' XI. Diese erlesenen Schriftstücke wurden 1872 zusammen mit dem Rest von Harris' reichhaltiger Sammlung an das Britische Museum verkauft.

Nach den Angaben des Ägyptologen A. A. Eisenlohr war der genaue Fundort der Harris-Sammlung eine Grabstätte, die man »bei der Öffnung voller Mumien vorfand, die in jüngerer Zeit in Stücke gerissen und gänzlich zerfleddert worden waren. In dieser Grotte, unter den Mumienresten, befand sich ein Loch, in dem die Papyrusrollen zusammen

deponiert waren.« Die Umstände dieses Funds erinnern an eine im Papyrus Ambras (P. Wien 30) beschriebene ähnliche Entdeckung in antiker Zeit. Danach wurde während der 20. Dynastie eine Gruppe ähnlicher offizieller, in zwei Glasbehältern verborgener Dokumente gefunden und »dem Volk« abgekauft. Denkbar ist nun, dass jenes Papyrikonvolut, aus dem Anthony Harris seine Auswahl traf, ursprünglich um 1 000 v. Chr., in den unruhigen Zeiten am Ende des Neuen Reichs, gleichfalls von offizieller Seite auf ähnliche Weise in Sicherheit gebracht worden war.

1860 Rhinds Grabmal

Obwohl Auguste Mariette gemeinhin und zu Recht als Retter der ägyptischen Altertümer gefeiert wird, stand er nicht allein im Kampf gegen die sinnlose Zerstörung und den Verlust archäologischer Zeugnisse. Auch der junge schottische Jurist Alexander Rhind, der 1855 – 1857 und 1862/63 zwei Mal in Ägypten war, führte mehrere bedeutende Ausgrabungen am westlichen Nilufer bei Theben durch. Seine wichtigste Entdeckung war ein unver-

sehrtes Gruppengrab aus späthellenistisch-frührömischer Zeit in Scheich Abd el-Qurna, das sich in einem aufgelassenen Grabmal aus der Zeit der 18. Dynastie befand – ein damals gefeierter und beispielloser Fund. Ebenso außergewöhnlich war die kurze Zeit, die Rhind benötigte, um die Dokumentation seiner Arbeiten (rechts) zu veröffentlichen. Hätte Mariette seine Ausgrabungen so sorgfältig dokumentiert und so schnell publiziert, ständen die Ägyptologen heute noch weit mehr in seiner Schuld.

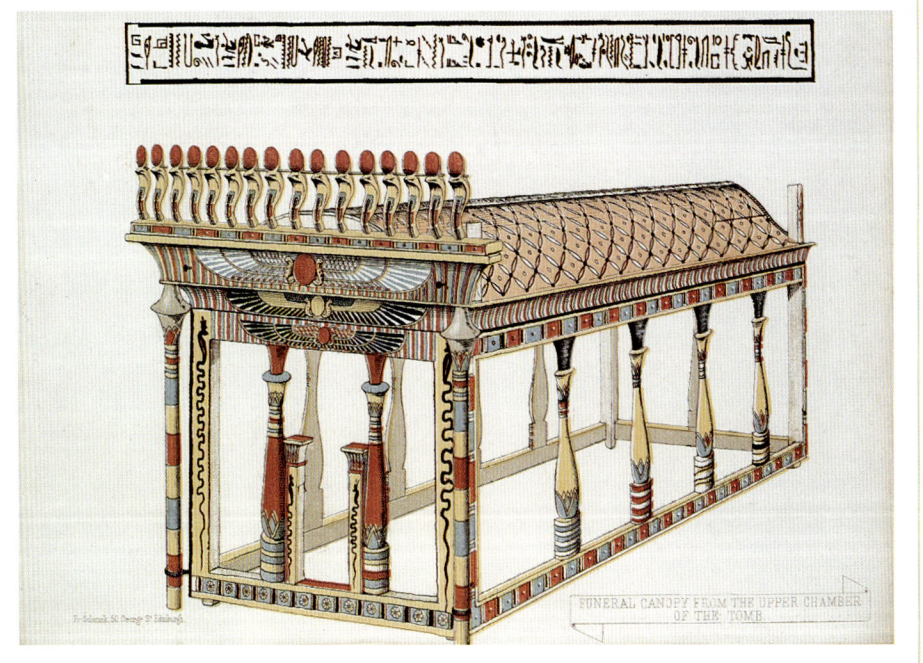

FUNERAL CANOPY FROM THE UPPER CHAMBER OF THE TOMB.

Vor 1858: Der Bostoner Geier · Nach 1858: Die Month-Priester · 1858: Die Königin von Punt

Datum
1857

Entdecker
Auguste Mariette

Ort
Theben (Dra abu'l-Nega)

Periode
Zweite Zwischenzeit,
17. Dynastie,
etwa 1555–1550 v. Chr.

»Wenige Ausgrabungen wurden im Voraus so meisterhaft geplant – und anschließend so unangemessen dokumentiert.«
HERBERT E. WINLOCK

Im September 1854 kehrte Mariette in den Louvre zurück, aber ein Leben hinter dem Schreibtisch entsprach kaum seinen Neigungen und so kehrte er drei Jahre später wieder zu den Grabungsfeldern zurück. Seine Rückkehr verdankte er aber nicht zuletzt den Bemühungen seines neuen Mentors, des später als Erbauer des Suezkanals zu Ruhm gekommen Ferdinand de Lesseps. Lesseps hatte dafür gesorgt, dass der bevorstehende Besuch des rastlosen Prinzen Napoleon, Vetter des französischen Kaisers Napoleon III., in Ägypten bekannt wurde. Daraufhin brach die übliche diplomatische Geschäftigkeit aus und es folgte eine merkwürdige Anweisung: »Pascha Said wünscht, dass der zu Besuch weilende Prinz bei jedem Schritt auf Altertümer stößt, und um dabei eine fruchtbare Ernte sicherzustellen und dem Prinzen Zeit zu ersparen, sollte Mariette den Fluss hinauf fahren, antike Fundstücke aus dem Boden holen und diese dann entlang dem gesamten vorgesehenen Reiseweg wieder vergraben.«

So fügte es sich, dass im Oktober 1857 Mariette von Said den Auftrag erhielt, alle notwendigen Vorbereitungen für den Besuch Napoleons zu treffen. Nach der Entsendung seiner Grabungsarbeiter an mehrere geeignete Orte – unter anderen Giseh, Sakkara, Abydos und Elephantine – erwartete Mariette eine gute Ausbeute. Die wichtigste Neuent-

Unten Der bronzene Dolch aus dem Sarg Kamoses. Vermutlich hing er ursprünglich an einer Papyruskordel um den Hals der königlichen Mumie.

4000 v. Chr.
3000 v. Chr.
2000 v. Chr.
1000 v. Chr.
0
700 n. Chr.

Vor 1858
Der Bostoner Geier

Dieses spektakuläre Geierornament gehörte möglicherweise zu einem Sarg und war Ägyptologen unbekannt, bis es 1981 auf einer Auktion in New York auftauchte, und zwar begleitet von Mordgeschichten und dubiosen Hinter-grundaktivitäten. Das Schmuckstück besteht aus drei mit Edelsteinen und farbigem Glas verzierten Einzelteilen aus Gold und Silber und misst von Flügelspitze zu Flügelspitze 38 Zentimeter.

Heute gehört es dem Museum of Fine Arts in Boston (MFA 1981.159), doch Forschungen haben gezeigt, dass es im Jahr 1858 zum ersten Mal in Ägypten zum Kauf angeboten wurde. Vermutlich entstammt es dem in der Zweiten Zwischenzeit angelegten königlichen Gräbergebiet von Dra abu'l-Nega, das schon früh nicht nur für offizielle Ausgräber eine ergiebige Quelle darstellte.

Links Elemente eines goldenen Armbandes ähnlich demjenigen, das man später im Grab der Königin Ahhotep (Seite 50) fand: Eine Kartusche des Königs Ahmose flankiert von zwei goldenen Löwen.

deckung sollte jedoch in dem als Dra abu'l-Nega bekannten Bezirk von Theben zum Vorschein kommen.

Weder der einfache bemalte Holzsarg noch das Loch, in das er hinabgelassen war, ließen zunächst erahnen, dass es sich dabei um einen besonders bedeutenden Fund handelte, zumal auch die Mumie selbst beinahe gleich nach der Berührung mit der Luft zerfiel. Aus den Mumienbinden und Knochen konnten jedoch Mariettes Arbeiter eine Reihe eindrucksvoller Grabbeigaben herausholen: unter anderen einen Dolch aus Gold und Bronze (heute in der Bibliothèque royale in Brüssel) sowie zwei Löwenamulette und eine kartuschenförmige, mit dem Namen »Ahmose« beschriftete Kassette, die sich später als drei Teile eines Armbandes herausstellten (Louvre E 7167 – 7168).

Gerade als die zusammengestellten Funde eine schöne Bereicherung der Reise des hohen Gastes versprachen, ließ Napoleon seinen Besuch unvermittelt absagen. Mariette aber, der nun entschlossen war, in Ägypten zu bleiben, stellte trotzdem einige Stücke für Said zusammen, damit dieser sie als Geschenk an den Prinzen nach Paris schicken konnte. Es war ein geschickter Zug Mariettes; er sicherte sich damit die Unterstützung Napoleons und dadurch zugleich ein Entgegenkommen Saids in seinem Bestreben, die volle formale Kontrolle über die antiken Monumente Ägyptens zu erhalten.

Während man den Großteil der Grabfunde von Dra abu'l-Nega bald darauf nach Frankreich verschiffte, wurde der Holzsarg (JE 4944) eingelagert und vergessen. Erst 50 Jahre

später untersuchte ihn erstmals eingehend der Museumskurator Georges Daressy, der auch die korrekte Lesung des eingravierten Namens feststellte: »König Kamose«. Mariette hatte das Grab auf Grund der Namensinschrift auf dem Armbandelement einem unbekannten Ahmose zugeschrieben. Doch ohne es zu ahnen, hatte er in Wirklichkeit die Grabbeigaben eines der glanzvollsten Herrscher Ägyptens entdeckt – und weggegeben. Kamose war es, der die Vertreibung der Hyksos-Könige (Seite 202) aus Ägypten und damit das goldene Zeitalter des Neuen Reichs einleitete.

Für einen Pharao dieses Ansehens erschien der extrem schlichte Sarg aber recht unwürdig; er war zweifellos ein Ersatz, der am Ende des Neuen Reichs bei der Abtragung von Kamoses ursprünglichem Grabmal – das in einem Papyrus der 20. Dynastie noch als intakt beschrieben ist – zum Einsatz kam.

Die Sicherheit der Monumente

Am 1. Juni 1858 bekam Auguste Mariette endlich seine lang ersehnte Stelle – er wurde formal als Direktor der ägyptischen Altertümerverwaltung eingesetzt. Schon in einem ursprünglichen Auftragsbrief hatte Said die weit reichenden Vollmachten des nun berufenen Hüters der Vergangenheit Ägyptens prägnant zusammengefasst:

»Sie werden für die Sicherheit der Monumente sorgen, Sie werden den Gouverneuren aller Provinzen mitteilen, dass ich ihnen untersage, auch nur einen einzigen antiken

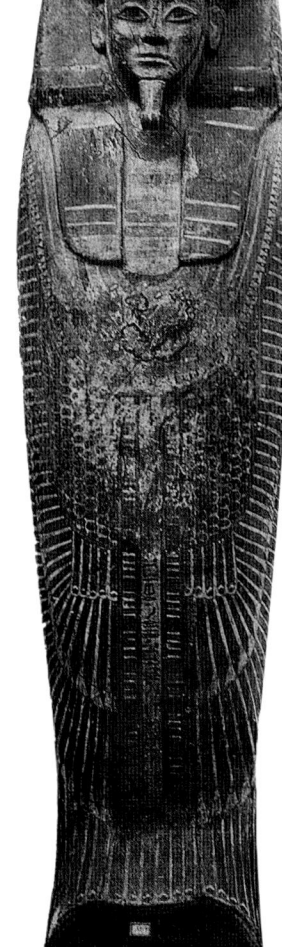

Unten Der ohne Prunk bemalte Sarg der Mumie Kamoses – vermutlich ein Ersatzstück aus der Zeit der Umbettung des Königs während der 20. oder 21. Dynastie.

Nach 1858
Die Month-Priester

Während der ersten zweieinhalb Jahrhunderte der Dritten Zwischenzeit wurden die Priester des Month in einem Labyrinth von Grabkammern unter dem Tempel der Königin Hatschepsut in Dair Al

Bahri beigesetzt. Zwischen 1858 und 1866 entdeckte Auguste Mariette etwa hundert dieser Priestergräber; auch wenn die genauen Umstände der Funde obskur bleiben, so haben sie doch seine Ziele gefördert. Viele der gefundenen Mumien reisten im Jahre 1867 zur Weltausstellung nach Paris, wo sie mit einer Mischung aus

Entsetzen und Faszination aufgenommen wurden. Die Begeisterung erreichte den Siedepunkt, als im Beisein von Kaiser Napoleon III. eine von ihnen ausgewickelt wurde.

Später gingen die Särge dann an Ägypten zurück, während die Mumien der Priester heute den Stolz des Musée de l'Homme in Paris darstellen.

Stein zu berühren; Sie werden jeden Bauern inhaftieren, der seinen Fuß in einen Tempel setzt.«

In den folgenden Jahren erweiterte Auguste Mariette seine Ausgrabungen auf ganz Ägypten und darüber hinaus. Dabei unterstützten ihn mehrere Ausgrabungsleiter. Oft aber gingen die Arbeiten auch ohne jegliche Aufsicht voran; ein System schien es nicht zu geben und die so wichtige Dokumentation wurde außerordentlich stark vernachlässigt, schon weil man derart frenetisch ans Werk ging. Als dann im Jahr 1878 Mariettes Haus in Bulaq überschwemmt wurde, verlor man zudem auch noch einen Großteil der

wenigen vorhandenen Unterlagen. Für seine Feinde war Mariette »ein Wirbelwind, der dabei war, Ägypten zu zerstören« – aber seine Position war nun dank des institutionellen Rückhalts unangreifbar. Sein dringliches Ziel sah Mariette darin, Said beständig mit neuen Funden zu beeindrucken – um auf diese Weise seinem lang gehegten Traum eines Nationalmuseums der altägyptischen Kultur, das die Jahrtausende während Geschichte des pharaonischen Ägypten umfassend dokumentieren sollte, Schritt um Schritt näher zu kommen. Das Graben ging also weiter und Mariettes Stellung und Einfluss festigten sich währenddessen bis zur Unerschütterlichkeit.

1858
Die Königin von Punt

Zu den überragenden Entdeckungen von Dair Al Bahri in Theben gehört dieses Relief; es handelt sich um eines von zwei mit Darstellungen von Iti, der groß gewachsenen Gattin Parahus, des Herrschers des entlegenen Punt.

Das sagenumwobene Weihrauchland Punt, das vermutlich in einem Gebiet vom östlichen Sudan bis Nord- und Westäthiopien lag, war für Ägypten eine wichtige Quelle von Harzen, Gold und Elektron. Um die Rohstoffe zu ergattern, initiierte Königin Hatschepsut eine Expedition, die detailliert auf

den Reliefs ihres Totentempels dargestellt ist. Diesen Block fand man 1858 an seinem ursprünglichen Ort an der Südmauer des mittleren Säulengangs des Tempels. Denkbar erscheint allerdings, dass die Punt-Expedition so aufwendig beschrieben wurde, um vor allem die zweifelhafte

Stellung Hatschepsuts zu stärken, denn die Übernahme der Herrschaft durch die Königin Mitte der 18. Dynastie hatte nicht ganz den üblichen Gepflogenheiten entsprochen. Offensichtlich feierte man die Darstellungen in der Antike ebenso enthusiastisch wie heute; zumindest zeigte sich ein Be-

wunderer aus der Zeit des Neuen Reichs derart angetan, daß er auf Kalkstein eine Skizze der exotischen Königin von Punt anfertigte (unten rechts). Das Ostrakon wurde in der nahen Arbeitersiedlung von Deir el-Medina gefunden und befindet sich heute im Ägyptischen Museum in Berlin (21442).

1859

AUS DEM GRABMAL EINER KÖNIGIN: DIE SCHÄTZE DER AHHOTEP

1859: Das Grab von Abydos · 1859: Mariettes »Hyksos«-Skulpturen
1860: Scheich el-Beled · 1860: Die Chephren-Statue

Datum
5. Februar 1859

Entdecker
Auguste Mariette

Ort
Theben (Dra abu'l-Nega)

Periode
Neues Reich, 18. Dynastie,
Herrschaft des Ahmose,
1550–1525 v. Chr.

Nur zwei Jahre nachdem Mariette das Grab von Kamose entdeckt hatte (Seite 47), stießen seine Arbeiter im Februar 1859 in demselben Bereich der thebanischen Nekropole abermals auf ungeahnte Reichtümer. Prompt schrieb Galli Maunier, Mitarbeiter Mariettes und Kaufmann in Luxor, nach Kairo:

»Ich habe die Freude, Ihnen mitzuteilen, dass Ihre [Arbeiter] in … Dra-abu'l-Nega einen herrlichen Mumienbehälter und eine Truhe mit vier Alabastervasen verschiedener Formen, aber ohne Hüllen und Inschriften, gefunden haben … Der Mumienbehälter hat einen gänzlich vergoldeten Deckel, eine längs verlaufende Inschrift … [und] die Augen … aus Emaille sind in Gold eingefasst … «

Dieser Fund stellte offenbar ein wichtiges, unversehrtes Grab mit seinem Originalsarg dar, ein Grab, dessen Beigaben weit reichhaltiger waren als die der Begräbnisstätte des Kamose. Die Verstorbene stellte sich als eine Königin namens Ahhotep heraus. Unter ihren Grabbeigaben fanden sich Waffen und eine Halskette aus goldenen Fliegen – traditionell eine Auszeichnung für Tapferkeit im Krieg –, auf Grund deren man sie zunächst als Gattin König Kamoses identifizierte; die kriegerische Ausstattung des Grabes wurde dabei auf ihre Verdienste bei der Vertreibung der Hyksos zurückgeführt. Heutige Forscher sind sich hier jedoch nicht mehr so sicher.

In Abwesenheit Mariettes brachte man den gesamten Fund nach Kina, wo sich der örtliche Pascha Fadil begierig darüber hermachte: Die Mumie wurde rücksichtslos zerlegt und die insgesamt etwa vier Kilogramm schweren Goldjuwelen an Pascha Said nach Kairo geschickt.

Mariette trieb die berechtigte Sorge um, der Schatz der Königin könne eingeschmolzen oder aufgeteilt werden, um in Form von Gunstbeweisen im Harem Saids zu enden. Außerdem befürchtete er die Unterminierung seines Ausgrabungsmonopols; Mariette ergriff daher die Initiative, wie sein Kollege Théodule Devéria berichtet:

»Wir waren etwa so weit gekommen, wie [unser Dampfschiff] Samannoud es [wegen des niedrigen Wasserstands des Nils] schaffte, als wir das Boot mit dem Schatz der

Oben Eines von mehreren Amuletten in der Geiergestalt der Göttin Nechbet, die zu den Grabbeigaben der Königin Ahhotep zählten. Das Stück ist aus reinem Gold mit Einlagen aus Halbedelsteinen gefertigt.

Links Der reich verzierte Sargdeckel Königin Ahhoteps (der untere Teil ist verloren), auf seiner gesamten Oberfläche mit einer dicken Schicht Blattgold belegt und mit ungewöhnlicherweise in massivem Gold gefassten Augen. Das Koniferenholz wurde importiert.

Links Der mit Einlagen verzierte Brustschmuck der Königin zeigt die »Taufe« des Pharaos Ahmose durch die Götter Re und Amun. Im Vergleich mit den herausragenden Arbeiten des Mittleren Reichs (Seite 88, 138, 233) ist die Unvollkommenheit der Verarbeitung offensichtlich.

pharaonischen Mumie auf uns zukommen sahen. Nach einer halben Stunde standen die Fahrzeuge nebeneinander. Nach dem Austausch einiger heftiger Worte und lebhafter Gestikulationen ... entschieden sie, den Behälter mit den Antiken auf unser Boot zu hieven, gegen eine Quittung ...«

Das verzweifelte Vorgehen Mariettes war zwar illegal, aber die einzige Chance, die er hatte, um die Grabbeigaben zusammenzuhalten – und es sollte sich auszahlen. Gleichermaßen vom Mut Mariettes als auch von der Pracht der kö-

Unten Amulett aus dem Ahhotep-Schatz in Form eines Armschutzes für Bogenschützen aus massivem Gold mit Einlagen von Karneol, Lapislazuli und Feldspat. Der hoch gestreckte Fortsatz schützte das Handgelenk vor der beim Schießen zurückschnellenden Bogensehne.

KÖNIGIN AHHOTEP:
DIE WICHTIGSTEN FUNDE

Kairoer Kat.-Nr.	Beschreibung	Inschrift
28501	vergoldeter, anthropomorpher Holzsarg	Ahhotep
18478–18480, 18428	zylindrische Kalzitgläser (4)	
52004	goldener Brustschmuck mit Einlagen	Ahmose
52672, 52673, 52713, 52733	Kollierelemente, Gold und Karneol	
52671	goldene Halskette mit drei großen Fliegen	
52692	kleine Elektronfliegen (2)	
52670	goldene Halskette mit Skarabäus	Ahmose
unklar	Perlenanhänger, in Gold gefasst	
52693 (?)	goldene Schutzamulette (2)	
52642	goldener Armschutz mit Sphinxen	Ahmose
52068	goldene Geierarmbinde mit Einlagen	
52069	goldene Armbinde mit Einlagen und Krönungsszene	Ahmose
52071, 5072	Pulswärmer, Gold, Karneol, Türkis und Lapislazuli (2)	Ahmose
52070	Pulswärmer, Gold, Karneol, Türkis und Lapislazuli	Ahmose
52073 – 52088	Armbinden, Armreife aus Gold und Elektron (16)	
52688	goldene Armreifelemente	
52664	Bronzespiegel mit Griff	Kamose
52705	hölzerner Fächer, Goldblattverzierung	
52662	»Stab«, Goldblattverzierung	
52666	Bootsmodell, Gold und Silber	
52667	Bootsmodell, Silber	
52668	Wagenmodell, Holz und Bronze	
52703, 52704	Spielsteine in Löwengestalt, Gold (1) und Bronze (1)	
52645	Bronzeaxt mit Griff, reich verziert	Ahmose
52647	Bronzeaxt mit Griff, Goldblattverzierung	Kamose
52646	Bronzeaxt mit Griff, unverziert	
52648	bronzene Axtklinge	Kamose
52649 52657	Axtmodelle, Gold (3) und Silber (6)	
52658 – 52659	Dolch mit Scheide, Bronze und Gold, reich verziert	Ahmose
52660	Dolch, Bronze und Gold	
52661	Dolch, Bronze und Gold	

Die drei um den Hals der Mumie Ahhoteps gelegten Fliegenamulette. Die unermüdliche Hartnäckigkeit des Insekts stand Pate bei der Verleihung solcher Schmuckstücke durch den König als Anerkennung von Tapferkeit auf dem Schlachtfeld.

niglichen Juwelen tief beeindruckt, sagte Pascha Said endlich der Einrichtung eines richtigen Museums als Ersatz für die Lagerhäuser zu, die bis dahin zur Aufnahme der Altertümer gedient hatten; im Oktober 1836 feierte es seine Eröffnung. Dann aber, nach einer Ausstellung des Ahhotep-Schatzes und der – weniger attraktiven – Mumien der Month-Priester in Paris, warf Kaiserin Eugénie, Gattin Napoleons III., ein Auge auf die Juwelen und ließ wissen, dass sie die Sammlung nicht ungern als Geschenk annehmen würde. Im Bestreben die Be-

ziehungen zu Frankreich zu pflegen, zeigte sich der Nachfolger Saids, Ismail, der Idee nicht abgeneigt, wollte aber zunächst seinen französischen Chef der ägyptischen Altertümerverwaltung fragen. Allerdings entsprach dann Mariettes Antwort überhaupt nicht den Erwartungen Ismails. Den Franzosen schmerzte wohl immer noch Saids zehn Jahre zurückliegendes Angebot an Erzherzog Maximilian von Österreich, sich nach Belieben aus den staatlichen ägyptischen Sammlungen zu bedienen. Doch Mariette stellte sich dem entgegen; rechtmäßige Heimat der Juwelen sei Ägypten. So charakterfest dieses Verhalten auch war, es taugte kaum dazu, sich der Gunst seiner Herrn zu versichern: Wutentbrannt fror Ismail die Gelder Mariettes vorübergehend ein und die Unterstützung seines Kaiser war auf immer dahin.

1859
Das Grab von Abydos

Als während der gesamten pharaonischen Geschichte aufgesuchter heiliger Pilgerort barg Abydos reichhaltige antike Schätze und aus diesem Grund stationierte Mariette hier 18 Jahre lang eine kontinuierlich arbeitende Grabungsmannschaft von 30 Mann. Einen Großteil ihrer Bemühungen widmeten sie der Freilegung des Totentempels Sethos' I. Daneben wurden aber auch andere Arbeiten durchgeführt und so kam im Jahr 1859 ein unversehrter Kalksteinsarkophag ans Licht:

»Darin lag ein großer Holzsarg mit dem Gesicht einer Mumie …, der so verrottet war, dass er bei der geringsten Berührung nachgab. Die Mumie selbst war in keinem besseren Zustand. Kaum war der Sarg geöffnet, fiel sie in sich zusammen und löste sich in Staub auf …«

In den Überresten der Mumie fanden sich ein Paar herrliche goldene Ohrringe (Kairo CG 52323, 52324) und 78 weitere Stücke kostbaren Schmucks, alles seit über 3000 Jahren unberührt. Die Identität – und selbst das Geschlecht – des oder der Bestatteten

bleiben bis heute ein Rätsel; sicher ist lediglich, dass der oder die Tote zur Zeit Ramses XI. lebte, dessen Kartuschen die Ohrringe verzieren.
Trotz aller Erfolge Mariettes kritisierten Ägyptologen später die Art seiner Ausgrabungen.

*»[Mariette] besuchte seine Ausgrabung nur einmal alle paar Wochen und überließ alles einheimischen Grabungsleitern lediglich mit der Anweisung, ein bestimmtes Gebiet freizulegen. Die Leiter gingen oft den ganzen Tag nicht zur Ausgrabungsstätte und die Arbeiter taten nicht mehr als unbedingt notwendig …
Sie hatten große Angst, dass ihre Arbeit eingestellt werden könnte, und wenn die Grabungen nicht genügend Ermunterndes hervorbrachten, kauften sie einfach etwas bei Händlern in Kairo und anderswo, um so Mariettes Interesse aufrechtzuerhalten.«*

Die Kritik Flinder Petries erscheint nicht ganz unbe-

rechtigt, denn schon die reine Anzahl der Unternehmungen lässt aufhorchen: Allein im Jahr 1861 etwa waren Ausgrabungen an 35 Orten gleichzeitig im Gange. Aber

Mariettes Hauptziel lag darin, in Ägypten ein Bewusstsein für den Wert der Altertümer zu entwickeln und darin war ihm durchaus Erfolg beschieden.

DIE AUSGRABUNGEN MARIETTES STAND MAI 1858

Orte	Beschäftigte Arbeiter
Beni Suef, Mit Faris, Qerdan	130
Kina, Qurna, Karnak	300
Galioubia, Tell el-Jahudija, Manschijet Ramla	150
Girga, Abydos	50
Giseh, Sakkara, Memphis	400
el-Minja, Tunat Al Gabal	100
Isna, Medinet Habu, Tell el-Edfu	5200
Gharbia, Saïs	500
Insgesamt (einschließl. weiterer Orte)	7280

1859
Mariettes »Hyksos«-Skulpturen

Bei Grabungen im Amun-Tempel von Tanis im Jahr 1859 stieß Mariette auf eine Reihe etwas bizarr anmutender schwarzer Granitskulpturen, die er fälschlicherweise der Periode der Hyksosherrschaft zuordnete (unter anderem Kairo CG 392–394). Heute weiß man jedoch, dass die Gesichter dieser Meisterwerke den Pharao der 12. Dynastie Amenemhet III. darstellen. Allerdings pflichten moderne Archäologen Mariettes Assistenten Charles Gabet bei, der schrieb: »Sie sehen also, Monsieur, dass Ihre Hoffnungen ... gut begründet waren und ihre Vorhersagen eingetreten sind. Schade nur, dass die Arbeiten an diesem Ort nicht besser beaufsichtigt wurden.«

1860
Scheich el-Beled

Die Ausgrabungen Mariettes in Sakkara wurden mit dem Fund einer Vielzahl hervorragender Statuen belohnt. Als eine der schönsten gilt diese Holzfigur eines hohen Beamten der 5. Dynastie mit Namen Kaaper (links), den man 1860 aus der Mastaba C8 hervorholte und den die ortsansässigen Grabungsarbeiter »Scheich el-Beled« tauften, weil er eine Ähnlichkeit mit ihrem Dorfoberhaupt besaß. Der ursprüngliche, bemalte Gipsüberzug der Statue war inzwischen abgefallen und ließ somit die kunstvolle Schnitzarbeit hervortreten. Zwei andere Statuen, die einen Mann (Kairo CG 32) und eine Frau (CG 33) in fast jugendhaftem Alter zeigen, hält man für Abbilder des noch jungen Kaaper und seiner Gattin.

53

1860
Die Chephren-Statue

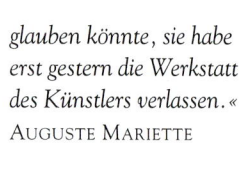

»[Die Statuen] sind sieben an der Zahl und alle stellen den König Chephren dar. Fünf von ihnen zeigen starke Beschädigungen, aber die beiden anderen sind fast unversehrt und eine davon ist sogar in derart perfektem Erhaltungszustand, dass man *glauben könnte, sie habe erst gestern die Werkstatt des Künstlers verlassen.«*
AUGUSTE MARIETTE

Das Jahr 1860 sah Mariette mit Forschungen im Chephren-Tempel von Giseh (rechts) beschäftigt, wo er einem Gerücht nachging, dass der Sphinx

in Wirklichkeit ein Grabmal sei. Im Laufe seiner Untersuchungen fand er eine Grube mit mehreren Statuen des Königs, die aber lediglich einen kleinen Teil des Ensembles darstellten, das einst den Tempel schmückte. Hervorragend erhalten war dieses Abbild des Chephren, bewacht vom Schutzgott Horus in Gestalt eines Falken: ein wahres Meisterwerk der Bildhauerei des Alten Reichs, ja der gesamten ägyptischen Kunst, das heute in Kairo zu bewundern ist (CG 14). Um ein Haar wäre das Stück jedoch für Ägypten verloren gegangen. Zum vorzeitigen Abbruch der ersten Grabungen von 1853/54 schreibt Auguste Mariette: »Ein paar Hundert Francs mehr und die Statue … stünde heute im Louvre.«

DIE MASTABA HESIRAS, DES VORSTEHERS DER KÖNIGLICHEN SCHREIBER

1863: Die Grabstatuen des Psamtik · 1864: Die Geschichte des Setna-Chaemwese · Vor 1862: Die Papyri Edwin Smiths
Vor 1865: Der Stein von Palermo · 1871: Die Skulpturen von Meidum · 1871: Das Grabmal des Ti · 1874: Die Taweret

Datum
1860

Entdecker
Auguste Mariette,
James Edward Quibell

Ort
Sakkara (Grab S2405 [A3])

Periode
Altes Reich, 3. Dynastie,
Herrschaft des Djoser,
2630–2611 v. Chr.

»Das Grab Hesiras ist aus gelblichem Ziegel erbaut und seine Hauptkammer hat die Form eines langen, von zahlreichen rechteckigen Nischen unterbrochenen Korridors. Aus der Rückwand … einer dieser Nischen entnahmen wir die kostbaren Wandtafeln … «
AUGUSTE MARIETTE

Im Jahr 1860 hatte Auguste Mariette den Mittelpunkt seiner Arbeit von Giseh in das weiter südlich gelegene Sakkara verlagert. Der Lohn dafür war die Entdeckung des Mastabagrabes Hesiras, des Vorstehers der Königlichen Schreiber des Pharaos Djoser, der zu Beginn des Alten Reiches die erste Stufenpyramide erbaute. Bei seinen Grabungen in dem aus Lehmziegeln bestehenden Grabmal barg Mariette fünf hölzerne Wandtafeln, jede etwa einen Meter hoch und als herrlich feingliedrige Reliefs gearbeitet (Kairo CG 1426–1430). Trotz der Anerkennung dieser Reliefs als herausragende Meisterwerke der altägyptischen Kunst geriet die genaue Lage des Fundorts schnell in Vergessenheit. Denn es war Teil von Mariettes weitsichtiger Ausgrabungspolitik, neu entdeckte Gräber nach ihrer Untersuchung wieder zuzudecken, um sie vor Grabräubern und Witterungsschäden zu schützen.

Das noch auf Jacques de Morgans Sakkara-Karte von 1897 nicht verzeichnete Monument galt lange als endgültig verloren, bis es dann aber James Quibbel (Seite 97) bei seinen Ausgrabungen nördlich der Stufenpyramide 1911/12 wieder entdeckte. Unter Quibbels Leitung wurde die Grabstätte sachgerecht freigelegt und schließlich eine Dokumentation veröffentlicht. Mariettes Holzreliefs ließen sich nun endlich in ihrem historischen Kontext betrachten.

Ein außergewöhnliches Grabmal

In mindestens dreifacher Hinsicht stellte das Grab Hesiras etwas Besonderes dar: Neben seiner frühen Entstehungszeit – die der 3. Dynastie – war dies einerseits seine beachtliche Größe – ein Schlammziegelbau von 43 Metern Länge und an einer Stelle noch von fünf Metern Höhe – sowie andererseits der stark archaische Stil seiner großartigen Ausschmückung.

Die Hauptkammer des Grabmals war ein langer, enger Gang, entlang dessen gesamter Westmauer in regelmäßigen Abständen elf Nischen lagen, die ursprünglich die Holztafeln aufgenommen hatten: fünf am Südende, die Mariette gefunden hatte, eine unvollständige am Nordende, die von Quibbel entdeckt wurde, und die Überreste fünf weiterer, die man bei der erneuten Ausgrabung durch Quibbel als nicht der Bergung wert ansah. Die Mauer selbst zierten kühne geometrische Formen in Schwarz, Rot, Gelb und Grün, während die gegenüber liegende Seite des Gangs ebenso beachtenswert gestaltet war. Quibbel schreibt:

»Es gab keine Opferszenen, keine Darstellungen von Metzgern … oder anderen menschlichen oder tierischen Figuren, sondern eine lange Reihe rechteckiger Felder mit Zierrändern, die einer Bilderausstellung in einer Galerie nicht unähnlich waren.«

Thema der »Bilder« an der Mauer sind die verschiedensten Grabbeigaben des Verstorbenen; man sieht unter anderem ein »Schlan-

Links und oben Die beiden schönsten der fünf hölzernen Wandtafeln, die Mariette im Mastabagrab des Hesira in Sakkara fand. Der Bestattete ist auf beiden Tafeln dargestellt, wenn auch Pose und Perücke differieren. Seine Schreibutensilien – Symbole seiner Stellung – sind dementsprechend hervorgehoben, obwohl zu seinen Fertigkeiten auch die Medizin und Zahnheilkunde zählten.

4000 v. Chr.

3000 v. Chr.

2000 v. Chr.

1000 v. Chr.

0

700 n. Chr.

gen«-Brett und andere Spiele sowie hölzerne und kupferne Messgeräte und eine Auswahl von Schlafzimmermöbeln. Wie die von James Quibbel und seiner Frau angefertigten Kopien der Bilder deutlich machen, zeigen die Malereien eine ausgeprägte Andersartigkeit im Vergleich zu Funden aus späteren Gräbern.

Etagengrab

Aus James Quibbels Forschungsergebnissen geht hervor, dass die unterirdischen Bereiche des Grabmals drei Ebenen umfassten, deren oberste ein senkrecht schließendes Steinportal sicherte. Erwartungsgemäß war das Grab bereits in der Antike von Grabräubern aufgebrochen worden und es gab nur noch wenig zu bergen, etwa einige menschliche Knochen, Keramikbruchstücke und einen Knauf aus Knochen, der den Namen Hesiras trug. Die Entstehung während der 3. Dynastie sicherte das mit dem Namen Djosers, des Erbauers der Stufenpyramide, beschriftete Fragment eines Lehmsiegels.

Die Reliefs

Zwar sind die Holztafeln mit den Reliefs aus Hesiras Mastabagrab an sich nicht einzigartig, aber für die Zeit, in der sie entstanden, stellen sie doch einen äußerst ungewöhnlichen Fund dar. Diese Tatsache dürfte vermutlich weniger auf eine über Jahrhunderte während Aktivität von Termiten zurückzuführen sein als vielmehr auf die allgemeine Holzknappheit Ägyptens, auf Grund deren eine entsprechende Wiederverwendung des Materials natürlich an der Tagesordnung war.

Wie auch immer man die Bedeutung der Holztafeln des Grabmals Hesiras auf Grund des Alters einschätzt, auf jeden Fall können ihre Reliefs als die unumstrittenen Meis-

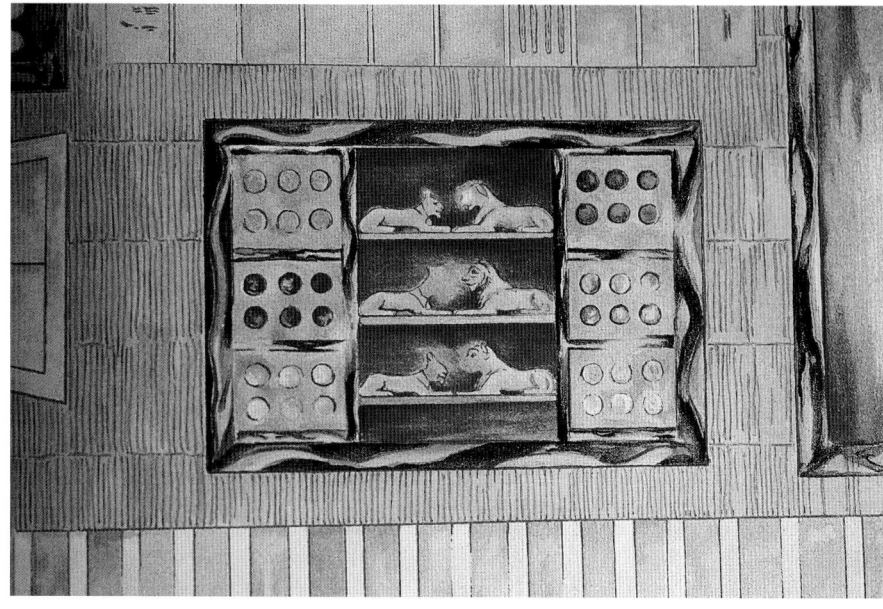

terwerke ihres Genres gelten, die sich nicht nur durch die handwerkliche Qualität ihrer Schnitzereien, sondern ebenso durch die Anmut ihrer wunderbaren Gestaltung auszeichnen. Die großzügige Dimensionierung der Hieroglyphen – deren jede für sich bereits ein Kunstwerk darstellt – verwischt geschickt die eigentlich vertikale Spaltenanordnung des Textes, während die Abbildung des Besitzers Hesira am Ende der abschließenden Spalte mit ihrer hervorstechenden Größe lediglich als formvollendete Bestimmung des Namens fungiert. In diesen Kunstwerken, in diesen Jahren der 3. Dynastie, hat bereits die später für die ägyptische Kunst charakteristische Verschmelzung von Abbild und Inschrift kraftvoll ihren Ausdruck gefunden.

Oben Detail einer der Wandmalereien – Spielutensilien – im Mastabagrab des Hesira, die dem Entdecker wie Bilder in einer Galerie erschienen.

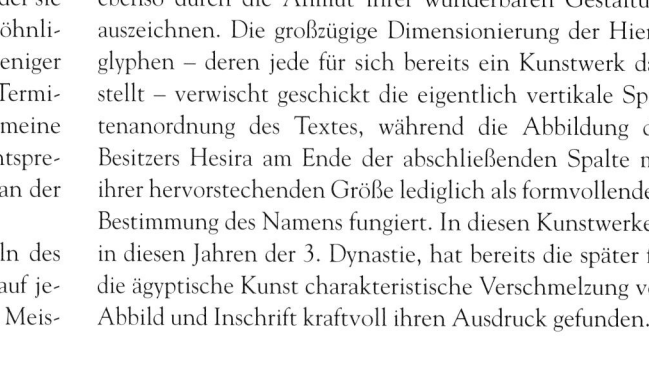

1863
Die Grabstatuen des Psamtik

Bei den Arbeiten im Jahr 1863 in Sakkara stieß Auguste Mariette auf eine Grube, die ihm den Zugang zu einem wichtigen Grabkomplex ermöglichte, den der im frühen 19. Jahrhundert arbeitende Forscher James Burton bereits erwähnt hatte und der sich als Fundort weiterer Schätze offenbaren sollte. An der Ostseite der unterirdischen Begräbnisstätte lagen die Gräber zweier hoher Staats-

beamter, die den gleichen Namen trugen: Psamtik. Und im Westen fand sich die Gruft einer Prinzessin und Königsgattin namens Chedebneitirtbint.

Die Grube selbst barg drei Skulpturen von jeweils einem knappen Meter Höhe: eine sitzende Isis (Kairo CG 38884, rechts), einen sitzenden Osiris (Kairo CG 38358) und die Darstellung eines der dort Beigesetzten vor der ihn schützenden kuhgestaltigen Göttin Hathor (Kairo CG 784, links). Letztere erinnert an das später von Édouard Naville bei Dair Al Bahri gefundene Bildnis (Seite 128).

Da die Figuren den Namen des Verstorbenen tragen, lässt sich dieser eindeutig als einer der Psamtik genannten Beamten identifizieren: ein Oberschreiber, Siegelinspektor und Leiter des Palastes, der während der 26. Dynastie – vermutlich unter dem Pharao Amasis (570 – 526 v. Chr.) – seinen Pflichten nachkam.

Was sie vielleicht an Seele und Ausdruck vermissen lassen, machen die Statuen mehr als wett durch ihre kunstvolle und präzise Modellierung, die außergewöhnliche Verarbeitung des Materials und einen perfekten saïtischen Stil.

1864
Die Geschichte des Setna-Chaemwese

Neben den zahllosen Statuen, Stelen und Sarkophagen brachten die Ausgräber des 19. Jahrhunderts auch eine Reihe anderer Eigentümlichkeiten ans Tageslicht, darunter etwa die im 3. Jahrhundert v. Chr. niedergeschriebene *Geschichte des Setna-Chaemwese*, eines der berühmtesten Werke der demotischen Literatur. Gefunden wurde der Text 1864, und zwar unerklärlicherweise im Grab eines koptischen Mönches in Deir el-Medina zusammen mit anderen »heidnischen« Schriften der pharaonischen Zeit. Der kurz danach von Mariette für sein Museum erstandene Papyrus (heute: Kairo CG 30 646) setzt sich aus vier von ursprünglich sechs Seiten der ersten Geschichte des Zyklus zusammen, die als *Setna I* bezeichnet wird. Er sollte sich als höchst bedeu-

tender Fund herausstellen. Gaston Maspero bemerkte später: »Bis dahin war das Studium demotischer Schriften unter Ägyptologen nicht sonderlich beliebt; die Kraftlosigkeit und Unentschlossenheit der Charaktere, die ungewöhnlichen grammatischen Formen und die wenig fesselnden und kaum tragfähigen Motive schreckten sie eher ab.« Mit der Entdeckung des *Setna-Chaemwese*, von dem 1909 ein zweiter Teil aus einem Papyrus des Britischen Museums (EA 10822) veröffentlicht wurde, sollte sich das jedoch ändern.

Der Titelheld war Hohepriester des Ptah in Memphis und Sohn Ramses' II. aus der 19. Dynastie (Seite 42). Die Abenteuer des Setna-Chaemwese ranken sich im *Setna* I um dessen Suche nach dem magischen Buch des Thot, das dem Besitzer nahezu unumschränkte Macht über die natürliche Ordnung verleiht.

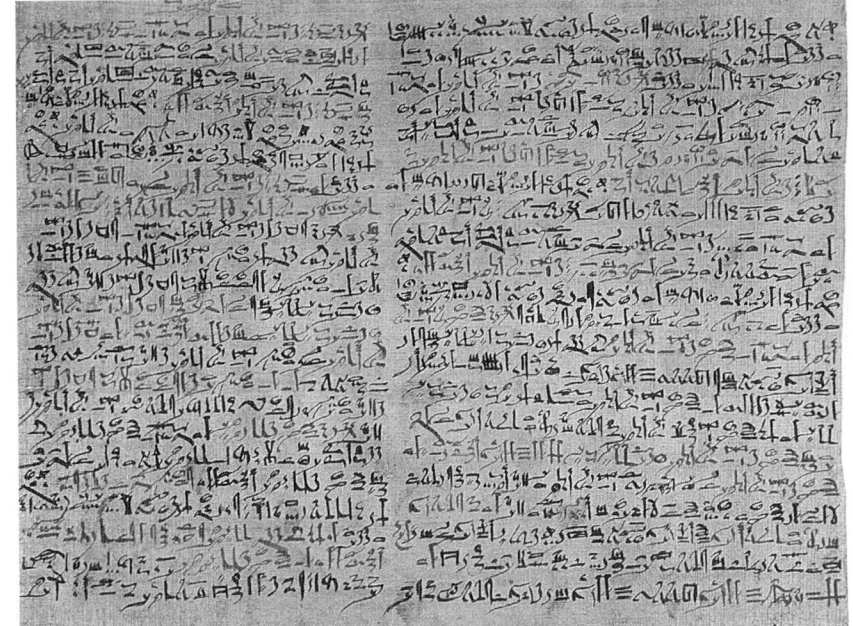

Vor 1862
Die Papyri Edwin Smiths

Der Amerikaner Edwin Smith kam 1858 ursprünglich als Geldverleiher nach Luxor. Als Händler ergatterte er vier der wichtigsten wissenschaftlichen Texte, die je gefunden wurden: den Mathematischen Rhind-Papyrus (Britisches Museum EA 10057, 10058, Fragmente Brooklyn 37. 1784 E), die heute im Britischen Museum befindliche Lederrolle zur Mathematik (EA 10250), den Papyrus Ebers zur Medizin (Leipzig) und den chirurgischen Papyrus Edwin Smith (New York Academy of Medicine, oben). Alle diese Stücke scheinen ein und demselben Grab der Zeit der frühen 18. Dynastie zu entstammen; sie wurden von Einheimischen entdeckt und mit horrendem Gewinn verkauft.

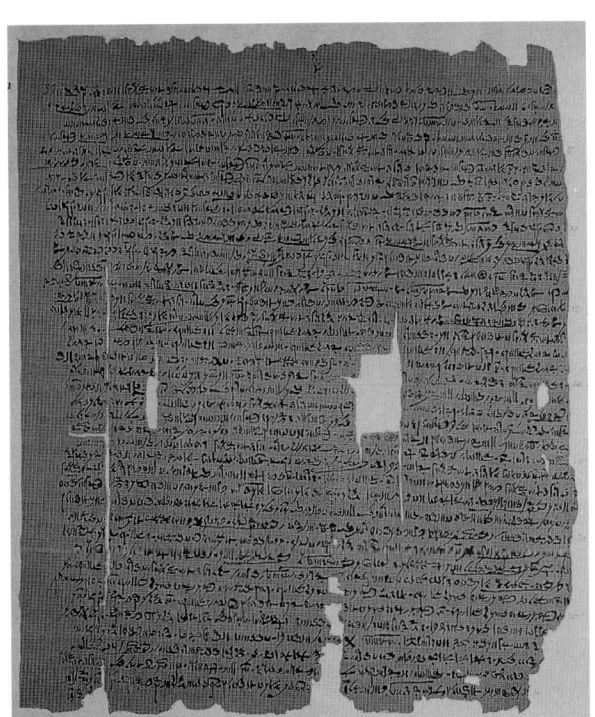

Vor 1865
Der Stein von Palermo

Ein wichtiges Stück im Puzzle der antiken ägyptischen Chronologie bietet die fragmentarische Chronik auf dem so genannten Stein von Palermo. Seine Namensgebung folgte dem heutigen Aufbewahrungs- und zugleich vermuteten Fundort in Sizilien, wohin er möglicherweise einige Zeit vor 1865 als Schiffsballast gekommen war. Dieses sowie einige verwandte Fragmente, die sich heute in Kairo (darunter JE 39734, 39735, 44859, 44860) und im University College in London (Petrie Museum UC 15508) befinden, nennen eine Aufstellung der wichtigsten, in der Regel rituellen Ereignisse im offiziellen ägyptischen Jahresablauf nebst den Wasserständen der Nilfluten mit den Namen der Könige, unter denen sie stattfanden. Insgesamt umfassen die Chroniken die Zeit von der Einigung Ägyptens bis zur 5. oder sogar 6. Dynastie. Der außerordentliche wissenschaftliche Wert dieser Fragmente ist noch gar nicht richtig ausgeschöpft.

1871
Die Skulpturen von Meidum

Diese bemerkenswerten lebensgroßen Statuen (Kairo CG 3, 4) aus bemaltem Kalkstein wurden 1871 von Mariettes Assistenten Albert Daninos in Meidum in der Mastaba von Rahotep und Neferet

ägyptische Arbeiter völlig verstört aus dem Grab floh. Daninos erläutert: »Er hatte sich plötzlich in der Gesellschaft zweier Menschen wiedergefunden, die ihn beharrlich anstarrten.«
Doch diese Statuen der beiden Königskinder waren nicht alles, was Mei-

(Nr. 6) entdeckt. Trotz ihrer mehr als viereinhalb Jahrtausende zurückliegenden Entstehungszeit während der Herrschaft Snofrus (4. Dynastie) waren sie in einem derart intakten Zustand, dass der bei den Ausgrabungen anwesende

dum an Überraschungen zu bieten hatte. Weitere Arbeiten in einem anderen Grab (Nr. 16) brachten mehrere beachtliche bemalte Reliefs zum Vorschein, darunter die berühmten *Gänse von Meidum* (oben).

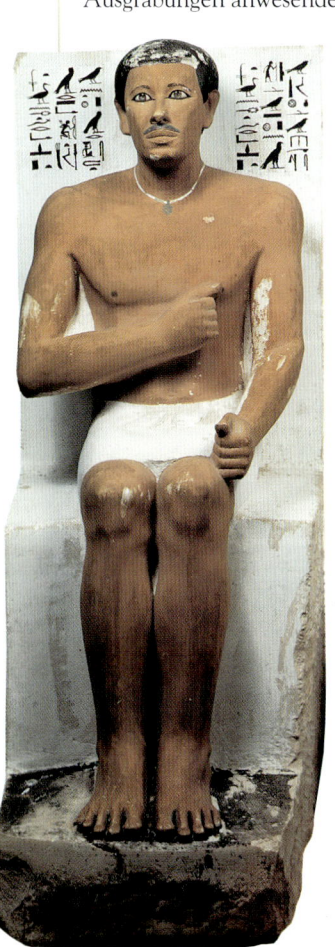

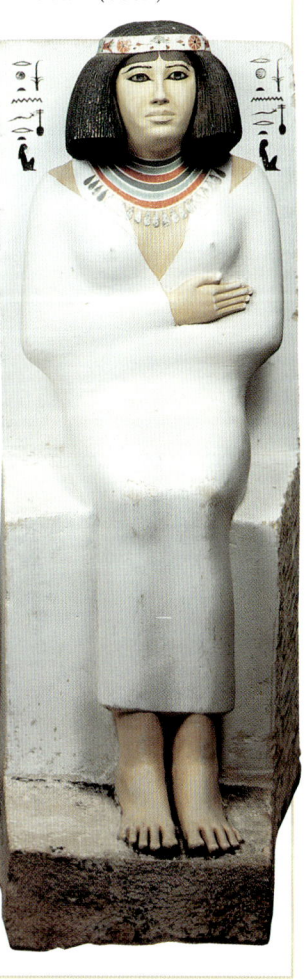

1871
Das Grabmal des Ti

Ti zählte zu den wichtigsten Männern seiner Zeit: Er war Leiter der Pyramiden der Könige Neferirkare und Niuserre aus der

5. Dynastie in Abusir sowie der in der Nähe gelegenen Sonnentempel von Sahure, Neferirkare, Neferefre und Niuserre – dementsprechend groß und eindrucksvoll war sein Grabmal in Sakkara. Die Mastaba genießt heute – wie offenbar auch schon in der Antike – besonderen Ruhm, vor allem wegen der an ihren Wänden dargestellten Szenen. Bis zur Abnahme von Nassabdrücken dieser herrlichen Reliefs in den 1870er-Jahren hatten diese zudem ihren ursprünglichen Zustand

weitgehend erhalten. Die Darstellungen sollten den irdischen Wohlstand des Verstorbenen in die nächste Welt hinübertragen und bieten einen unermesslichen Reichtum an Informationen über das Alltagsleben im Ägypten der 5. Dynastie. So schreibt ein Ägyptologe Anfang des 20. Jahrhunderts:

»Ich habe hin und wieder gedacht, dass bei einer hypothetischen Zerstörung aller Monumente Ägyptens, bei der lediglich ein einziges

davon gerettet werden könnte, dies dann die Hauptkammer im Grabmal des Ti sein müsste.«

Neben dem Grabmal Tis in Sakkara sind jedoch auch andere, nahezu ebenbürtige gefunden worden. Eine weitere Entdeckung Mariettes ist zum Beispiel das Grab von Ptahhotep und Achtihotep (D 64), während Jacques de Morgan die großartigen Gräber von Kagemni und Mereruka (Seite 86) aus der 5. Dynastie freilegte. Die Kunstwerke letzterer

Grabmäler zeigen sich nun in atemberaubenden Details auf den herrlichen Fotografien der Ägypten-Expedition der Universität Oxford unter der Leitung von Yvonne Harpur. Wie in allen ägyptischen Grabmälern gab es auch bei denen in Sakkara Skulpturen. Laut Mariette enthielt die größte Skulpturenkammer – ein verborgener Bereich eines der im Alten Reich entstandenen Grabmäler – bei ihrer Entdeckung etwa 20 Statuen, jedoch war nur eine davon unversehrt. Diese steht heute in Kairo (CG 20) und ihre ursprünglich Position nimmt ein Abguss ein.

1874
Die Taweret

Perfektion in Gestalt und Ausführung zeichnen die schönsten Skulpturen aus der Zeit der saïtischen Herrschaft aus und als die erlesenste lässt sich vielleicht diese Statue der Göttin Taweret betrachten (Kairo CG 39145). Die durch den Hohepriester Pabasa (26. Dynastie) gestiftete Figur wurde 1874 von Einheimischen in Karnak entdeckt und sogleich von Mariette für sein Museum konfisziert. Ihren hervorragenden Zustand verdankt die Statue der Tatsache, dass sie sich in einem Schrein aus Kalkstein befand, der lediglich auf Augenhöhe eine kleine Öffnung zur Kommunikation mit der Außenwelt aufwies.

1881

DIE PYRAMIDENTEXTE:
DIE ÄLTESTE RELIGIÖSE LITERATUR DER WELT

1881: Der Uschebti des Wesirs von Theben · 1881: Die Relieftafel Charles Wilbours

Datum
1881

Entdecker
Heinrich und Émile Brugsch

Ort
Sakkara

Periode
Altes Reich, 5.–6. Dynastie,
2356–2150 v. Chr.

»Oh Ihr, die Ihr vor den Stunden gesetzt seid,
Ihr, die Ihr vor Re geht,
Bereitet einen Weg für Unas
Damit Unas durch die Wache [von Dämonen] mit schrecklichen Gesichtern schreite!«
PYRAMIDENTEXTE, SPRUCH 251

Im Jahr 1881 legte Mariette dem damaligen Direktor des Französischen Archäologischen Instituts in Kairo, Gaston Maspero (Seite 64), eine größere Anzahl von Papierabdrücken vor, bei denen es sich um einen langen, in ordentlichen senkrechten Spalten geschriebenen hieroglyphischen Text handelte. An Mariette waren die Drucke durch Heinrich Brugsch und dessen Bruder Émile gelangt, welche die Texte an den Wänden einer Grabkammer in Sakkara entdeckt hatten. Nach den ersten Angaben Mariettes war der Fundort eine Mastaba des Alten Reiches; bald jedoch stellte sich heraus, dass es sich dabei keineswegs um eine Mastaba handelte, sondern vielmehr um die stark zerfallene Pyramide des Pharaos Pepi I. in Sakkara.

Mariette aber stellte sich zunächst gegen diese Herkunftsbestimmung. Der Grund lag in seinem starren Beharren auf einer vermeintlich »goldenen Regel« der Ägyptologie, jener von den »schweigenden Pyramiden«: Grabkammern in Pyramiden, so die lang gehegte Ansicht Mariettes, enthielten niemals Inschriften. Erst nach der Entdeckung einer zweiten Pyramide, nämlich der von Pepis Nachfolger Merenre, die auch die sterblichen Überreste ihres Besitzers – die älteste bekannte königliche Mumie – enthielt, musste sich Mariette geschlagen geben. Dies geschah nur wenige Wochen vor seiner letzten Krankheit. Auguste Mariette starb am 18. Januar 1881.

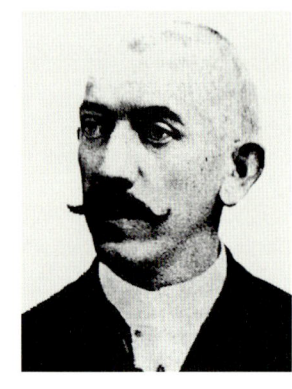

ÉMILE CHARLES
ADALBERT BRUGSCH
(1842 – 1930)

- Geboren am 24. Februar 1842 in Berlin.
- Schließt sich seinem Bruder, dem Philologen Heinrich Brugsch (1827–1894), als Assistent in der Kairoer Ägyptologieschule des Vizekönigs an, 1870–1879.
- Assistent Mariettes und Konservator am Museum in Bulaq 1871; später Leiter der Museen in Bulaq, Giseh und Kairo, 1883–1914.
- Arbeitet mit seinem Bruder Heinrich im Auftrag von Mariette in Sakkara; entdeckt 1881 die Pyramidentexte und legt im selben Jahr die Funde von Dair Al Bahri frei (Seite 64).
- Versierter Lithograf und Fotograf; angeblich verkaufte er auch heimlich in seiner Obhut befindliche Museumsobjekte, wahrscheinlich um die Museen am Leben zu erhalten.
- Gestorben am 14. Januar 1930 in Nizza.

Ganz links Gaston Maspero vor dem Basaltsarkophag in der Grabkammer der Unas-Pyramide. Die Wände sind vollständig mit den Hieroglyphen der Pyramidentexte bedeckt, wie auch die jüngere Fotografie derselben Kammer zeigt.

DIE ENTDECKUNG DER PYRAMIDENTEXTE

Pyramide	Dynastie	Freilegung
Unas	5. Dynastie	etwa 14.–28. Februar 1881
Teti	6. Dynastie	18. April–29. Mai 1881
Pepi I.	6. Dynastie	Mai 1880–Februar/März 1881
Merenre	6. Dynastie	etwa 1.–14. Januar 1881
Pepi II.	6. Dynastie	Februar–März 1881

Unten Detail aus der Vorkammer der Unas-Pyramide: ein Teil des Spruchs 262 mit der Bitte um Anerkennung des verstorbenen Königs durch die Götter.

1881
Der Uschebti des Wesirs von Theben

Dieser ausdrucksstarke, mehrfarbig bemalte Uschebti aus Fayence (Kairo CG 48406) stammt aus der Regierungszeit Amenophis' III.; das Stück wurde jedoch nicht im Grab seines Besitzers, des Wesirs Ptahmose, gefunden, sondern im Nordfriedhof in Abydos. Ptahmose hatte die Statuette hier gestiftet – in der Hoffnung, eine nähere Verbindung mit dem in Abydos ansässigen Gott Osiris herzustellen. Entdeckt wurde die unversehrt erhaltene Figur 1881 von Arbeitern Mariettes. Uschebtifiguren dieser künstlerischen Qualität sind ziemlich selten. Zwei vergleichbare Exemplare hat man in Sakkara gefunden, (Brooklyn 37.123 E, 37.124 E), während eine dritte, die für den Pharao Eje gefertigt wurde, sich seit Jahren in Privatbesitz befindet.

»Die Pyramiden von Giseh gehörten den Pharaonen der 4. Dynastie und die in Abusir den Pharaonen der 5. Dynastie. Die fünf Pyramiden von Sakkara, die gleich angelegt sind … stammen aus der selben Zeit wie die Mastabas mit den bemalten Gewölben … Es ist daher nicht erstaunlich, dass sie mit Inschriften versehen und dekoriert sind.«

Jene von den Brüdern Brugsch entdeckten Inschriften sind heute als so genannte Pyramidentexte bekannt. Im Anschluss an die Funde in den Grabkammern Pepis I. und Merenres wurden durch die Anstrengungen Masperos in rascher Folge weitere freigelegt. Dabei ging der Franzose recht forsch zu Werk, was ihm bei einer Gelegenheit auch beinahe das Leben gekostet hätte: Bei den Ausgrabungsarbeiten an der Pyramide Pepis II. wurde er 1881 in einer der Kammern unter herabfallendem Mauerwerk verschüttet. Mit viel Glück überlebte er jedoch den Vorfall und publizierte später die Texte, die Wallis Budge als »einen der größten Triumphe der Entzifferung ägyptischer Literatur« bezeichnete.

Inhaltlich beschreiben die Pyramidentexte die verschiedenen Stadien der Wiedergeburt eines Königs in einem ausschließlich königlichen Totenreich im Inneren ihrer Pyramide. Die Anordnung an den Wänden lässt vermuten, dass sie der König (oder die Königin) selbst vom Jenseits aus lesen können sollte.

Ähnlich wie bei den späteren Zaubersprüchen der Sargtexte und dem *Totenbuch* gibt es von den Pyramidentexten keine verbindliche Fassung. Die einzelnen Pyramiden zeigen jeweils eine eigene Version, die offenbar aus einem größeren Textkorpus ausgewählt ist. Insgesamt enthält die Zusammenstellung Masperos mehr als 4000 Zeilen – der älteste bekannte Ausdruck religiösen Denkens der gesamten Antike.

In den folgenden Jahren traten noch weitere Texte hervor, darunter etwa die des rätselhaften Königs der 8. Dynastie Qakare Ibi und verschiedener Königinnen der 6. Dynastie, die von dem Schweizer Archäologen Gustave Jéquier in den Jahren zwischen 1926 und 1933 zu Tage gefördert wurden. Und wie neueste Funde in Sakkara nahelegen, harren zweifellos noch mehr der Entdeckung.

»Die fünf Pyramiden von Sakkara, deren Anlage gleich ist … entstanden zur selben Zeit wie die Mastabas mit bemaltem Gewölbe … Es ist daher nicht weiter erstaunlich, dass sie mit Inschriften und Verzierungen versehen sind.«

1881
Die Relieftafel Charles Wilbours

Der amerikanische Journalist und Amateurägyptologe Charles Wilbour (1833–1896) verbrachte seit 1880 den Winter regelmäßig in Ägypten, wo er Inschriften kopierte und ungewöhnliche Antiken erwarb. Dieses herrliche Stück (Brooklyn 16 48) mit einer Darstellung von Echnaton und Nofretete fand ein einheimischer Dorfbewohner; Wilbour kaufte es 1881 für die stattliche Summe von 22 Piaster.

Die Relieftafel stellte den ersten wichtigen Fund von Amarna-Kunst seit den Tagen von Karl Richard Lepsius dar, sollte sich dann aber als Beginn einer wahren Flut ähnlicher Entdeckungen erweisen.

1881–1914
TEIL III
DIE GLORREICHEN JAHRE

Auguste Mariette starb im Jahr 1881. Als Nachfolger im Amt hatte er seinen Assistenten Gaston Camille Charles Maspero bestimmt. Der neue Direktor, seit 1874 Professor für Ägyptologie in Paris und Leiter des Französischen Archäologischen Instituts in Kairo, verband die Qualitäten eines wahren Gelehrten mit denen des außerordentlich versierten Administrators und Diplomaten.

Mariettes Hinterlassenschaft schien anfangs eher unsicher zu sein. Ägypten war durch die finanziellen Eskapaden des Vizekönigs Ismail hoch verschuldet und 1879 unter anglo-französische Oberhoheit gestellt worden. Die Briten kontrollierten die Finanzen und die Franzosen die Rechts- und Kulturpolitik (Bildung, Archäologie). Als dann 1882 nationalistische Unruhen in eine offene Revolte mündeten, kam es zu dem berüchtigten Beschuss von Alexandria durch die vereinten britischen und französischen Seestreitkräfte. Nach der Niederschlagung des Aufstands wurde der Chedive wieder eingesetzt und eine britische Militärherrschaft etabliert, ein Zustand, der für die nächsten Jahrzehnte Gültigkeit haben sollte. Als Ausgleich erhielten die Franzosen die weitere Kontrolle über die antiken Zeugnisse der Geschichte.

Letztlich wurde damit die Position Masperos bewahrt, sein Amt erstmals regelmäßig mit Geldmitteln versorgt und die Bedingungen für die Zunahme beaufsichtigter Ausgrabungen geschaffen. Unter seiner Leitung während zweier Perioden von 1881 bis 1886 und von 1899 bis 1914 – bei einer Zwischenphase mit weniger kompetenten Amtsinhabern – wurde die Erforschung des Niltals auf eine internationale Grundlage gestellt. Dies wurde zum goldenen Zeitalter der Ägyptologie – zur Ära von Männern wie Flinders Petrie und Wallis Budge, Theodore Davis, Lord Carnarvon und Howard Carter. Zudem war es eine Zeit des Reisens und der einflussreichen Wohltäter, der Sammler und Fälscher, der Gelehrten und Haudegen und auch einiger der bedeutendsten Entdeckungen, die die Welt je gesehen hat.

Die Soldaten des Mesehti sind herausragend gestaltete Holzmodelle zweier Soldatengruppen des Provinzfürsten Mesehti. Einheimische fanden sie in seinem Grab in Assiut.

1881
DIE KÖNIGSMUMIEN VON DAIR AL BAHRI

Vor 1881: Medizinische Errungenschaften

GASTON CAMILLE
CHARLES MASPERO
(1846–1916)

Datum
Vor 1881

Entdecker
Émile Brugsch

Ort
Theben (Dair Al Bahri,
Grab DB 320)

Periode
Zweite bis Dritte Zwischenzeit,
17.–22. Dynastie,
um 1500–um 900 v. Chr.

»Über die vergangenen zehn oder mehr Jahre hatte man angenommen, dass die Araber Thebens (deren Hauptbeschäftigung die Grabräuberei und der Mumienklau sind) ein königliches Grabmal gefunden hätten. Objekte von großer Seltenheit und hohem Alter wurden jedes Jahr von Reisenden nach Europa gebracht, die sie direkt von einheimischen Händlern vor Ort erworben hatten … Einige der Reisenden agierten auch selbst als Händler, die ihre Erwerbungen an das Britische Museum und den Louvre weiterverkauften.«
AMELIA B. EDWARDS

Vielleicht die aufregendste Episode der gesamten ägyptologischen Forschungsgeschichte ist die Entdeckung einer Gruppe von Mumien früher ägyptischer Herrscher. Es war ein Fund, der durch Zufall zustande kam. Die sensationelle Entdeckung wurde durch eine Ziege ausgelöst, die bei Theben an den Felsen von Dair Al Bahri am westlichen Nilufer entlaufen war. Der Besitzer des Tieres, Achmed Abd el-Rassul, fand es in einem der senkrecht in den Boden hineinführenden Schächte, mit denen das Gelände übersät war. Er kletterte hinterher und fand sich plötzlich in einem engen Korridor inmitten dunkler Formen; er machte eine Kerze an und die Formen wurden deutlicher – verstaubte Holzsärge, aufeinander gestapelt, soweit das Auge reichte. Es waren jedoch keine gewöhnlichen Särge: Hier und da ragte eine Uräus-Schlange am Kopf empor und erläuternde Texte mit gefüllten Kartuschen schmückten die Deckel. Seine Ziege hatte Abd el-Rassul in eine Grabkammer voller Könige geführt.

Allerdings scheinen Ahmed und seine Brüder Muhammad und Hussein den Fund mehrere Jahre lang geheim gehalten zu haben. Das plötzlich steigende Angebot bedeutender Objekte auf dem Antikenmarkt von Luxor – darunter Papyri, Uschebtis, Bronzegefäße und mindestens eine Mumie, vielleicht sogar diejenige des verschollenen Ramses' I. – rief die ägyptischen Behörden jedoch zwangsläufig auf den Plan. Die Spur führte direkt vor die Tür der Familie Abd el-Rassul; im Anschluss an eine brutale Befragung der Brüder, nach der man

»Er war nicht nur ein mustergültiger Ägyptologe, sondern er besaß auch all die Gaben seines großen Vorläufers Mariette. Er verstand auch die Einheimischen und er sprach Alltagsarabisch so gut wie jeder Eselführer und er ging mit ihnen wohlwollend und taktvoll um …«
E. A. WALLIS BUDGE

- Geboren am 24. Juni 1846 in Paris.
- Erstes Interesse an Ägyptologie als Vierzehnjähriger; trifft Mariette 1867.
- Dozent, Écoles des Hautes Études, Paris, 1869; Promotion 1873; Professor für Philologie und Ägyptologie, Collège de France, 1874.
- Direktor der französischen archäologischen Mission, Kairo 1880.
- Direktor der ägyptischen Altertümerverwaltung und des Museums in Bulaq, 1881–1886 und 1899–1914; persönliche Verdienste bei verschiedenen archäologischen Entdeckungen, unter anderem bei der Entdeckung der Pyramidentexte (Seite 60) und des Grabmals von Sennedjem (Seite 69) sowie bei Davis' Ausgrabungen im Tal der Könige (Seite 113).
- Gestorben am 30. Juni 1916 in Paris.

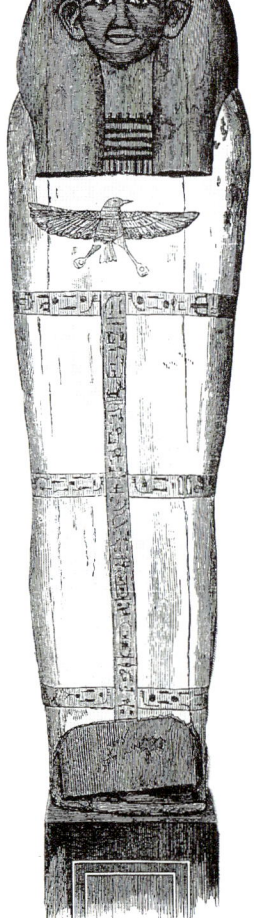

Oben Der schlichte, weiß bemalte Sarg, in den gegen Ende des Neuen Reichs Thutmosis II. umgebettet wurde.

Rechte Seite Frühe Fotografie aus dem Museum von Bulaq: Der geöffnete Sarg des Pharaos Ahmose I. aus der 18. Dynastie gibt den Blick frei auf die eingewickelte und reich geschmückte königliche Mumie.

Links Brugsch, Maspero und die Brüder Abd el-Rassul am Eingang des Grabes in Dair Al Bahri.

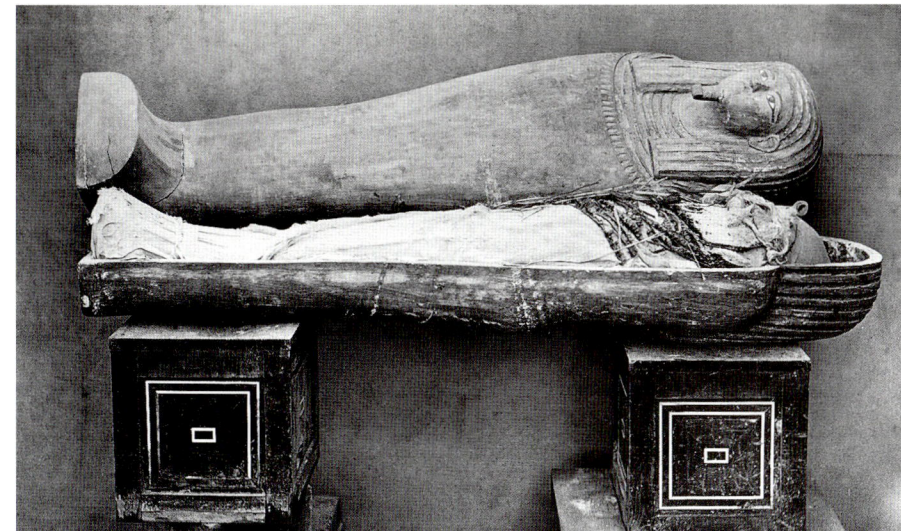

Vor 1881
Medizinische Errungenschaften

Als das Britische Museum 1881 eine zuvor in Theben gefundene Mumie erwarb (EA 29996), trug sie diese seltene Zehenprothese, die zudem deutliche Gebrauchsspuren zeigt. Der Spliss der Leinenfäden in der Unterlage deutet auf ein Entstehungsdatum, das vermutlich lange vor 600 v. Chr. anzusetzen ist. Eine ähnliche Prothese aus Holz fand ein deutsches Forschungsteam kürzlich an einer Mumie im Grab TT 95 in Scheich Abd el-Qurna, die vermutlich aus der Dritten Zwischenzeit stammt. Zusammen stellen die beiden Stücke die ältesten bekannten künstlichen Körperteile der Welt dar – ein weiterer Superlativ der ägyptischen Medizingeschichte.

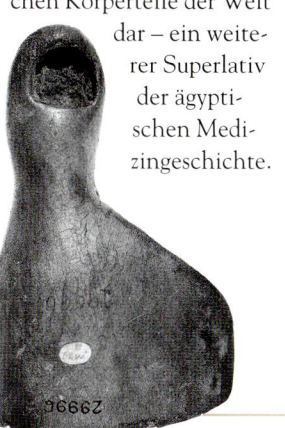

von einem von ihnen, Hussein, nie wieder etwas gehört hat, beschloss Muhammad Abd el-Rassul zu gestehen. Gaston Maspero, der neu ernannte Direktor des Service des Antiquités, der ägyptischen Altertümerverwaltung, hielt sich gerade in Frankreich auf, als die Wahrheit bekannt wurde, und so fiel die Überprüfung der Angaben Muhammads Émile Brugsch zu (Seite 60), dem jüngeren Bruder Heinrich Brugschs und seinerzeit Assistent am Museum in Bulaq. Brugsch stieg in den bröckelnden Schacht hinab und wollte seinen Augen nicht trauen: Später erinnerte er sich, wie er, als wäre es ein Traum gewesen, in einem niedrigen Gang gestanden hatte, in dem er hoch aufgetürmte »Porzellanbehälter mit Grabopfern, Metall- und Alabastergefäße, Stoffe und Schmuckstücke wahrnahm, bis an einer Biegung des Ganges eine Ansammlung von Mumienbehältern in so großer Zahl zum Vorschein kamen, dass ich es kaum glauben konnte«. Émile Brugsch fährt fort:

> »Ich nahm meine Sinne zusammen und untersuchte sie [die Mumienbehälter], so gut es im Licht der Fackel ging; sogleich sah ich, dass sie Mumien königlicher Herrschaften beider Geschlechter enthielten. Doch das war nicht alles. Meinem Führer vorauseilend, kam ich zu der [hintersten] Kammer … und dort fand ich eine noch größere Anzahl von Mumienbehältern, an die Wand gelehnt oder auf dem Boden liegend und von gewaltiger Größe. Ihr goldener Überzug und ihre polierte Oberfläche spiegelten so deutlich mein eigenes, aufgeregtes Gesicht, dass es schien, als blickte ich in die Gesichter meiner Vorfahren.«

Einen solchen Fund hatte es nie zuvor gegeben. Während sich die Gerüchte darüber rasch verbreiteten, wuchs die Unruhe unter den Einheimischen. Brugsch war klar, dass etwas Entscheidendes geschehen musste. Binnen weniger Tage wurden die Kammern leer geräumt; die mehr als 50 Mumien – Könige, Königinnen, andere Mitglieder königlicher Familien und Höflinge – brachte man zusammen mit fast 6000 weiteren Objekten auf einen museumseigenen Dampfer und verschiffte sie, als Trockenfisch deklariert, nach Bulaq.

Unten Unter den kleineren Objekten aus Dair Al Bahri waren Glas- und Fayencetassen, Uschebtifiguren und zahlreiche verschiedene Behälter für die einbalsamierten Eingeweide der Beigesetzten.

Rechts Die Lage des Mumienfundes im Verhältnis zum berühmten Totentempel Hatschepsuts und, in größerem Maßstab, der von Brugsch und Maspero veröffentlichte Plan des Grabes mit seiner merkwürdig spitz zulaufenden Form.

DIE KÖNIGE VON DAIR AL BAHRI
(Weniger bedeutende Könige, Priester und Privatpersonen sind nicht aufgeführt.)

Name	Mumie	Sarg	Name	Mumie	Sarg
Seqenenre-Taa	●	●	Ramses I.		●
Amosis I.	●	●	Sethos I.	●	●
Amenophis I.	●	●	Ramses II.	●	●
Thutmosis I.	● ?	● *	Ramses III.	●	●
Thutmosis II.	●	●	Ramses IX.	●	
Thutmosis III.	●	●			

*Orginalsärge wieder verwendet bei der Wiederbeerdigung des Hohepriesters des Amun Pinudjem I.

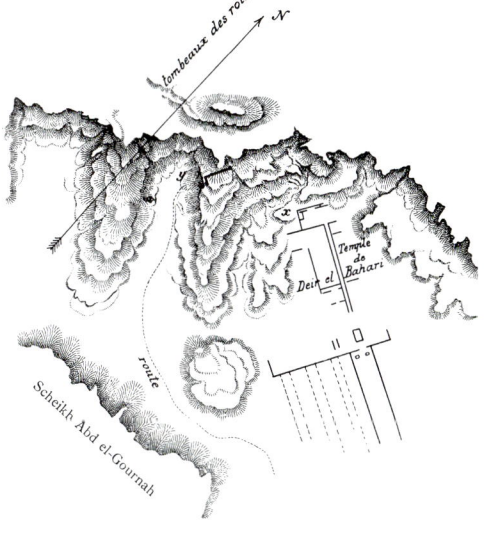

Die Geschichte des Verstecks

Eine Mumiensammlung dieser Größenordnung in einem einzigen Grab – die Ägyptologie bezeichnet diese Art des Verstecks als Cachette – nahm die internationale Gelehrtenwelt mit großer Überraschung auf und ebenso die minderwertige Qualität und den schlechten Zustand der Särge, in denen sich die königlichen Verstorbenen befanden. Dazu kam das weitgehende Fehlen von Grabbeigaben, zumindest für die Mumien aus der Zeit vor der 21. Dynastie. Einige der Särge und Mumien trugen jedoch Aufschriften, die schnell Auskunft darüber erteilten, was geschehen war, und so zur Lüftung des Geheimnisses führten. Die Beschriftung einer der Mumien besagte zum Beispiel, dass es sich um Ramses II. handelte, der aus seiner ursprünglichen Begräbnisstätte in die Sethos' I. (KV17; Seite 21) umgebettet worden war. Andere Vermerke meldeten, dass in der Folge diese beiden Könige später, zusammen mit der Mumie Ramses' I., wieder aus dem Grabmal Sethos' I. entfernt worden waren, um sie in der Gruft der Königin Inhapi unterzubringen.

Der Grund für die unwürdige Präsentation der größten Pharaonen der ägyptischen Geschichte lag also darin, dass man sie während mehrerer Hundert Jahre an der Wende vom zweiten zum ersten vorchristlichen Jahrtausend ohne großen zeremoniellen Aufwand wiederholt umgebettet hatte. Dem waren offenbar auch die Grabbeigaben zum Opfer gefallen, sodass die Cachette einen so armseligen Eindruck hinterließ, der die Forscher im ersten Moment irritierte.

Die bis zu ihrer Entdeckung letzte Ruhestätte der königlichen Toten des Neuen Reichs (DB 320) hat man inzwischen als die Familiengruft des thebanischen Hohepriesters Pinudjem II. identifiziert, dessen Verwandte – in weitgehend unbeschädigten, mit einer dicken Schicht Blattgold überzogenen Särgen – in der hintersten Kammer des Grabmals untergebracht waren. Die eher mitgenommen erscheinenden Mumien, die sich dazugesellen mussten, kamen erst Jahrzehnte später, und zwar nach dem Jahr 11 der Herrschaft Scheschonqs I. aus der 22. Dynastie. Für Maspero, der seinen Bericht über das Grab, *Les momies royales de Déir el-Bahari*, 1889 veröffentlichte, waren die wiederholten Umbettungen und Tarnungen durch die fortwährende Aktivität von Grabräubern am Ende des Neuen Reichs motiviert. Heute geht die Forschung davon aus, dass die Entfernung der Grabbeigaben weniger das Werk von Räubern war als vielmehr das des Staates, der sich in einer Zeit des wirtschaftlichen Niedergangs Finanzmittel verschaffte. Nicht wenige der Juwelen, die früheren Herrschern ins Grab mitgegeben wurden, tauchen später in den Gräbern von Tanis aus der 21. und 22. Dynastie wieder auf (Seite 189).

Die Entdeckung der Mumien stellte eine internationale Sensation dar. Die Archäologengemeinde konnte ihr Glück kaum fassen. Vor 1881 waren die ägyptischen Könige lediglich Namen gewesen, die mit Statuen, Reliefs und verstreuten Papyri zusammenhingen; nun aber war es möglich, dem Pharao selbst von Angesicht zu Angesicht gegenüberzutreten. Und dann war diese atemberaubende Entdeckung keineswegs ein Einzelfall, denn es sollten weitere Entdeckungen ähnlicher Art folgen (Seite 103).

Unten Der gut erhaltene Sarg von Astemcheb, Tochter des Hohepriesters Mencheperre und vermutlich eine Nebenfrau des Hohepriesters Pinudjem II. – gefunden unter den anderen Zeugnissen der Dritten Zwischenzeit in der Hauptkammer von DB 320.

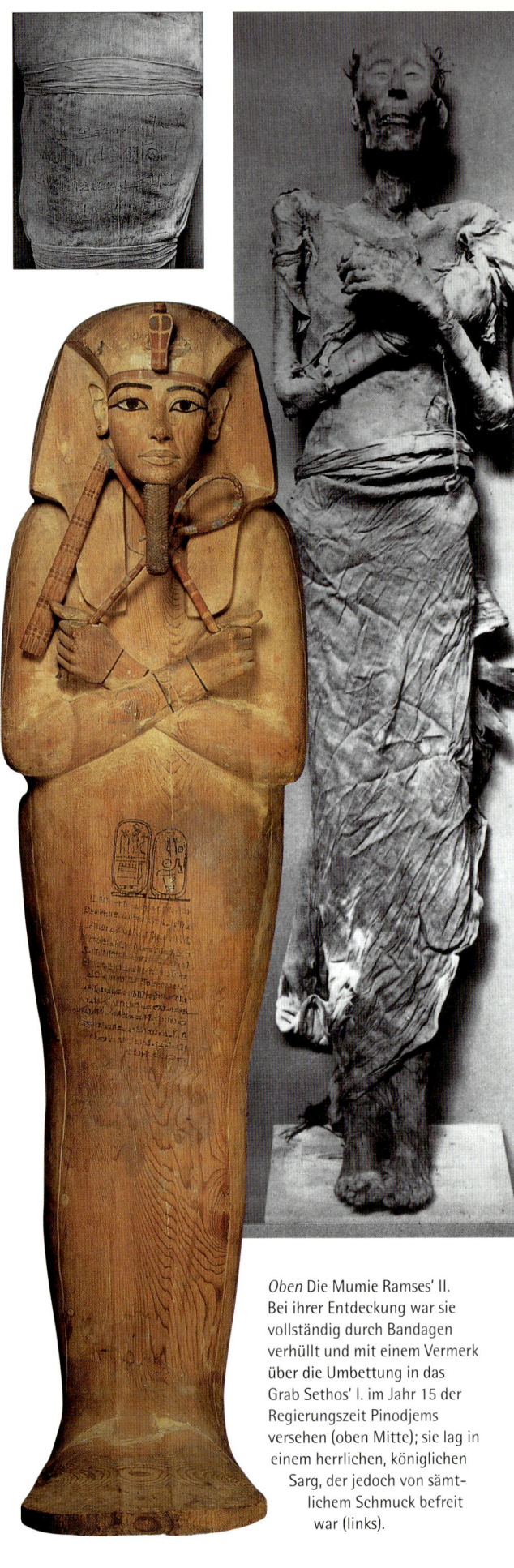

Oben Die Mumie Ramses' II. Bei ihrer Entdeckung war sie vollständig durch Bandagen verhüllt und mit einem Vermerk über die Umbettung in das Grab Sethos' I. im Jahr 15 der Regierungszeit Pinudjems versehen (oben Mitte); sie lag in einem herrlichen, königlichen Sarg, der jedoch von sämtlichem Schmuck befreit war (links).

1883
GRIECHEN IN ÄGYPTEN: NAUKRATIS

Datum
1883

Entdecker
W. M. Flinders Petrie

Ort
el-Nebira (Naukratis)

Periode
Spätzeit, 26. Dynastie,
Herrschaft des Amasis,
570–526 v. Chr.
und später

»[Hier in el-Nebira] machte ich eine Entdeckung, wie ich sie nie zu hoffen gewagt hatte – beinahe unglaublich. Vor mir lag ein lang gezogener Ruinenhügel, dessen Kern die Einheimischen zur Erdgewinnung ausgehoben hatten … Bei jeden Schritt in diesem Krater trat ich auf Stücke antiker griechischer Keramik …«
W. M. Flinders Petrie

William Matthew Flinders Petrie, ein brillanter, sehr praktisch denkender Engländer, besuchte Ägypten erstmals im Jahr 1880. Ziel seiner Reise war es, den Wahrheitsgehalt bestimmter populärer Theorien zu ergründen, nach denen die Maße der Pyramiden gewisse göttliche Wahrheiten bergen sollten. Petries nüchterne Messergebnisse widerlegten bald diese Fantastereien, und der junge Forscher, die Augen nun für die ägyptische Vergangenheit geöffnet, machte sich auf zu neuen Herausforderungen in diesem Land antiker Reichtümer.

Die Erscheinung Flinders Petries auf dem ägyptologischen Parkett wirkte wohltuend erfrischend. Seine Vorläufer waren ausnahmslos auf der Jagd nach Baudenkmälern und großen Statuen gewesen, ihm lagen aber die Alltagsgegenstände kleinerer Dimension am Herzen – Dinge, die oft ohne Kommentar weiter gereicht oder aber bei den Erdarbeiten groß angelegter Ausgrabungen ganz übersehen wurden. Petrie spürte instinktiv die potenzielle Bedeutung solch bescheidener Kleinstücke und wies später durch die von ihm entwickelte Methode der Sequenzdatierung (Seite 94) nach, welche Tragweite derartige Funde tatsächlich haben konnten.

Die Früchte der ersten zehn Jahre, die Petrie in Ägypten verbrachte, publizierte er in seinem überaus lesbaren Buch *Ten Years' Digging in Egypt, 1881–1891*. Von den vielen faszinierenden Forschungsberichten, die es enthält, macht wohl keiner die fruchtbare Kombination von Glück und Intuition des Autors besser deutlich als der von den griechischen` Funden im Nildelta.

Petrie stieß erstmals 1883 auf die Ruinen »seiner« griechischen Siedlung, die ihm wie ein mit »Trümmern der Vasensammlung eines Museums« übersätes Feld erschien; er war dabei einer Spur gefolgt, die er beim Kauf einer Statuette der griechischen Archaik aufge-

WILLIAM MATTHEW FLINDERS PETRIE (1853 – 1942)

»T. E. Lawrence, der zu seinen Studenten zählte, meinte einmal, dass ›eine Petrie-Ausgrabung eine Sache mit einem besonderen Reiz‹ sei; die gleiche Bemerkung könnte auch für dessen gesamtes Leben gelten …«
Margaret S. Drower

- Geboren am 3. Juni 1853 in Charlton.
- Besucht 1880 Ägypten, um die Pyramiden von Giseh zu vermessen.
- 1884–1886 Ausgrabungstätigkeit für den Egypt Exploration Fund (EEF) als Assistent von Édouard Naville.
- Eigenständige Ausgrabungsarbeiten ab 1887; Aufbau des Egyptian Research Account 1894, danach der British School of Archaeology in Ägypten; 1896–1905 wieder beim EEF.
- Professor für Ägyptologie am University College London 1892–1933.
- Ausgrabungen an verschiedenen Orten in Ägypten und Palästina; Autor von über tausend Büchern, Artikeln und Rezensionen; Gründer und Herausgeber der Fachzeitschrift *Ancient Egypt*; umfangreiche persönliche Sammlung heute im Petrie-Museum, University College.
- Bedeutende Leistungen unter vielen anderen: die Entdeckung von Naukratis, die Entwicklung der Sequenzdatierung (Seite 94), die Ausgrabung der Königsgräber von Abydos (Seite 109) und der Juwelen von El-Lahun (Seite 138).
- Gestorben am 28. Juli 1942 in Jerusalem.

Rechts Mit Augendarstellungen verzierte Tontasse (Britisches Museum GR 88, 6-1, 392) aus Naukratis, etwa 575–550 v. Chr. Das Gefäß trägt eine Widmung an Aphrodite durch die Hand von Rhoikos, des Architekten des Hera-Tempels auf Samos.

nommen hatte. Ein Fundort dieser Art war bis dahin noch nie bekannt geworden und Petrie zeigte sich hellauf begeistert von den sich bietenden Aussichten. Er konnte jedoch erst 1884 zurückkehren, um mit seinem Assistenten Francis Llewellyn Griffith im Auftrag des Egypt Exploration Fund den Ort zu untersuchen.

Wie sich dann herausstellte, gab der Ruinenhügel sein Geheimnis wesentlich rascher frei, als es Petrie sich je hatte vorstellen können:

»Die einzige Wohnmöglichkeit, die ich finden konnte, war ein altes Landhaus, das früher einem Pascha gehört hatte, und als ich es besichtigte, fielen mir zwei dunkelgraue Steinblöcke neben dem Eingang auf. Ich drehte einen davon um und sah darauf ... ein Dekret der Stadt Naukratis ..., die unbekannte Siedlung hatte nun einen Namen...«

Und es war ein höchst gewichtiger Name – Naukratis, jenes griechische Handelszentrum in Ägypten, das der antike Geschichtsschreiber Herodot erwähnt und das Heinrich Schliemann, der Entdecker Trojas, selbst gesucht und zu gerne gefunden hätte. »Den ganzen Tag lang klang mir der Name ›Naukratis‹ im Ohr und ich sprang in dem fabelhaften Taumel eines lang ersehnten Glücks auf dem Hügel herum.«

Der Grieche Herodot, der die Stadt Mitte des 5. Jahrhunderts v. Chr. besucht hatte, widmet ihrer Beschreibung mehrere Absätze. Er bemerkt, dass der ägyptische König Amasis (570 – 526 v. Chr.) »den griechischen Einwanderern ... die Stadt Naukratis zur Besiedlung« überließ. Zusätzlich gab er »denen, die nicht dauernd in Ägypten wohnten, sondern nur Handel treiben wollten, Plätze, wo sie Altäre und Kultstätten errichten konnten«. Schließlich erhielt die damals bereits alte Siedlung mit ihrem großen, vermutlich bis auf Psamtik I. im siebten vorchristlichen Jahrhundert zurückgehenden griechischen Einwohneranteil ein Monopol im Griechenlandhandel. Dabei wurde hauptsächlich Silber und mediterrane Gebrauchswaren

Links Der Schlüssel zum Namen der geheimnisvollen Stadt, die Flinders Petrie gefunden hat – Steinblock mit der griechisch verfassten Widmung einer Statue an Heliodor durch die Einwohner von Naukratis.

Unten Zeugnisse griechischer Präsenz: Überreste hellenistischer Architekturornamente vom zweiten Apollontempel.

wie Olivenöl gegen ägyptisches Getreide, Leinen und Papyrus getauscht. Offensichtlich florierte die Stadt – nicht nur unter den saïtischen Königen, sondern ebenso während der Periode der persischen Herrscher, bis sie schließlich durch das im 4. Jahrhundert v. Chr. neu gegründete Alexandria (Seite 232) überflügelt wurde.

Vielleicht stellen die interessantesten Funde von Naukratis die gemeißelten oder mit Tinte aufgetragenen Gefäßbeschriftungen dar, deren Träger in einem der griechischen Heiligtümer der Stadt – von Apollo, Aphrodite, Hera und den Dioskuren – geweiht wurden. Manche dieser Gefäße hatten offenbar historisch gut bekannte Stifter, die sie, wie anzunehmen ist, auch selbst beschrifteten. Dazu zählen der Architekt des Hera-Tempels auf Samos, Rhoikos, sowie der Söldner Phanes von Halikarnassos, der laut Herodot die Seiten wechselte und von Ahmose zu den Persern überlief; aber hier ist auch – am wichtigsten von allen – Herodot selbst zu nennen, der Vater der Geschichtsschreibung. Denn 1903 fand D. G. Hogarth während der Ausgrabungen am Hellenion das Bruchstück eines mit Herodots Name versehenen attischen Gefäßes.

Links Relief eines griechischen Soldaten auf einer ionischen Säule in Naukratis.

Oben Unterseite eines attischen Gefäßes mit dem eingeschnittenen Namen »Herodot« – vermutlich gehörte sie dem »Vater der Geschichtsschreibung«, der im 5. Jahrhundert v. Chr. hier in Naukratis weilte.

1886
DAS GRAB DES SENNEDJEM, DIENER AM ORT DER WAHRHEIT

Datum
1886

Entdecker
Gaston Maspero,
Salam Abu Duhi

Ort
Theben (Deir el-Medina,
Grab TT 1)

Periode
Neues Reich, 19. Dynastie,
Herrschaft Sethos' I.,
1306 – 1290 v. Chr.

»Um fünf Uhr abends, am 1. Februar [1886], als wir gerade von einer Exkursion zu den nahen Ruinen von Karnak zurückkehrten, präsentierte sich uns ein ... Beduine. Er war gekommen, um uns von der einige Stunden zuvor in der Nekropole von Theben gemachten Entdeckung eines unversehrten Grabes zu informieren, das noch von derselben Türe verschlossen war ..., welche die Ägypter der Antike nach Ablage des letzten Leichnams zugeschoben hatten ...«
EDUARDO TODA

Die Gruft des Sennedjem (TT 1) zählt mit den Königsmumien von Dair Al Bahri (Seite 64) zu den großen Entdeckungen Gaston Masperos während seiner ersten Amtszeit als Direktor der Altertümerverwaltung. Aufgespürt hatten den Fund drei Beduinen, die nach siebentägigen Grabungen die unterirdischen Kammern eines vollkommen intakten Grabmals betraten, das unter dem Schutt späterer Gräber verborgen lag. Maspero und der spanische Generalkonsul Eduardo Toda y Güell (dem wir einen aufschlussreichen Bericht der Entdeckung verdanken) eilten zusammen mit ihren Gästen Urbain Bouriant und dem Fotografen und Händler Jan Herman Insinger an den Fundort.

An der Oberfläche sichtbar war lediglich die in den Stein getriebene Eingangsöffnung von nur vier Metern Tiefe mit ihren alten Haltevertiefungen an zwei Wänden, die schon den Besuchern des Altertums den Zugang erleichterten. Am Boden dieses Schachts trafen die Forscher auf einen engen, abfallenden Gang, der in einer kleinen unverzierten Kammer endete. Ein zweiter Schacht, der nahe der westlichen Wand dieser Kammer begann, führte zu einem weiteren Gang, an dessen Ende sich die eigentliche Grabkammer befand. »Es war klar«, schrieb Toda, »dass wir uns vor einem jener seltenen Gräber befanden, die ... bei den Raubzügen der Römer, Kopten und Araber übersehen worden waren.« Denn die herrlich bemalte Holztüre, welche die Toten von der Welt der Lebenden trennte, war noch fest an ihrem Platz, mit einem versiegelten Riegel verschlossen und seit über drei Jahrtausenden unberührt (Kairo JE 27303).

In der drückenden Hitze von 48 Grad machten Maspero und seine Kollegen hastig Notizen, demontierten die Türe und betraten das Reich der Toten. Die Kammer mit einer gewölbten Decke war nur fünf Meter lang und etwa halb so breit. Toda beschreibt, was die Forscher im Licht ihrer Kerzen erblickten:

»Der Boden war übersät mit Körpern: neun davon in ihren Holzsärgen und elf ausgestreckt im Sand liegend. In den Ecken sahen wir Berge von Tonvasen, Brot, Obst, Möbel und Girlanden aus getrockneten Blumen. In der Nähe der Wand standen zwei Bestattungsschlitten, die man wohl in der Eile zurückgelassen hatte. Unser Hauptinteresse richtete sich aber auf die Malereien, die alle vier Wände und die Decke der Kammer zierten und sich in dem gleichen Zustand wie am lange vergangenen Tag ihres Entstehens erhalten hatten.«

Links Die Westwand des kleinen, aber einzigartig ausgemalten Grabgewölbes der Familie Sennedjems. Der Verstorbene und seine Gemahlin heben die Hände in Ehrfurcht vor den Göttern der Unterwelt.

69

Seit der Zeit Bernardino Drovettis (Seite 29), der kaum brauchbare Dokumentationen seiner Funde hinterlassen hatte, war kein vergleichbares Grabmal entdeckt worden. Nun, 60 Jahre später, gingen Maspero und sein Team im Bewusstsein der Verfehlungen ihres Vorläufers betont methodisch vor. Sie hielten alles schriftlich fest, räumten die Kammer systematisch aus und überwachten den Abtransport der Fundstücke. Trotz ihrer Vorsicht ging jedoch vieles verloren: Einige Stücke wurden auf dem Weg zu Masperos Dampfer gestohlen oder beschädigt und manches sogar gänzlich zerstört; von den elf zerbrechlichen Mumien ohne Särge erreichten nur die Köpfe das Nilufer.

Wessen Grab?

Als Besitzer der Gruft nennen die Wandverzierungen den »Diener am Ort der Wahrheit Sennedjem«, offenbar ein Handwerker, der bei der Anlage, Ausgestaltung und Ausstattung der Gräber im Tal der Könige und im Tal der Königinnen sein Auskommen fand. Mit ihrem bescheidenen Wohlstand konnten er und seine Familie – Frau, sieben Söhne, vier Töchter, zwei Schwiegertöchter und mehrere Enkel – sich der Fertigkeiten talentierter Kollegen bedienen, mit denen sie in der Handwerkersiedlung von Deir el-Medina (Seite 174) wohnten. Wie wir heute an der herrlichen Begräbnisausstattung sehen, leisteten ihm seine Kontakte gute Dienste.

Sennedjem lebte während der Herrschaft Sethos' I. und war zweifellos an der Anlage des Grabmals dieses Pharaos der 19. Dynastie (Seite 21) beteiligt, aus dessen Zeit nur

Links Der Deckel des inneren Sargs von Chonsu, dem Sohn Sennedjems; zu bewundern ist das Stück in New York. Zwar befindet sich heute der Großteil der Objekte aus der Familiengruft Sennedjems in Kairo, aber manches lagert auch im Ägyptischen Museum in Berlin sowie im Metropolitan Museum of Art in New York, im Puschkin-Museum in Moskau und in Madrid.

Links Detail des Grabschlittens, in dem sich der Sarg des Sohnes Sennedjems, Chonsu, befand: Unter den wachsamen Augen der göttlichen Schwestern Isis und Nephthys beugt sich der Totengott Anubis über den einbalsamierten Leichnam.

wenige Gräber erhalten sind. Daher bergen die Funde der Gruft – obwohl ihre Bergung einiges zu wünschen übrig ließ – wertvolle Informationen über die Begräbnissitten der Mittelschicht dieser Periode.

Interessante Erkenntnisse ergeben sich, wenn man Vergleiche anstellt mit der letzten Ruhestätte eines wesentlich besser gestellten und über deutlich mehr Privilegien verfügenden Vorgängers Sennedjems namens Cha (Seite 126), eine Grabstätte die reichhaltige Funde an edlen und weniger edlen Metallen, Kosmetika und wertvollen Stoffen ermöglichte.

Die Ankunft von Grébaut

Kurz nach der Entdeckung des Grabmals kehrte Maspero aus gesundheitlichen Gründen nach Frankreich zurück. Sein Wunsch war es, dass der Schweizer Édouard Naville seine Stelle einnähme, doch die Staatsangehörigkeit Navilles schloss dies aus; stattdessen folgte ihm der Franzose Eugène Grébaut nach, ein ehemaliger Student Masperos, der seit 1883 Direktor der französischen archäologischen Mission in Kairo war. Er sollte sich als eine unglückliche Wahl herausstellen.

Grébaut schien eher ungeeignet für die betreffende Arbeit und rief große Abneigung und Missgunst bei Ägyptologen wie auch Einheimischen hervor. Die zeitgenössischen Ägyptologen nahmen bei der Beurteilung des neuen Direktor der Altertümerverwaltung kein Blatt vor den Mund. Für Flinders Petrie war er antienglisch und bewegte sich »außerhalb jeder Vernunft«, während Wallis Budge meinte, dass »alle, denen der Fortschritt der Ägyptologie und das Wohlergehen der nationalen Sammlungen Ägyptens am Herzen lag, die Berufung bedauerten«.

Eine der glücklicheren Maßnahmen Eugène Grébauts war die Verlegung der Sammlung Mariettes von Bulaq in ein neues Museum in Giseh; allerdings erreichten dabei leider zahlreiche Stücke nie ihren Bestimmungsort. In politischer Hinsicht war es für alle eine sorgenvolle Zeit, doch vor Ort ging die archäologische Forschung ihren alltäglichen Gang.

Unten Sennedjem, der »Diener am Ort der Wahrheit«, pflügt in Begleitung seiner Gemahlin die Felder im mythischen Jenseits.

DAS FAMILIENGRAB SENNEDJEMS

Name	Status	Objekte
Amennechu		Mumie, Uschebti
Hathor		Sarg, Mumie
Hetepu		Mumie, Uschebti
Isis		Sarg, Mumie, Kanope, Kassette
Ineferti	Gattin Sennedjems	Särge (2), Maske, Mumie, Kanope, Uschebtis (4), Kassetten (6), Schemel (2)
Chabechenet		Mumie, Kanope, Uschebti-Särge (2), Uschebtis (2), Kassetten (6)
Chonsu	Sohn Sennedjems	Äußerer Sarg auf Schlitten, Särge (2), Maske, Brustschmuck, Mumie, Kanope, Uschebti-Kassette, Uschebtis (13), Kassetten (4), Stäbe (3)
Mose		Mumie, Uschebtis (5), Schemel (2)
Paraemnechu		Mumie, Uschebti-Kassette
Parahotep		Sarg, Mumie, Uschebti
Ramose		Sarg, Mumie, Uschebti-Kassette, Uschebtis (3), Kassette
Sennedjem	Gruftbesitzer	Äußerer Sarg auf Schlitten, Särge (2), Masken (2), Brustschmuck (3), Mumie, Kanope, Uschebti-Särge (4), Uschebtis (9), Bett, Stuhl, Schemel, Tongefäße (5), Stäbe (6), Architektenwerkzeuge (4)
Tameket	Gattin Khonsus	Särge (2), Mumie, Kanope, Uschebtis (4)
Tasehesen		Sarg, Mumie, Uschebti
Unbekannt		Särge (2), Brustschmuck, Mumien (6), Uschebtis, Uschebti-Kassetten (7), Schemel, Opfertisch, Tongefäße (7), Körbe (2), befranster Stoff, Leinen, Sandalen (Paar), Architektenwerkzeuge (3), Kalksteinostrakon mit der *Erzählung von Sinuhe*, Lebensmittelvorräte (Brot, Kekse, Eier, Datteln, Getreide, Wasser, Milch, Wein), Blumengirlanden (3)

1887

DAS ARCHIV DES PHARAOS: DIE AMARNA-BRIEFE

Vor 1887: Der Kopf von Berlin · 1888: Die Statue des Hetepdief
1887: Staatsgeschenke · Vor 1888: Wallis Budge und das *Totenbuch*

ERNEST ALFRED THOMPSON WALLIS BUDGE (1857 – 1934)

- Geboren am 27. Juli 1857 in Bodmin.
- Angestellter 1870 – 1878; lernt nebenbei Ägyptisch bei Samuel Birch im Britischen Museum.
- Studium am Christ's College, Cambridge, 1879 – 1882; Anstellung am Britischen Museum 1883; Erhebung in den Adelsstand 1920.
- Ausgrabungen in Ägypten und Nubien.
- Zahlreiche Publikationen, darunter über 140 Bücher.
- Gestorben in London am 23. November 1934.

Datum
1887

Entdecker
Ortsansässige Ägypterin

Ort
Tell el-Amarna (Archiv)

Periode
Neues Reich, 18. Dynastie, Herrschaft von Amenophis III. bis Tutanchamun, 1391 – 1323 v. Chr.

Unten Im Amarna-Brief EA 19 wendet sich Tuschratta, der König von Mitanni, an Amenophis III. mit der Bitte: »Möge mein Bruder mir mehr Gold schicken … denn in meines Bruders Land gibt es Gold wie Sand.«

4000 v. Chr.
3000 v. Chr.
2000 v. Chr.
1000 v. Chr.
0
700 n. Chr.

»Während die offiziellen Vorbereitungen für meine Reise nach Bagdad im Gang waren, erhielt ich von einem Ägypter die Nachricht, dass [kürzlich] einige sehr bedeutende … Entdeckungen gemacht worden waren …[Eine] einheimische Dame hatte in Tell el- Amarna durch Zufall eine große Kiste mit Tonscherben gefunden, die sämtlich nach Ansicht [des Informanten] beidseitig mit Schriftzeichen versehen waren. Er und seine Bekannten hatten eine große Anzahl davon sichergestellt und einige Händler sagten, dass die Tonscherben wie die kleinen Tonblöcke waren, die einige Jahre zuvor von Bagdad nach Kairo gebracht worden waren, und dass die Zeichen auf der Vorder- und Rückseite […] Keilschrift waren … «
E. A. WALLIS BUDGE

Wie so viele bedeutende Funde in der Geschichte der ägyptischen Archäologie geschah die Entdeckung der Tontafeln von Amarna durch puren Zufall. Was die einheimische Ägypterin ausgegraben hatte, waren mehr als 300 kleine Scherben, die mit Keilschrift beschrieben waren, der Schrift der östlichen Nachbarn Ägyptens; ein solcher Fund war nie zuvor am Nil gemacht worden. Da die Scherben, die eher an trockene Kekse erinnerten, zunächst nur wenig beeindruckend erschienen, verkaufte die Entdeckerin jene, die ihr nicht gänzlich zu Bruch gegangen waren, zu dem bescheidenen Preis von zehn Piaster an einen Nachbarn.

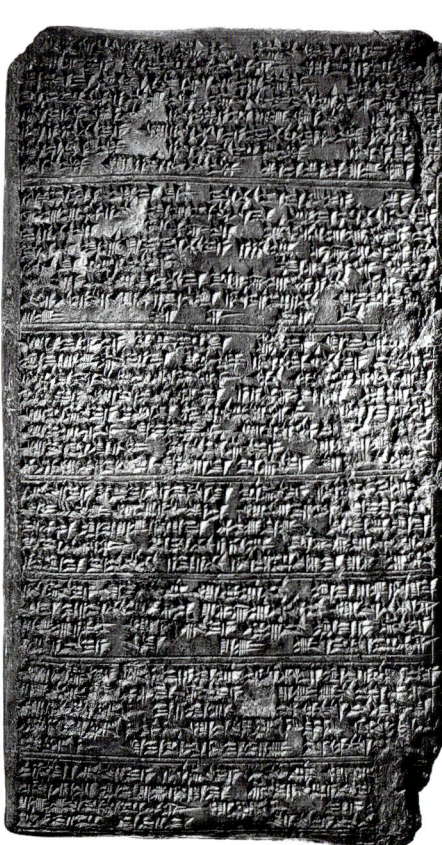

Rechts Ein Brief an Echnaton: »An den König, meinen Herrscher, meinen Gott ... Botschaft von Japachu, Herrscher von Gezer ... Möge der König, mein Herr, die Sonne vom Himmel, einen Gedanken an sein Land wenden ... so uns die Apiru nicht zerstören sollen.« Amarna-Brief EA 299.

Unten Petries Grundriss des Gebäudes, das er ausgrub und als Fundstelle der Tontafeln von Amarna erkannte.

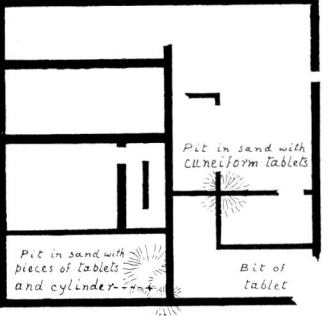

Unten Teilweise stehen noch die Mauern der Bauten nahe dem königlichen Archiv, in dem die Amarna-Briefe gefunden wurden.

Der wohl zu einer Beurteilung des Fundes am besten befähigte Gelehrte nahöstlicher Archäologie, Professor Archibald Henry Sayce, hielt sich zur Zeit der Entdeckung der Scherben von Amarna nicht in Ägypten auf. Daher brachte man einige Stücke nach Frankreich, um sie dem renommierten, aber damals schon nahezu erblindeten Assyrologen Jules Oppert vorzulegen, der sie jedoch als offensichtliche Fälschungen abtat.

Andere Forscher, die vielleicht auf Grund eines besseren Augenlichts genauer vorgehen konnten als der betagte Oppert, kamen zu vollkommen abweichenden Ergebnissen. Einer von ihnen war der Assistenzkurator am Britischen Museum E. A. Wallis Budge. Für einen Ägyptologen ungewöhnlich, verfügte Budge über solide Grundkenntnisse der Keilschrift und erkannte sofort die Bedeutung dessen, was ihm vorgelegt wurde. In seinen Memoiren schreibt er:

> »Auf der größten und am deutlichsten geschriebenen ...
> konnte ich die Worte ..., an Nimmurija, König des
> Landes Ägypten ausmachen ... Ich war mir sicher,
> dass die Scherben sowohl echt als auch von ungewöhnlicher geschichtlicher Bedeutung waren.«

Der hier genannte König war Amenophis III., Vater des »Ketzerpharaos« Echnaton (Amenophis IV.), der den Bau einer neuen Stadt auf der Ebene von Amarna befahl.

Die Entdeckung stellte sich schließlich als Teil eines einzigartigen diplomatischen Archivs aus der Mitte des zweiten vorchristlichen Jahrtausends heraus und, als die Kunde der Bedeutung der Scherben die Runde machte, wurden die restlichen Stücke rasch vom Ägyptischen Museum in Berlin, dem Louvre und dem Museum in Bulaq erworben.

Als erster Ägyptologe konnte Flinders Petrie (Seite 67) den genauen Fundort der Scherben lokalisieren. Als dieser im Jahr 1891 nahe dem Privatpalast des Pharaos in Tell el-Amarna (Seite 83) Grabungen durchführte, richtete er sein Interesse auf ein anderes antikes Bauwerk, das »dem Professor Sayce in einem der vergangenen Jahre als der Ort bezeichnet wurde, an dem die Tonscherben gefunden worden waren«. Die klare Bestätigung dieses Hauses als Fundort kam, als Petrie »in einer Kammer und zwei Abfallgruben« weitere Scherben entdeckte.

Erst einige Jahre später jedoch erkannte die Wissenschaft genau, um was für ein Gebäude es sich dabei gehandelt hatte. Zuerst Percy Newberry, der 1895 die Grabung in Amarna besuchte, als auch später J. D. S. Pendlebury, Ausgrabungsleiter in den Jahren 1933 und 1934 am selben Ort, bemerkten, dass die zum Bau des Hauses verwendeten Lehmziegel die Aufschrift trugen: »Das Haus der Schriftwechsel des Pharaos. Leben! Wohlstand! Gesundheit!« Petrie hatte das »Außenministerium« des antiken Ägypten entdeckt.

Zum Leidwesen Pendleburys war es zu seiner Zeit bereits »weitgehend zerstört, weil man hoffte, weitere Tonscherben ans Tageslicht fördern zu können. Die Mauern sind verfallen, sodass man den ursprünglichen Eingang nicht mehr lokalisieren kann.«

Vor 1887
Der Kopf von Berlin

Dieser außergewöhnliche Kopf aus dem 1. Jahrhundert v. Chr. wird heute in Berlin aufbewahrt (12 500) und ist zweifellos die wertvollste Schöpfung seiner Art. Wo und wann das Porträt durch seine einheimischen ägyptischen Entdecker gefunden wurde, lässt sich nicht mehr feststellen. 1887 gehörte es noch zur Sammlung des Prinzen Ibrahim Hilmy, wurde aber im selben Jahr an Henry Wallis abgegeben. Ägyptologen hoffen jedoch weiterhin, den Rest der zugehörigen Statue aufzuspüren und so sein Geheimnis zu lüften.

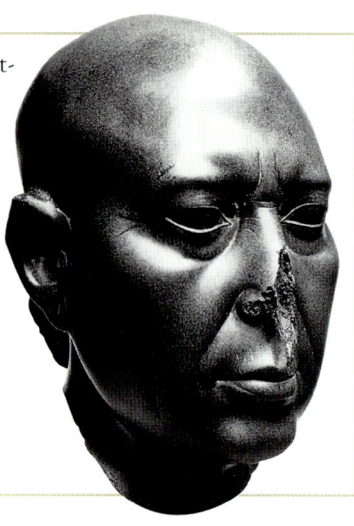

1888
Die Statue des Hetepdief

Während der gesamten Antike Ägyptens ließen neben Königen und hohen Beamten ebenso Privatpersonen aus profanen Gründen oder für ihr Grabmal Standbilder von sich anfertigen. Diese kleine Tempelplastik aus rotem Granit (Kairo CG 1) eines Edelmannes namens Hetepdief kann sich rühmen, eine der ältesten zu sein, die heute bekannt sind. Die im Jahr 1888 in Memphis gefundene Figur entstammt dem Zeitraum der 3. Dynastie und trägt an der rechten Schulter die Namen der ersten drei Könige der vorangegangenen Dynastie – Hetepsechemui, Raneb und Ninetjer. Diese Inschriften sichern der heutigen Forschung die Reihenfolge, in der jene frühen Pharaonen den Thron innehatten.

1887
Staatsgeschenke

Während wir aus verschiedenen Dokumenten, vor allem den Amarna-Briefen, wissen, dass in der Antike der diplomatische Austausch von Geschenken an der Tagesordnung war, besitzen wir nur wenig Konkretes, das als Beispiel dieser Praxis gelten könnte. Der eiserne Dolch Tutanchamuns (Kairo JE 61585) ist vielleicht das bekannteste derartige Stück. Ein weiteres stellt möglicherweise der im 2. Jahrtausend v. Chr. entstandene Gefäßdeckel aus rotem Jaspis in Form eines löwenköpfigen Stieres dar (BM EA 22866). Der gleichen Bestimmung könnte dieser kleine Muschelkopf mit Einlagen gedient haben. Vermutlich handelt es sich dabei um den Verschluss eines Horns als Gefäß für hochwertiges syrisches Öl. Sein heutiger Aufbewahrungsort ist im Eton College (ECM 820).

DIE AMARNA-BRIEFE
AUFBEWAHRUNGSORTE

Ort	Anzahl von Tafeln/Fragmenten
Archäologisches Museum, Istanbul	1 (gefunden in Tell el-Hesi, Palästina)
Ashmolean Museum, Oxford	22
Britisches Museum, London	94 (+ 1 Fragment zu einer Tafel in Berlin)
Ägyptisches Museum, Kairo	49/50 (+ 1 Fragment zu einer Tafel im BM)
Louvre, Paris	7
Metropolitan Museum of Art, New York	2
Musée du Cinquantenaire, Brüssel	1
Oriental Institute, Chicago	1
Puschkin-Museum, Moskau (?)	3 (?)
Vorderasiatisches Museum, Berlin	202/203 (+ 3 Fragmente zu Tafeln im BM und andere nicht nummerierte Fragmente)
Verloren (ehemals Privatbesitz Lord Amherst und Jules Oppert)	2

Nach der (möglicherweise zu hohen) Schätzung von A. H. Sayce gingen 150 bis 200 der in Amarna gefundenen Tafeln bei der Entdeckung verloren.

TEXTINHALTE DER TAFELN

Tafeltyp	Anzahl
Briefe und angehängte Inventare	350
Mythische oder epische Texte	6
Silbentabellen	3
Lexikalische Texte	5
Götterlisten	1
Erzählung churritischen Ursprungs	1
Listen ägyptischer Wörter in Keilschrift mit babylonischen Entsprechungen	1
Zaubertexte	1
Unsicher	14

Gesamtanzahl von Tafeln: über 382

Die gelagerten Dokumente

»Schick mir viel Gold. Und dir, für deinen Teil,
was auch immer du wünschst von meinem Land,
schreibe mir, dass es dir gebracht werde.«
BURRA-BURIJAS, KÖNIG VON BABYLON,
AN ECHNATON (ODER TUTANCHAMUN)

Über den Inhalt dieses einmaligen Fundes ist viel geschrieben worden. Der zum größten Teil in babylonischer Sprache verfasste Briefwechsel teilt sich in zwei Gruppen: Einerseits handelt es sich um Korrespondenz mit dem Pharao gleichgestellten Persönlichkeiten, den Herrschern in Babylonien, Assyrien, Mitanni, Arzawa, Zypern und im Hethiterreich –in ihr geht es in der Regel darum, durch Austausch von Geschenken und Frauen für die königlichen Harems den politischen Status quo zu erhalten. Der andere, größere Teil besteht aus Dokumenten, in denen die Rivalitäten unter den von Ägypten abhängigen Kleinstaaten in Syrien und Palästina festgehalten sind. Interessanterweise besteht das Archiv nicht nur aus Briefen, die an den ägyptischen Hof gerichtet waren, vielmehr sind zahlreiche Texte speziell für die Dokumentensammlung angefertigte Abschriften. Silbentabellen und lexikalische Texte, die für die Abfassung und Übersetzung nötig waren, wurden ebenfalls gefunden.

Nach vorherrschender Ansicht umfassen die archivierten Dokumente einen Zeitraum von 15 – 30 Jahren, beginnend etwa mit dem Jahr 30 der Herrschaft Amenophis' III. (1391 – 1353 v. Chr.). Die Briefe an die Könige erwähnen den jeweiligen Namen des Herrschers und zeigen so, dass die Korrespondenz zum großen Teil in die späte Regierungszeit Amenophis' III. fällt und darüber hinaus die gesamte Herrschaft Echnatons umfasst. Da die Schreiben aus den abhängigen Staaten keinen persönlichen Adressaten nennen, fällt hier eine entsprechende Interpretation wesentlich schwerer.

Vor 1888
Wallis Budge und das Totenbuch

Gegenüber den Wünschen ausländischer Archäologen, einen Teil ihrer Funde behalten zu dürfen, zeigten sich die ägyptischen Behörden zwar äußerst großzügig, trotzdem setzte sich die Kaufpraxis der führenden Museen im gesamten 19. und in den frühen Jahren des 20. Jahrhunderts fort. Sogar heute noch gilt die ernüchternde Tatsache, dass die wertvollsten Altertumsstücke nur selten bei ordnungsgemäßen Grabungen ans Tageslicht kommen.

Einer der emsigsten europäischen Käufer von Antiken im Auftrag des Britischen Museums war E. A. Wallis Budge. Von seinen vielen Erwerbungen können sich nur wenige mit den angeblich aus einem einzigen Grab stammenden drei *Totenbüchern* aus der Zeit des Neuen Reichs an Bedeutung messen; es handelt sich um das Buch des Ani (»ergebener Schreiber des Königs«), das Buch des Nu (»Vorsteher der Ländereien des Schatz-

meisters«) und das Buch der Anhai (»Vorsängerin des Amun«), alle heute im Britischen Museum (EA 10470, 10477, 10472).

Das *Totenbuch* bestand aus einer Sammlung von Zaubersprüchen oder »Kapiteln«, die, auf Papyrus, Pergament oder Leder geschrieben, den Verstorbenen in den Sarg gelegt wurden. Sie sollten dem Toten eine sichere Reise durch die Unterwelt und eine sorglose Existenz im Jenseits ermöglichen.

Diese herrlich illuminierten Papyri kamen 1888 nach England. Allerdings ist dem Bericht von Budge über deren Herkunft nur wenig Glauben zu schenken: Die drei Texte entstammen verschiedenen Zeiten, das Buch des Nu der Zeit der 18., das der Anhai der Zeit der 19. und das des Ani der Zeit der 20. Dynastie, sodass sie vermutlich nicht im selben Grab gefunden wurden. Ähnlich dubios klingt die Darstellung der auf den Fund angeblich folgenden Ereignisse: Budge will die Papyri nach deren Konfiszierung durch die Behörden zurückbekommen haben, indem er sich einen Weg durch die Schlammziegelmauer des Lagerraums grub, in dem sie aufbewahrt waren. Seinen Verfolgern immer einen Schritt voraus, habe er dann Kairo erreicht und die Manuskripte dem britischen Militär übergeben, die dank des Schutzes der britischen Regierung schließlich England erreichten. Budge hatte sicher eine spannende Geschichte zu erzählen, die freilich heutigen Gelehrten eher als amüsante Unterhaltung dient.

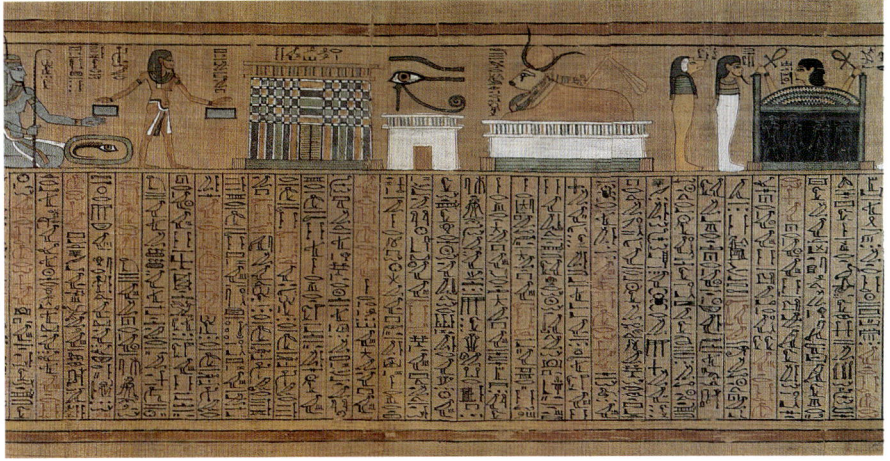

1888
GESICHTER DER VERGANGENHEIT: DIE PORTRÄTS AUS DEM FAIJUM

1888: Das Labyrinth · 1888: Kolossaler Kopf Amenemhets III. aus Bubastis · 1888: Der Palast Amenophis' III.
1888: Zeichnungen aus dem Tal der Könige · 1889: Die Papyri von Kahun

Datum
1888 und 1910/11

Entdecker
W. M. Flinders Petrie

Ort
Hawara

Periode
Römische Zeit,
1.–3. Jahrhundert n. Chr.

Nach einer Reihe größerer Ausstellungen haben heute die lebensnah gemalten Porträts, die über das Gesicht von Mumien gebunden wurden, im allgemeinen Publikumsbewusstsein ihren festen Platz als Teil der ägyptischen Kunst. Zwar waren bereits 1615 die ersten Exemplare (durch den italienischen Reisenden Pietro della Valle, später auch von Henry Salt) nach Europa gebracht worden, aber erst in den 1880er-Jahren, als ägyptische Kunst fast schon den Markt überschwemmte, ist man in weiteren Kreisen auf sie aufmerksam geworden. Geschickt Regie führte dabei der österreichische Antikenhändler Theodor Graf, der vorsichtshalber sämtliche Porträts aufkaufte, die Einheimische kurz zuvor nahe der Ortschaft er-Rubaiyat im Faijum gefunden hatten. Zu den Kunden Grafs zählten viele bekannte Persönlichkeiten wie etwa Sigmund Freud, der zwei Porträts erstand. Während die wenigen früheren Funde von della Valle und Salt im Enkaustikverfahren (mit durch Wachs gebundenen Farben) gefertigt wurden, waren die künstlerisch etwas steif wirkenden Bilder Grafs fast durchwegs in Temperatechnik gemalt. Aber zu dieser Zeit war auch schon eine

Unten links Wachsmalporträt eines Jungen mit weiten Augen, das mit der Mumie verbunden ist. Die Arbeit stammt aus der Zeit Kaiser Trajans, 98 – 117 n. Chr., und stellt einen der schönsten Funde Petries in der Saison des Jahres 1888 dar.

Unten Porträt einer juwelen-geschmückten Dame des frühen 2. Jahrhunderts n. Chr. (wieder im Wachsmalverfahren), das Petrie während einer späteren Saison 1910/11 in Hawara fand.

Wie Petrie feststellte, standen diese Kolossalfiguren am Eingang zu einem der berühmtesten Monumente der Antike – einem immensen Totentempel mit über 3 000 Räumen, der den antiken Schriftstellern wie Herodot oder Plinius als das Labyrinth bekannt war. Die Ausgrabungen zeigten, dass der Tempel »eine Grundfläche von etwa 1 000 Fuß Länge und 800 Fuß Breite« bedeckte – ein riesiges Areal, groß genug um, wie Petrie berechnete, »sämtliche Tempel am Ostufer von Theben« aufzunehmen.

1888
Das Labyrinth

»Einige wenige Tage Arbeit in Biahmu [im Faijum] lösten das Problem der dortigen so genannten Pyramiden.

Sobald wir anfingen, die Erde umzugraben, fanden wir Sandsteinteile von Kolossalstatuen; am zweiten Tag kam die riesige Nase einer solchen Figur zum Vorschein, so breit wie der Körper

eines Mannes, dann Teile von steinernen Thronen und das Fragment einer Inschrift des [Amenemhet] III. ... Die Gesamthöhe der Kolosse über der Erde betrug etwa 20 Meter ...«

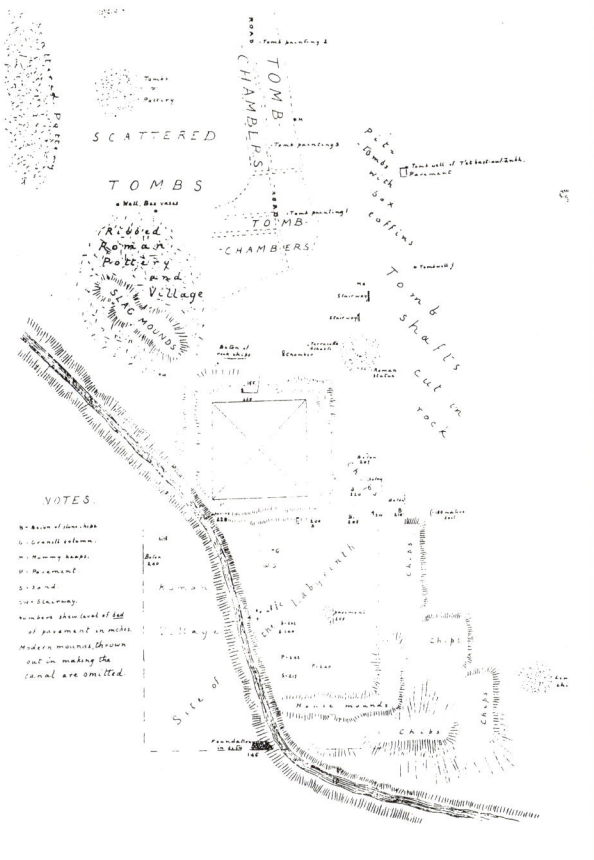

1888
Kolossaler Kopf Amenemhets III. aus Bubastis

Die englische Schriftstellerin Amelia B. Edwards hegte große Bewunderung für Gaston Maspero und nach ihrer ersten Reise den Nil hinauf entschloss sie sich denn auch, ihr Leben der Erforschung und Erhaltung der antiken Reichtümer des Landes zu widmen. Als Ergebnis ihrer Bemühungen, sowohl in England wie in Ägypten, wurde 1882 –

mit dem Ziel, speziell das Nildelta zu untersuchen – der EEF (Egypt Exploration Fund) gegründet. Zu den spektakulärsten Funden der EEF-Grabungen zählt dieser kolossale Kopf aus schwarzem Granit (Britisches Museum EA 1063). Das ursprünglich mit lebensecht wirkenden, eingelegten Augen ausgestattete Stück ist inzwischen als Darstellung des Pharaos des Mittleren Reichs Amenemhet III., des Erbauers des Labyrinths, identifiziert. Aufgrund von

Ähnlichkeiten, die man bei den von Auguste Mariette in Tanis und anderen Orten gefundenen merkwürdigen Sphingen und Standbildern feststellte (Seite 53), wurde der Kopf aber zunächst der Hyksoszeit zugeordnet. Entdeckt hat das Bildnis der oberste Ausgräber des EEF, Édouard Naville, 1888 in Bubastis, wo Osorkon II. (22. Dynastie) die Statue mit ihrem Gegenstück (Kairo, CG 383, 540) seinem Besitz einverleibt hatte.

77

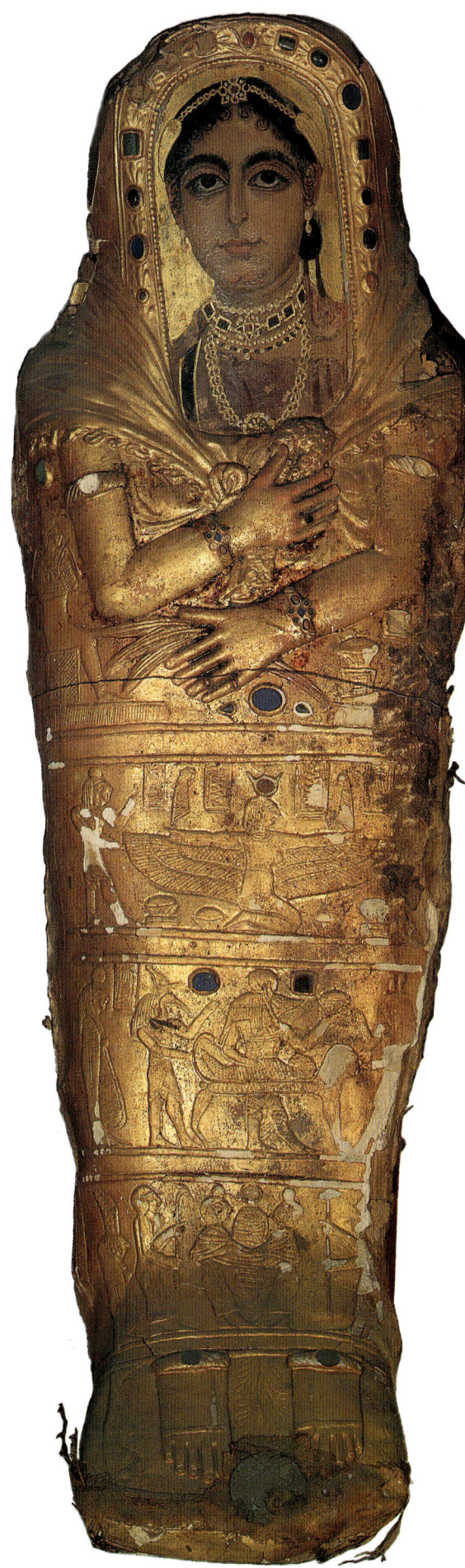

zweite Charge ästhetisch befriedigenderer Enkaustikporträts unterwegs – und zum ersten Mal sollte auch etwas über ihren geschichtlichen Kontext bekannt werden.

Es war das Jahr 1888 und der junge Flinders Petrie (Seite 67) hatte soeben in Hawara im Faijum mit Ausgrabungen begonnen:

>»Als ich dort ankam, bemerkte ich gleich einen Friedhof nördlich der Pyramide [von Amenemhet III.]; bei den Grabungen sah ich dann, dass es ein römischer Friedhof war ... und in der Annahme, die Mühe lohne nicht, wollte ich die Arbeiten abbrechen, als eines Tages eine Mumie gefunden wurde, der eine bemalte Holztafel auf das Gesicht gebunden war. Das Gemälde war ein wunderschönes Porträt einer jungen Frau, in weichen Grautönen gehalten und im Stil vollkommen römisch, ohne den geringsten ägyptischen Einfluss ... Insgesamt fanden wir bei der Freilegung dieses Friedhofs 60 davon, manche stark vermodert und wertlos, andere noch so frisch wie am Tag ihrer Entstehung.«

Petrie kehrte einige Jahre später noch einmal an den Grabungsort zurück und wurde mit einem ähnlich reichhaltigen Ergebnis belohnt.

Auch wenn eine große Anzahl von Porträts ans Tageslicht kam, waren doch nur etwa ein bis zwei Prozent der römischen Gräber in Hawara mit Gemälden dieser Art ausgestattet. Petrie glaubte, dass die Bilder zu Lebzeiten der Dargestellten in Auftrag gegeben wurden und Teil der Wohnraumeinrichtung waren. Diese Auffassung stellen heutige Forscher allerdings in Frage, ebenso wie Petries Überzeugung, nach der die mit Porträts versehenen Mumien »jahrelang überirdisch gelagert wurden, vermutlich in Räumen mit einer Verbindung zum Haus«. Die Porträts aus dem Faijum, die heute fast alle von ihren Mumien getrennt sind, bieten der Forschung zahllose wichtige Informationen über Kleidung, Schmuck und Alltag zumindest der wohlhabenderen Einwohner des römischen Ägypten.

Rechts Elegante Dame aus dem römischen Ägypten in der Mitte des 2. Jahrhunderts n. Chr.

Links Grelles Mumienporträt einer jungen Frau, gefunden während der Saison 1888/89, das sich noch in dem stark vergoldeten und mit Edelsteinen besetzten Mumienbehälter befindet, dessen Relief traditionelle ägyptische Grabszenen aufweist. Die Arbeit datiert etwa aus der Zeit Kaiser Hadrians (117 – 138 n. Chr.)

Links Bemalter und vergoldeter Mumienbehälter aus Stuck aus dem frühen 1. Jahrhundert n. Chr., dessen Verzierung eine Kombination aus dem traditionellen ägyptischen und dem Stil der klassischen Antike aufweist. Der Bestattete wird durch die griechische Inschrift in Brusthöhe identifiziert: »Artemidorus – Leb wohl!«

1888
Der Palast Amenophis' III.

Pharao Amenophis III. aus der 18. Dynastie ließ für die Ausrichtung seiner Sed-Feste einen Palastkomplex am Westufer von Theben bauen. Die Überreste dieses einst prächtigen Palastes erkannte zuerst Georges Daressy, Masperos französischer Assistent am Museum in Bulaq, im Jahr 1888. Erste, vorsichtige Grabungen Daressys brachten unter anderem einige Räume und mehrere bedeutende Wandgemälde ans Tageslicht.

Der moderne Name der Siedlung, el-Malqata, bedeutet »Ort, wo man Dinge aufhebt« – und weist auf die zahllosen Bruchstücke von Fayencen, Glas, bemalten Tonwaren und anderen Luxusartikeln, die über der riesigen, noch immer nicht vollständig ausgegrabenen Stätte verstreut lagen. Malqata wurde seit den Tagen Daressys mehrmals untersucht, etwa durch das Metropolitan

Museum of Art und zuletzt durch ein Grabungsteam der Waseda-Universität Tokio. Doch vieles bezüglich der Ausgrabungen – und noch mehr zur Konservierung und Erhaltung der Substanz – bleibt zu tun.

1888
Zeichnungen aus dem Tal der Könige

Das Jahr 1888 war für Daressy ein besonders erfolgreiches. Nach seinen Entdeckungen in Malqata machte er sich daran, das nahe gelegene Tal der Könige zu erforschen. Dort, in den seit langem bekannten Grabanlagen Ramses' VI. (KV9) und Ramses' IX. (KV6), stieß der junge Ägyptologe zufällig auf eine umfangreiche Sammlung von Stelen und Ostraka – kleinere Kalksteinplatten mit Karikaturen, gedankenverlorenen Kritzeleien und Entwurfszeichnungen für größere Projekte. Es war der größte derartige Fund, der jemals gemacht wurde, und er enthielt ungefähr 300 Einzelstücke, die meisten aus

KV9. Gezeichnet wurden Motive wie etwa ein beleibter, buckliger, eine Doppelpfeife spielender Zwerg (oben; CG 25040) oder auch Ringkämpfer (unten; CG 25132).

1889
Die Papyri von Kahun

»Dies ist eine Nachricht an den Gebieter, Leben! Wohlstand! Gesundheit!, über die nötige Aufmerksamkeit gegenüber deinem königlichen Sklaven, Wadjhau, damit er zu schreiben lerne, ohne dass er weglaufen kann … «
P. KAHUN, VIII.1

Die Ausgrabungen von Flinders Petrie im Jahre 1889 in el-Lahun brachten eine Seltenheit in der ägyptischen Archäologie hervor – eine praktisch vollständig erhaltene Stadt aus der Zeit der 12. und 13. Dynastie, in der sich noch etliche der alten Einrichtungen befanden. Zuerst glaubte man, die Wohnsiedlung der Arbeiter gefunden zu haben, die in unmittelbarer Nähe mit dem Bau der Pyramide und des Tempels von Sesostris II. beschäftigt waren. Heute

weiß man aber, dass es sich in Wirklichkeit um den selbstständigen Ort Kahun handelt. Er bestand aus elf großen und wahrscheinlich 500 kleinen Wohngebäu-

den, von denen 250 bisher freigelegt sind, und beherbergte einmal über 5 000 Menschen. Eine der Überraschungen, die hier auf Petrie warteten, waren Fragmente minoischer Kamaresvasen aus Kreta, die einen offenbar regen Handel mit der Ägäis belegten. Der bedeutendste Fund aber war eine erstaunlich große Anzahl zeitgenössischer Papyri, darunter – neben Testamenten, medizinischen Texten sowie dem einzigen bekannten tiermedizinischen Papyrus Ägyptens – auch ein Lobgesang auf Sesostris III. und verschiedene Briefe, Aktenvermerke und Geschäftsbücher (Petrie Museum, UC 32036 usw.). »Da aus dieser frühen Zeit bisher nur fünf Papyri bekannt waren«, schrieb Petrie über die Kahun-Papyri, »stellt dieser Fund eine wichtige Ergänzung unserer Quellen dar.«

1891
DIE MUMIEN DER AMUN-PRIESTER: BAB EL-GASUS

Datum
Februar 1891

Entdecker
Eugène Grébaut

Ort
Theben (Dair Al Bahri,
Grab DB B)

Periode
Dritte Zwischenzeit,
21. Dynastie,
1070–945 v. Chr.

»In Luxor gab man ein Abendessen für Monsieur Grébaut zur Feier der Entdeckung des Grabmals der 160 Mumien.«
CHARLES EDWIN WILBOUR

Die Entdeckung des großen Mumienverstecks von Dair Al Bahri im Jahre 1881 (Seite 64) sollte sich lediglich als die erste einer Reihe von Gruppen-Begräbnisstätten herausstellen, die im Laufe der nächsten 20 Jahre zutage gefördert wurden. Es war derselbe Muhammad Abd el-Rassul, der gegenüber den Behörden den Ort der Königsmumien preisgegeben hatte, der 1891 als Angestellter der Altertümerverwaltung Eugène Grébaut auf jene Gruft aufmerksam machte, die heute als Bab el-Gasus bekannt ist – das »Tor der Priester«.

Das neu entdeckte Grab lag ebenfalls in Dair Al Bahri, nördlich des Tempels der Hatschepsut in einem Bereich, der bis dahin noch nicht erforscht war. Unter dem Schutt stieß Grébaut auf einen senkrechten, beinahe kreisförmigen Schacht von 14 Metern Tiefe, der mit dicht gepacktem Kalksteinsplitt aufgefüllt war. Unten stützte eine Grundmauer aus Schlammziegeln den Splitt.

Grébaut und sein Assistent Georges Daressy trieben ein Loch durch die intakte Mauer und hielten eine Kerze hinein, ohne im Geringsten zu ahnen, was sie erwartete. Vermutlich waren sie aber nicht wenig erstaunt: Soweit das Auge reichte, war der Korridor hinter der Mauer voll von bis zur Decke hoch gestapelten, gelb lackierten und verzierten Särgen und Grabbeigaben. Wie sich daraufhin noch zeigte, führte ein zweiter, weniger als zwei Meter

Unten Einer Mumie aus Bab el-Gasus werden die Bandagen entfernt. Der französische Arzt Daniel Marie Fouquet leitet die Untersuchung. Links neben ihm steht der korpulente Gaston Maspero; die restlichen Zuschauer sind bekannte Ägyptologen der Zeit und deren Gattinnen (Darstellung des späten 19. Jahrhunderts von Paul Philippoteaux).

4000
v. Chr.

3000
v. Chr.

2000
v. Chr.

1000
v. Chr.

0

700
n. Chr.

breiter Gang über eine Länge von mehr als 90 Metern bis unter den unteren Hof des Hatschepsut-Tempels; ein weiterer Gang, der etwa 50 Meter in westlicher Richtung verlief, war offenbar nicht fertig gestellt worden. Insgesamt zeigte der Grundriss eine verblüffende Ähnlichkeit mit jener ersten, 1881 entdeckten Grabanlage.

Allmählich wurde den Forschern klar, was sie gefunden hatten. Es war die fast perfekt erhaltene Begräbnisstätte der Priester des Amun aus der Zeit der 21. Dynastie. Der Fund insgesamt sollte sich als gewaltig erweisen: 153 anthropomorphe Särge, 110 Uschebti-Kassetten, jede mit bis zu 400 Fayencefiguren, 77 Osiris-Statuen, von denen die meisten Papyrusrollen mit Grabtexten enthielten, acht hölzerne Stelen und eine ähnliche Anzahl von Holzfiguren der die Toten beschützenden Gottheiten Isis und Nephthys sowie vier Kanopensätze. Nie zuvor war etwas Vergleichbares gefunden wurden.

Am 5. Februar 1891 begann die Räumung des Korridors und sie war am 13. Februar abgeschlossen. Jeden Tag verließen zwei von bewaffneten Sicherheitskräften bewachte Fuhren von Särgen und Austattungsgegenständen den Grabungsort in Richtung des wartenden Dampfers. Anfang März erreichte dann der Inhalt des Grabes sicher das Museum in Giseh.

Bab el-Gasus war eine einzigartige Hinterlassenschaft der Antike, doch tragischerweise wurde der Fund, wie so oft in der Geschichte der ägyptischen Archäologie, nie vollständig dokumentiert. Mehrere Umnummerierungen der Objekte und die Zerstreuung eines großen Teils des Fundes – anfangs in ausländische Museen anläßlich der Krönung des Vizekönigs von Ägypten und dann auch durch den Verkauf im Museumsladen – haben jeden Versuch einer Einordnung des Fundes extrem erschwert. Dennoch scheint aber gesichert, dass die Mumien in der 21. Dynastie unter dem Pharao Psusennes II. gleichzeitig hier abgelegt wurden, und zwar in einer speziell zu diesem Zweck ausgehobenen Grabkammer. Bei der groß angelegten Umgestaltung der thebanischen Nekropole nach dem Zusammenbruch des Neuen Reichs hatte man offenbar die Toten aus ihren ursprünglichen Begräbnisstätten entfernt, um sie umzubetten, ähnlich wie vor ihnen schon die Königsmumien (Seite 64, 103).

Unten links Grundriss und Querschnitt der Grabanlage von Bab el-Gasus. Auffallend ist die Ähnlichkeit mit dem Familiengrab Pinudjems II. (DB320), in das zu Beginn der Dritten Zwischenzeit die königlichen Leichname des Neuen Reichs umgebettet wurden.

Unten rechts Deckel des äußeren Sargs einer Edeldame der 21. Dynastie aus der Grabanlage der Priester in Theben. Der Sarg ging 1893 als Geschenk der ägyptischen Regierung, die sich der immensen Zahl von Objekten aus diesem gewaltigen Fund nicht gewachsen sah, an das Britische Museum.

DIE FUNDE IM VERSTECK DER AMUN-PRIESTER

Objekte	Anzahl	Erläuterungen
Körbe	32	15 mit Lebensmittelvorräten, 6 mit Blumengirlanden
Betten	1	
Kisten	6	5 mit Keramiken, 1 mit aus Särgen entfernten Bärten und Händen
Kanopen	16	
Särge	153	101 doppelte, 52 einfache
Fächer	2	
Sandalen	5 Paar	
Uschebti-Kassetten	110	
Statuen	79	77 Osiris-Statuen (die meisten mit Papyrusrollen), 1 Isis, 1 Nephthys
Gefäße	5	
Holzstelen	8	

Von Grébaut zu Jacques de Morgan: 1892

»Ein oder zwei Tage später kam [von Lord Milner] die Nachricht: ›Grébaut ist raus! Und ein völlig unbekannter Bergbauingenieur ist drin, M. Jacques de Morgan, Franzose natürlich.‹ ... Er wusste nicht das Geringste über Ägypten, war aber als bewährter Geschäftsmann der angesehenste Kopf, den die Franzosen finden konnten.«
W. M. Flinders Petrie

Nach dem Rücktritt des ungeliebten Grébaut verspürten »alle eine große Befriedigung« und trotz des nur lauwarmen Empfangs, der seinem Nachfolger Jacques de Morgan (Seite 90) von Petrie bereitet wurde, war jener im Allgemeinen willkommen und zeigte sich später gar als außergewöhnlich energisch. Seine Zeit als Direktor der Altertümerverwaltung entwickelte sich zu einer fruchtbaren und faszinierenden Phase, während deren nicht nur in Dahschur (Seite 88) und Naqada (Seite 100) spektakuläre Entdeckungen gelangen, sondern auch in Sakkara die großartigen Gräber von Kagemni und Mereruka (Seite 86) aus dem Alten Reich freigelegt wurden.

Seiner praktisch orientierten Ausbildung entsprechend, ging de Morgan organisiert und systematisch zu Werke. Auf seine Veranlassung hin erschien der erste Katalog ägyptischer Monumente und Inschriften und man begann mit der ersten detaillierten Kartierung der großen Denkmäler seit den Tagen Lepsius'. Zwar führten de Morgans Nachfolger beide Projekt nicht fort, aber zumindest hatte er damit den Weg für die Zukunft gewiesen.

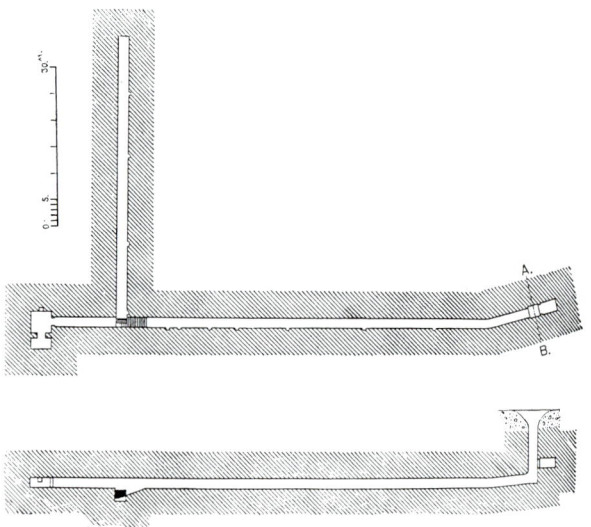

PALASTMALEREIEN DES ECHNATON IN AMARNA

1893: Die Gräber von Kagemni und Mereruka · 1893: Die Kolossalstatuen des Min
1893 oder früher: Die Soldaten des Mesehti · 1893: Die Papyri von Abusir

Datum
1891/92

Entdecker
W. M. Flinders Petrie

Ort
Tell el-Amarna
(Privatpalast, Großer Palast)

Periode
Neues Reich,
18. Dynastie,
Herrschaft Echnatons,
1353–1335 v. Chr.

Der »Ketzerpharao« Amenophis IV., besser bekannt als Echnaton, ließ eine gänzlich neue Hauptstadt mit Namen Achetaton errichten, die jedoch bald nach seinem Tod wieder verlassen wurde; der Ort in Mittelägypten ist heute als Tell el-Amarna bekannt und war unter dieser Bezeichnung als Pate Namensgeber nicht nur für die Zeit Echnatons und seiner unmittelbaren Nachfolger, sondern auch für die Kunst der gesamten Epoche. Die ersten Erkundungen in Tell el-Amarna gehen auf John Wilkinson und vor allem auch auf Karl Richard Lepsius zurück, der hier 1834 und 1845 arbeitete. In den frühen 1880er-Jahren folgte die Entdeckung des Königsgrabes durch Ortsansässige und im Jahr 1887 die der berühmten Amarna-Briefe (Seite 72).

Als erster Archäologe, der hier in größerem Rahmen Grabungen durchführte, erschien 1891 Flinders Petrie in Begleitung seines jungen Assistenten Howard Carter (Seite 160) auf dem Plan. Damals lag das meiste von dem, was heute die Faszination der Amarna-Zeit ausmacht, noch im Verborgenen; bis Petrie war gar die Epoche und ihre charakteristische Kunst weitgehend unbekannt – der Louvre besaß seine Statue des Königs (Seite 24) und Wilbour hatte seine Relieftafel erstanden (Seite 61), doch die Büste der Nofretete (Seite 134) war noch vom Wüstensand verhüllt und Tutanchamun (Seite 160), ein Sohn dieser antiken Stadt, ruhte weiterhin ungestört in seiner reich ausgestatteten Grabkammer im thebanischen Tal der Könige.

Petries Grabungsarbeiten in Amarna dauerten nicht lang, wurden aber präzise ausgeführt; sie brachten in einer Saison mehr neue Informationen zutage als manch spätere Ausgrabung in einem Jahrzehnt. Rasch wurde der Ort vermessen und die zentralen Bereiche – darunter der Große Tempel, der Staatspalast, der Privatpalast und das Archiv – identifiziert und untersucht.

Die kleinen Prinzessinnen

Einige völlig unerwartete Schätze zählten ebenfalls zu den Funden Petries in Amarna, unter anderen auch Tonscherben, die der Forscher sogleich als Importe aus Mykene erkannte. Als die bedeutendsten stellten sich aber die Malereien heraus, von denen eine

Links Ein Luftbild von 1932 zeigt das Zentrum der neuen Hauptstadt Echnatons in Amarna. Deutlich zu erkennen sind die Umrisse des Kleinen Tempels und dahinter der Privatpalast.

heute im Mittelpunkt des Interesses steht: ein mit Tempe-
rafarben gemaltes Bild zweier – von ursprünglich wohl
fünf oder sechs – Prinzessinnen mit ihren Eltern Echnaton und dessen Hauptgemahlin Nofretete. Mit den
Worten des Ägyptologen Norman de Garis Davies handelt es sich bei dem Kunstwerk »sicherlich« um »eines
der allerschönsten Vermächtnisse, die uns die große
vorchristliche Welt hinterlassen hat« (Ashmolean
Museum, Oxford, 1893.1–41). Der Entdecker selbst
meinte mit britischem Understatement »nur ein paar
Blätter« gefunden zu haben.

Das auf die mittleren Jahren der Regierungszeit Echnatons
datierte Meisterwerk fand man während der Freilegung
des Privatpalastes (Nr. 13, Pendlebury P.42.1), der direkt
neben dem Kleinen Tempel von Amarna liegt.

Die Bodenmalereien

Während derselben Grabungssaison legte Petrie auch bemalte Fußböden und Mauerfundamente frei. So fanden sich
in den Säulenräumen (E und F) und in der Haupthalle des
Großen Palastes herrliche, mit Malereien geschmückte
Pflasterflächen. Auch wenn man bereits 1888 bei den kurzen Arbeiten Georges Daressys im Palast von Malqata (Seite 79) mit ähnlichen bemalten Böden einen Vorgeschmack
erhalten hatte und später weitere in Memphis und Qantir
(Seite 224) zum Vorschein gekommen waren, bilden doch
diejenigen von Amarna eine Klasse für sich. Im Raum E des
Großen Palastes wurden fast 80 Quadratmeter Pflasterbo-
den in hervorragendem Erhaltungszustand freigelegt. Nachdem Petrie sie mit einer dünnen Tapiokalösung sorgfältig
gereinigt und konserviert hatte, ließ er einen Schutzbau

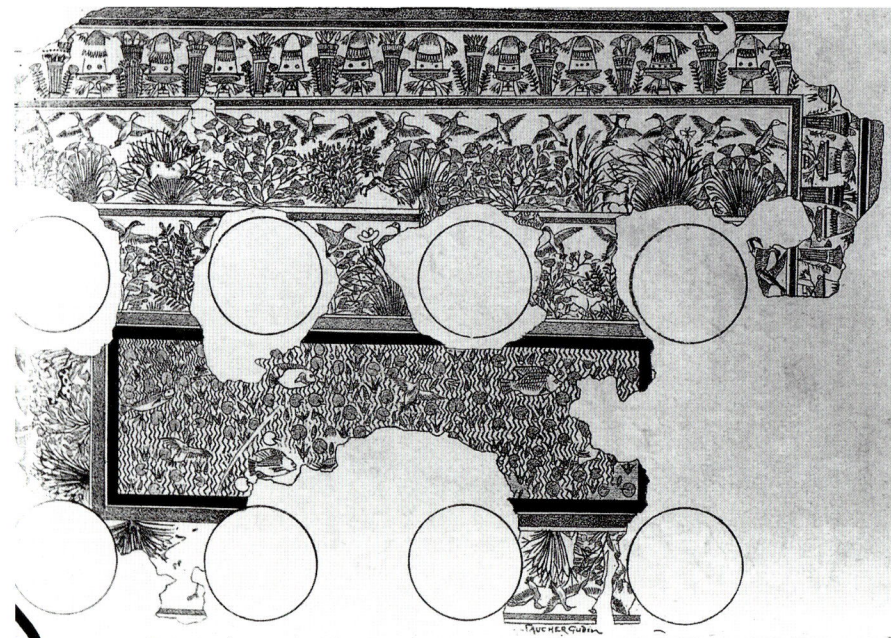

über den Malereien errichten. In der Folge riefen sie be-
wunderndes Staunen bei allen hervor, die das Privileg genießen konnten, sie noch vor Ort zu sehen.

Heute sind Aufbau und Gestaltung der Bodenmalereien in
Kopien erhalten, die Petrie mit Wasserfarbe im Maßstab
1:10 anfertigte und 1894 in seinem Forschungsbericht *Tell
el Amarna* teilweise veröffentlicht hat. An einem Stück des
Bodens, den man um einen der Säulensockel herum entfernte, ließ sich deutlich erkennen, dass in Raum E das
Pflaster mindestens ein Mal mit einem anderen Entwurf

Oben Von Petrie gezeichnete
Kopie eines Teils der Bodenmalereien im Palast Echnatons mit
den kunstvoll um ein zentrales
Becken angeordneten Reihen
von Enten und Pflanzen. Die
Kreise markieren den ursprünglichen Standort von steinernen
Säulen.

Linke Seite Echnatons Töchter: die von Flinders Petrie im Privatpalast entdeckten Teile einer außergewöhnlichen Wandmalerei mit Echnaton, seiner Gattin Nofretete und ihren Kindern (heute im Ashmolean Museum, Oxford).

Rechts oben Der Boden der Haupthalle unter den Schutzbauten Petries. Um das Hereinwehen des Wüstensandes zu verhindern, konnten die Fenster nicht geöffnet werden – sehr zum Unbehagen der Touristen in der Hitze von Amarna.

neu bemalt worden war. In der vorgefundenen letzten Fassung zeigten die Bilder im hohen Papyrusdickicht herumtollende Kälber und einen erschrocken aufsteigenden Entenschwarm, der sich vor ihnen in Sicherheit brachte, und im Zentrum der Szene tummelten sich verschiedene Fischarten in einem kleinen Teich voller Lotusblüten.

Der Boden in Raum F und in der Haupthalle war ähnlich geschmückt. Die drei Räume verbanden mehrere Gänge mit Darstellungen von gefesselten Gefangenen, eine Bodenbemalung, auf Grund deren manche Forscher den Komplex für einen Teil der Audienzräume des Pharaos halten – bei dieser Ausgestaltung würde der Herrscher beim Wechsel von einem Raum zum anderen symbolisch seine Feinde zerstampfen.

Ein besonders tragischer Verlust für das antike Erbe Ägyptens war es somit, als im Jahr 1912 das Pflaster – vor allem in Raum E – einer mutwilligen Zerstörung zum Opfer fiel. Petrie erinnert sich:

> »...das Amt [für Altertümer] hatte keinen Weg [für Besucher] eingerichtet und die Felder waren völlig zertrampelt; daher hackte eines Nachts ein Mann [das Pflaster] in kleine Stücke, um den Besucherstrom zu stoppen...ich wurde nicht informiert und konnte die Bruchstücke nie abholen.«

Die Pflasterteile, die den brutalen Anschlag überstanden, wurden durch die Behörden eingesammelt und teilweise, wenn auch nicht immer ganz korrekt, wieder zusammengefügt und in Kairo für die Öffentlichkeit ausgestellt. Zusammen mit den Kopien Petries geben diese Überreste zumindest einen Eindruck der ursprünglichen Pracht des Originals aus der Amarna-Zeit.

Mitte rechts und rechts Gerettete Teile der Bodenmalereien von Amarna, heute im Museum in Kairo. »Wer hereintrat, entdeckte die Natur, wie sie von Aton geschaffen wurde, jene Natur, die der Gott Tag für Tag mit seinen wohltuenden Strahlen erleuchtet.«

1893
Die Gräber von Kagemni und Mereruka

Die Mastabagräber von Kagemni und Mereruka, zwei der berühmtesten Ägyptens, wurden im Juli 1893 von Jacques de Morgan, dem neu berufenen Nachfolger Eugène Grébauts, entdeckt. Sie befinden sich in Sakkara nördlich der Pyramide Tetis, des ersten Königs der 6. Dynastie, und bilden das Ende einer ganzen Straße von Gräbern,

die später durch Victor Loret freigelegt wurde. Eine erste Dokumentierung von Kagemnis Grab und seiner herrlichen Reliefs unternahm Friedrich Wilhelm von Bissing mit seinem damaligen jungen Assistenten Arthur Weigall. Doch erst nach weiterer Freilegung durch den örtlichen Inspektor der Altertümerverwaltung Cecil Firth kam der tatsächliche Umfang des Denkmals zum Vorschein. Die 1921/22 ebenfalls von Firth freigelegte Gruft Me-

rerukas wurde erst 1938 durch eine Publikation von Prentice Duell vollständig dokumentiert, die mit großzügiger Unterstützung des amerikanischen Ölmagnaten John D. Rockefeller Jr. zustande kam. Die Gräber stammen aus der Herrschaftszeit Tetis –

das Kagemnis aus einer früheren Phase und das Mererukas aus einer späteren; beide Männer bekleideten das Amt eines obersten Richters und Vizekönigs. Die Grabmale wirken nicht nur wegen ihrer atemberaubenden Reliefs höchst imposant, sondern

auch durch ihre immense Größe: Allein die Anlage Mererukas umfasst 33 Korridore und Kammern und bietet so, im Gegensatz zum üblichen Maßstab früherer Begräbnisstätten, wesentlich mehr Raum für Wandschmuck und Inschriften.

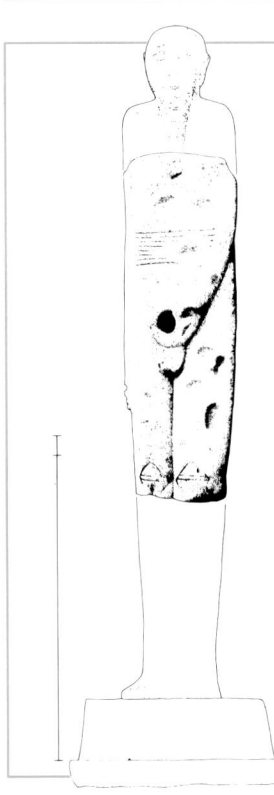

1893
Die Kolossalstatuen des Min

Bei Ausgrabungen unter dem ptolemäischen Tempel in Koptos (Kuft) stieß Flinders Petrie 1893 auf drei schlichte, unvollständige Kolossalstatuen (Kairo JE 30770; Oxford, Ashmolean Museum, 1894. 105c–e). Mit der ihm eigenen Treffsicherheit erkannte er sofort die potentielle Bedeutung dieses Fundes. Ihre offenbar ithyphallische Gestaltung legt die Vermutung nahe, dass es sich bei den ursprünglich über vier

Meter hohen Darstellungen um den Fruchtbarkeitsgott Min handeln könnte.
Über die Entstehungszeit der Standbilder ist viel spekuliert worden und Schätzungen reichen von der prädynastischen bis zur Ersten Zwischenzeit. Die heute geltende Ansicht setzt sie auf Grund einiger an den Seiten der Statuen eingravierter Masken sehr früh an, und zwar auf etwa 3 300 – 3 100 v. Chr. Somit geben Sie Auskunft nicht nur über die Anfänge der ägyptischen Bildhauerkunst, sondern durch die exotischen Muschelformen

auf der Oberfläche auch über frühe Handelsbeziehungen zum Roten Meer.
Ein späteres, ähnliches Exemplar, das 1910/11 von Adolphe Reinach am selben Ort gefunden wurde, könnte zu dieser Gruppe gehören. Möglicherweise gab es seit Beginn der altägyptischen Kultur eine Tradition der Min-Darstellung oder aber die Kolosse waren noch vor der griechisch-römischen Epoche wieder entdeckt, in Koptos wieder aufgebaut und zum Vorbild neuer Werke gemacht worden.

1893 oder früher
Die Soldaten des Mesehti

Bereits den Gräbern der frühen Dynastien wurden häufig Holzmodelle der verschiedensten Aspekte des Lebens beigelegt, ihre größte Verbreitung aber scheint diese Praxis während des Mittleren Reiches in der 12. Dynastie (Seite 156) erreicht zu haben. Nur wenige Modelle dieser Art können sich jedoch mit jenen zwei Soldatengruppen messen, die – eine ägyptisch, die andere nubisch – zusammen mit einem Provinzfürsten namens Mesehti an der Wende nach der Ersten Zwischenzeit in Assiut beigesetzt wurden. Die Figuren beider Grup-

pen zeigen eine lebendige individuelle Gestaltung mit akkurat dargestellten Details von Kleidung und Bewaffnung.

Nach der Entdeckung des Grabes durch Einheimische im Jahr 1893 oder etwas früher gingen die Soldaten an das Museum in Bulaq, während die englischen Sammler William Joseph Myers (Seite 92) und William Macgregor die Statue Mesehtis bezie-

hungsweise dessen Amtsstab erwarben (beide heute Eton College, ECM 1592 und 2168). Einige Waffen und Werkzeuge sind im Petrie Museum des University College London zu sehen.

Einzelheiten des Grabes sind heute weitgehend unbekannt, aber ein Blick auf ähnliche spätere Funde am selben Ort vermittelt durchaus einen guten Eindruck vom Erscheinungsbild der Grabstätte bei ihrer Öffnung.

1893
Die Papyri von Abusir

Eher selten zu finden sind Texte, die in Hieratisch, der Kursivform der Hieroglyphen, verfasst sind. Speziell aus dem Alten Reich gibt es hierfür nur wenige Beispiele. Dementsprechend zeigten Gelehrte allergrößtes Interesse an einigen seit 1893 auftauchenden Fragmenten aus der Zeit der 5. Dynastie, die auf dem einschlägigen Markt zu haben waren. Ludwig Borchardt von der Deutschen Orient-Gesellschaft hatte es sich in den Kopf gesetzt, die Herkunft

dieser Schriften zu ermitteln, und nach drei Jahren war ihm das Glück hold: Einige kleine Schnipsel kamen in Abusir ans Licht und einer davon passte genau zu einem erstandenen Text. Der Ursprungsort war damit gefunden. Folgende Grabungen zeigten, dass das Material aus der Zeit des Pharaos Djedkare der 5. Dynastie stammte, der seine Pyramide eigentlich im südlichen Sakkara – und nicht in Abusir – errichtet hatte.
Die im Tempelarchiv untergebrachten Schriftstücke hielten Einzelhei-

ten priesterlicher Pflichten fest und umfassten auch Inventarlisten, Konten sowie Unterlagen zu Bau- und

Ausbesserungsarbeiten. Die Papyri von Abusir geben wertvolle Auskünfte zur wirtschaftlichen Geschich-

te des Pyramidenkults und zum Finanzsystem, das den Abgaben an die Gott-Könige zugrunde lag.

DIE PAPYRI VON ABUSIR
WO BEFINDET SICH WAS?

Jahr	Entdecker/Käufer	Aufbewahrungsort
1893	Museum in Giseh	Museum in Kairo
1893	Édourd Naville; nach dessen Tod Verkauf an Ludwig Borchardt	Britisches Museum
1893	Urbain Bouriant; Weitergabe an das Französische Institut in Kairo, und Gaston Maspero	Louvre
1893	Flinders Petrie	Petrie Museum, University College London
1903, 1904, 1907	Ludwig Borchardt für die Deutsche Orient-Gesellschaft	Museum in Kairo, Museum in Berlin

1894–95
DIE JUWELEN DER PRINZESSINNEN: JACQUES DE MORGAN IN DAHSCHUR

1894/95: Statuen des Sesostris I. aus Lischt

Datum
1894/95

Entdecker
Jacques de Morgan

Ort
Dahschur (Pyramiden-komplexe von Amenemhet II., Sesostris III. und Amenemhet III.)

Periode
Mittleres Reich, 12. – 13. Dynastie, Herrschaften von Amenemhet II. bis Hor I., 1929 – um 1745 v. Chr.

»Im Winter 1893/94 besuchte M. de Morgan das steinige Plateau am westlichen Nilufer, wo die berühmten Pyramiden von Dahschur stehen. Die gesamte Umgebung ist voller Gräber, wie alle Gelehrten bestätigen; doch merkwürdigerweise haben hier bisher nie systematische Grabungen stattgefunden ... M. de Morgan richtete sein Interesse auf den südlichen Bereich, eine Entscheidung, die schließlich voll und ganz durch die Ergebnisse seiner Mühen gerechtfertigt wurde ...«
ILLUSTRATED LONDON NEWS

Mit den Ausgrabungen in Dahschur sollte sich Jacques de Morgan seine herausragende Stellung als einer der großen Archäologen des 19. Jahrhunderts sichern. Im Verlauf dreier Arbeitsphasen in den Jahren 1894 und 1895 entdeckte er mehrere reich bestückte Grabmäler und machte den umfangreichsten und eindrucksvollsten Juwelenfund des Mittleren Reiches – Objekte, die nicht nur wegen ihres materiellen Werts, sondern auch auf Grund ihrer handwerklichen Meisterschaft bemerkenswert sind und zusammen mit den später von Flinders Petrie in el-Lahun (Seite 138) gefundenen Preziosen bis heute ohnegleichen bleiben. Die Besitzer der Schätze von Dahschur, die jetzt größtenteils in Kairo zu bewundern sind (CG 30857), waren in chronologischer Reihenfolge: drei Töchter Amenemhets II., Ita, Itaweret und Chnumit; eine Tochter Sesostris' II., Sathathor (und für manche eine ältere Schwester der Sithahoriunet, die Petrie in el-Lahun entdeckte); die Tochter Sesostris' III., Merit; Pharao Hor I. (13. Dynastie) sowie Prinzessin Nubheteptikhered, vermutlich eine Tochter des Königs.

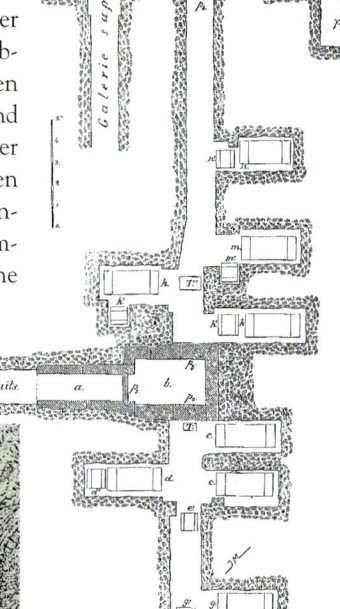

Unten Lageplan der unteren »Galerie der Prinzessinnen« in Dahschur. T und T1 markieren die Fundorte des ersten beziehungsweise zweiten Schatzes.

Rechte Seite Preziosen aus Dahschur:

Oben rechts Kollier und andere Juwelen der Prinzessin Itaweret, Tochter Amenemhets II.

Mitte Goldener Brustschmuck mit Einlagen von Amenemhet III. aus dem zweiten Schatz der Königin Merit.

Unten Mit Einlagen und Sprüchen versehene Spangen und anderes Geschmeide der Gemahlin Sesostris' II.

Links Goldgräberstimmung – eine phantasievolle Rekonstruktion der unterirdischen Schatzsuche des Jacques de Morgan.

Der erste und der zweite Schatz

Jacques de Morgan machte die erste seiner Aufsehen erregenden Entdeckungen im Jahr 1894 im Nordwestbereich der Pyramidenanlage Sesostris' III. Ein senkrecht nach unten führender Schacht östlich von vier kleineren Steinbauten, die erst in jüngster Zeit als kleine Pyramiden erkannt wurden, eröffnete den Zugang zu zwei unterirdischen Galerien. In der tiefer liegenden fand sich unter den geplünderten Gräbern auch jenes der Prinzessin Sathathor; die Mumie war längst verschwunden, zweifellos wegen ihrer Schmuckbeigaben von Dieben davongetragen, und der Sarg gänzlich leer. Die hölzerne Kanopentruhe mit ihren vier verschlossenen Kalzitgefäßen für die Eingeweide war aber noch vorhanden. Es war in einer Grube neben dieser Truhe, wo de Morgan eine morsche Holzkiste fand, die den in silbernen Hieroglyphen geschriebenen Namen der Prinzessin trug. Der Inhalt der Kiste entpuppte sich als eine Juwelenkollektion der Prinzessin einschließlich eines herrlichen Brustschmucks Sesostris' II. und eines Skarabäus Sesostris' III.

Durch diese Entdeckung auf die richtige Spur gebracht, arbeitete sich de Morgan am nächsten Tag denselben Gang entlang voran und fand einen zweiten Schatz: ein weiterer Sarg, ebenfalls leer, und eine weitere Grube mit Juwelen – die Überreste des Grabes der Königin Merit. Zum Bestand dieses Fundes gehörten zwei herrliche Brustumhänge (von Sesostris III. und Amenemhet III.) sowie eine Sammlung von Skarabäen, Ringen und anderen Juwelen.

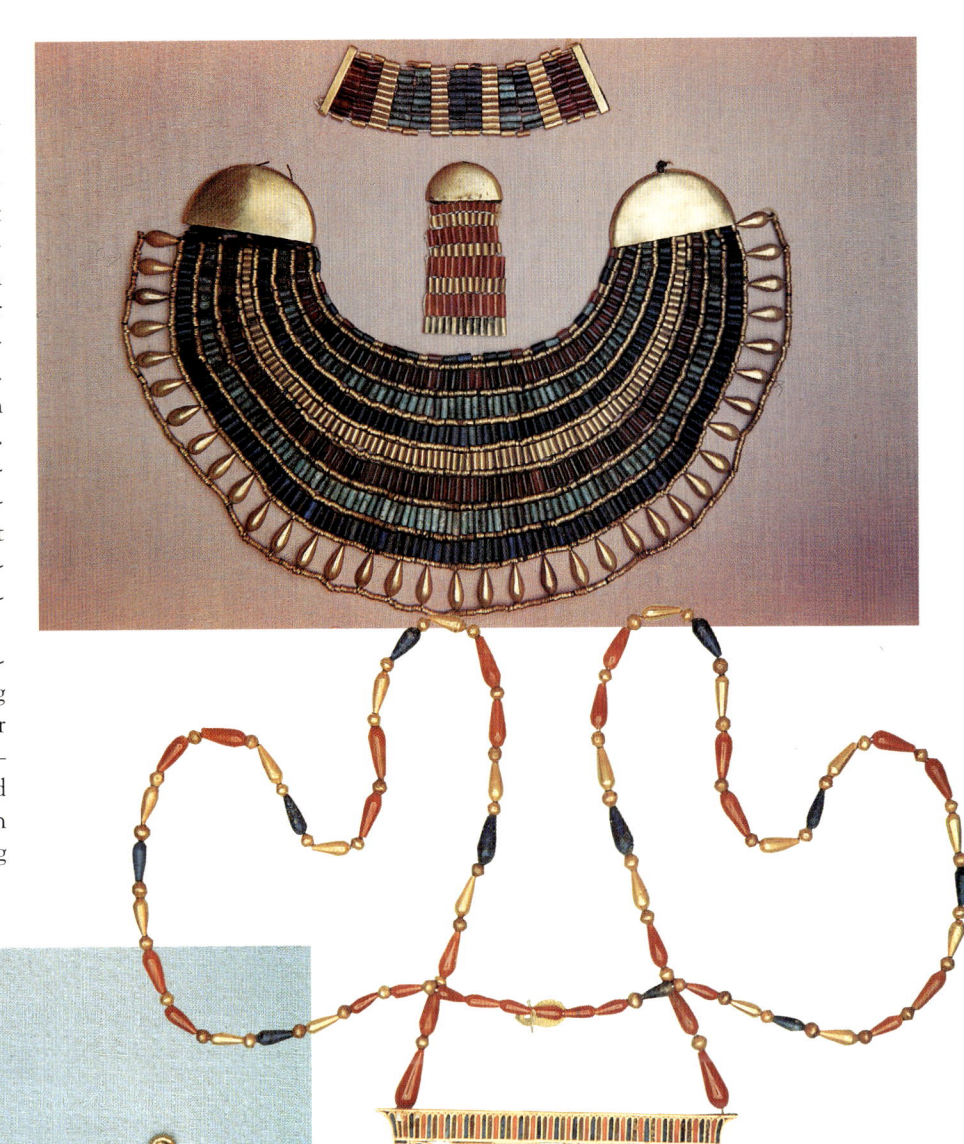

Triumphe der zweiten Grabungssaison

»Wie bei der Mumie der Prinzessin Ita, ruhte der Kopf der Prinzessin Chnumit auf einem Kreis fest gestampfter Erde. Am Hals befanden sich ein Kragen aus Goldperlen und verschiedene goldene Embleme mit Einlagen aus Karneol, Smaragden und Lapislazuli. Die Enden dieses Schmuckstücks bildeten Falken aus massivem Gold, wiederum mit Einlagen von Karneol und Lapislazuli.

Die Arme waren mit je drei Armreifen geschmückt … Zwei die sich am Handgelenk befanden, waren mit Schließen versehen, auf denen sich das Ka-Zeichen mit Lapislazuli-Einlagen befand. Die Begräbnisausstattung dieser Mumie war außerordentlich prachtvoll … «

GEORGES LEGRAIN

DIE JUWELEN VON DAHSCHUR

Fundort	Pyramidenanlage Amenemhets II.	
Besitzer	Ita	
Identität	Tochter Amenemhets II.	
Juwelen	(am Körper)	
	Kragen, Armreife, Perlenschürze, Schwalbenamulett, Dolch, Schmuckperlen	
Besitzer	Itaweret	
Identität	Tochter Amenemhets II.	
Juwelen	(am Körper) Kragen, Armreife, Gürtel, Schmuckperlen, Dolch	
Besitzer	Chnumit	
Identität	Tochter Sesostris' III.	
Juwelen	(am Körper) Kragen, Armreife, Fußringe, Perlenschürze; (Diademe) in Kassette, Stirnbänder, Spangen, Anhänger, Schmuckperlen	

Fundort	Pyramidenanlage Sesostris' III.	
Besitzer	Sathathor	
Identität	Tochter Sesostris' II.	
Juwelen	(in Kassette; erster Schatz) Brustschmuck Sesostris' II., Skarabäus Sesostris' III., Armreif und andere Spangen, Amulette und Anhänger, Gürtel, Fußringe, Schmuckperlen.	
Besitzer	Merit	
Identität	Tochter Sesostris' III.	
Juwelen	(in Kassette; zweiter Schatz) Brustschmuckstücke Sesostris' III. und Amenemhets III., Skarabäen Amenemhets III. und Merits, Ringe, Anhänger, Amulette, Armreife, Gürtel, Fußringe, Schmuckperlen	

Fundort	Pyramidenanlage Amenemhets III.	
Besitzer	Hor I.	
Identität	König (13. Dynastie)	
Juwelen	(am Körper) Diadem, Kragen, vergoldete Holzarmreife, Schmuckperlen, Dolch, Dreschflegel	
Besitzer	Nubheteptikhered	
Identität	Tochter Hors (?)	
Juwelen	(am Körper) Diadem, Kragen, Armreif, Anhänger, Schmuckperlen, Dolch, Dreschflegel	

Rechts Der Moment des Triumphs: Auf einer Abbildung der Zeitschrift *Illustrated London News* hebt Jacques de Morgan die goldene Krone der Mumie Chnumits, der Gemahlin Sesostris' II., empor.

JACQUES JEAN
MARIE DE MORGAN
(1867–1924)

- Geboren am 3. Juni 1857 in Blésois, Ituissean-sur-Cosson, Loir-et-Cher.
- Studium an der Bergbauschule, Paris; arbeitet dann in verschiedenen Teilen der Welt als Ausgräber.
- Generaldirektor der Altertümerverwaltung 1892/97.
- Ausgrabungen in Sakkara (Seite 86), Kom Ombo 1893, Bahschur 1894/95, Nagada 1897 (Seite 100) und an anderen Orten.
- Ab 1897 archäologische Arbeit in Susa, Persien.
- Gestorben in Marseille am 12. Juni 1924.

Jacques de Morgan war noch keineswegs am Ende seines Glücks angelangt und in manchem sollten die Entdeckungen seiner zweiten Grabungssaison in Dahschur sogar die der ersten überflügeln. An der Umgrenzungsmauer westlich der Pyramide des Königs der 12. Dynastie Amenemhet II. kamen zusätzliche königliche Gräber des Mittleren Reichs ans Tageslicht. Anders als bei den zuvor gefundenen, geplünderten Grüften, die offenbar nur deswegen noch die ursprünglich eingeschlossenen Juwelen enthielten, weil sie den Räubern im Dunkeln entgangen waren, stellten sich vier dieser neuen Gräber als vollkommen unversehrt heraus. Von diesen vier enthielten zudem drei – die der Prinzessinnen Ita und Itaweret sowie das von Königin Chnumit – noch beeindruckendere Beispiele der Goldschmiedekunst. Am kostbarsten waren dabei wohl die Diademe der Königin, deren Entdeckung auf einer berühmt gewordenen, wenn auch sehr fantasievoll nachempfundenen zeitgenössischen Titelseite der *Illustrated London News* dargestellt wurde.

König Hor

Während seiner dritten Grabungssaison in Dahschur im Frühjahr 1895 konzentrierte sich de Morgan auf einen Bereich nördlich der »Schwarzen Pyramide« des Amenemhet III.; dieses Mal entdeckte er das Grab des bis dahin unbekannten Pharaos Hor. Die berühmteste Darstellung aus dieser Gruft ist eine hölzerne Ka-Figur von etwa 1,74 Metern Höhe, herrlich geschnitzt und mit eingelegten Augen aus Bronze, Bergkristall und Quarz. Gefunden wurde sie in einem mit Inschriften versehenen Holzschrein am Eingang der engen Grabkammer; daneben lag eine längliche Schachtel mit verschiedenen zerbrochenen Grabbeigaben und dahinter der Holzsarg mit der Königsmumie, die eine vergoldete hölzerne Maske trug. In einer Nische auf der anderen Seite des Sarges fand man die intakte Kanope des

Königs. Kalzit- und Tongefäße, ein runder Opfertisch aus Kalzit, zwei Holzstelen und eine zweite, kleinere und beschädigte Ka-Statue aus vergoldetem Holz vervollständigten den Fund.

Doch wer war dieser Hor? De Morgan vertrat die Ansicht, dass der bei seinem Tod etwa 45-Jährige der Sohn oder jüngere Bruder, auf jeden Fall aber Mitregent Amenemhets III. gewesen sei, der, noch bevor er die volle Regierungsgewalt übernehmen konnte, verstarb. Maspero und andere Forscher nach ihm identifizierten Hor jedoch als den wenig bekannten König Auibre der 13. Dynastie, den zweiten Nachfolger Sebekhoteps I. Nach dieser Ansicht war die Tatsache, dass die Beerdigung in einer älteren Grabkammer der 12. Dynastie stattfand, dafür ausschlaggebend, dass ein Siegel mit dem Thronnamen Amenemhets III. als Verschluss der Kanope Hors I. verwendet wurde.

Prinzessin Nubheteptikhered

»... bald fanden wir uns in einer intakten Grabkammer wieder, in der die vorhandenen Objekte sich immer noch an der selben Stelle befanden, an der sie vor 4 500 Jahren abgelegt worden waren.«

Den Schacht, der ihn zu seinem fünften und letzten Grabmal führte, dem der Prinzessin Nubheteptikhered, fand de Morgan am 19. April unweit der Begräbnisstätte Hors I. Auch in diesem Fall endete der vertikal in den Boden führende Zugang in einem unterirdischen Korridor mit einer durch Kalksteinblöcke gesicherten Grabkammer. Der Holzsarg lag in einem in die Bausubstanz der Kammer integrierten Sarkophag. Bei der Öffnung des Sargs erblickten die Forscher den Körper einer damals 44–45 Jahre alten Frau, die mit nach links geneigtem Kopf auf dem Rücken lag. Das Skelett war vollständig intakt und trug noch ver-

Links Die kunstvoll in Holz geschnitzte und mit eingelegten Augen ausstaffierte Ka-Statue König Hors, das Sinnbild seiner ewigen Lebenskraft. Ursprünglich war die Oberfläche mit einer bemalten und teilweise vergoldeten Gipsschicht überzogen, die jedoch bei der Bergung der Figur zu Staub zerfiel.

Rechts Die eindrucksvollen Särge des Königs Hor (oben) und der Prinzessin Nubheteptikhered (unten) sowie ihre jeweiligen Kanopentruhen (links beziehungsweise rechts). Mit hieroglyphischen Texten beschriebene Schmuckbänder aus Goldfolie unterstrichen die herrliche Maserung des edlen Importholzes.

schiedene Schmuckstücke. Neben dem Sarkophag lagen die in Kassetten verstauten Kanopen und eine Zusammenstellung der üblichen Grabbeigaben: Stein- und Tongefäße, Speisegaben und zwei Holzschachteln mit verschiedenen rituellen Gegenständen.

Obwohl wir den Namen der Toten kennen, ist ihre genaue Identität nicht bekannt. Die Ähnlichkeiten der Grabausstattungen lassen jedoch vermuten, dass es sich um eine Zeitgenossin von Hor handelt, und nach Ansicht mancher Forscher waren die beiden sogar Vater und Tochter.

1894/95 Statuen des Sesostris I. aus Lischt

Lischt im Faijum war der Friedhof von Itjtaui, der von Amenemhet I. zu Beginn der 12. Dynastie gegründeten neuen Hauptstadt Ägyptens. Zuerst untersucht wurde der Ort 1894 und 1895 durch das Französische Archäologische Institut in Kairo. Von den zahlreichen in Ägypten gefundenen Statuen zählen sicher die zehn gut erhaltenen sitzenden Figuren von Sesostris I. (CG 411–420), dem Sohn des Stadtgründers, zu den schönsten. Sie wurden von den französischen Forschern im

Boden nahe der nordöstlichen Ecke der äußeren Umgrenzungsmauer der Südpyramide entdeckt. Die Skulpturen entstanden in unsicheren Zeiten; Sesostris I. ist heute wohl in erster Linie aus der *Lehre des Königs Amenemhet*, seines Vaters, bekannt, in denen der tote König dem Sohn erscheint, um ihm seine Ermordung zu beschreiben und ihn zu warnen:

»Hüte dich vor Untertanen, die keine sind, deren Arglist man nicht gewahr wird. Traue nicht einem Bruder, kenne keinen

Freund, schaffe keine Vertrauten – es ist wertlos! Wenn du dich niederlegst, behüte selbst dein Herz, denn niemand hat Getreue am Tage des Schmerzes!«

MEISTERHAFTE FAYENCEN:
DER FUND VON TUNAT AL GABAL

Datum
1895

Entdecker
Ägyptische Ortsansässige

Ort
Tunat Al Gabal

Periode
Neues Reich bis
griechisch-römische Zeit,
18. Dynastie und später,
etwa 1550 v. Chr.–300 n. Chr.

»Von den großen Keramikfunden der vergangenen Jahre haben nur wenige ein für den Sammler ähnlich eindrucksvolles Ergebnis gezeigt wie der aus der Nekropole nördlich von Assiut, die als Tunat bekannt ist …«
HENRY WALLIS

Eine der schönsten altägyptischen Sammlungen von Fayencen ist die nur wenig bekannte Kollektion, die William Joseph Myers Ende des 19. Jahrhunderts zusammenstellte und bei seinem Tod im Jahr 1899 seiner ehemaligen Schule Eton College hinterließ. Der entscheidende Unterschied der Sammlung Myers' zu den meisten anderen mit ähnlichen Objekten ist die Tatsache, dass ein Großteil der Stücke nachweislich aus einem einzigen Ort stammt, nämlich aus Tunat Al Gabal, der Totenstadt des alten Hermupolis magna (heute Al Aschmunain, Seite 194).

Dass Mitte der 1890er-Jahre Tunat Al Gabal Schauplatz eines bedeutenden Fundes antiker Fayencen war, berichtet der Zeitgenosse Myers' und Vorreiter des Studiums ägyptischer Tonwaren Henry Wallis. Den Bericht untermauert die damals rasch wachsende Zahl von Objekten aus Tunat Al Gabal in ägyptischen Sammlungen, von denen viele durch den deutschen Händler Reinhardt vermittelt wurden. Offensichtlich waren Einheimische auf eine reichhaltige Quelle gestoßen, die sie nun sorgfältig und mit großem Profit auswerteten.

Wallis bemerkte unter der Beute der Einheimischen »Gefäße aller Art, Götterfiguren, elegante persönliche Schmuckstücke und alles, was an Schmuck und Beigaben zu einer Mumie gehört. Die Objekte umfassten auch eine bemerkenswerte Zeitspanne, die von der 18. Dynastie über die Zeit der Ramessiden bis hin zur römischen Eroberung reicht.« Zahllose künstlerische Meisterwerke stammen nachweislich von der Fundstelle – während von den prosaischeren Inhalten der Gräber bis heute jede Spur fehlt.

Oben William Joseph Myers, Offizier der königlichen Schützen. Nach seinem Tod im Jahr 1899 erhielt die ehemalige Schule des Engländers, Eton College in Windsor, seine erlesene, wenn auch wenig bekannte Sammlung ägyptischer Kunst, die er unter anderem mit Hilfe von Émile Brugsch (Seite 60) zusammengetragen hatte.

Links Bildnis der geflügelten Göttin Nut, gefertigt aus blauer Fayence. Zusammen mit einem ebenfalls Flügel tragenden Skarabäus und vier Söhnen des Horus (rechte Seite unten) diente das Stück einmal als Schutzamulett an der äußeren Umwicklung einer Mumie des Neuen Reichs aus Tunat Al Gabal.

Die Fayencefunde des Jahres 1895 lassen vermuten, dass die Gegend von Tunat Al Gabal ein bedeutendes Zentrum der Produktion hochwertiger Fayencen war, vor allem während der Dritten Zwischenzeit. Für die Kunst des Ortes besonders charakteristisch sind, neben Ringen, Amuletten und vielem mehr, herrliche grazile blaue und weiße Kelche in der Form von Lotusblüten mit fast naturalistischen Reliefverzierungen.

Henry Wallis bemerkte dazu, ohne zu übertreiben:

»Die Gesamtheit der in Tunat ausgegrabenen Fayencen war hoch in der Anzahl der Stücke und aus künstlerischer Sicht von bester Qualität. Es dürfte kaum überzogen

sein zu spekulieren, dass, wäre alles zusammengehalten worden und die gesamte übrige Keramik Ägyptens verloren gegangen, das Land es noch immer mit dem Rest der Welt, sei es die antike oder die moderne, in Sachen Töpferwaren hätte aufnehmen können – und zwar, wären die Richter Keramikspezialisten, mit ziemlich guten Aussichten, den Sieg davonzutragen.«

Rechts Außerordentlich schönes Beispiel der in Tunat Al Gabal gefundenen und vermutlich dort auch hergestellten Fayencen: ein blauer lotusförmiger Kelch der Zeit der 22. Dynastie mit Reliefs des Königs im Kampf gegen seine Feinde.

Links Vorder- und Rückseite des Zwischenstücks einer Schmuckkette. Die dargestellten Szenen zeigen den Sieg des Gottes Horus über seine Widersacher (oben) und die triumphale Wiedergeburt des Schöpfers und Sonnengottes (unten). Die komplexe Durchbrucharbeit ist eine charakteristische Technik der Dritten Zwischenzeit.

1895
PRÄDYNASTISCHE GRÄBER IN NAQADA UND BALLAS

1896: Die Israel-Stele · 1896: Das Grabmal des Hatiai · 1896: Die Papyri des Ramesseums

Datum
1895

Entdecker
W. M. Flinders Petrie

Ort
Naqada

Periode
Prädynastische Zeit,
vor 3 000 v. Chr.

*»Annähernd 2 000 Gräber, verstreut über drei oder vier Friedhöfe, wurden ausgegraben ...
Die Überreste weisen auf ein geregeltes Zeremoniensystem und umfassen unter anderem
Gefäße mit wellenförmigen Henkeln, die parfümiertes Fett enthalten, dessen keineswegs un-
angenehmer Duft immer noch wahrnehmbar ist. Es fanden sich auch Sägen aus Feuerstein
mit feinzackigen Zähnen ... Mr. Petrie hat einen etwas skeptischen Töpfer überzeugen können,
dass die Vasen, die von einzigartig schöner Form sind, vollständig in Handarbeit hergestellt
wurden ...«*
THE TIMES

Seine überraschenden Funde auf dem Friedhof von Naqada im Jahr 1895
interpretierte Petrie zunächst als die Relikte eines »neuen Volkes«, das,
wie er meinte, nach dem Zusammenbruch des Alten Reichs in Ägypten eingefallen war; später aber verwarf er diese Hypothese und erkannte die Gräber richtig als Hinterlassenschaften aus der frühen
prädynastischen Zeit. Er folgte darin der Deutung Jacques de Morgans,
der zwei Jahre nach Petries Entdeckungen von Naqada in Abydos ähnliche Grabstätten gefunden hatte.

Das Gemeinsame dieser Funde bestand in der Gestaltung der Gräber als
rechteckige Gruben von etwa 1–1,2 Metern Tiefe unter einem von Erde
bedeckten erhöhten Dach aus ineinander geflochtenen Ästen. Teilweise waren die Anlagen auch wesentlich größer (bis zu 4 x 2,75 Meter), wie etwa jene
der offenbar wohlhabenderen Verstorbenen in dem 57 Gräber umfassenden
Friedhof T. Die Körper waren auf Schilfmatten in Embryonalstellung beigesetzt,
mit dem Gesicht meist nach Westen ausgerichtet und umgeben von einer mehr oder
weniger umfangreichen Zusammenstellung von Grabbeigaben – Ton- und Steingefäße, Schmuckperlen, Armreifen, Messer aus Feuerstein und gelegentlich auch Figuren aus Ton oder Elfenbein. Haut und Haare zahlreicher Körper waren in einem ähnlich gut konservierten Zustand, wie man ihn bei einbalsamierten Mumien findet, und
einige Gräber zeigten Anzeichen einer »sekundären Beisetzung« – einer erneuten Bestattung nach Verwesung des Gewebes und Auseinanderfallen des Skeletts. Mögliche
Hinweise auf Menschenopfer wurden ebenso gefunden.

Eine genaue Datierung der einzelnen Gräber schien vorerst nicht möglich, bis dann Petrie in einem geradezu genialen Einfall die Lösung des Problems präsentierte: die typo-
logische Klassifikation. Es gab eine deutliche archäologische Zäsur zwischen zwei
Phasen der prähistorischen Grabstätten des Friedhofs und es ließ sich eine deutliche stilistische Entwicklung der Tongerätschaften innerhalb der beiden
Phasen feststellen. Durch die Anordnung der Grabbeigaben in einer
theoretischen Entwicklungsreihe konnte Petrie eine interne, relative Datierung jedes einzelnen Grabes vornehmen. Anschließend
wurden diese so gewonnenen Datierungen mit späteren, frühdynastischen Formen in Beziehung gesetzt, wodurch sich dann
die prädynastischen Phasen präziser bestimmen und unterschei-
den ließen.

Petrie verbrachte sechs Jahre mit dieser Analyse, bevor er 1901
die Resultate der Fachwelt vorlegen konnte. Das von ihm ange-
wandte Verfahren erwies sich als solide und gut fundiert und entwickelte sich in den folgenden Jahrzehnten zu einem wertvollen
Hilfsmittel für die Erforschung der prädynastischen Zeit.

Links Ein schwarz abgeschlosse-
nes Gefäß, das typisch für die
in Naqada gefundene Töpferware ist.

Unten links und unten Eine fragmentarische Figur aus rot bemaltem Ton und eine schlankere
Frauenfigur aus hartem weißen
Ton mit Dekorationen.

W. M. Flinders Petrie über prädynastische Tongefäße

Die einzigartige Vorgehensweise Petries und sein fast instinktives Verständnis der praktischen und wissenschaftlichen Materie zeigt sich anschaulich in seiner Analyse der charakteristischen Funde, wie sie in großer Zahl in Naqada und anderswo gemacht wurden:

schern und Theologen einen Sturm der Begeisterung aus.

Die Inschrift befindet sich auf der Rückseite der ursprünglich für Amenophis III. der 18. Dynastie angefertigten Stele. Das Grabmal dieses Königs, der über ein Jahrhundert vor Merenptah regierte, hatte bei der Errichtung des Totentempels als ergiebige Quelle für Baumaterial gedient. Neuere Ausgrabungen vor Ort durch den Schweizer Horst Jaritz haben außerdem zahlreiche herrliche Reliefs von Amenophis III., Hatschepsut, Thutmosis III., Thutmosis IV. und Echnaton ans Tageslicht gebracht, die als Füllmaterial im zweiten Pylon verwendet wurden.

Unten Die sieben aufeinander folgenden Phasen der Entwicklung der prädynastischen Töpferware. Die Zahlen rechts sind die entsprechenden Sequenzdatierungen.

»Die prähistorischen Tongefäße der früheren Periode bestehen alle aus weichem Material mit einer Oberfläche von rotem Hämatit. Da die Behälter mit der Öffnung nach unten gebrannt wurden, waren die Ränder mit Asche bedeckt; somit waren diese nicht vollständig durchgebrannt und das rote Eisensuperoxid wurde zu schwarzem magnetischem Sesquioxid reduziert, wie wir es von den schwarzen Ablagerungen beim Stahlblech kennen. Das Innere der Töpfe ist ebenfalls schwarz, bedingt durch die reduzierenden Gase der Asche darunter; nur selten hielt sich die Verbrennungshitze lange genug, als dass der Sauerstoff durch den Ton gelangen und so das Innere hätte rot färben können … Die glattere Oberfläche der schwarzen Bereiche im Vergleich zu den roten liegt darin, dass Carbonylgas – das bei unvollständiger Verbrennung entsteht – ein Lösungsmittel von magnetischem Eisenoxid ist und die Oberfläche zersetzt und anschließend wieder aufbaut. Bei Berücksichtigung dieser chemischen Prozesse erübrigt sich die Erörterung der alten Vorstellung, dass die schwarze Farbe dieser Gefäße von Rauch verursacht wurde.«

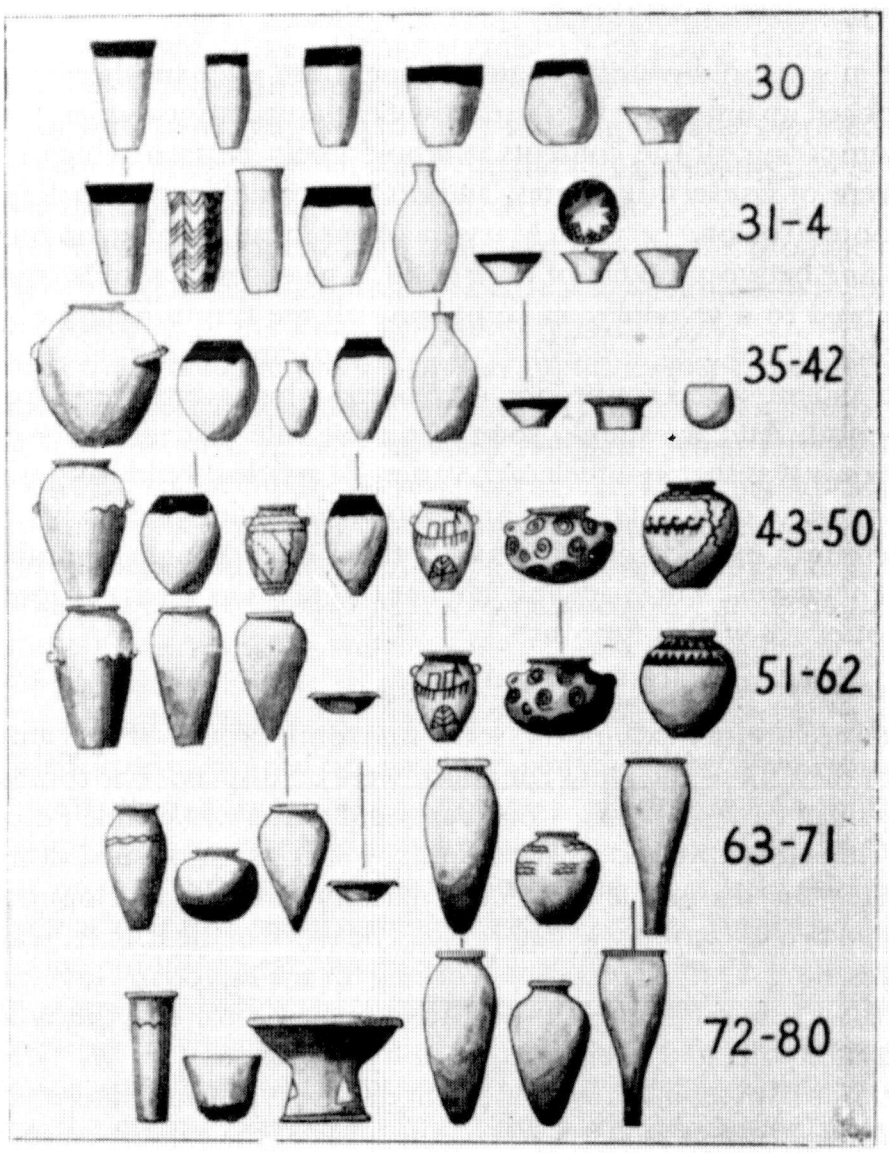

30
31–4
35–42
43–50
51–62
63–71
72–80

1896
Das Grabmal des Hatiai

Der wunderbare Sarg der Edeldame Henutwedje-bu (rechts, Washington University, St. Louis, 2292) war lange Jahre eines der am besten gehüteten Geheimnisse der amerikanischen Ägyptologie; nur einer Handvoll Spezialisten war seine Existenz bekannt. Der Sarg stammt aus dem Grabmal ihres Gemahls Hatiai, das 1896 durch Georges Daressy in Scheich Abd el-Qurna entdeckt wurde. Hatiai war Schreiber und Aufseher der Getreidespeicher im Aton-Tempel unter dem »Ketzerpharao« Echnaton; allerdings zeigen die religiösen Formeln der Gegenstände der Grabausstattung sowie der Namen und Titel

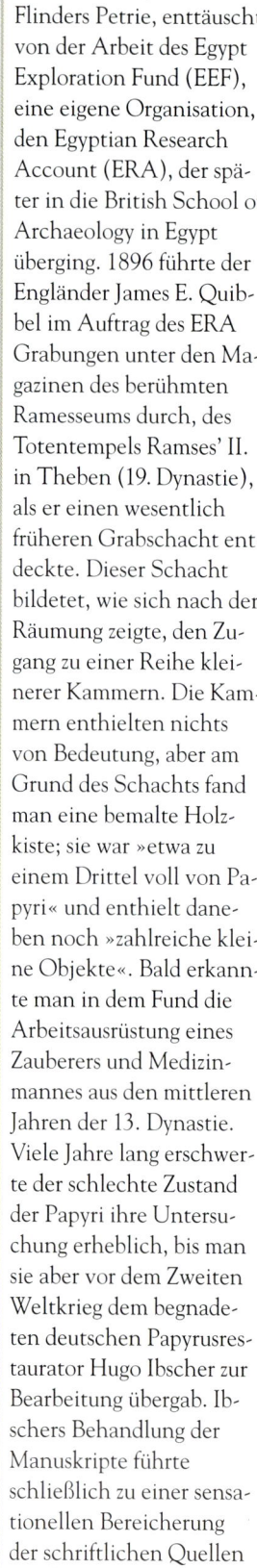

der Familie Hatiais nicht die strenge Verehrung Atons, die sonst so rigoros in den mittleren Jahren der Amarna-Zeit gefordert war. Eine Kapelle sollte einst vermutlich die nur grob gefertigte Grabkammer Hatiais verbergen, in der nur wenige, aber erlesene Beigaben abgelegt wurden.

1896
Die Papyri des Ramesseums

Im Jahr 1894 gründete Flinders Petrie, enttäuscht von der Arbeit des Egypt Exploration Fund (EEF), eine eigene Organisation, den Egyptian Research Account (ERA), der später in die British School of Archaeology in Egypt überging. 1896 führte der Engländer James E. Quibbel im Auftrag des ERA Grabungen unter den Magazinen des berühmten Ramesseums durch, des Totentempels Ramses' II. in Theben (19. Dynastie), als er einen wesentlich früheren Grabschacht entdeckte. Dieser Schacht bildetet, wie sich nach der Räumung zeigte, den Zugang zu einer Reihe kleinerer Kammern. Die Kammern enthielten nichts von Bedeutung, aber am Grund des Schachts fand man eine bemalte Holzkiste; sie war »etwa zu einem Drittel voll von Papyri« und enthielt daneben noch »zahlreiche kleine Objekte«. Bald erkannte man in dem Fund die Arbeitsausrüstung eines Zauberers und Medizinmannes aus den mittleren Jahren der 13. Dynastie. Viele Jahre lang erschwerte der schlechte Zustand der Papyri ihre Untersuchung erheblich, bis man sie aber vor dem Zweiten Weltkrieg dem begnadeten deutschen Papyrusrestaurator Hugo Ibscher zur Bearbeitung übergab. Ibschers Behandlung der Manuskripte führte schließlich zu einer sensationellen Bereicherung der schriftlichen Quellen der Ägyptologie. Diese

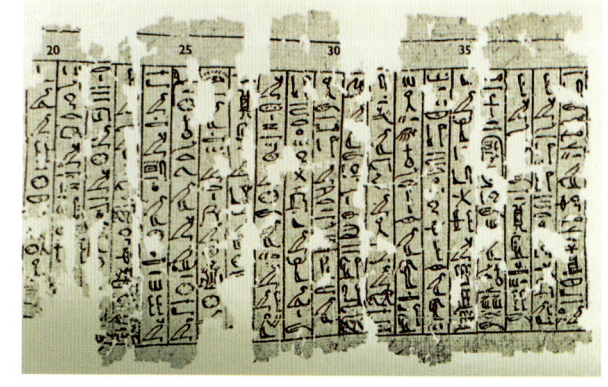

einmalige Sammlung von literarischen, magischen, medizinischen und anderen Texten befindet sich heute im Ägyptischen Museum in Berlin (A = 10499, D = 10495) und im Britischen Museum (EA 10610, 10752–10772). Während die Papyri des Ramesseums die geistige Ausbeute der Grabung von 1896 darstellen, war der künstlerisch bedeutendste Fund ein ausgezeichneter und gut erhaltener Torso einer bemalten Statue von Meretamun (rechts), einer Tochter Ramses' II., die nach dem Tod der Königin Nefertari deren Stelle als königliche Gemahlin einnahm. Eine

Kolossalstatue derselben Königin wurde kürzlich in Achmim entdeckt (Seite 219).

DIE PAPYRI DES RAMESSEUMS

Kennzeichnung	Inhalt
A	Bauerngeschichte; Geschichte des Sinuhe
B	Dramatischer Papyrus; Abrechnungen u. Plan
C	Meldungen der Festung Semna; Zaubertext
D	Onomastikon
E	Begräbnisliturgie; Abrechnungen
I	Lehre des Sisobek; Abrechnungen
II	Verschiedene Moralerklärungen
III	Zaubermedizinischer Text
IV	Zaubermedizinischer Text; Abrechnungen
V	Zaubertext
VI	Hymnus an Sebak
VII	Zaubertext; mathematischer Text (?)
VIII–XI	Zaubertexte
XII	Anrufungen von Dämonen
XIII	Zaubertext; Balsamierungsplanungen (?)
XIV–XVII	Zaubertexte
XVIII	Meldungen von der Festung Quban

1897–99

HIERAKONPOLIS: STADT DES FALKENGOTTES

Vor 1897: Die Gemahlin des Nachtmin · 1897: Das Grab der Neithhotep

JAMES EDWARD QUIBELL
(1867 – 1935)

Datum
1897–1899

Entdecker
James E. Quibell und
F. W. Green

Ort
Hierakonpolis
(Kom el-Ahmar)

Periode
Prädynastische Zeit
bis Altes Reich,
Naqada II – 6. Dynastie
und später,
nach etwa 3 000 v. Chr.

»Der besondere Gewinn dieser jüngsten Ausgrabungen ist, dass sie eine große Lücke zwischen der Entstehungszeit und der geschichtlichen Zeit zu schließen scheinen und so unsere Kenntnisse weit nach hinten in eine nebulöse, vorgeschichtliche Epoche ohne schriftliche Zeugnisse erweitern.«
THE TIMES

Die in zwei Phasen zwischen 1897 und 1899 von James Edward Quibell und Frederick William Green durchgeführten Ausgrabungen in Hierakonpolis haben sich für die Erforschung der frühesten Geschichte Ägyptens mit als die wichtigsten erwiesen. Hierakonpolis, »Falkenstadt«, heißt heute auf Arabisch Kom el-Ahmar, »der Rote Hügel«. In der frühen Antike war der Ort jedoch als Nechen bekannt und galt als Sitz des frühen Falkengottes Necheni, der typischerweise mit hoch aufragender Kopfbedeckung dargestellt wird. Wie schon die alten Texte nahelegten und die Arbeiten von Quibell und Frederick William Green bestätigen sollten, befand sich in Nechen während der frühesten Entstehungsphase der pharaonischen Herrschaft ein bedeutendes Machtzentrum.

Die Ausgrabungsstätte und insbesondere die Nekropole waren nicht zuletzt von Händlern aus Luxor bereits vollständig umgegraben worden und so wandten sich Quibell und Green nach einer enttäuschenden ersten Untersuchung der spärlichen Überreste der Gräber Kom el-Ahmar selbst zu. Hier, unter dem mit roten Tonscherben übersäten Hügel, von dem der Ort seinen heutigen Namen hat, lagen die Ruinen der alten Stadt. An ihrer südlichen Spitze erhob sich einst der Tempel von Nechen – der allerdings in den 1860er-Jahren zur Errichtung einer Fabrik im nahe gelegenen Ort Esna weitgehend abgetragen worden war.

Der Falke mit dem goldenen Kopf

Innerhalb des eigentlichen Tempelgeländes kamen bei den Grabungsarbeiten Spuren eines kreisförmigen Sandhügels mit Umgrenzungsmauer zum Vorschein, offenbar die früheste Phase des Tempelbaus. Zur größten Überraschung aller Beteiligten tauchten in rascher Folge immer mehr Funde auf. Bei der Räumung einer kleinen, mit Ziegeln verstärkten Grube im nördlichen Tempelbereich erschien in der dritten von fünf Kammern einer Seitenkapelle, die vermutlich aus der Zeit des Alten Reichs stammte, »ein mit einer dünnen Schicht Kupfer plattierter Habicht mit einem Kopf und Federn aus Gold«. Direkt davor stand eine kleine Figur eines Königs. Der Anblick dieses antiken Kultbildes währte jedoch nur einen

»Quibell … war leger, freundlich und nicht hitzig und er zeigte Interesse an seiner Arbeit, aber ohne dass er sich von ihr vereinnahmen ließ … daneben war er jung genug, um sich die Freude eines Schuljungen bewahrt zu haben, einen alten Mann zur Verzweiflung zu bringen … «
MARGARET MURRAY

- Geboren am 1. November 1867 in Newport, England.
- Studium in Oxford; Assistent von Petrie (Seite 67) in Koptos (1893, Seite 86), Naqada und Ballas (1894, Seite 94) sowie am Ramesseum (1896, Seite 96).
- Oberinspektor der Altertümerverwaltung für das Delta und Mittelägypten 1899–1904. Oberinspektor in Luxor, 1904/1905; Oberinspektor in Sakkara 1905.
- Kustos am Museum in Kairo 1914–1923; Generalsekretär 1923–1925; Ruhestand 1925.
- Assistiert Cecil Firth (1878–1931) bei Ausgrabungen in Sakkara 1925–1931; Direktor der Stufenpyramide 1931–1935.
- Gestorben am 5. Juni 1935 in Hertford, England.

4000 v. Chr.

3000 v. Chr.

2000 v. Chr.

1000 v. Chr.

0

700 n. Chr.

Unten Die verfallenen, aber noch immer eindrucksvollen Mauern der Grabanlage König Chasechemuis (2. Dynastie) in Hierakonpolis, der Stadt des Falkengottes. Die heutigen Ruinen des Komplexes, der zu den ältesten Schlammziegelbauten Ägyptens gehört, erreichen teilweise noch ihre eindrucksvolle ursprüngliche Höhe.

Links Der aus Blattgold geformte Kopf des Falken von Hierakonpolis, der vermutlich aus der Zeit der 6. Dynastie stammt; das Diadem und das aufragende Federgebilde sind jünger. Eine ähnliche Figur ist auf der Stele von Horemkahauef im Metropolitan Museum of Art in New York zu sehen.

Rechts und unten Die beiden mit Kupfer beschlagenen Statuen Pepis I. aus der 6. Dynastie – einmal als Kind dargestellt (rechts) und einmal als Erwachsener (unten). Die Kopfbedeckung der größeren Figur wie auch der hölzerne Kern beider Statuen waren bei der Entdeckung verrottet.

Oben, Mitte Der herrliche frühdynastische Keramiklöwe, der zusammen mit den Kupferstatuen Pepis I. gefunden wurde.

Rechts Die in Kairo zu bewundernde Statue des Königs Chasechemui der 2. Dynastie. Der Kopf war schon vor ihrer Umbettung während des Neuen Reichs beschädigt und das fehlende Teil wurde nie gefunden. Ein kleineres, ebenso abhanden gekommenes Stück des Sockels hat man aber kürzlich im Londoner Petrie-Museum wieder entdeckt.

kurzen Moment: Die Kupferverkleidung zerfiel beinahe augenblicklich, als sie mit der hereinströmenden Luft in Kontakt kam. Obwohl ursprünglich nur Bestandteil eines größeren Ensembles, stellt der edle, gefiederte Falkenkopf (Kairo JE 32158) mit seinen stechenden Augen aus Obsidian eines des herausragendsten Stücke antiker ägyptischer Goldschmiedekunst dar.

In der fünften Kammer, einen Meter unterhalb des Mauerfundaments, machte man eine weitere unerwartete Entdeckung:

»Die Beine einer lebensgroßen Kupferstatue lagen nebeneinander. Jenseits der Oberschenkel erschien das Gesicht und der linke Unterarm stand an einer Seite hervor … Auf der Brust … lag ein zerknülltes Kupferblatt mit der Inschrift von Pepi I.«

Später wurde im hohlen Inneren der Statue eine zweite, kleinere gefunden. Die Figuren kennzeichnete ein ungewöhnlicher Aufbau, ähnlich dem des Falken: Kupferplatten waren über einen (längst verrotteten) Holzkern in Form gebogen und festgenagelt worden. Beide Statuen (Kairo JE 33034, 33035) hatten eingelegte Augen und der Lendenschurz sowie der Kopfschmuck der größeren waren aus vergoldetem Gips gefertigt. Neuere Forschungen haben zum einen gezeigt, dass beide Figuren denselben König, Pepi I., darstellen, und zum anderen, dass sie ursprünglich auf einem gemeinsamen Sockel standen und erst bei der Ablage in der Grabkammer von diesem getrennt wurden.

Es gab aber noch mehr zu entdecken. Zusammen mit den Figuren fand man zwei weitere Objekte: einen Keramiklöwen (Ashmolean Museum, Oxford, 1896 – 1908 E 189) und die Statue eines sitzenden Königs

Rechts Narmer-Palette: Die Weiße Krone Oberägyptens tragend, schlägt König Narmer den Feind aus dem Norden.

fand man eine dritte Sammlung von Objekten – das so genannte Hauptdepot. Vieles war inzwischen verrottet und nicht mehr wiederherzustellen. Gerettet werden konnten aber zahlreiche Elfenbeinstücke, Fayence-Paviane, Falken, ein Flusspferd und andere Tierfiguren nebst vielen weiteren Objekten, darunter auch eine zweite, nur teilweise erhaltene Kalksteinstatue des Chasechem (Ashmolean Museum, Oxford, E 517), die mit der gleichen Anzahl getöteter Aufständischer beschriftet ist wie die erste. Mit Ausnahme eines Skarabäus der 18. Dynastie lassen sich sämtliche Funde des »Hauptdepots« in die frühdynastische Zeit oder davor datieren. Vermutlich handelt es sich um Gegenstände, die aus verschiedenen Gründen ihren Zweck erfüllt hatten und dann in heiliger Erde hinterlegt wurden; für die Archäologie dieser Periode sind sie heute aber von unermesslichem Wert.

Die Narmer-Palette

Die größte Bedeutung unter den Funden von Hierakonpolis kommt jedoch, trotz der Einmaligkeit vieler anderer, einer mit 64 Zentimetern Höhe überdimensionalen zeremoniellen Palette aus Grauwacke zu (Kairo JE 32169). Ihr genauer Fundort ist nicht ganz klar, er lag entweder in oder nahe dem »Hauptdepot«. Das Stück ist eine größere Ausführung unter den Paletten, wie sie zu Hunderten in Naqada (Seite 94) und anderswo gefunden wurden und die man zum Zermahlen von Malachit für die Verschönerung von Augen oder Gesicht benutzte. Im Gegensatz zu jenen prädynastischen Paletten ist diese aber auf beiden Seiten mit kunstvollen Reliefs verziert, die deutlich die Siege eines sehr frühen Königs darstellen, der in hieroglyphi-

(Kairo JE 32161). Dieses in grünen Stein gehauene Königsbild trägt die Inschrift des letzten Herrschers der 2. Dynastie, Chasechem (»Erscheinung der Macht«). Die Statue war bereits bei ihrer Beisetzung beschädigt; es fehlt ein beträchtlicher Teil des Kopfes. Auf dem Sockel sind Zahlen über »Tötungen« des Königs verzeichnet: 47 209 unterägyptische Rebellen. Diese Bilanz mag den König zur Annahme des Einigung signalisierenden Namens Chasechemui (»Erscheinung der beiden Mächte«) bewegt haben – ein Hinweis auf die beiden Gottheiten des Nordens und des Südens. Derselbe Name findet sich auch auf einem Granitblock in Hierakonpolis, hier aber mit der Ergänzung »Die beiden Götter leben in Frieden«.

Das »Hauptdepot«

Unterhalb der Mauern eines Bauwerks südlich der Kammern, in denen der Falke und die anderen Statuen waren,

Vor 1897
Die Gemahlin des Nachtmin

Dieses Abbild einer namenlosen Ägypterin (Kairo CG 779b) gilt trotz seiner Beschädigungen als eines der sinnlichsten Porträts, das je ein Bildhauer im Land am Nil geschaffen hat. Bekannt ist lediglich der Name ihres Gatten Nachtmin, der Offizier und möglicherweise ein Sohn des Pharaos Eje war. Das aus gehärtetem Kalkstein geschaffene Stück gehörte ursprünglich zu einem größeren Werk, welches das Ehepaar zusammen darstellte und von dem der Kopf Nachtmins ebenfalls

erhalten ist (Kairo CG 779a). Beide Fragmente wurden 1897 auf dem Antikenmarkt in Giseh erstanden; vielleicht befand sich ihr gemeinsames Grab in Scheich Abd el-Qurna.

1897
Das Grab der Neithhotep

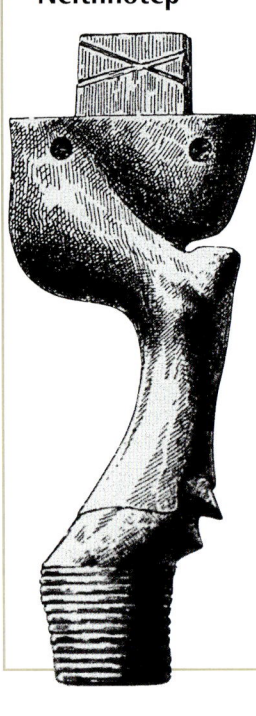

Zu der Zeit, als der französische Gelehrte Émile Amélineau seine unheilvollen Ausgrabungen in den frühdynastischen Gräbern von Abydos (Seite 109) begann, setzte Jacques de Morgan (Seite 90) mit seiner Erforschung einer frühen Mastaba in Naqada dort an, wo zuvor Petrie 1897 aufgehört hatte. Dabei brachte er zahlreiche Objekte aus der Zeit der Vereinigung von Nord- und Südägypten um 3 000 v. Chr. ans Tageslicht. Einige der gefundenen Inschriften erwähnen einen König namens Hor-Aha wie die Königin Neithhotep, vermutlich dessen Gattin. Die Ergebnisse weiterer Arbeiten vor Ort, die 1904 von John Garstang durchgeführt wurden, sprachen dafür, dass die Mastaba der Königin und nicht dem König gehörte, während Hor-Aha, das konnte Améli-

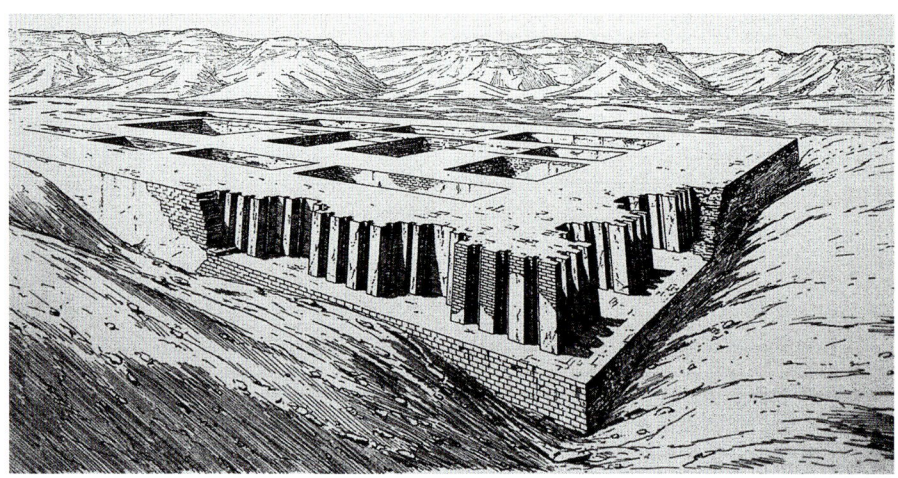

neau zeigen, in Abydos beigesetzt wurde. Neuere Theorien sprechen das Grab jedoch eher einer hoch gestellten örtlichen Persönlichkeit zu. Für Petrie bedeuteten die Verzierungen der hier gefundenen Tongefäße einen besonderen Erfolg, denn ihre spezielle Ausformung bestätigte die prinzipielle Gültigkeit seiner Methode der Sequenzdatierung (Seite 94).

Unten Der Rumpf dieser kleinen Lapislazulistatue einer Frau mit verschränkten Händen (Ashmolean Museum, Oxford, E1057) wurde 1898 von Quibell im Tempel von Hierakonpolis gefunden; 1906 entdeckte dann Harold Jones am selben Ort unverhofft den seinerzeit noch fehlenden winzigen Kopf.

scher Schrift als Narmer bezeichnet wird. Auf der oberen Seite ist dieser Herrscher mit der Roten Krone Unterägyptens und auf der unteren Seite mit der Weißen Krone Oberägyptens zu sehen. Anscheinend erhob Narmer Anspruch sowohl auf den Süden als auch auf den Norden des Landes, was viele Forscher vermuten lässt, dass es sich dabei um den legendären Menes handelt, der um 3 000 v. Chr. als Erster Ägypten geeint haben soll.

Die Auswertung dieser Funde von Hierakonpolis ist bis heute nicht vollständig abgeschlossen, während die Ausgrabungen vor Ort weitergehen. Natürlich wurde und wird die Bedeutung der Funde Quibells und Greens dabei vehement diskutiert und die Qualität ihrer Arbeit, besonders die Dokumentationen des sehr unbekümmert vorgehenden Quibell, sind Ziel von Kritik. Kaum strittig ist aber die Auffassung der Ausgräber, dass die Objekte einst nicht mehr aktuelle Opfergaben und Ausrüstungsgegenstände von Tempeln darstellten, die man irgendwann vor dem Neuen Reich deshalb vergraben hat, weil sie überflüssig geworden waren. Trotz dieses Hintergrunds lässt sich die Bedeutung der Funde in künstlerischer und historischer Hinsicht jedoch kaum hoch genug bewerten.

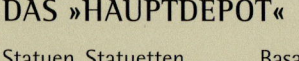

DAS »HAUPTDEPOT«

Statuen, Statuetten	Basalt, Kalkstein, Fayence, Elfenbein
Paviane	Kalkstein, Fayence
Hund (?)	Kalkstein
Falke	Kalkstein
Frösche	Kalzit, Steatit
Nilpferd	Fayence
Löwe	Kalkstein
Skorpione	Bergkristall, Hämatit, Fayence, Ton
Bettgestellmodell (?)	Kalkstein, Breccie
Paletten	Schiefer
Amtsstabaufsätze	Bergkristall, Porphyr, Serpentin, Kalzit, Kalkstein, Fayence
Messer	Kupfer, Feuerstein
Hammerköpfe (?)	Feuerstein
Gefäße und Ständer	Quarz (?), Porphyr, Granit, Gneiß, Serpentin, Kalzit, Steatit, Kalkstein, Fayence, Ton
Löffel	Elfenbein
Hetep-Zeichen	Goldblatt
Skarabäus	Fayence (?)
Schmuckperlen	Fayence
Tierknochen	
Blattmetall	Kupfer
Unbestimmt	Quarz, Kalzit, Elfenbein

1898–99
VICTOR LORET IM TAL DER KÖNIGE

1890 und davor: Aramäische Papyri aus Elephantine · 1898: »Das Grab des Pferdes«

Datum
1898/99

»[Emile] Brugsch sagte zu einem Araber, im Vergleich zu Loret sei de Morgan noch harmlos gewesen.«
W. M. FLINDERS PETRIE

Entdecker
Victor Loret

Ort
Theben (Tal der Könige, Gräber KV 34, 35, 36 und weitere)

Periode
Neues Reich, 18.–20. Dynastie, 1504–1070 v. Chr.

1896 wurde der tatkräftige Jacques de Morgan rastlos, und in Susa in Persien Ausgrabungen vorzunehmen übte einen unwiderstehlichen Reiz auf ihn aus. 1897 kündigte er seine Stellung und verließ Ägypten endgültig.

Jacques de Morgans Nachfolger als Direktor der Altertümerverwaltung war zwangsläufig ein weiterer Franzose – Victor Loret, etwa im gleichen Alter wie de Morgan, doch auf Grund der aufreibenden Wirkung seines Charakters auf diejenigen, die mit ihm zu hatten, dem verheerenden Eugène Grébaut ähnlicher. Das Beste, was der gereizte Petrie sich erhoffen konnte, war, »sich seinen respektvollen Hass zuzuziehen, statt seine zur Schau gestellte Arroganz ertragen zu müssen«. Lorets Zeit als Direktor sollte unglücklich für alle Beteiligten werden, obwohl sie von einer ansehnlichen Zahl archäologischer Überraschungen geprägt war.

»Schon bald nach [Lorets] Ernennung kam [Émile] Brugsch Bei … zu mir und sagte: ›Gestern wollte ich den neuen Direktor wegen einer geschäftlichen Angelegenheit aufsuchen. Ich klopfte also an seine Zimmertür. Als ich hereinkam, sagte er: ›Ich muss Sie darum bitten, Monsieur, mir in Zukunft zunächst eine Mitteilung oder Karte zukommen zu lassen, wenn Sie mich zu sprechen wünschen‹. Ich antwortete: ›Monsieur le Directeur, mein Schatten soll nie wieder Eure Schwelle verdunkeln.‹ Und er hat es nie wieder getan.«
ARCHIBALD HENRY SAYCE

Nach Belzonis Entdeckungen unter Einsatz eines Mauerbrechers (Seite 18) war es im Tal der Könige relativ ruhig geworden. Die Ausgrabungen, die von einer bunten Ansammlung

VICTOR CLÉMENT – GEORGES PHILIPPE LORET (1859 – 1946)

- Geboren in Paris am 1. September 1859.
- Studium zusammen mit Gaston Maspero an der École des Hautes Études und am Collège de France.
- 1881 Mitglied, 1886 Direktor des Französischen Archäologischen Instituts, Kairo; Forschungen zu den Gräbern von Theben.
- Dozent an der Universität von Lyon; dort Gründung der Ägyptologischen Abteilung.
- Direktor der ägyptischen Altertümerverwaltung 1897 – 1899; Ausgrabungen im Tal der Könige mit beeindruckenden Ergebnissen; außerdem Grabungen in Sakkara (Seite 86); Gründer der Zeitschrift *Annales du Service*.
- Gestorben in Lyon am 3. Februar 1946.

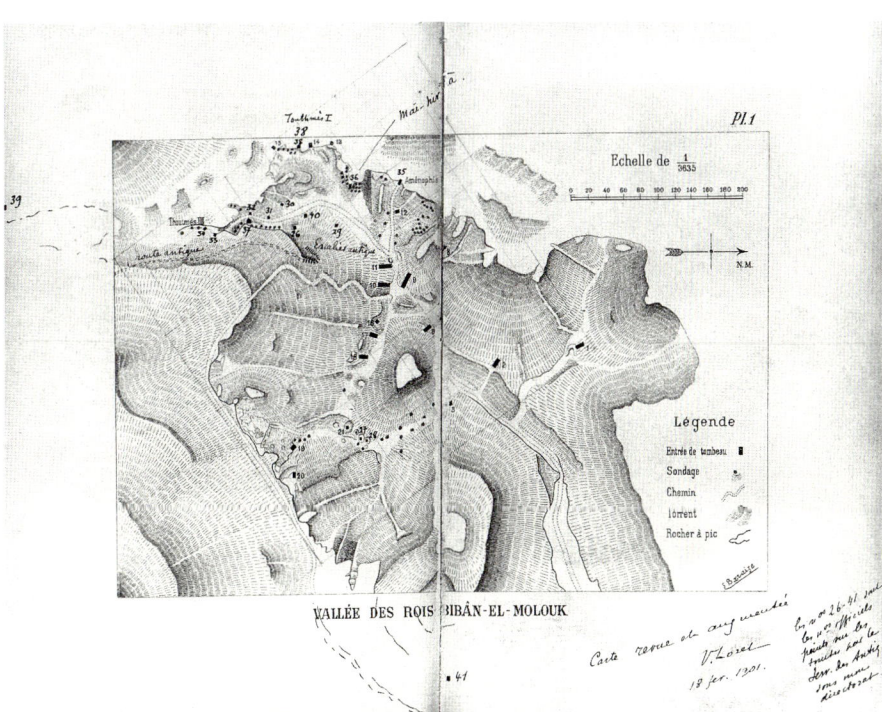

Links Karte, die Loret dem veröffentlichten, vorläufigen Bericht beifügte, den er Charles Edwin Wilbour präsentierte. Die Anmerkungen stammen vom Ausgräber selbst und berücksichtigen die Ergebnisse der letzten Grabungssaison.

101

von Individuen, einschließlich Mariette, durchgeführt wurden, hatten wenig Nennenswertes zu Tage gebracht. Victor Loret, der neu ernannte Direktor des Altertümerverwaltung, war dennoch der Ansicht, dass die Stätte Potenzial in sich berge, und leitete ein ehrgeiziges Freilegungsprogramm in die Wege – mit unterschiedlichen Ergebnissen. Im Verlauf von zwei Jahren legten Lorets Arbeiter (wie Mariette hielt er sich selbst nicht ständig bei den Ausgrabungsstätten auf) die erstaunliche Anzahl von 17 neuen Grabmälern frei. Belzonis Leistung wurde damit noch übertroffen.

Das Grab Thutmosis III.

Thutmosis III. wird in den Geschichtsbüchern häufig als »der Napoleon des alten Ägypten« bezeichnet, ein Beiname, der nicht so sehr auf seine außergewöhnlichen Leistungen zurückzuführen ist, sondern auf seine, wie man bis vor kurzem (auf Grund einer falschen Messung seiner königlichen Mumie – die Füße waren abgefallen und die Lage der Knöchel wurde versehentlich nicht berücksichtigt) annahm, äußerst kleine Statur. Da Thutmosis einer der mächtigsten Könige Ägyptens war, wurde die Entdeckung seines Grabs durch Victor Loret am 12. Februar 1898 international gefeiert. Die Tatsache, dass dieses Grab heute relativ unbekannt ist, lässt sich wohl dadurch erklären, dass diese Entdeckung innerhalb eines Monats durch noch großartigere Entdeckungen im Tal der Könige in den Schatten gestellt wurde.

Tatsächlich repräsentiert das Grab Thutmosis III. (KV34) mit seiner außergewöhnlichen, erhöhten Lage, der prächtigen kartuschenförmigen Grabkammer und der eleganten Ausgestaltung mit Szenen aus dem *Totenbuch* (entlang der Wände wie Papyrus »ausgerollt«) eine der größten Errungenschaften alter ägyptischer Grabmalarchitektur. Auch in archäologischer Hinsicht war es von großer Bedeutung: Wie bei Belzonis besten Funden war auch hier ein Teil der ursprünglichen Grabausstattung erhalten – Holzstatuetten des Königs, Fragmente von Bootsmodellen aus Holz, Knochen und eine Vorratsschale. Jedoch waren, wie bei den meisten Grabmälern im Tal der Könige, alle Gegenstände aus Metall

Rechts Ein Anfang des 20. Jahrhunderts aufgenommenes Foto vom aufregenden Fundort, an dem sich, tief versteckt in den südlichen Felsen des Tals der Könige, das Grab Thutmosis III. befand.

Unten links Der kartuschenförmige Sarkophag Thutmosis III. aus feinem, bemaltem Quarzit in der Grabkammer des Königs.

Unten rechts Der Sarkophag von Hapimen, einem hohen Beamten der 26. Dynastie, dessen Beauftragte offensichtlich viele Jahre das Grab Thutmosis III. besuchten, um das Monument des Königs zu kopieren, nachdem die Mumie zur Wiederbestattung fortgeschafft worden war, und zwar schließlich in das Versteck von Dair Al Bahri.

oder einem anderen nützlichen Material zum Zweck der Wiederverwertung in der Antike fortgeschafft worden. Die Mumie des königlichen Grabinhabers war Ende des Neuen Reichs entfernt und an einem anderen Ort wieder bestattet worden – eine weitere Gemeinsamkeit mit Belzonis Gräbern. Sie wurde 1881 von Brugsch im königlichen Versteck in Dair Al Bahri gefunden (Seite 64).

Da das Grab nun leer war, hatte man KV34 für zwei Privatbestattungen genutzt. Zu einem späteren Zeitpunkt, während der 26. Dynastie, wurde das Grab erneut besucht, diesmal von dem Grabmalarchitekten eines hohen Beamten namens Hapimen aus Memphis. Beauftragt, eine Kopie des Sarkophags aus gelbem Quarzfels anzufertigen, nahm der Architekt vielleicht auch die handlichere Kanope des Königs mit. Hapimens Sarkophag, der später geplündert wurde, fand viele Jahre lang in der Kairoer Moschee Ibn Tulun als Wassertrog Verwendung. 1801 händigten die Franzosen ihn an die Briten aus (Seite 17) und heute gehört er zu den Schätzen des Britischen Museums (EA 23).

Links Verzierte Vorderseite eines Pfeilers in der Grabkammer von Amenophis III. Die Göttin Hathor zeigt dem neu in die Unterwelt aufgenommen Pharao das Zeichen des Lebens.

bemerkenswert wegen der innovativen Architektur, der auffallenden Schlichtheit der Wandgemälde und der umfangreichen, wenn auch weitgehend zerstörten Ausstattung. Am außergewöhnlichsten, ja ein Novum bei den Ausgrabungen im Tal der Könige war jedoch die Tatsache, dass der König an Ort und Stelle in seinem eigenen Sarkophag gefunden wurde, wenn auch in einem Ersatzsarg aus Kartonage. Merkwürdig fand Loret jedoch, als er mit einer Bestandsaufnahme

Oben Der bemalte Sarkophag aus Quarzit von Amenophis II. Als Loret 1898 die Grabstätte betrat, enthielt der für die frühe 18. Dynastie typische kartuschenförmige Sarg noch die Mumie des Pharaos.

Das Grab Amenophis II.

»Der Fund gehört zu den interessantesten Ägyptens. Zwar wurden der Schmuck und anderes, wahrscheinlich während der 20. Dynastie aus dem Grab gestohlen, doch sind die Mumien von Amenophis und sieben anderen Königen unversehrt …«
THE TIMES

Kurz nach der triumphalen Entdeckung des Grabs Thutmosis III. fand Loret am 9. März 1898 ein weiteres Königsgrab – das von Thutmosis' Sohn und Nachfolger Amenophis II. (KV35). Diese Grabstätte war eine prachtvolle Entdeckung,

seines Fundes begann, die Vielzahl der anderen an diesem Ort verstreuten Leichname. Der erste, auf den er in dem Vorraum zur Grabkammer stieß, lag auf dem zerstörten Schiffskörper eines der Amenophis II. gehörenden Bootsmodelle aus Holz. Drei weitere Mumien, denen man die Mumienbinden abgenommen hatte, lagen ordentlich aufgereiht in den nördlicheren der Seitenräume, die von der Grabkammern wegführten. Als Loret über die teilweise abgetragene Mauer blickte, die den angrenzenden Raum verbarrikadierte, entdeckte er neun weitere Mumien, dieses Mal in Särgen, die in zwei Reihen von sechs beziehungweise drei angeordnet waren. Diese Leichname, so nahm Loret an, mussten zu einem späteren Zeitpunkt beigesetzt worden sein – Privatbestattungen wie in KV34, bei denen man sich, wie so oft, eine günstig gelegene, schon existierende Grabstätte zunutze gemacht hatte. Dann sah er sich die Sache genauer an:

Links Das Fußende des bemalten Sarkophags des Königs, das die Göttin Isis zeigt, die zwischen zwei Pfeilern mit hieroglyphischen Texten auf dem Zeichen für Gold kniet.

»Alle Särge und Mumien hatten die gleiche graue Farbe. Ich beugte mich über den nächstgelegenen Sarkophag und blies den Staub weg, um den Namen lesen zu können. Der Grauton war eine Staubschicht, die wegflog und es mir erlaubte, den Namen und Vornamen von Ramses IV. zu lesen. War

KV35: WER IST WER IM ZWEITEN KÖNIGLICHEN VERSTECK?

Kairo-Nr.	Name	Fundstelle	Kairo-Nr.	Name	Fundstelle
CG 61069	Amenophis II.	Grabkammer	CG 61079	Merenptah	2. Nebenraum
–	anonyme sterbliche Überreste	Brunnenkammer	CG 61084	Ramses IV.	2. Nebenraum
			CG 61085	Ramses V.	2. Nebenraum
			CG 61086	Ramses VI.	2. Nebenraum
–	Sethnacht (?)	im Boot			
CG 61070	»Ältere Frau« (Teje?)	1. Nebenraum	CG 61081	Sethos II.	2. Nebenraum
CG 61072	»Jüngere Frau«	1. Nebenraum	CG 61080	Siptah	2. Nebenraum
CG 61071	anonymer Prinz	1. Nebenraum	CG 61073	Tuthmosis IV.	2. Nebenraum
CG 61074	Amenophis III.	2. Nebenraum	CG 61082	unbekannte Frau D	2. Nebenraum

ich in einem geheimen Lager königlicher Sarkophage? Als ich den Staub des zweiten Sarkophags wegblies, kam eine Kartusche zum Vorschein, einen Moment lang unleserlich, aufgemalt in mattem Schwarz auf einem glänzenden schwarzen Untergrund. Ich ging zu den anderen Särgen hinüber – überall Kartuschen!«

Oben Der mysteriöse »Leichnam im Boot« im Grab von Amenophis II. – wahrscheinlich der versteckte Leichnam von König Sethnacht der 20. Dynastie.

Höchst erstaunt stellte Loret fest, dass es sich tatsächlich um ein Versteck handelte. Trotz der Tatsache, dass nur einige königliche Tote aus Ägytens Neuem Reich in dem 1881 bei Dair Al Bahri (Seite 64) entdeckten geheimen Lager vertreten gewesen waren, hatte man die Gruppe königlicher Mumien als etwas Einmaliges betrachtet. Nur wenige hätten es gewagt, eine Wette darauf abzuschließen, dass nur zwei Jahrzehnte später eine gleichermaßen außergewöhnliche Sammlung auftauchen würde.

Wie bei KV34 legte Loret das Grab von Amenophis II. sorgfältig frei. Obwohl er nie einen vollständigen Bericht seiner Entdeckung veröffentlichte, lässt sich eine Reihe wichtiger Schlussfolgerungen ziehen. Die versteckten Mumien waren offensichtlich an der Wende vom 2. zum 1. Jahrtausend v. Chr. von verschiedenen Orten zur Grabstätte Amenophis II. gebracht worden, vielleicht bei zwei unterschiedlichen Gelegenheiten und wahrscheinlich zu der Zeit, als die Nekropolenverwaltung das Grab Amenophis II. »restaurieren« ließ. Eine ehrenwerte, fromme Tat, so möchte man meinen, hätte man es nicht systematisch aller Wertgegenstände beraubt, um das leere Staatssäckel einer dem Untergang geweihten Regierung zu füllen.

Das Grab von Maiherperi

Ein Königsgrab wäre für einen Ausgräber im launenhaften Tal der Könige Lohn genug gewesen. Zwei Gräber innerhalb eines Monats zu finden war ungewöhnlich. Ein drittes – das Grab, das Thutmosis III. für die Wiederbestattung seines Großvaters Thutmosis I. (KV38) bauen ließ – wurde in der folgenden Grabungssaison entdeckt. Und zu dieser einzigartigen Ausbeute dreier Königsgräber konnte Loret die unglaubliche Zahl von 14 Privatgräbern hinzufügen.

Eins von diesen, KV36, war von besonderem Interesse. Es war offensichtlich übersehen worden, als die Bergungsexperten der Nekropolenverwaltung während der 21. Dynastie das Tal gewissenhaft nach Gräbern absuchten. Der Inhaber des Grabes – der hochrangige (halb-)nubische »Prinz« Maiherperi (dessen Name »Löwe auf Streifzug« bedeutet) – war in zwei anthropomorphe Holzsärge in der einzigen kleinen Grabkammer des Grabmals gebettet. Obwohl man die tragbareren Wertgegenstände irgendwann während des Neuen Reichs geraubt hatte, war noch eine reiche Auswahl der Grabbeigaben seines Inhabers erhalten. Hierzu gehörten ein rechteckiger Holzschrein, ein dritter »Ersatzsarg« (tatsächlich dazu gedacht, in die anderen beiden gestellt zu werden,

Die gut erhaltene Mumie von Maiherperi (rechts), die Loret 1899, ausgestattet mit einer teilweise vergoldeten und mit Einlegearbeiten verzierten Kopfbedeckung aus Kartonage (oben), in zwei Särgen entdeckte. Ein dritter anthropomorpher Sarg (unten) stand unbenutzt in der Mitte der Kammer.

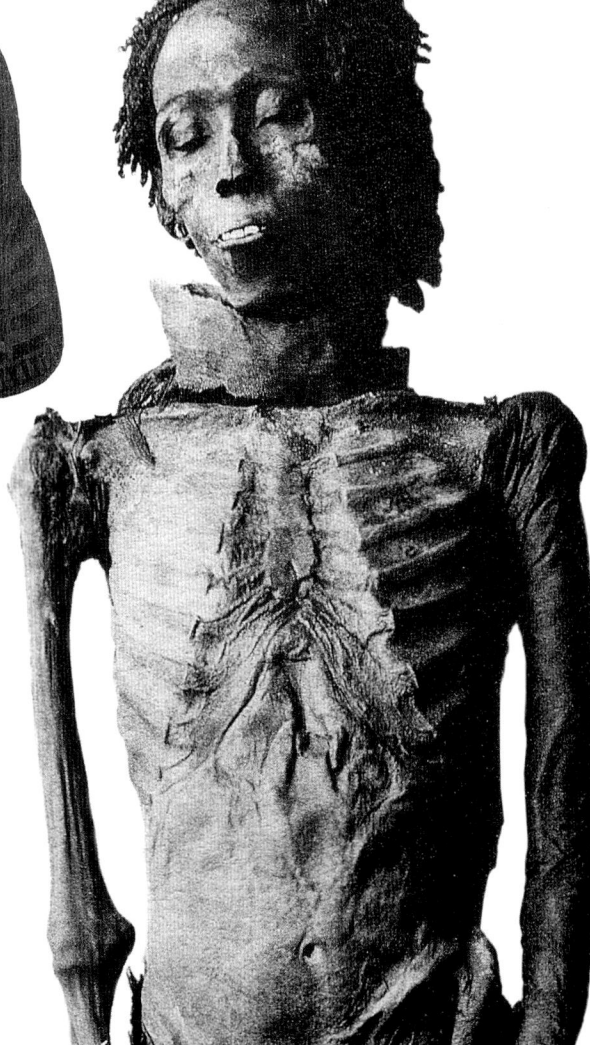

aber durch ein unglückliches Versehen zu groß gemacht), eine Pappmaske, die den Kopf der Mumie bedeckte, ein vollständiger Satz Kanopen, ein wieder auferstehender Osiris, ein Papyrus, eine Jagdausrüstung, verschiedene Stein-, Glas- und Tongefäße, Lebensmittel und interessanterweise zwei Hundehalsbänder. Diese deuten vielleicht darauf hin, dass Maiherperi in einer gewissen Beziehung zu den jenseits des Hügels begrabenen königlichen Tieren stand, die Theodore Davis etwa ein Jahrzehnt später (Seite 117) nicht weit entfernt vom Grab Amenophis II. fand. Vor Davis' Entdeckung des Grabes von Juja und Tuja im Jahr 1905 (Seite 114) und Schiaparellis Fund im darauf folgenden Jahr (Seite 126) war Maiherperis das besterhaltene Privatgrab, das bis dahin zum Vorschein gebracht wurde – und es wurde zu Recht gefeiert. Im Februar 1902 gab es eine merkwürdige Fortsetzung von

Lorets Entdeckung des Maiherperi-Grabs, an welcher der junge Howard Carter beteiligt war, der damals nach dem verlorenen Grab von Thutmosis IV. suchte. Als er die Felswand oberhalb von KV36 freilegte, entdeckte Carter eine kleine Vertiefung, in der eine gelbe Holztruhe versteckt war, die Maiherperis Namen trug und zwei kompliziert geschnittene Lendenschurze aus Leder enthielt. Ganz in der Nähe lagen zahlreiche Intarsienfragmente aus Buntglas und Goldfolie. Die Truhe und einer der Lendenschurze sind nun in Boston (MFA 03.1035, 1036), das andere Gewand fand seinen Weg ins Natural History Museum in Chicago. Dort ausgestellt soll es fälschlicherweise als frühes Beispiel eines Freimaurerschurzes beschrieben worden sein. Eine lächerliche Vorstellung – aber vielleicht war es ein skrupelloser Sammler solcher Insignien, der bald Maiherperis zweiten Lendenschurz stahl. Dieser ist bisher noch nicht wiedergefunden worden.

ELEPHANTINE: DIE WICHTIGSTEN JÜDISCHEN ARCHIVE

Name des Archivs	Anzahl der Texte	Datum	Beschreibung	Erw./Ausgr.
Mibtahiah	14 Rechtstexte	471 – 410 v. Chr.	Familienarchiv	gekauft
Ananiah	13 Rechtstexte	456 – 402 v. Chr.	Familienarchiv	gekauft
Jedaniah	14 Briefe, 1 Liste	419 – 407 v. Chr.	Gemeindearchiv	ausgegraben

1890 und davor Aramäische Papyri aus Elephantine

Aramäisch war die Verkehrssprache des persischen Achämenidenreichs des 5. Jahrhunderts v. Chr. (von dem Äypten ein Teil war) und aramäische Texte wurden an mehreren Stätten entlang dem Nil gefunden. Der bekannteste Bestand ist der der Insel Elephantine, die zwischen 495 und 399 v. Chr. eine große jüdische Garnison beherbergte. Die Existenz dieser jüdischen Gemeinde mit ihrem eigenen, Jahwe geweihten Tempel, der neben dem Schrein des einheimischen Widdergottes Chnum stand, wurde erst durch die Papyri enthüllt, die Belzoni erworben hatte. Vereinzelte andere Texte (Ostraka) wurden in den Siebzigerjahren des 19. Jahrhunderts von Greville Chester und Ende des 19. sowie Anfang des 20. Jahrhunderts von Charles Edwin Wilbour, W. Spiegelberg, A. H. Sayce, Lady William Cecil und Robert Mond erworben. Die offizielle Ausgrabung der Siedlung begann 1904. Dadurch wurde der Hintergrund des Alltagslebens klar, in das die drei wichtigsten Archive der Gemeinde Einblick gewähren.

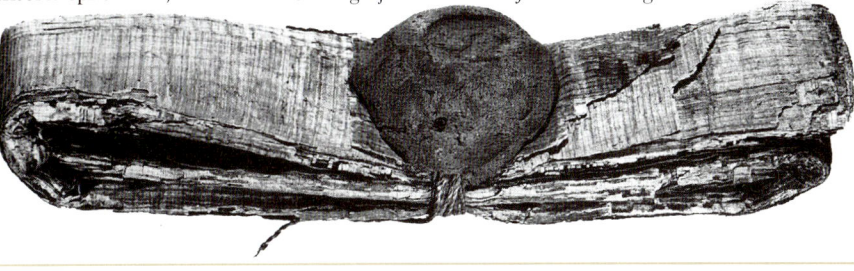

Links Einer der beiden wunderschönen Lendenschurze aus Leder – jeder aus einem einzigen Stück geschnitten –, die Howard Carter 1902 in einer bemalten Truhe am Eingang zu Maiherperis Grab fand.

Gaston Masperos Rückkehr 1899

»Loret hatte nun [1899] Ägypten verlassen. Er war ein sehr kurzsichtiger Mensch. Er hatte sich zu diesem Zeitpunkt als gänzlich ungeeignet erwiesen. Man gab ihm einen anderen Posten in Frankreich und der Einzige, der die Ehre retten konnte, war der wieder zurückgekehrte Maspero. Er bestand darauf, mit einem Jahresgehalt von 1500 Pfund plus Spesen Direktor aller Museen zu werden, was ihm gewährt wurde, da niemand sonst zur Verfügung stand ...«
FLINDERS PETRIE

VICTOR LORETS ENTDECKUNGEN IM TAL DER KÖNIGE

Grab-Nr.	Inhaber	Fundjahr	Grab-Nr.	Inhaber	Fundjahr
KV 26	?	1898	KV 36	Maiherperi	1899
KV 27	?	1898	KV 37	?	1899
KV 28	?	1898	KV 38	Thutmosis I., zweites Grab	1899
KV 29	?	1899	KV 39?	?	1899
KV 30	?	1898	KV 40	?	1899
KV 31	?	1898	KV 41	?	1899
KV 32	?	1898	KV L	?	1898
KV 34	Thutmosis III.	1898	KV M	?	1898
KV 35	Amenophis II.	1898			

Masperos Rückkehr nach den Höhen und Tiefen der vergangenen zwei Jahrzehnte wurde von Ägypten und Ägyptologen mit Beifall aufgenommen. Lord Cromer hatte die Ernennung in die Wege geleitet und vertraute A. H. Sayce an: »Wir müssen Loret loswerden … aber wenn ein anderer Franzose ernannt wird, muss es Maspero sein. Deswegen möchte ich, dass Sie ihm persönlich schreiben und ihn überreden zu kommen. Weisen Sie ihn darauf hin, dass wir, sollte er den Posten nicht akzeptieren, [Henry George] Lyons ernennen werden.« Überflüssig zu sagen, dass die Drohung, einen Briten zu ernennen, ausreichte, um die Sache zu regeln.

Nach seiner Rückkehr war Masperos Einfluss größer denn je. Er ermunterte weiterhin zu ausländischer und einheimischer Beteiligung an Ausgrabungen. Er selbst widmete sich voller Leidenschaft dem neuen Ägyptischen Museum in Kasr el-Nil in Kairo und leitete die Veröffentlichung des *Catalogue général* in die Wege. Als Mitarbeiter dieses Projekts ernannte er viele der klügsten Gelehrten seiner Zeit – Georges Bénédite, Freiherr von Bissing, Ludwig Borchardt (Seite 136), Henri Gauthier, Percy Newberry, Pierre Lacau, George A. Reisner (Seite 132) und andere. Das Problem der Erhaltung von Altertümern wurde ebenfalls in Angriff genommen. Bestes Beispiel hierfür war die fortgesetzte Arbeit von Georges Legrain (Seite 118) in Karnak, während der neue Direktor angesichts der Errichtung des ersten Assuan-Damms in Nubien die weltweit erste Kampagne zur »Rettungs«-Archäologie und -Dokumentation durchführte.

Die ersten Direktoren der ägyptischen Altertümerverwaltung (bis 1914)

Auguste Mariette:	1858 – 1881
Gaston Maspero (1. Amtszeit):	
	1881 – 1886
Eugène Grébaut:	1886 – 1892
Jacques de Morgan:	1892 – 1897
Victor Loret:	1897 – 1899
Gaston Maspero (2. Amtszeit):	
	1899 – 1914

Ägyptens wichtigste Museen

Ägyptisches Museum, Bulaq:	
	1863 – 1891
Ägyptisches Museum, Giseh:	
	1891 – 1902
Ägyptisches Museum Kairo (Kasr el-Nil):	1902 bis heute

Dazu bemerkte Sayce: »Maspero hatte eine Schwäche, die einzige, an die ich mich erinnere, und zwar das Streben nach Allwissenheit. Er mochte es nicht, wenn seine Untergebenen neue Entdeckungen machten, ohne dass er daran teilhatte.« Diese Eigenschaft trug zweifellos zu seinem Erfolg auf diesem Posten bei. Navilles Charakterisierung fiel ähnlich doppeldeutig aus: Er war »der letzte Repräsentant des heroischen Zeitalters der Ägyptologie«.

1898 »Das Grab des Pferdes«

Howard Carter (Seite 160) entdeckte das erste intakte königliche »Grab« ganz und gar zufällig, als er für den Egypt Exploration Fund im November 1898 in Dair Al Bahri arbeitete. »Als ich, nachdem es geregnet hatte, nach Hause ritt … gab der Boden unter den Hufen des Pferdes nach und brachte uns beide zu Fall. Später schaute ich in das kleine Loch, das sich dort gebildet hatte, und sah Spuren von Steinarbeiten.« Die Freilegung (die bis Januar 1900 und zu seiner Ernennung zum Oberinspektor der Altertümerverwaltung für Oberägypten warten musste) erwies sich als Mammutwerk. Carter hatte eine richtige Begräbnisstätte erwartet, doch zum Vorschein kamen schließlich eine große, unberührte Kammer, die eine urtümlich bemalte, in Leinen eingewickelte Sandsteinstatue eines Königs enthielt, der die Rote Krone trug (Kairo JE. 36195), sowie einen leeren Sarkophag ohne Name. In einem vertikalen Schacht im Boden fand Carter drei Holzboote und einige Töpfe. Die Natur dieser Stätte bleibt ein Rätsel, obwohl eine Verbindung zu König Mentuhotep II. Nebhepetra der 11. Dynastie klar und eine Verbindung zu dem einen oder anderen Sed-Fest des Königs eine Möglichkeit zu sein scheint. Die Kammer war in Anwesenheit von Lord Cramer geöffnet worden. Da man allgemein erwartet hatte, begrabene Schätze zu finden, beschloss Carter peinlich berührt, im Fall zukünftiger Entdeckungen keine Ankündigungen mehr zu machen, bevor nicht sicher war, was er wirklich gefunden hatte. Im Fall von Tutanchamun sollte ihm diese Strategie noch zu schaffen machen.

1896–1906
DIE OXYRHYNCHUS-PAPYRI: AUF DER SUCHE NACH DEM KLASSISCHEN ALTERTUM

Datum
1896 – 1906

Entdecker
Bernard P. Grenfell
und Arthur S. Hunt

Ort
Bahnasa (Oxyrhynchus)

Epoche
Römerherrschaft
30 v. Chr – 395 n. Chr.

»Wütend über das magere Resultat versetzte [ein] Arbeiter einem der [mumifizierten] Krokodile einen harten Schlag mit dem Spaten. Es brach auf, wobei sich herausstellte, dass es in beschriebene Papyrusblätter eingewickelt war. Wie Hunt es in einer seiner Vorlesungen formulierte, standen Krokodilaktien plötzlich hoch im Kurs.«

HAROLD IDRIS BELL

Trotz früherer Kontakte (Seite 67) wurden die Kultur und das Wissen der Griechen offiziell von Alexander dem Großen und seinen ptolemäischen Nachfolgern in Ägypten eingeführt, wo die Tradition des klassischen Altertums Wurzeln schlug: Zur Römerzeit beherbergte Ägypten die größte, von den ptolemäischen Königen in Alexandria geschaffene Bibliothek der Welt. Unglücklicherweise erlitt diese Institution jedoch bei der Belagerung der Stadt durch Julius Cäsar Schaden und Ende des 4. Jahrhunderts wurde sie von den Christen »gereinigt«. Die Überreste fielen dann endgültig dem Feuer zum Opfer, das der arabische Eroberer Amr Ibn al-As 250 Jahre später legte. Daher ist von der hervorragenden Sammlung nichts übrig geblieben.

Doch außerhalb Alexandrias waren seit dem 18. Jahrhundert diverse antike Papyri gefunden worden – zum Beispiel tauchte 1778 in Kairo eine Gruppe von 40 bis 50 Texten auf, von denen allerdings nur einer einen Käufer fand. Die übrigen Texte wurden wegen ihres aromatischen Dufts verbrannt. In den Siebzigerjahren des 19. Jahrhunderts brachten die *sebachin* eine wachsende Zahl von Texten zutage. Einige, die bei Meir gefunden worden waren, erwarb Wallis Budge (Seite 75) mit der ihm eigenen Genialität 1888/89 für das Britische Museum. Es zeigte sich, dass es sich unter anderem um Aristoteles' *Verfassung der Athener* sowie um bedeutende Werke aus der Feder von Herodas und Bakchylides handelte.

Flinders Petrie scheint der Erste gewesen zu sein, der zusammenhängende Texte der klassischen Zeit fand: 1888 in Hawara – eine Rolle mit dem 2. Buch der *Ilias* von Homer – und 1889 in Gurob, wo er aus Verpackungsmaterial Fragmente von Platons *Laches und Phaedo* (Abschriften, die aus dem Jahrhundert nach dem Tod des Autors stammten) sowie die verlorene *Antiope* von Euripides rettete. Der verkohlten Bibliothek, die Édouard Naville 1892 in Mendes entdeckte, erging es wegen der unsachgemäßen Behandlung durch den Gelehrten schlechter. Da immer mehr Texte auf den Markt kamen – darunter 1894 die erste Rolle mit den Steuergesetzen von Ptolemaios II. Philadelphos –, wurden die Gelehrten endlich auf das erstaunliche Potenzial Ägyptens als Fundgrube zur Literatur und Geschichte der griechischen (und römischen) Welt aufmerksam.

Vor diesem Hintergrund fand die erste Nachforschung vor Ort statt, die unter der Schirmherrschaft der Egypt Exploration Fund von Bernard P. Grenfell, Arthur S. Hunt und D. G. Horgarth 1895 in Kom Aushim (Karanis) und Kom el-Atl (das alte Bacchias) durchgeführt wurde. Sie läutete das erste mehrerer erfolgreicher Jahre der Jagd auf Papyri ein. Im Laufe der folgenden 18 Jahre barg der Exploration Fund unter der Leitung von Grenfell und Hunt eine Masse (Zehn-, wenn nicht Hunderttausende) von literarischen sowie administrativen Texten und Fragmenten, und zwar an drei Hauptausgrabungsorten: Bahnasa – heute eher bekannt unter seinem griechischen Namen Oxyrhynchus; Umm el

Unten Mit der heiklen Aufgabe, Papyrusfragmente aus den alten Schutthalden des römischen Oxyrhynchus zu befreien, wurden eigens hierfür ausgebildete ägyptische Arbeiter betraut.

| 4000 v. Chr. |
| 3000 v. Chr. |
| 2000 v. Chr. |
| 1000 v. Chr. |
| 0 |
| 700 n. Chr. |

Oben Fragment der Logien Jesu oder der Worte Jesu (Bodleian Library, Oxford, Ms. Gr. Th. e7(P)), 1896/97 in Oxyrhynchus entdeckt und von der Öffentlichkeit mit großem Interesse aufgenommen – etwa 30 000 Exemplare der ersten Veröffentlichung wurden verkauft. Seit den Fünfzigerjahren des 20. Jahrhunderts wird allgemein anerkannt, dass es sich bei den Logien um einen Teil des nicht in den Kanon aufgenommenen Thomas-Evangeliums handelt.

Links Ein Papyrus aus dem 2. Jahrhundert aus Oxyrhynchus, der die Namen der ersten Direktoren der berühmten Bibliothek von Alexandria aufführt.

umfassend repräsentiert. Zum größten Teil sind sie auf Griechisch verfasst, mit Einstreuungen aus dem Lateinischen, Koptischen und Arabischen… Mr. Grenfells größte Hoffnung bei den Ausgrabungen in Oxyrhynchus – die Aussicht auf den Fund früher christlicher Dokumente – könnte man in gewissem Maße als erfüllt bezeichnen. Unter den Papyri, die zu Beginn der Ausgrabungen entdeckt wurden, war ein Blatt aus einem Papyrusbuch aus dem 3. Jahrhundert, anscheinend mit einer Sammlung von Logien oder Worten Jesu Christi. Einige in diesem Fragment niedergeschriebene Logien sind nicht in den Evangelien enthalten. Das Alter, der Charakter und der Wert dieser Logien werden sicherlich Gegenstand erheblicher Spekulationen sein…

Das Sahnestück hinsichtlich Größe und Zustand, 150 große und vollständige Rollen, die in vielen Fällen mehrere Fuß lang sind, hat das Ägyptische Museum in Giseh zurückbehalten. Der Rest der Sammlung, von dem der Großteil natürlich sehr fragmentarisch ist, befindet sich auf dem Weg nach England…«

Brigat (das alte Tebtynis), wo man den oben erwähnten Krokodilfriedhof fand, der später von den Italienern ausgegraben wurde, und el-Hibe.

Von den drei Stätten weckte Oxyrhynchus das größte Interesse. »Einer der umfangreichsten und wichtigsten Papyrusfunde in Ägypten« lautete das Urteil der *Times* über Grenfells und Hunts dortigen Aufenthalt 1896/97.

»Die Papyri reichen von der Zeit der römischen Eroberung bis zu den frühen arabischen Zeiten. Jedes Jahrhundert ist

Unten Arthur Hunt und Bernard Grenfell, aufgenommen vor ihrem Zeltbüro in Oxyrhynchus, schauen ernst drein. »Die gemeinsamen Veröffentlichungen der« beiden engen Freunde »übertrafen nicht nur, was die Menge angeht, sondern auch an Akkuratesse und Scharfsinn bei weitem das, was jeder der beiden allein erreicht hätte.«

Ein eindrucksvoller Beginn, doch einige der besten Funde sollten noch kommen: »Kurz vor Sonnenuntergang [am 13. Januar 1906] kamen wir bei ungefähr 1,20 Meter unter der Oberfläche an eine Stelle, wo im 3. Jahrhundert n. Chr. ein Korb voller gebrochener Papyrusrollen weggeworfen worden war.« Unter den Texten waren die *Paeanes* von Pindar, ein Text eines anonymen »Historikers von Oxyrhynchus«, *Hypsipyle* von Euripides, Antiphons *Über die Wahrheit* und verschiedene andere verlorene Werke. Darüber hinaus bekannte Texte von Platon, Thukydides und Isokrates. Es sollte noch mehr folgen, unter anderem 1913/14 die Entdeckung von seltenen illustrierten Fragmenten durch Hunts Schüler John Johnson in Antinoe. Diese erwies sich schließlich als angemessener Höhepunkt von zwei Jahrzehnten immens produktiver Bergung. Der Ausbruch des Ersten Weltkrieges bedeutete das Ende der Zeit der hingebungsvollen Papyrusjäger, zumindest für den Egypt Exploration Fund, und den Beginn ernsthaften Quellenstudiums und der Veröffentlichung der Funde.

BEMERKENSWERTE LITERARISCHE TEXTE
VON DEN SCHUTTHALDEN IN OXYRHYNCHUS

Autor	Geborgene Texte
Aischylos	Bruchstücke mehrerer verlorener Schauspiele
Alcaeus	neue Fragmente
Anonym	Geschichte Griechenlands aus dem 4. Jahrhundert v. Chr.
Callimachus	Fragment 3
Cercidas	Meliamben
Euripides	*Hypsipyle*
Pindar	*Paeanes*, andere verlorene Gedichte
Sappho	neue Fragmente
Anonym	Ichneutai Logia, Worte Jesu, Johannesevangelium

DIE GRÄBER DER ERSTEN KÖNIGE ÄGYPTENS IN ABYDOS

1899: Die »Persergräber« · 1900: Sechs Damen der 18. Dynastie · 1900: Das Pyramidion von Amenemhet III.

Datum
1897; 1899

Entdecker
Émile Amélineau,
W. M. Flinders Petrie
und andere

Ort
Abydos (Umm el-Gaab)

Periode
Frühdynastische Zeit,
1. und 2. Dynastie,
2920–2649 v. Chr.

»Der Egypt Exploration Fund hat einige bemerkenswerte Erfolge in Abydos verzeichnet, wo die Arbeiten von Professor Flinders Petrie und Mr. Mace durchgeführt worden sind. Die vorhergehenden vier Jahre hatte M. Amélineau Abydos übernommen und das … Glück gehabt, auf die Königsgräber der ersten drei Dynastien zu stoßen. Die in diesen Gräbern gefundenen Gegenstände … erregten bei den Archäologen überaus großes Interesse. Doch gleichzeitig provozierte die Art, in der die Ausgrabungen durchgeführt und protokolliert wurden, eine Flut von feindseligen Kommentaren. Im Hinblick auf die Bedeutung dieser Ausgrabungsstätte entschied Professor Petrie, den Boden noch einmal gründlicher und wissenschaftlicher zu untersuchen und die Schutthaufen, die M. Amélineau hinterlassen hatte, zu durchforsten. Das Ergebnis hat seine Entscheidung auf hervorragende Weise gerechtfertigt.«
THE TIMES

Seit der Zeit Napoleons hatte Abydos die Aufmerksamkeit ganzer Heerscharen von Ausgräbern auf sich gezogen und war wegen seiner handlichen Fundstücke in den Piratentagen des frühen 19. Jahrhunderts mit besonderer Rücksichtslosigkeit ausgebeutet worden. Dies dauerte unter Mariette an, der auch für die Räumung des Tempels von Sethos I. sorgte (Seite 52). Der unvorstellbare Reichtum dieses Ortes an Fundstücken spiegelt seine Bedeutung für die ägyptische Mythologie wider: Er war die wichtigste heilige Stätte des Osiris, des Herrschers der Unterwelt, und der innigste Wunsch eines jeden Ägypters bestand darin, dorthin zu pilgern und ein Zeichen seines Besuchs zu hinterlassen.

Petrie gegen Amélineau

Durch Zufall wurde während der Ausgrabungen in Umm el-Gaab, Abydos, durch den auf die koptische Zeit spezialisierten Ägyptologen Émile Amélineau »ein aus ungebrannten Ziegeln gebautes Gewölbe mit einem Kenotaph aus Granit« entdeckt. Dies stellte sich als eine antike Touristenattraktion heraus, die später als das Grab des Osiris identifiziert wurde. Tatsächlich aber handelte es sich um das Grab Djers, des Herrschers der 1. Dynastie, und nur um das erste einer Serie ähnlicher Grabstätten, die für Ägyptens erste Könige errichtet wurden und von den Arbeitern des Franzosen ans Tageslicht gebracht worden waren. Ein

Unten Elfenbeintafel von König Dewen der 1. Dynastie, die von Amélineau in den Königsgräbern von Abydos entdeckt wurde und auf »die erste Gelegenheit der Zerstörung des Ostens« datiert ist. Auf der Rückseite findet sich eine eingravierte Darstellung eines Paars Sandalen, die vermutlich den Gegenstand kennzeichnet, an dem die Tafel einst befestigt war.

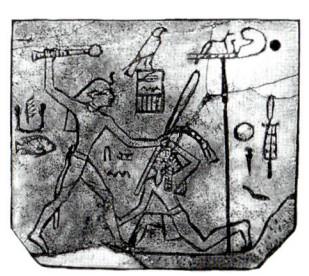

Links Ausgrabungsarbeiten bei den Gräbern von Abydos: Petries Arbeit am Grab von Dewen, das nach Osten weist und die Innenkammern und Zugangstreppe freigibt.

wunderbarer Fund, sollte man meinen – wenn nicht Petrie behauptet hätte, Amélineau sei für die Ausgrabung nicht qualifiziert gewesen.

Petries Rettungsaktion

Petrie hatte 1899 Gelegenheit, die Inkompetenz des Franzosen zu demonstrieren, und aus seinen Aufzeichnungen geht hervor, welch entsetzliche Situation er vorfand:

> »Die Tonkrüge waren zerschlagen, erklärtermaßen, um zu verhindern, dass jemand anderes sie bekam. Die Steinvasen, im Altertum von Fanatikern zerbrochen, [waren] zu kleinen Stücken zertreten … die Salbentöpfe verbrannt … Die interessantesten Überreste von Djers Kammer aus Holz … sind gänzlich verschwunden … Die Ebenholztafeln von Narmer oder Menes – unbezahlbare historische Dokumente – waren alle gebrochen … und beiseite auf den Schutt geworfen.«

Was Amélineau gesucht hatte, waren, so Petries Behauptung, hübsche Gegenstände (von denen die meisten später auf Auktionen verkauft wurden) – und was er ausgrub und nicht transportieren konnte, zerstörte er kaltblütig. Wenn es tatsächlich so gewesen war, kam es einem Wunder gleich, wenn Petrie überhaupt noch etwas fand, das der Rettung wert war; aber er fand etwas – und nicht nur archäologische Bruchstücke.

Oben Zwei kleine, während der Freilegung der Königsgräber gefundene Dolomitgefäße, deren Öffnungen mit Blattgold bedeckt sind, das durch Draht zusammengehalten wird – typisch für die hervorragende Qualität der Grabbeigaben für Ägyptens frühe Könige.

Oben links Flinders Petrie und seine Schwägerin Amy Urlin hinter den provisorischen Wällen ihres Lagers in Abydos, umgeben von alten Tonwaren und dem Ausgrabungswerkzeug.

Unten links Mumifizierter Arm mit vier wunderschön gestalteten Perlenarmbändern, die deutlich unter den zerfetzten Mumienbinden hervorschauen. Der Arm wurde einem königlichen Toten im Altertum abgerissen und in einer Wand im Grab des Dewen versteckt.

Unten rechts Das Grab von König Dewen der 1. Dynastie.

Aus den Schutthaufen des Franzosen konnte Petrie eine Masse von antiken Überresten herausfiltern und nutzbar machen. Die Liste verschlägt dem Archäologen die Sprache: Nahrungsmittel, Getränke, Schiffe aus Ton und Stein (darunter Bergkristall), Holz- und Elfenbeintafeln mit Inschriften, Waffen, Teile von Möbeln, Jagdausrüstung, goldüberzogene, wertvolle Steingefäße und das Zepter des Königs der 2. Dynastie Chasechemui. Das Aufregendste der Funde war, dass sich der mumifizierte Arm eines der im Grab von Zer begrabenen Leichname (möglicherweise seiner Königin) in einem Loch in der Wand befand, er war wahrscheinlich von einem Grabräuber, der ihn dann nicht mehr mitnehmen konnte, dort versteckt worden. Wunderbarerweise schmückten den in Leinen gebundenen Arm (eines der ersten Zeugnisse für die Praxis der absichtlichen Mumifizierung in Ägypten) immer noch vier wertvolle perlenbesetzte Armbänder (Kairo CG 52008 – 52011). Petrie sandte ihn dann voller Stolz an das Museum in Giseh. »Bedauerlicherweise kam es Brugsch [dem Kustos] nur auf die Ausstellung an; daher schnitt er von dem einen Armband die Hälfte weg, die aus geflochtenem Golddraht war, und warf außerdem den Arm und das Leinen fort.« »Ein Museum«, kommentierte der Ausgräber trocken, »ist ein gefährlicher Ort.«

DIE KÖNIGSGRÄBER VON ABYDOS

Grab	Inhaber	Datum
U-j	»Skorpion«	frühdynastisch
B-10	Narmer	frühdynastisch
B-19	Hor-Aha	1. Dynastie
O	Zer	1. Dynastie
Y	Merneith (Königin)	1. Dynastie
Z	Wadj	1. Dynastie
T	Dewen	1. Dynastie
X	Adjib	1. Dynastie
U	Semerchet	1. Dynastie
Q	Qaa	1. Dynastie
P	Peribsen	2. Dynastie
V	Chasechemui	2. Dynastie

Kenotaphe oder Gräber?

Die Architektur der Unterbauten der königlichen Gräber von Abydos folgt eindeutig der Tradition der großen prädynastischen Gräber, wie man sie in Hierakonpolis und Naqada (Seite 100) antrifft – sie hatten die Form von mit Ziegeln eingefassten Gruben, deren Fläche von hundert Quadratmetern unter Narmer bis zu über tausend Quadratmeter für Chasechemui reichte. Das Innere war für die Aufbewahrung der umfangreichen Grabausstattung unterteilt und die Bestattungskammer holzgetäfelt. An der Oberfläche kennzeichneten nur ein Sandhügel und eine Stele das Grab. Die Monumente waren eigentlich ziemlich bescheiden, so sehr sogar, dass nach den beeindruckenden Entdeckungen Bryan Emerys in der Nekropole der frühen Dynastien in Sakkara der tatsächliche Status der Gräber von Abydos lange diskutiert wurde. Emery behauptete, dass die großen und üppig

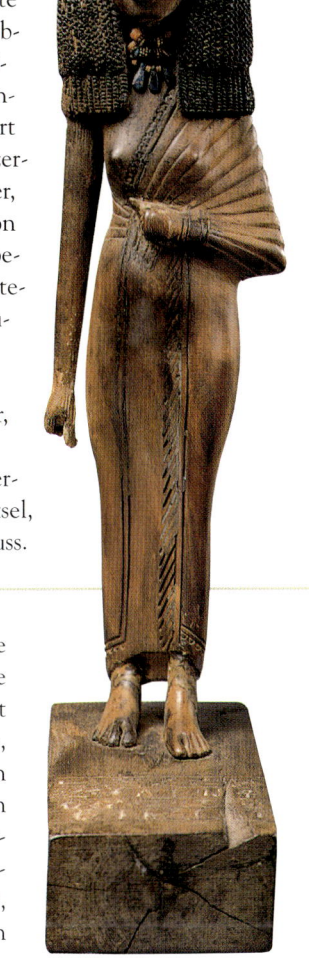

1900
Sechs Damen der 18. Dynastie

Zu der Stätte Kom Medinet Gurab am Tor zum Faijum gehörte ein Palast, der besonders während der Herrschaft des Königs der 18. Dynastie Amenophis III. bevorzugt wurde. Im Jahr 1900 wurde (von Einheimischen) eine unvergleichliche Gruppe von sechs exquisiten Statuetten aus derselben Werkstatt entdeckt. Sie stellen Haremsdamen dar. Diese Gruppe faszinierte besonders Émile Chassinat, den Direktor des Französischen Archäologischen Instituts in Kairo. Er untersuchte sie sofort und konnte nachweisen, dass das Gurab-Grab neben den sechs kleinen Figuren eine Elfenbeinschachtel syrischer Machart geborgen hatte, einen hölzernen, zylindrischen Behälter, der mit den Kartuschen von Amenophis III. und Teje beschriftet war, und eine weitere Schachtel mit der Kartusche von Amenophis IV. Wenn der Fundort dieser Gegenstände ein Grab war, dann ist das Schicksal der Särge und sterblichen Überreste dieser Frauen ein Rätsel, das noch gelöst werden muss.

ausgestatteten Gräber, die er entdeckt hatte (Seite 182), die wahren Gräber der ersten ägyptischen Könige seien und die Monumente von Umm el-Gaab nur Kenotaphe. Heute, mit der Erkenntnis des Ägyptologen Barry Kemp aus Cambridge, dass jedes der Petrie-Gräber nur ein Element einer größeren architektonischen Anlage war und dass sie von umfriedeten Bestattungsmonumenten in der Ebene darunter ergänzt wurden (wie zum Beispiel das Schunet el-Zebib, das mit Chasechemui der 2. Dynastie in Zusammenhang gebracht wird), hat Emerys Theorie allerdings viel von ihrer ursprünglichen Kraft eingebüßt.

1899
Die »Persergräber«

Zu den erinnerungswürdigsten der vielen aufregenden Überraschungen, die das Gräberfeld von Sakkara zu bieten hat, zählt eine Besichtigung der so genannten Persergräber (aus der Zeit der 26. Dynastie), die im Süden der Pyramide des Unas liegen. Der schwindelerregende Abstieg 22 Meter tief hinab auf einer wackeligen Wendeltreppe bringt den Besucher in die Grabkammern von drei Gräbern, denen des Arztes Psamtik, des Admirals Djenhebu (berühmt wegen der Eleganz seines enteneiblauen

Uschebtis, rechts) und des Kammerherrn Padi-Iset. Ende 1899 wurde diese Gruppe von Alexandre Barsanti entdeckt. Die Gräber waren intakt – wie üblich bei dieser Art von Grab waren die Kammern nach der Beerdigung absichtlich mit Sand gefüllt worden, um das Ausgraben besonders beschwerlich zu machen –, aber die Tage der herrlichen Grabausstattung waren lange vorüber: Die üppigste der Begräbnisstätten, die des Djenhebu, enthielt eine Mumie, die nur mit einer silbernen Maske, einem Perlennetz und einer Reihe von dünnen Blattgold-

amuletten und Juwelen geschmückt war, sowie eine Kiste mit einigen an sich wertlosen rituellen Objekten. Eine Anzahl weiterer intakter Gräber dieses Typs ist archäologisch dokumentiert (zum Beispiel Iufaa, Seite 236).

111

Opfer

Eine weitere interessante Kontroverse um die Bestattungen, die vor der 2. Dynastie stattfanden, bezieht sich auf die Möglichkeit von Menschenopfern, die durch das Vorhandensein von Nebengräbern suggeriert wird – im Fall von Hor Aha insgesamt 36, die in drei Reihen von je zwölf Gräbern angeordnet sind. Nach George A. Reisner (Seite 132), der das Problem genauestens untersucht hat, könnten von 317 Hilfsgräbern, die mit dem Grab von Djer zusammenhängen, mehr als die Hälfte für Menschenopfer vorgesehen gewesen sein; im Falle von Dewen gehören über 92 Prozent der Hilfsgräber in diese Kategorie. Die restlichen Grabstätten weisen ähnliche Anhaltspunkte für diese Praxis auf, was durch neueste Forschungen deutscher Archäologen und Ägyptologen bestätigt wird.

Oben Vorratskammern innerhalb der Grabstätte U-j in Abydos, die vor kurzem vom Deutschen Archäologischen Institut Kairo entdeckt wurden und deren eine noch immer mit Tonwaren und Vorratsgefäßen gefüllt ist.

Neue Arbeiten

> »Dreyer behauptet ... dass Amélineau die Kritik Petries nicht verdient hat. ›Er arbeitete allein mit 500 Arbeitern und sehr wenig Geld und seine Berichte waren gut‹, berichtet Dreyer. Petrie andererseits interpretierte die Ausgrabungsstätte falsch, da er sich nicht bewusst war, dass Amélineau Schutt von einem Grab ins andere geschaufelt hatte.«
> LYLA PINCH BROCK

Obwohl Petrie in den folgenden Jahren weitere Arbeiten in Abydos durchführte, reichte nichts mehr an das Jahr der großartigen Rettungsaktion bei den Königsgräbern heran. Die Tatsache, dass dem großen Archäologen von Wissenschaftlern des Deutschen Archäologischen Instituts in Kairo, welche die Ausgrabungsstätte seit 1977 unter der Leitung von Günter Dreyer erneut untersucht haben, Ungenauigkeit nachgewiesen wurde, birgt einige Ironie.

Die Arbeiten von Amélineau und Petrie wurden nochmals von Dreyer und seinem Team mit einem Erfolg untersucht, der jeden in Erstaunen versetzte – nicht zuletzt mit Blick auf das, was Petrie selbst übersehen hatte: Elfenbein- und Knochentafeln, Tonsiegel, Stein- und Keramikgefäße, Jagdausrüstung sowie viele weitere Hilfsbestattungen (alle Leichname waren jünger als 25 Jahre). Ein neues Grab, U-j, wurde 1988 entdeckt und unter den früh geplünderten Beigaben waren ein verfallener Holzschrein und ein Heqa-Zepter des Königs »Skorpion« aus der königlichen »0-Dynastie«. Skorpions Name taucht auf mehreren Hundert Töpfen mit schlangenartigen Griffen auf, die in zwei Kammern zusammen mit kanaanitischen Gefäßen, »ausschließlich für den Export nach Ägypten produziert«, aufeinander getürmt waren. »Der einzigartige Charakter und die schiere Menge deuten auf ... Handelsbeziehungen«, die man für diese Zeit nicht erwarten würde. Außerdem: »In Tafeln ... waren die Hieroglyphen für die Zahlen Eins bis Vier eingraviert.« Dies scheint zu beweisen, dass man die Schrift in Ägypten früher kannte, als man bislang annahm.

1900
Das Pyramidion von Amenemhet III.

Das heutige Erscheinungsbild der zahllosen Pyramiden des Niltals – der gegenwärtige Stand liegt bei über 70 – hat wenig Ähnlichkeit mit ihrem ursprünglich strahlenden Glanz. Die feinen Kalksteine für die Verkleidung wurden im allgemeinen zur Wiederverwendung fortgeschafft oder in Kalköfen geworfen, während die einst vergoldeten Spitzen meist spurlos verschwunden sind. Die früheste Spitzenverkleidung dieser Art ist das Pyramidion aus Kalkstein, das in den letzten Jahren in Dahschur auf dem Gelände der »Roten Pyramide« König Snofrus aus der 4. Dynastie in Bruchstücken entdeckt wurde. Ein weiteres, ähnliches, entdeckte kürzlich Zahi Hawass in Giseh. Das bei weitem schönste Pyramidion wurde, gleichfalls in Dahschur, in Teilen an der Ostseite der Pyramide König Amenemhets III. aus der 12. Dynastie gefunden. Die wunderschönen eingravierten Gesichter lassen die einstige Herrlichkeit der Pyramide erahnen, während die Texte Einblick in die ewige Zukunft gewähren, die der Herrscher anstrebte:

»Möge das Gesicht des Königs sich erhellen, sodass er den Herrn des Horizonts [Horachte] sehen kann, wenn dieser den Himmel quert; möge er den König wie einen Gott scheinen lassen, Herr der Ewigkeit und unzerstörbar.«

1902–14
THEODORE DAVIS IM TAL DER KÖNIGE

1902 – 1904: John Garstang in Beni Hassan

Datum
1902–1914

Entdecker
Theodore M. Davis

Ort
Theben (Tal der Könige,
Gräber KV 20, 43,
45, 46–58, 60–61)

Periode
Neues Reich,
18.–20. Dynastie,
1504–1070 v. Chr.

Der Amerikaner Theodore Monroe Davis, dem der großmütige Maspero den Beinamen »Mäzen« gab, hatte Ägypten immer wieder besucht, bevor er sich Ausgrabungen als einer amüsanten Freizeitbeschäftigung widmete. Den Ansporn hierzu hatte Howard Carter (Seite 160) gegeben, der 1899 von der ägyptischen Regierung zum Oberinspektor der Altertümerverwaltung für Oberägypten ernannt worden war. Schon früh war Carters Enthusiasmus durch das Tal der Könige entfacht worden und er wünschte sich nichts sehnlicher als eine gründliche Erforschung der Wadis. Da er jedoch keine offiziellen Mittel erhalten konnte, musste er nach anderen Möglichkeiten suchen und gewann Davis als Finanzier.

Thutmosis IV. und Hatschepsut

Carter suchte ursprünglich nach einem bestimmten Grab – dem von Thutmosis IV. –, von dem bereits vereinzelte Teile im Tal der Könige aufgetaucht waren. Einer der ersten wichtigen Gegenstände, die mit Davis' Geld, am 26. Februar 1902, zu Tage gebracht wurden, war jedoch nur eine kleine Truhe des Adeligen Maiherperi (Seite 105), die zwei Lendenschurze enthielt. Erst 1903, also ein Jahr später, gab Thutmosis IV. endlich sein Geheimnis preis. KV43 war eine wunderbar zugeschnittene und verzierte Grabstätte am Südende der Grabungsstätte, in der sich noch immer die Überreste einer Vielzahl schöner Grabbeigaben fanden. Die Mumie des Königs hatte Loret schon 1898 im Versteck Amenophis' II. (Seite 103) entdeckt. Doch an der Wand einer der Nebenkammern lehnte eine Mumie, deren Magen auf abscheuliche Weise aufklaffte, bei der es sich vielleicht um Webensenu, den Sohn des Königs, handelte.

Der Entdeckung und Freilegung des Grabs von Thutmosis IV. folgte die Freilegung des seit langem bekannten (obwohl damals noch nicht zugeordneten) Grabs KV20, einer merkwürdig spiralförmigen Grabstätte, die sich buchstäblich in die an Dair Al Bahri angrenzen-

4000
v. Chr.

3000
v. Chr.

2000
v. Chr.

1000
v. Chr.

0

700
n. Chr.

Links Die entlegene, großartige Erweiterung im Westen des Tals der Könige. Theodore Davis' einstöckiges Ausgrabungshaus ist auf der linken Seite des Fotos, das Anfang des 20. Jahrhunderts gemacht wurde, gerade noch sichtbar.

Unten Der Oberinspektor der Altertümerverwaltung Arthur Weigall und seine Frau Corinna (links) stehen zusammen mit Theodore Davis und seinem adretten Ausgräber Edward R. Ayrton vor dem Eingang des Grabs von Ramses IV.

Oben Der gut erhaltene Sarkophag von Thutmosis IV., den Carter 1904 während der von Davis finanzierten Ausgrabungen fand. Auf dem geschwungenen Kopfende ist die Göttin Nephthys dargestellt, auf der sichtbaren Seite sind die vier Söhne des Horus abgebildet.

Oben rechts Vergoldete Kartonagemaske des mumifizierten Leichnams von Tuja, der Schwiegermutter des Pharaos Amenophis III. Das feine Leinentuch, das das Gesicht bedeckte, wurde entfernt, um die exquisit gearbeitete Augenpartie zu zeigen.

Links König Thutmosis IV. wird von Osiris (rechts) und der Göttin Hathor (links) im Jenseits empfangen: Ausschnitt aus einer Szene in der Vorkammer zum Grab des Königs.

den Felswände hineinschraubte. Äußerst zermürbende Arbeiten brachten schließlich zwei der schönsten Sarkophage der 18. Dynastie ans Tageslicht. Das Grab, das wahrscheinlich Thutmosis I., der einst hier begraben war, begonnen und der berühmte Architekt Ineni entworfen hatte, wurde später von Hatschepsut als Doppelgrab für sie selbst und ihren königlichen Vater ausgebaut.

Juja und Tuja

Seine erste wirklich große Entdeckung im Tal machte Davis 1905 mit dem Fund des kleinen Grabes von Juja und Tuja (KV 46), den Eltern von Königin Teje, Hauptgemahlin Pharao Amenophis' III. Zu seinem großen Verdruss konnte Carter, der in den Norden versetzt und als Inspektor durch J.E. Quibell (Seite 97) ersetzt worden war, nun nicht mehr im Tal arbeiten. Quibell selbst war gerade dabei, die Tagesgeschäfte dem mittlerweile rekrutierten Arthur Weigall zu überlassen, der Petries harte Schule in Abydos überlebt hatte (»Man lebte von Sardinen und, wenn man die Sardinen gegessen hatte, aß man die Büchse«).

Weigall beschwört in außerordentlichem Stil den ersten Anblick von Davis' neuem Fund herauf:

»Stellen Sie sich vor, Sie betreten ein Stadthaus, das während des Sommers geschlossen war. Stellen Sie sich den stickigen Raum vor, das steife, stumme Mobiliar, das Gefühl, dass man die gespenstischen Besitzer der Stühle gerade gestört hat.«

Die Mumien dieser gespenstischen Besitzer lagen noch in ihren Särgen, umgeben von einem Großteil der Begräbnisausstattung, einschließlich Möbeln, Schatullen und eines prachtvollen Streitwagens, der es dem Offizier Juja erlauben sollte, im Jenseits seinen beruflichen Pflichten nachzugehen. Doch die Grabstätte war in der Antike eindeutig durchsucht worden. Die Särge waren geöffnet worden – vielleicht von denen, die sich in das angrenzende, 200 Jahre spätere Grab KV3 für einen Sohn von Ramses III. Zutritt verschafft hatten. Obwohl alle leicht tragbaren Wertgegenstände entwendet worden waren, gab es noch viel Bedeutendes.

Ayrton und das »Grab von Königin Teje«

Nach Weigalls Ernennung zum Oberinspektortor der Altertümerverwaltung für Oberägypten 1905 beschloss man, dass Davis zur Beaufsichtigung der Ausgrabungen seinen eigenen Archäologen statt

Herrlicher langbeiniger Totenschrein mit gewölbtem Deckel aus dem Grab von Juja und Tuja, reich verziert mit Fayence. Die hieroglyphischen Inschriften – die Titulatur Amenophis III. – sind in Gold hervorgehoben.

Rechts Massiver Sarg Jujas in KV46. Die Oberfläche des kunstvoll angefertigten Holzsarges ist mit schwarzem Harz gestrichen und mit Blattgold auf einem Kreidegrund verziert.

Unten Jujas Kartonagemaske mit stark vergoldeter Oberfläche und Intarsienaugen.

Regierungsbeamte beschäftigen sollte, die eher ein Hemmschuh waren. Der jugendliche Edward Russel Ayrton, ein angesehener englischer Archäologe, der unter dem britischen Museumsägyptologen H. R. Hall in Dair Al Bahri ausgebildet worden war, hatte das Glück, zum Mitarbeiter ernannt zu werden.

Während Ayrtons erster Saison für Davis, 1905/06, entdeckte man vielfältiges Material von großem archäologischen Interesse, unter anderem das mit Schutt gefüllte Grab von Siptah (KV47), die bekannten »Tiergräber« (KV50–52) und den ersten Hinweis auf die Anwesenheit Tutanchamuns: eine kleine Fayencetasse (Kairo JE 38330), »gefunden unter einem Fels« nicht weit entfernt von Grab KV12, einem Grab für Mitglieder der Königsfamilie. Nach Projektende war Ayrton sehr erschöpft. Doch die folgende Saison sollte noch anstrengender werden.

Die 55. Grabstelle des Tals – eine einfache Kammer nur wenige Meter westlich des seit langem bekannten Grabs Ramses' IX. (KV6) – wurde am 6. Januar 1907 freigelegt. Die Hauptfunde waren ein großer, auseinander genommener Schrein aus vergoldetem Holz (Fragmente: Kairo JE 57175), den, wie die Texte zeigen, Echnaton für das Begräbnis seiner Mutter, der Königin Teje, anfertigen ließ; des weiteren ein Königssarg mit wunderschönen Einlegearbeiten (Deckel: Kairo JE 39627), bei dem die Stirnseite aus Blattgold und alle Kartuschen zur Identifikation entfernt worden waren. Archäologisch gesehen war es eine äußerst komplizierte Situation, die bei der Ausgrabung die sorgfältigste Dokumentierung erforderte. Außerdem machte die extreme Zerbrechlichkeit der meisten Funde deutlich, dass

115

deren erfolgreiche Bergung sehr viel Geduld verlangen würde. Davis verstand von beidem nichts. Nur wenige Einzelheiten sind mit einer Veröffentlichung dokumentiert worden, und ein Großteil des Materials war zerstört, bevor es richtig registriert werden konnte. Als Ergebnis bleibt Grab 55 einer der umstrittensten Funde der Ägyptologie. Davis glaubte, das Grab von Teje gefunden zu haben, worauf der Schrein auch hindeutete. Doch der Körper, den er in dem Sarg vorfand, war der eines Mannes (Kairo CG 61075). Er konnte diese Diskrepanz nicht klären und versuchte es auch gar nicht. Die Ägyptologen haben sich seitdem wenig um Klärung bemüht. Die Meinungen gehen auseinander, aber die Archäologie legt nahe, dass Grab 55 ursprünglich den Körper von Teje und von Echnaton beherbergte, nachdem sie – nach der Aufgabe von Tell el-Amarna als Hauptstadt unter Tutanchamun – aus dem dortigen Königsgrab hierher gebracht worden waren. Den von Davis gefundenen Körper scheint man an Hand einiger in den Trümmern von Ayrton geborgener magischer »Ziegelsteine«, die Echnatons Namen tragen, identifiziert zu haben. Echnatons Mutter scheint – archäologischen Befunden zufolge – während der Herrschaft Ramses IX. aus KV55 entfernt worden zu sein, vielleicht, um 1898 in Gestalt der »Älteren Frau« im Versteck Amenophis' II. wieder aufzutauchen.

Oben Menschenköpfiger Verschluss einer der in Grab 55 gefundenen Kanopen.

Das »Goldgrab«

1907/08 machte Davis' Team weitere wichtige Entdeckungen, darunter auch KV54, eine flache Grube, die Balsamierungsmaterial und andere Objekte enthielt. Davis glaubte, dass diese bescheidene Sammlung zusammen mit der vereinzelten Fayencetasse, die 1905/06 ans Tageslicht gebracht worden war, und der nachfolgenden Ent-

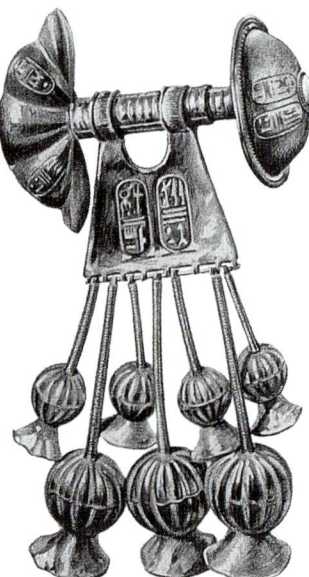

deckung – Grab KV58, das mit Schlamm gefüllt war und ein paar Reste Goldfolie vom Geschirr eines Streitwagens enthielt – alles sei, was von der Bestattung des noch immer nicht aufgefundenen Tutanchamun übrig geblieben sei. Am 5. Januar 1908 entdeckte Ayrton eine weitere kleine Grabstätte mit nur einer Kammer, die noch mehr Schätze barg als Grab 55. Die unterste von zwei deutlich getrennten Schichten in der unterspülten Füllung des Grabes barg eine Schmucksammlung der 19. Dynastie, die aufsehenerregendste, die jemals in Ägypten gefunden wurde. Das Grab wird deswegen heute »Goldgrab« genannt.

DAS »GOLDGRAB«

Objekte	Anzahl	Material	Name
Reif	1	Gold	Sethos II, Tausret
Ohranhänger	2	Gold	Sethos II.
Ohranhänger	2	Elektron, Karneol, Gold, Ton	
Ohrring	1	Gold	Tausret
Ohrringe	2	Elektron	
Ketten/Anhänger aus durchbrochenen Kugeln	151	Gold	
Verbindungsstücke	2	Gold	
Udjat-Augen	6	Elektron	
Herzamulett	1	Elektron	
Muscheln	2	Gold	
Taueret-Figuren	6	Gold	
Hathor-Köpfe	3	Gold	
Heh-Figur	1	Gold	
Fliegen	4	Gold	
Papyrusblumen	3	Gold	
Armbänder	2	Silber oder Elektron	Sethos II., Tausret
Armbänder	4	Gold	
Armbänder	3	Elektron	
Fingerring	1	Gold	Sethos II.
Fingerring	1	Gold	Ramses II.
Fingerring	1	Gold	Tausret
Fingerringe	2	Gold, Lapislazuli	Tausret
Fingerringe	2	Gold, Ton	
Fingerringe	2	Gold	
Plaketten	13	Gold	
Löwenamulette	2	Gold	
Hunde(?)amulett	1	Gold	
Hathor-Kuh-Amulett	1	Gold	
Ibis-Amulett	1	Karneol	
Hathor-Kopf-Amulette	2	Karneol	
Amun-Amulett	1	Karneol	
Schlangenkopf-Amuelett	1	Karneol	
Perleneinlage	1	Karneol	
Handüberzüge	2	Silber	
Miniatursandale	1	Silber	
Spiegelgriff-Element	1	Elektron	
Krug	1	Ton	Sethos II.
Krüge	2	Kalkspat	Ramses II.
Krug	1	Kalkspat	

THEODORE DAVIS: WICHTIGSTE ENTDECKUNGEN

Grab	Inhaber	Ausgräber	Datum
KV43	Thutmosis IV.	Carter	etwa 18. Januar 1903
KV45	Userhat (Aufseher der Felder von Amun)	Carter	25. Februar 1902
KV46	Juja und Tuja (Eltern von Königin Teje)	Quibell	5. Februar 1905
KV47	Siptah	Ayrton	November 1905
KV48	Amenemope (Wesir)	Ayrton	1905/06
KV49	unbekannt (Lagerraum)	Ayrton	1905/06
KV50–52	unbekannt (»Tiergräber«)	Ayrton	1905/06
KV53	unbekannt	Ayrton	1905/06
KV54	Balsamierungsmaterial Tutanchamuns	Ayrton	1907/08
KV55	Echnaton, Teje (Versteck)	Ayrton	Januar 1907
KV56	unbekannt (Tochter von Sethos II. und Tausret)	Ayrton	5. Januar 1908
KV57	Haremhab	Ayrton	22. Februar 1908
KV58	unbekannt (Streitwagenzubehör)	Jones	10. Januar 1909
KV60	In (Amme von Hatschepsut)	Carter	Frühjahr 1903
KV61	unbekannt (unbenutzt)	Jones	etwa 6. Januar 1910

Oben Die Grabkammer von Haremhab, so wie sie der Entdecker vorfand. Von Edward Ayrton ausgegraben, war sie Theodore Davis' letzte große Entdeckung im Tal der Könige.

Linke Seite oben In Grab 55 vorgefundener Sarg mit zur Seite geschobenem Deckel und der darin liegenden Mumie mit einem Geier als Krone.

Linke Seite unten Goldener Ohranhänger von Sethos II. aus dem »Goldgrab« KV 56.

Haremhab

Die Entdeckung des »Goldgrabes« kennzeichnete den Höhepunkt von Davis' Ausgrabungskarriere. Auch wenn er noch weitere Entdeckungen machen sollte, konnte seiner Meinung nach in Ermangelung Tutanchamuns, zumindest was die Goldbarren anbelangte, nichts an das Vorausgehende heranreichen.

Davis' letzter großer Fund, den Ayrton wenige Wochen nach KV56 machte, war ganz anderer Art: das Grab von Haremhab mit seinen herrlichen Wandverzierungen, den zahlreichen Fragmenten zerbrochener Grabausstattung und den Skelettresten von mehreren Begräbnissen. Letztere weisen womöglich darauf hin, dass das Grab als Versteck für die königlichen Mumien diente, die nicht in Dair Al Bahri (Seite 64) oder in dem Versteck Ameonophis' II. (Seite 103) vertreten waren.

Ayrtons Nachfolger als Ausgrabungsleiter unter Davis hatten sehr viel weniger Glück: Ernest Harold Jones fand praktisch nichts und starb, während er diesen Posten innehatte. Harry Burton, der einige Monate später Ausgrabungen für Davis durchführte, erging es noch schlechter. 1912 verpasste er um Haaresbreite die Grabstätte von Tutanchamun, die Davis allerdings bereits gefunden zu haben glaubte. Wie sehr dieser sich hierin irrte, sollten 1922, sieben Jahre nach dem Tod des Amerikaners, Howard Carter und der Earl of Carnarvon zeigen.

1902–1904 John Garstang in Beni Hassan

»Anzahl der Inschriften bereits groß. Einigen droht Zerfall ... Benötige dringend Hilfe. Antwort per Telegramm.«
TELEGRAMM JOHN GARSTRANGS AN PERCY NEWBERRY

Viele Provinzfriedhöfe des Mittleren Reichs sind im Verlauf der Jahre ausgegraben worden. Was Beni Hassan besonders macht, ist die Tatsache, dass sich der Ausgräber die Mühe machte, seine Funde aufzuzeichnen, zu fotografieren und die Ergebnisse zu veröffentlichen.

Der Band, der John Garstangs Arbeit in Beni Hassan zwischen 1902 und 1904 dokumentiert, erschien bereits 1908. Er vermittelt noch immer die Aufregung, welche die Ausgräber erfasst haben muss, als sie die 888 Gräbern durchsuchten. Neben einem Spiegel, einem Schwärzetopf, Pfeilen und einem Bogen, die in dem rechteckigen Sarg oder den Särgen lagen, kamen bei den Ausgrabungen auch Musikinstrumente und Stäbe von Haushaltsmobiliar zutage. Am reichlichsten vorhanden waren die bemalten Holzmodelle – Kornkammern, eine Metzgerei, Szenen vom Brotbacken und Bierbrauen sowie die für diese Zeit so typischen Segel- und Ruderboote. Mit diesen Gegenständen, mit denen man die einfachen Grabkammern füllte, hofften die Verstorbenen, ihren gewohnten Lebensstil zu erhalten.

1903

DAS UNTERIRDISCHE LAGER VON KARNAK: DER GRÖSSTE STATUENFUND IN ÄGYPTEN

1903: Lasierte Kacheln aus Medinet Habu · 1903: Das Gesicht von Cheops

Datum
Dezember 1903

Entdecker
Georges Legrain

Ort
Theben (Karnak)

Periode
Frühzeit bis
griechisch-römische Zeit,
nach etwa 3 000 v. Chr.

Die Zeitleiste zeigt:
4000 v. Chr.
3000 v. Chr.
2000 v. Chr.
1000 v. Chr.
0
700 n. Chr.

»Ein Jahr und acht Monate fischen wir schon Statuen im Tempelhof von Karnak. Wir begannen etwa Ende November 1903 und haben bis jetzt [Februar 1905] ohne Unterbrechung weitergemacht ... 700 Steinmonumente sind schon aus dem Wasser geholt und wir sind noch lange nicht am Ende ...«
GASTON MASPERO

Das Statuenversteck, das zwischen 1903 und 1905 beim Tempel von Karnak ans Tageslicht kam, bot den größten Fund an Statuen, der je in Ägypten, ja möglicherweise in der Welt gemacht wurde. Die Entdeckung ging auf das Konto des französischen Architekten Georges Legrain, während er unter Gaston Maspero (Seite 64), an der Restaurierung und Befestigung des Monumentenkomplexes in Karnak arbeitete, nachdem am 3. Oktober 1899 elf der Säulen des Säulensaals zusammengebrochen waren. Masperos Prinzip während der Räumung war von Anfang an, »nie mit der Untersuchung irgendeines Teiles – Wände, Böden, Unterkonstruktionen – aufzuhören, bevor es nicht gründlichst begutachtet worden war und bevor nicht alle Reste früherer Monumente, die dort gefunden werden konnten, zum Vorschein gebracht waren«. Seine Gründlichkeit zeigte Erfolg, da viele interessante Objekte gerettet wurden, darunter auch die berühmte Statue von Tutanchamun in Gestalt des Gottes Chons, eine wunderbare Dyade von Thutmosis IV. und seiner Mutter Tiaa und eine schöne Serie von Steinquadern von Kapellen, die zuerst von Sesostris I. aus der 12. und Amenophis I. aus der 18. Dynastie errichtet worden waren.

Ende 1903 begannen Legrains Arbeiter, die nach Masperos Methode unter dem Boden von Hof I vor dem 7. Pylonen

GEORGES LEGRAIN
(1865 – 1917)

»Dieser energische und amüsante französische Ausgrabungsleiter für die ägyptische Regierung ...«
JOSEPH LINDON SMITH

- Geboren am 4. Oktober 1865 in Paris.
- Studiert Kunst und Architektur bei Auguste Choisy (1841–1909) und anderen, später zusätzlich Ägyptologie bei Paul Pierret (1836–1916) und Eugène Revillout (1843–1913) im Louvre.
- Mitglied des Französischen Archäologischen Instituts Kairo 1892–1894; Arbeiten in Assuan, Kom Ombo und Tell el-Amarna.
- Inspektor-Zeichner der Altertümerverwaltung; ab 1894 Arbeit in Kom Ombo, Gebel el-Silsile und Dahschur.
- Beginn der Arbeiten in Karnak 1895, wo er 1903 mit der Bergung des unterirdischen Lagers von Karnak beginnt; später Berufung zum Oberinspektor der Altertümerverwaltung in Luxor als Nachfolger von Arthur Weigall.
- Gestorben in Luxor, August 1917.

Oben links Die schlammgetränkte Statue von Amenophis, Sohn des Hapu, wird aus ihrem Wasergrab geborgen.

Links Blick auf die Ausgrabungsstätte – unter dem Boden von Hof 1 des Großen Amuntempels.

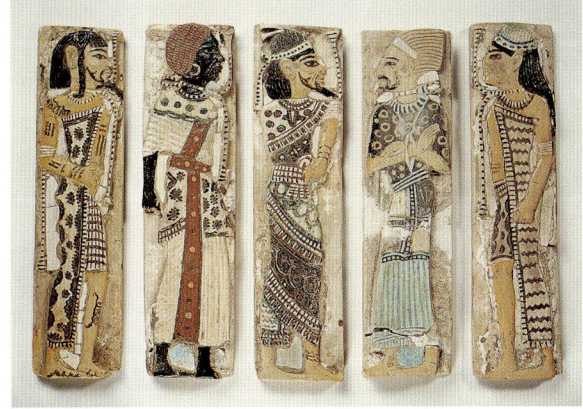

Unten Diese standardisierte Statuette trägt den Namen Scheschonqs, des ersten Propheten des Amun unter Oserkon I. der 22. Dynastie. Es handelt sich um eine frühere Statue des Neuen Reiches, die dann umgewidmet wurde.

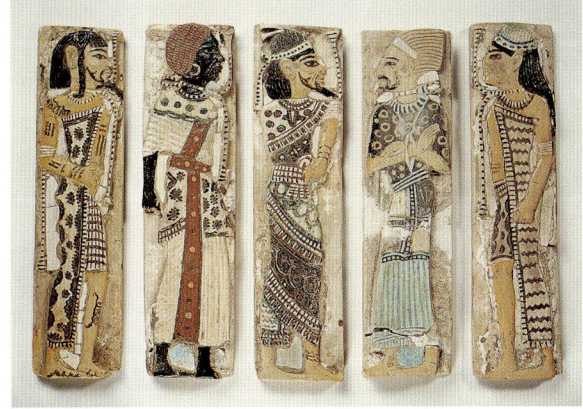

1903
Lasierte Kacheln aus Medinet Habu

Gelegentlich, so zum Beispiel wenn die Augen der Besucher im großartigen Säulensaal in Karnak emporwandern, lässt ein Blick auf die immer noch frisch wirkenden Farben die frühere Brillanz der antiken Architektur erahnen. Noch seltener findet ein Ausgräber eine Fayence-Einlegearbeit, mit der bestimmte Teile der Paläste, vor allem in der zweiten Hälfte des Neuen Reiches, stellenweise geschmückt waren. Die bekanntesten dieser Einlegearbeiten sind die von Tell el-Amarna und von den späteren Anlagen der Ramessidenzeit im Delta bei Tell el-Jahudiye und Quantir. Eine schönere und vollständigere Serie ist jedoch die, welche *sebachin* 1903 in einem Palast für »Kurzaufenthalte« von Ramses III. in Medinet Habu fanden. Die Zufallsfunde in Medinet wurden vom damaligen Inspektor Howard Carter (Seite 160) zusammengetragen. Heute sind sie größtenteils im Ägyptischen Museum von Kairo (JE 36457) zu besichtigen. Ihre Entdeckung veranlasste Harry Burton, dieses Gelände 1913 im Auftrag von Theodore Davis genauer zu untersuchen. Seine Grabungen verursachten große Schäden an den Lehmziegeln des Tempelpalastes, brachten aber nur wenige Objekte zutage.

Diese Kacheln – in hölzernen Rahmen – wurden meisterhaft hergestellt. Charakteristisch waren ineinander verschachtelte Einlegearbeiten und wiederholtes Brennen. Der Effekt ist überwältigend: Die Feinde des Pharaos – Kuschiten, Libyier, Syrer, Mesopotamier, Hethiter und »Seevölker« – sind, in all ihrer farbenfrohen Pracht wieder zum Leben erweckt.

des Großen Tempels vorgingen, mehrere Fragmente einer aus Kalkspat hergestellten Kolossalstatue von König Sethos I. freizulegen. Das Herausheben war eine schwierige Angelegenheit: Der Nil hatte Hochwasser, der Grundwasserspiegel stieg und die Erde war völlig aufgeweicht. Unter diesen Fragmenten konnte man jedoch die Umrisse weiterer Statuen erkennen und, als diese herausgefischt waren, entdeckte man darunter noch weitere. Ende Dezember, also schon nach einem Monat, hatte man bereits 40 intakte und 20 unvollständige Skulpturen gefunden, zusammen mit unzähligen korrodierten Bronzefiguren und rituellen Beigaben. Bis Oktober 1906 belief sich der Gesamtumfang auf die erstaunliche Zahl von 751 Statuen und Fragmenten aus Stein (darunter eine Uschebti-

Unten Granitsphinx, zwischen dessen Pfoten sich eine Kartusche von Thutmosis III. befindet. Die Skulptur wurde am 27. März 1905 aus dem Versteck geborgen.

Figur von Amenophis III.), etwa 17 000 Bronzen, »zahlreiche Holzstatuen, deren Konservierung unmöglich war«, eine Reihe von Stelen, Obelisken und Opfertischen, Unmengen an Widderknochen (der Widder ist das heilige Tier des Amun, des Gottes, dem dieser Tempel geweiht war), einige Gefäße aus Metall und Stein und eine Vielzahl architektonischer Fragmente. Doch nur der geringste Teil der bedeutenderen Skulpturen ist je der Öffentlichkeit zugänglich gemacht worden und bedauerlicherweise sind auch nur wenige Aufzeichnungen der Ausgräber überliefert.

Die große Zahl und Vielfalt der Gegenstände, die von Legrain aus diesem wässerigen Grab gerettet wurden (und von denen einige unweigerlich in die Hände von Händlern fielen und in alle Welt verstreut wurden) scheint während oder direkt nach der Ptolemäerherrschaft zur selben Zeit dorthin gelangt zu sein. Die meisten waren wahrscheinlich Votivgaben, die Gläubige im Laufe der vorangegangenen 3 000 Jahre in Karnak geopfert hatten, wenn sie zu den Schreinen der Triade von Theben – Amun, Mut und Chons – pilgerten. Da diese Objekte heilige Abbildungen und göttliches Eigentum waren, durften sie nicht zerstört werden. Sie innerhalb der geheiligten Stätten zu begraben war für einen Geistlichen die einzige Möglichkeit, nicht in einem wahren See von Votivgaben, die sich inzwischen angesammelt hatten, zu ertrinken. Legrains Arbeit kam Mitte Juli 1905 zum Erliegen, da der hohe Grundwasserspiegel zu riskant wurde. Aber die Lagerstätte der Skulpturen war noch lange nicht erschöpft und weitere Statuen und architektonische Fragmente sind noch immer unter der Erde. Zweifellos werden auch sie eines Tages aus ihrem nassen Grab hervorgeholt, um uns als wertvolle Informationsquelle zu Geschichte, Genealogie, Kunst und Ikonographie des alten Ägypten und ihrer südlichen Stadt zu dienen.

Links Grauwacke-Skulptur von Amenophis II.

Rechts Eine der vier Statuen von Tutanchamum, die man in dem Versteck fand.

Name	Datierung	Anzahl
Ramses II.	19. Dynastie	8
Ramses III.	20. Dynastie	2
Ramses IV.	20. Dynastie	1
Ramses VI.	20. Dynastie	2
anonym	18.–20. Dynastie	1
Pinudjem I.	21. Dynastie	1
Takelot	22. Dynastie	1
Osorkon III.	22. Dynastie	1
Schabaka	25. Dynastie	1
Psamtik I. (?)	26. Dynastie	2

Unten Thutmosis IV. und Königin Tiaa (aus Legrains früherer Arbeit in Karnak).

DIE LAGERSTÄTTE VON KARNAK
Königsskulpturen

Name	Datierung	Anzahl
Anonym	1.–3. Dynastie	1
Sahure	5. Dynastie	1
Niuserre	5. Dynastie	1
Sesostris III.	12. Dynastie	1
Amenemhet III.	12. Dynastie	7
Anonym (Sphinx)	12.–13. Dynastie	1
Sesostris (IV.)	13. Dynastie	1
Mentuhotep V.	13. Dynastie	1
Neferhotep II.	13. Dynastie	2
Sebekhotep VI.	13. Dynastie	3
Sebekemsaf I.	17. Dynastie	1
Thutmosis I.	18. Dynastie	1
Thutmosis III.	18. Dynastie	19
Amenophis II.	18. Dynastie	6
Thutmosis IV.	18. Dynastie	2
Amenophis III.	18. Dynastie	9
Amenophis IV.	18. Dynastie	11
Tutanchamun	18. Dynastie	4
Eje (?)	18. Dynastie	2
Anonym	18. Dynastie	2
Haremhab	19. Dynastie	1

DIE LAGERSTÄTTE VON KARNAK

Unbedeutendere Könige und Privatpersonen (zeitlich geordnet)*

Datierung	Anzahl
Mittleres Reich	7
18.–21. Dynastie	58
22.–24. Dynastie	39
25. Dynastie	37
25.–26. Dynastie	10
26. Dynastie – Ptolemäerherrschaft	179

*Statuen von Gottheiten, Neues Reich bis Spätzeit: 8

1903
Das Gesicht von Cheops

Wir wissen viel über die Cheopspyramide und kennen auch den Namen des Mannes, der mit ihrem Bau beauftragt wurde – der Wesir Hemiunu, übergewichtiger Sohn König Snofrus, der durch die berühmte Statue unsterblich wurde, die Wilhelm Pelizaeus ausgrub. Heute befindet sie sich in Hildesheim (Nr. 1962). Bildnisse mit dem Namen Cheops waren jedoch eigenartigerweise für lange Zeit nicht existent. Die Abbildungen, die man heute Cheops zuordnet (Brooklyn 46, Berlin 14396 und seit neuestem der Große Sphinx) weisen keinerlei Text auf, anhand dessen eine Identifizierung möglich wäre. Eine Ausnahme bildet diese kleine Elfenbeinstatuette, die heute in Kairo (JE 36413) zu sehen ist. Doch als sie 1903 bei Flinders Petries Freilegung des Tempels von Chontamenti in Abydos entdeckt wurde, »brach der Kopf ab und ging dem Ausgräber verloren«. Glücklicherweise konnte Petries Belohnungssystem einen endgültigen Verlust verhindern: »Petrie veranlasste den Mann [der den Körper entdeckt hatte], nochmals die Spitze des Haufens durchzusieben, indem er ihm eine große Belohnung für den Fall versprach, dass er das verlorene Stück finden würde.« Und wie durch ein Wunder »wurde der Kopf nach drei Wochen des Siebens gefunden«. Obwohl nur wenig größer als »die Kuppe des kleinen Fingers, barg dieser Fund das wohl aussagekräftigste und beeindruckendste Porträt dieses allenthalben meisterhaften Königs. Wenn man ihn vergrößert, könnte man ihn für eine Statue in Lebensgröße halten.« Auch wenn die Datierung dieses Meisterstücks auf die 4. Dynastie nicht unwidersprochen geblieben ist (eine Datierung auf die 26. Dynastie wurde erst vor kurzem erwogen), so wird sie doch allgemein akzeptiert.

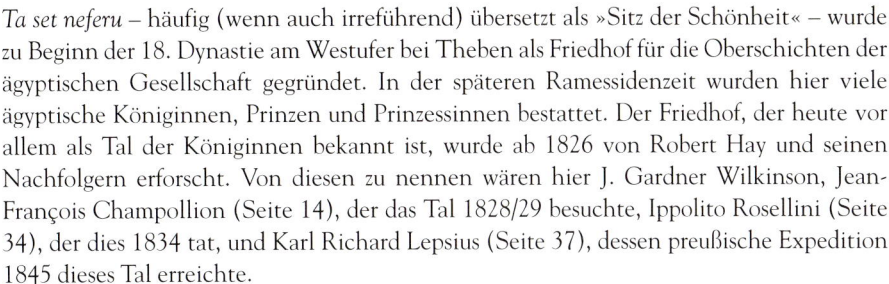

1904
AM »SITZ DER SCHÖNHEIT«: NEFERTARI UND IHR GRABMAL

1904/05: Zwei Porträts von Königin Teje · 1905: Die »protosinaitische« Schrift
1904: Der goldene Harsaphes aus Ehnasya · 1905: Das Brüsseler Relief von Königin Teje
1905: Der Schatz von Tuch el-Qaramus

Datum
1904

Entdecker
Ernesto Schiaparelli

Ort
Theben (Tal der Königinnen, QV66)

Periode
Neues Reich, 19. Dynastie, Herrschaft von Ramses II., 1290–1224 v. Chr.

Ta set neferu – häufig (wenn auch irreführend) übersetzt als »Sitz der Schönheit« – wurde zu Beginn der 18. Dynastie am Westufer bei Theben als Friedhof für die Oberschichten der ägyptischen Gesellschaft gegründet. In der späteren Ramessidenzeit wurden hier viele ägyptische Königinnen, Prinzen und Prinzessinnen bestattet. Der Friedhof, der heute vor allem als Tal der Königinnen bekannt ist, wurde ab 1826 von Robert Hay und seinen Nachfolgern erforscht. Von diesen zu nennen wären hier J. Gardner Wilkinson, Jean-François Champollion (Seite 14), der das Tal 1828/29 besuchte, Ippolito Rosellini (Seite 34), der dies 1834 tat, und Karl Richard Lepsius (Seite 37), dessen preußische Expedition 1845 dieses Tal erreichte.

Mit intensiven Ausgrabungen begann man jedoch erst 1903, als Ernesto Schiaparelli, der Direktor des Ägyptischen Museums von Turin, auf der Bildfläche erschien. Schiaparellis Auswahl der Grabungsstätten war verständlicherweise von dem Wunsch bestimmt, die Lücken in der Sammlung seines Museums zu füllen, was ihm in außergewöhnlichem Maße gelang. Nur zwei Jahre später, 1905, verließ er das Tal, das er für erschöpft hielt (eine Schlussfolgerung, der das jüngste französische Team unter Leitung von Christian Leblanc, nun zustimmt). In diesen zwei Jahren entdeckte Schiaparelli jedoch viel Interessantes, unter anderem 1904 eine der größten Kostbarkeiten Ägyptens: das Grab Nefertaris, der Hauptgattin von Ramses II. und Mutter von mindestens sechs der überaus zahlreichen Nachkommen ihres Gatten.

Beim Grabmal der Nefertari führt eine Treppe mit einer schrägen Rampe in der Mitte, angebracht, um den Sarkophag hinabgleiten zu lassen, hinunter zu einer großen, beeindruckenden Tür, die Zugang zur ersten Grabkammer mit einem seitlich davon liegenden Nebenraum gewährt. Eine der ersten ähnliche, zweite Treppe führt hinunter zum Hauptraum der Grabstätte mit vier aus dem Fels gehauenen Pfeilern und drei weiteren Neben-

Unten Das Tal der Königinnen; während Schiaparellis Ausgrabungen aufgenommenes Foto.

ERNESTO SCHIAPARELLI
(1856–1928)

»Ein großer, gelehrter und bescheidener Italiener. Das war Schiaparelli.«
EIN KOLLEGE

- Geboren am 12. Juli 1856 in Occhieppo Inferiore, Biella, Italien.
- Studierte Ägyptologie an der Universität Turin bei Francesco Rossi (1827–1912) und in Paris bei Gaston Maspero (Seite 64), 1877–1880.
- Direktor der ägyptischen Abteilung des Archäologischen Museums in Florenz 1880–1894; Direktor des Ägyptischen Museums in Turin, 1894–1924; unternahm für letzteres Museum außergewöhnlich erfolgreiche Ausgrabungen in Heliopolis, Giseh, El-Eschmunein, Assiut, el-Hammamija, Theben (Tal der Königinnen, Deir el-Medina), 1903–1920.
- Gestorben am 17. Februar 1928 in Turin.

4000 v. Chr.
3000 v. Chr.
2000 v. Chr.
1000 v. Chr.
0
700 n. Chr.

Oben Blick in die kürzlich
vom Getty Conservation Institute restaurierte Grabkammer
der Königin Nefertari. Der Pfeiler
im Vordergrund zeigt den mit
einem Leopardenfell bekleideten
Setem-Priester, den Zeremo-
nienmeister bei der Bestattung.

Links Detail des Gesichts der
Königin an der Nordwand der
Vorkammer.

Rechts Südwand der Vorkammer
und Treppe, die zur Grabkammer
der Königin hinabführt.

1904/05
Zwei Porträts von Königin Teje

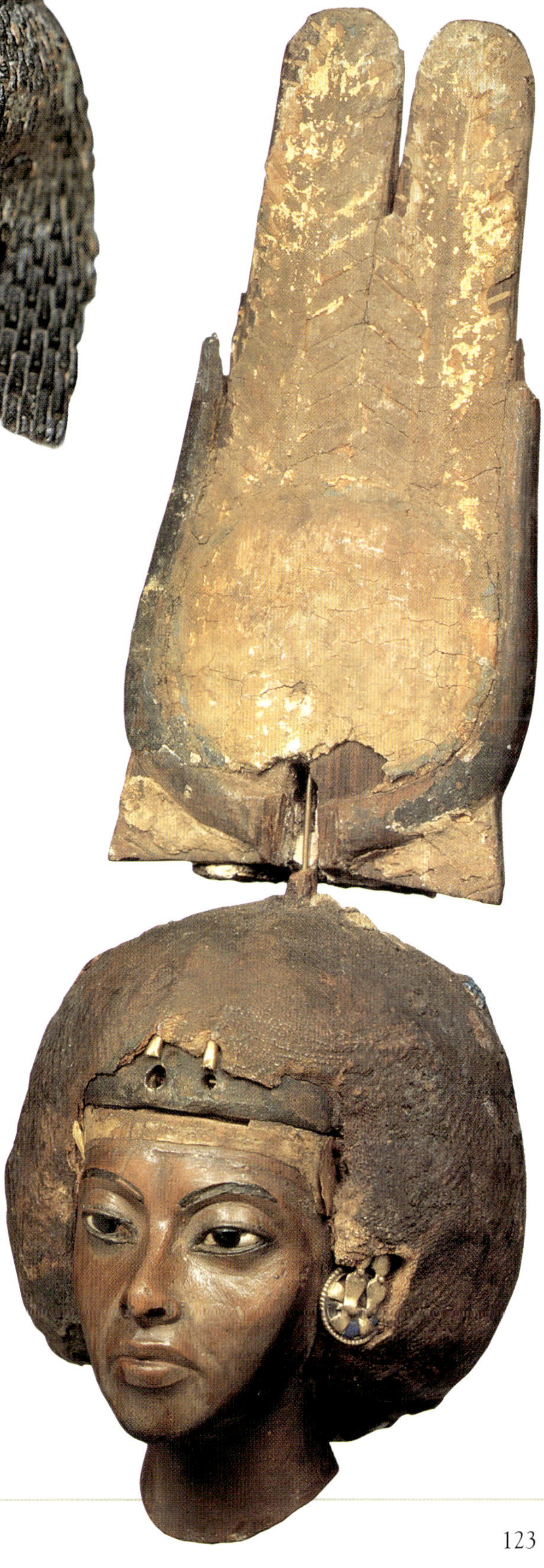

len zugedeckt. Zur selben Zeit kam ein Kopfschmuck aus einer Sonnenscheibe und zwei Federn aus Holz hinzu. Diese Änderungen sollten vermut-

lich die Tatsache widerspiegeln, dass sich der Status der Königin gegen Ende ihres Lebens oder sogar nach ihrem Tod verändert hatte.

Einer der wichtigsten ägyptischen Funde während Petries Ausgrabungen in Serabit el-Chadim auf der Sinaihalbinsel in den Jahren 1904 und 1905 war ein kleiner, aber unglaublich schöner Steatitkopf von Königin Teje (Kairo JE P38257, oben). Die Hauptgattin von Amenophis III. und Mutter von Echnaton wurde anhand ihrer Kartusche auf der Vorderseite des Diadems identifiziert.

Zur selben Zeit förderten die deutschen Ausgrabungen im Palastkomplex von Kom Medinet Gurab einen außergewöhnlichen Kopf aus Eibenholz zutage (Berlin 28134, rechts), der als Porträt derselben Königin identifiziert wurde.

Eine Computertomografie hat kürzlich gezeigt, dass dieser Kopf in der Antike verändert wurde. Der ursprüngliche Chat-Kopfschmuck aus Blattsilber und die Goldohrringe wurden vollständig mit blauen Per-

räumen, was an die Anlage der Grabstätte von Ramses II. (KV7) erinnert.

Diese Grabstätte, eine der größten im Tal der Königinnen, war ein Fund von großem architektonischem Interesse. Was die Ausgräber aber noch mehr faszinierte, war die Großartigkeit der bemalten Stuckreliefs, welche die Wände vollständig bedeckten. Zu den Szenen gehören Kapitel aus dem *Totenbuch* sowie die Darstellung Nefertaris zusammen mit verschiedenen Gottheiten, die den sicheren und erfolgreichen Übergang der Königin von dieser in die nächste Welt garantieren sollten.

Ein Großteil der Grabstätte war bereits in der Antike zerstört und das Grab selbst geplündert worden. Zu den Resten der von Schiaparelli geretteten und nun in Turin ausgestellten Ausstattung gehören Fragmente des Sarkophagdeckels aus rotem Granit und Stücke des mit Gold überzogenen Holzsarges, zahllose Scherben von Tongefäßen, Reste von mehr als 30 Uschebtis aus mit Harz behandeltem Holz, der Deckel einer Uschebti-Kiste, ein Djed-Pfeiler, der Deckelknauf einer Holztruhe, Überreste von Körperteilen, eine Sandale aus Palmbast sowie Seil- und Stoffstücke. Über die »offiziellen« Funde hinaus entdeckte Schiaparelli Stücke, die in die Hände von Händlern fielen und von Albert M. Lythgoe für das Museum of Fine Arts in Boston gekauft wurden. Hierzu gehörten drei Uschebtis und drei Schmuckfragmente. Ein weiteres Stück

1905
Die »protosinaitische« Schrift

Die Sinaihalbinsel dient seit Jahrtausenden als militärische Pufferzone und Handelsverbindung zwischen Ägypten und seinen östlichen Nachbarn, und sie war auch eine Quelle für Kupfer und Türkis.

Als Flinders Petrie 1904 und 1905 Ausgrabungen in den alten Türkisminen in Serabit el-Chadim vornahm, fand er mehrere Texte in einer unbekannten Buchstabenschrift, die schon bald »protosinaitisch« genannt wurde. Petrie zufolge stammten die Inschriften aus der 18. Dynastie, der große Philologe Alan Gardiner hingegen schrieb sie der 12. Dynastie zu. Wanderte der alphabetische Impuls von Ägypten nach Osten, wie Gardiner behauptete, oder umgekehrt? Die Debatte, die durch die in jüngster Zeit von John und Deborah Darnell entdeckten Texte neuen Nährstoff erhielt, wird mit Sicherheit noch andauern.

1904
Der goldene Harsaphes aus Ehnasya

»Während der Freilegung des Säulensaals [des Tempels in Ehnasya im Jahr 1904] … stießen unsere Männer schließlich auf eine gepflasterte Unterkonstruktion. Und als sie in der Erde gruben, sahen sie ein Stück Gold aus dem Boden schimmern …«

So beschreibt Petrie die Entdeckung eines kleinen, aber wunderschönen Votivbildes des widderköpfigen Lokalgottes Harsaphes (Herischef). Auf der Unterseite des Sockels befindet sich eine Inschrift mit den Namen und Titeln eines Königs der 23. Dynastie, Neferkare Peftjaanemanibastet – ein Zeitgenosse des nubischen Königs Pije der 25. Dynastie, der nach dem Zusammenbruch der Zentralmacht in Ägypten am Ende des 9. Jahrhunderts v. Chr. von Herakleopolis aus herrschte. Trotz der politischen Instabilität bildet die Dritte Zwischenzeit einen der Höhepunkte der künstlerischen und technologischen Entwicklung Ägyptens, wie diese Figur (Boston MFA 1906.2408) und andere Funde aus dieser Zeit (Seite 92) zeigen.

1905
Das Brüsseler Relief von Königin Teje

Dieses herrliche Reliefporträt von Königin Teje, der Gattin von Amenophis III., erwarb der belgische Ägyptologe Jean Capart im Jahr 1905 auf dem Kunstmarkt in Paris; leider war es durch arabische Graffiti schrecklich verunstaltet. Schon bald stellte sich heraus, dass das Relief von der Wand des Grabes des Userhat (TT47) – Aufseher des königlichen Harems unter Amenophis III. – abgeschlagen worden war. Erst drei Jahre zuvor hatte Howard Carter die Grabstätte des Userhat in Theben überhaupt erst entdeckt.

Zerstörungen dieser Art nahmen damals zu, aber das traurige Schicksal von Userhats Grabmal blieb nicht unbemerkt. Nach der Ernennung des englischen Archäologen Arthur Weigall zum Generaldirektor der Altertümerverwaltung für Oberägypten wurde der Schutz der Privatgräber von Theben als wichtigstes Ziel erachtet, das dank der Groß-

zügigkeit von Robert Mond, einem englischen Industriellen, auch verwirklicht werden konnte. Nach einem Jahrzehnt war der Prozess der Erfassung und Nummerierung und Erhaltung der Gräber in vollem Gang. Die besten Gräber wurden (von Schutt und illegalen Siedlern) geräumt und mit Eisentüren versehen. Von nun an war unwillkommenen Eindringlingen der Zugang versperrt und die Wandverzierungen blieben unversehrt.

eines Goldarmbands, das Schiaparellis Arbeiter wie auch Tausende von Touristen übersehen hatten, kam im Februar 1988 im Zusammenhang mit den vom Getty Conservation Institute (GCI) veranlassten Restaurierungsarbeiten der Wandbemalung ans Tageslicht.

Das Engagement des GCI in dem Nefertari-Grab wurde auf Grund des äußerst bedenklichen Zustands der kunstvollen Ausgestaltung notwendig (der mit antiken Erdbebenschäden, aber auch – noch entscheidender – mit Salzkristallen jüngeren Datums zusammenhing). Nach der Wiederentdeckung der Grabstätte hatte sich der Zustand der Bemalung noch weiter verschlechtert, und zwar in einem solchen Ausmaß, dass die Grabstätte schließlich 1934 geschlossen werden musste. Dank des großartigen Erfolgs des GCI, dem durch die Natur und die Jahrtausende angerichteten Schaden entgegenzuwirken, konnte das Grabmal, das nun wieder so herrlich erstrahlt wie in der Antike, erneut zur Besichtigung freigegeben werden.

ENTDECKUNGEN IM TAL DER KÖNIGINNEN 1903 – 1905

Grab-Nr.	Inhaber	Status
QV 30	Nebiri	Stallmeister
QV 36	anonym	Königstochter
QV 43	Seth-her-chepeschef	Sohn Ramses' III.
QV 44	Chaemwese	Sohn Ramses III.
QV 46	Imhotep	Wesir
QV 47	Ahmose	Königstochter (17. Dynastie)
QV 55	Amunherchepeschef	Sohn Ramses' III.
QV 66	Nefertari Meri-en-Mut	Königin Ramses' II.
QV 87	anonym	–
QV 88	Ahmose	Königssohn
QV 89	anonym	–
QV 90	anonym	–
QV 91	anonym	–

1905
Der Schatz von Tuch el-Qaramus

»Etwa Anfang August 1905 entdeckte eine Gruppe von sebachin … einen Silberschatz, zu dem eine große griechische Schale und Bruchstücke mehrerer ägyptischer Räuchergefäße gehörten. Weiterhin fanden sie den schönen Bronzekopf eines Königs, der ursprünglich an einem Utensil befestigt war … Wenige Tage später stießen die Arbeiter auf einen zweiten Schatz, der den ersten Fund völlig in den Schatten stellte – eine wunderbare Sammlung von Goldarmbändern und anderem Schmuck, hauptsächlich griechische Arbeiten, Silbergefäße verschiedener Art sowie Gold- und Silbermünzen.«

Campell Cowan Edgar

Gefäße aus wertvollem (und weniger wertvollem) Metall gehören seit jeher zu den seltenen archäologischen Funden. Das liegt darin begründet, dass sie, wenn sie ihre Schuldigkeit getan hatten, gewöhnlich zur Wiederverwendung eingeschmolzen wurden. Dennoch ist in Ägypten im Lauf der Jahre eine Anzahl vergoldeter und versilberter Gefäße aufgetaucht, vor allem in der Umgebung der Deltatempel, wo man sie anscheinend in Zeiten der Unruhe vergrub, um sie zu einem späteren, sichereren Zeitpunkt wieder auszugraben. Der Schatz von Tuch el-Quaramus – insgesamt »rund 117 Unzen« – war im Umkreis eines Tempels gefunden worden, den Édouard Naville 1887 entdeckt hatte. Er befand sich in den Ruinen einer Gruppe von türlosen Kammern aus ungebrannten Ziegeln. Hierbei handelte es sich offensichtlich um die Schatzkammer des Tempels, die C. C. Edgar später in dem Versuch freilegte, den Fund noch weiter zu erhellen. Bei der Ausgrabung von Kammer 2 kamen Gegenstände zutage, die den Hauptfund ergänzten. Am bemerkenswertesten waren Fragmente von Silberröhren aus den Räuchergefäßen, ein Sistrum (ein rasselartiges Musikinstrument), drei Silberschalen, ein Teller und zwei Schüsseln sowie zahlreiche Silbermünzen, von denen sich die meisten zusammen mit den Teilen einer Halskette mit Amulett aus Gold und Halbedelstein in einem Tongefäß fanden. Weitere Ausgrabungen in anderen Kammern brachten keine neuen Schätze ans Tageslicht.

Dieser merkwürdigerweise übersehene Schatz (dessen Entdeckung etwas undurchsichtig verlief) lässt sich anhand der Münzen datieren – Tetradrachmen aus Silber, die der ersten Hälfte des 3. Jahrhunderts v. Chr. zugeschrieben werden können. Dieser Fund bietet einen interessanten Einblick in das Handwerk der Juweliere und Silberschmiede während der frühen Jahre der griechischen Herrschaft.

DAS GRAB CHAS, ARCHITEKT DES PHARAOS

1906: Hathor in Dair Al Bahri · 1906: Nubischer Schnee

Datum
1906

Entdecker
Ernesto Schiaparelli

Ort
Theben (Deir el-Medina)
Grab TT 8

Periode
Neues Reich,
18. Dynastie,
Herrschaft Amenophis III.,
1391–1353 v. Chr.

»Am Fuße der Treppe verbarrikadierte eine Mauer grober Steine den Eingang zu einem Gang in den Hügel hinein. Nachdem wir diese fotografiert und beiseite geräumt hatten, fanden wir uns in einem langen, niedrigen Tunnel wieder, der einige Meter weiter von einer zweiten Mauer verbarrikadiert war. Beide Mauern waren intakt und es wurde uns bewusst, dass wir etwas sehen würden, was wohl noch kein lebender Mensch vor uns gesehen hatte …«
ARTHUR WEIGALL

Man schrieb das Jahr 1906, als der Inspektor der Altertümerverwaltung Arthur Weigall zusammen mit Ernesto Schiaparelli (Seite 121), dem Ausgräber, den er begleitete, die Grabstätte des Architekten Cha und seiner Frau Merit betrat, die seit dem frühen 14. Jahrhundert v. Chr. ungestört geblieben war. Seit gut vier Wochen hatten Schiaparelli und seine 250 Arbeiter unermüdlich gegraben und nur wenig vorweisen können. Nun kam die Belohnung. Nachdem Schiaparelli und Weigall die erste und zweite Mauer beseitigt hatten, standen sie in einem roh gehauenen Gang, der ungefähr Stehhöhe hatte. Zu ihrer Linken, an der Korridorwand aufgereiht, befanden sich einige Gegenstände der Grabausstattung, darunter Körbe, ein Joch, Amphoren, ein Toilettenstuhl und ein Bett Chas, der offensichtlich der Letzte gewesen war, den man hier beigesetzt hatte. Am anderen Ende des Korridors befand sich eine einfache Holztür.

»Ein schwerer Holzriegel … hielt die Tür verschlossen. Ein hübscher Griff aus Bronze seitlich an der Tür war mittels einer Spirale mit einem Holzknauf verbunden, der im gemauerten Türrahmen befestigt war. Diese Spirale war sorgfältig mit einem kleinen Siegel aus gestanztem Ton versehen. Die ganze Vorrichtung wirkte so modern, dass Professor Schiaparelli den Schlüssel von seinem Diener verlangte, der allen Ernstes erwiderte: ›Ich weiß nicht, wo er ist, Sir.‹«

Oben Gefäß aus Ton mit zwei Henkeln und *rischi*-Dekoration auf dem Korpus; auf dem mit Leinen abgedeckten Hals verschiedene, in leuchtenden Farben angebrachte heilige Embleme. Den Namen des Besitzers, Cha, verrät eine hieratische Aufschrift.

Oben Eine einfache, aus Holz gefertigte Begräbnisstatue des Architekten Cha, die man in seinem Grab fand.

Links Eine einfache Holztruhe aus der Grabkammer von Cha und Merit mit naiv gemalten Szenen des Verstorbenen und seiner Frau, die vor einem beladenen Opfertisch sitzen, sowie schlecht ausgeführten hieroglyphischen Inschriften.

Dann öffneten sie die Tür zum ersten Mal seit mehr als 3 000 Jahren. Die Grabstätte sah sehr aufgeräumt und sauber aus. Die wichtigsten Gegenstände waren gegen Staub mit Tüchern abgedeckt, die sich noch immer fest anfühlten, und der Boden war von den Letzten, die das Grab verlassen hatten, sorgfältig gefegt worden. In einer Schale aus Kupferlegierung befand sich noch die Asche der Flamme der Antike. »Man fragte sich verwirrt, ob diese Asche, anscheinend nicht kalt, tatsächlich zu einer Zeit geglüht hatte, als man von Römern und Griechen noch nicht träumte, als Assyrien nicht existierte und als der Exodus der Kinder Israels noch nicht vollzogen war.«

Der Inhalt des Grabes bestand im Wesentlichen aus jenen Dingen, die zu jedem wohlhabenden Haus der 18. Dynastie gehörten und die zur Wiederverwendung im nächsten Leben aufbewahrt wurden. Eine Reihe niedriger Tische (aus Holz) war schwer beladen mit Opfergaben, Gemüse, zerstoßenem Karob und Brotlaiben in verwirrend vielen Größen und Formen. Amphoren (einige kunstvoll verziert) waren gefüllt mit gutem Wein, Weintrauben, gesalzenem Fleisch (auch Ente) und Mehl. Körbe mit konisch geformten Deckeln waren bis zum Rand mit weiteren kulinarischen Notwendigkeiten wie Kumin und Wacholderbeeren gefüllt. Um die Särge herum waren verblichene Girlanden, Fußbodenbedeckungen (darunter eine Reisematte mit Taschen für die Nachtwäsche) und weitere

Unten links Grabkammer zur Zeit der Entdeckung mit der Ausstattung, die mehr als drei Jahrtausende ungesehen und unberührt ordentlich entlang der Wand des Ganges aufgereiht war.

Unten rechts Teil von Chas gut erhaltenem Begräbnispapyrus: Der Verstorbene und seine Frau, die Hände betend erhoben, werden von Osiris, dem »Herrscher der Ewigkeit« empfangen, der unter einem mit Blumen geschmückten Baldachin thront. Vor ihm steht ein mit Opfergaben beladener Tisch.

Oben Holztruhe in leuchtenden Farben, die Kosmetikgefäße aus Alabaster, Holz, Fayence und Glas enthält: die Frisierkommode der Merit.

Einrichtungs- und Gebrauchsgegenstände angeordnet: Merits Bett, für die Nachtruhe aufgedeckt, eine Damenperücke, Kosmetik- und Schmuckkästchen, ihr Handarbeitskorb mit Nadeln, eine Rasierklinge, Nadeln und ein Kamm sowie verzierte Truhen, die mit Kleidern beladen waren. Auf einem in leuchtenden Farben bemalten und beschrifteten Stuhl – ein Symbol des Ranges – saß eine mit Girlanden geschmückte Holzfigur seines Besitzers, Cha, umgeben von weiteren Besitztümern, einem Klappstuhl mit Entenkopf, einem hohen Kelchgestell, einem Waschkrug und -ständer sowie einem Eimer aus Bronze. Viele dieser Gegenstände trugen den Namen ihres Besitzers, allerdings war die Kalligraphie dieser Inschriften schlecht.

Die Mumie von Cha befand sich in einem rechteckigen Sarg und zwei darin eingelassenen anthropomorphen Särgen; die von Merit in einem rechteckigen äußeren und einem einzigen anthropomorphen inneren Sarg sowie unter einer Kartonagemaske. In den Särgen Chas lag eines der ersten Exemplare des *Totenbuchs*. Es war auf einer 14 Meter langen Papyrusrolle aufgezeichnet und mit bunten Vignetten hoher Qualität illustriert. Chas Mumie war sorgfältig und fest gewickelt und, wie Röntgenbilder preisgaben, mit mehreren Schmuckstücken für die Beerdigung ausstaffiert (Ohr- und Fingerringe, einem *schebju*-Kragen, ein *sa*-Amulett und ein großer Skarabäus-Anhänger). Die Mumie von Merit war nur lose gewickelt. Röntgenbilder ihres Körpers zeigen weiteren Bestattungsschmuck, darunter einen breiten, geblümten Kragen. Wie eine Zeitkapsel aus der Vergangenheit, seit der letzten Bestattung völlig unberührt, war Schiaparellis Fund geradezu einzigartig.

Wer war Cha?

Das im Grab gefundene Werkzeug erwies sich als ausgesprochen aufschlussreich hinsichtlich Chas Gewerbe: Dazu gehörten ein Zollstock mit königlicher Elle aus mit Gold überzogenem Holz, offensichtlich ein Geschenk von Amenophis II. als Anerkennung für Chas Tüchtigkeit; ein Holzzollstock für den praktischen Gebrauch in einem Tragefutte-

ral aus Leder und eine Reihe von Geräten zur Holzbearbeitung. Ein leerer Holzkasten, vorgesehen für eine Handwaage, befand sich ebenfalls unter den Grabbeigaben. Darüber hinaus könnte ein noch fest aufgerolltes Ledermanuskript Einzelheiten von einem oder mehreren Bauvorhaben enthalten, mit denen Cha betraut war. Wir wissen, dass er während dreier, möglicherweise auch vier Herrschaften tätig war – während der von Thutmosis III., Amenophis II., Thutmosis IV. und Amenophis III. –, als das alte Theben begann, Gestalt anzunehmen.

Die Grabkapelle

Chas ausgeschmückte Kapelle, über der sich eine kleine Pyramide erhebt, war lange vor seinen Grabkammern bekannt, denn sie wurde bereits im frühen 19. Jahrhundert von Bernardino Drovetti ans Tageslicht gebracht. Auf Grund einer höchst seltsamen Fügung war Chas Grabstele einige Jahrzehnte vor Schiaparellis Entdeckung 'des Grabes in Turin aufgetaucht. Ein zweiter Bestattungspapyrus von Cha, ungeklärten Ursprungs, doch möglicherweise aus dieser Kapelle, befindet sich heute im Louvre in Paris (E13988). Das eigentliche Grab war offensichtlich in früherer wie auch in jüngerer Zeit unentdeckt geblieben, weil es sich im Hügel gegenüber und nicht unter der Kapelle befand.

Schiaparelli hatte Glück bei seinen Ausgrabungen und das Grab des Cha war nicht das einzige, das er in der relativ kurzen Zeit, die er sich in Ägypten aufhielt, freilegte. Als er 1911 in den Grabanlagen von Dschebelein grub, stieß er auf zwei weitere unberührte Gräber – das »Grab des Unbekannten« und das des königlichen Schatzmeisters Ini –, die auf das Alte bzw. Mittlere Reich zurückgingen. Zwar waren die Funde weniger bedeutend als Chas Grab, bescherten Turin jedoch die von Schiaparelli angestrebte Ausgewogenheit des Materials und machten die ägyptische Sammlung des Museums zu einer der besten der Welt.

1906
Hathor in
Dair Al Bahri

Ein plötzlicher Erdrutsch in Dair Al Bahri am 7. Februar 1906 während der Ausgrabungen des Egypt Exploration Fund am Tempel von Nebhepetre Mentuhotep überraschte jeden. Zum Erstaunen aller Anwesenden legte er den Blick frei auf eine kleine überwölbte Kapelle, die von Thutmosis III. in die Felswand gebaut worden war: »Ein Kuhkopf zeichnete sich darunter in der Düsterkeit ab und schaute neugierig aus der Öffnung« durch einen Wald von geopferten Holzphalli. Die Farbe dieser Skulptur war in wundervoller Frische erhalten geblieben und ein merkwürdiger Tupfer Gold glitzerte in der Sonne. Das und der fröhliche, friedliche Ausdruck der heiligen Kuh entlockte allen Anwesenden eine Bekundung der Ehrfurcht.

Die kuhköpfige Göttin Hathor war eine der wichtigsten Gottheiten von Westtheben und Dair Al Bahri war ihr besonderes Reich. Dieses kleine Heiligtum war unter der Aufsicht des berühmten Wesirs Rechmire als Bestimmungsort der heiligen Barke errichtet worden, die

den Fluss während des Schönen Festes im Wüstental von Karnak aus überquerte. Die Göttin und ihr Heiligtum wurden vorsichtig von Naville und seiner Gruppe freigelegt und befinden sich heute in Kairo (JE 38574, 38575).

1906
Nubischer Schnee

Ein Aspekt der Ägyptologie, der Beachtung findet, ist die philologische Forschung. Eine faszinierende Ausnahme wurde von John A. Wilson festgehalten.

»An Washingtons Geburtstag im Jahre 1906 machte [James Henry] Breasted eine jener Erfahrungen, die das Philologenherz erfreuen. Auf der so genannten Hochzeitsstele in Abu Simbel las er, dass Ramses II. darum betete, dass kein ›Regen oder srq‹ fallen möge, wenn die Hethiter-Prin-

zessin und ihre Gefolgschaft durch die nördlichen Berge kämen. ›Dies ist natürlich die ägyptische Transliteration des Wortes »Schnee«, das hier zum ersten Mal auf Syrien bezogen auftaucht. Es ist schon merkwürdig, ins schneefreie Nubien zu kommen, um solch ein Wort das erste Mal zu finden.‹«

Das Studium der altägyptischen Sprache hatte in den 80 Jahren, seit Champollion den hieroglyphischen Code geknackt hatte, enorme Fortschritte gemacht. Dies gelang dank der bahnbrechenden Arbeit der Deutschen Schule und Adolf Ermans,

der als Vater des ab 1926 erschienenen *Wörterbuchs der ägyptischen Sprache* gelten kann. J.H.B. Breasted hatte in den frühen Neunzigerjahren des 19. Jahrhunderts sehr erfolgreich bei Erman studiert. Er profitierte nicht nur von Ermans außerordentlicher Gelehrsamkeit,

sondern entwickelte wie sein Lehrer auch eine Leidenschaft für große Projekte: Nach seiner Berufung als Dozent in Chicago machte er es sich zur Aufgabe, alle bekannten historischen Texte des alten Ägypten zu erforschen, Abschriften dieser Texte anzufertigen und sie zu übersetzen. (Sein Werk wurde 1906, ein Jahr nach seiner großartigen *History*, in den fünfbändigen *Ancient Records of Egypt* veröffentlicht.) 1919 wurde auf Breasteds Anregung hin an der Universität Chicago das Institut für Orientalistik gegründet, das die ägyptologische Philologie fortführt.

1907 – 1911: Carnarvon und Carter in Theben · 1907: Das Grab zweier Brüder

Datum
22. September 1906

Entdecker
Ägyptische Ortsansässige

Ort
Teal Basta (Bubastis,
bei dem
modernen Sakasik)

Periode
Neues Reich,
19. Dynastie,
etwa 1307–1196 v. Chr.
oder später

»Ein Mann tauchte auf … mit zwei hervorragend erhaltenen Vasen, eine aus Gold, die andere aus Silber, und auch einer Menge Silberschmuck und versteckte alles mit Hilfe eines seiner Kameraden unter der Uferböschung. Nachts trugen sie die Schätze weg und verkauften sie an einen Händler …«
GASTON MASPERO

Zu den wenigen früheren ägyptischen Tempelschätzen gehören jene beiden, die 1906 in Tall Basta, dem alten Bubastis, aus dem die Könige der 22. Dynastie stammten, ans Tageslicht gebracht wurden. Die Stadt, die heute wegen ihrer Schutzgöttin Bastet (»Bubastis« bedeutet »Der Ort der Bastet«) so bekannt ist, konnte sich einer blühenden Gemeinde rühmen und war wegen ihrer Lage an der Hauptroute von der Hauptstadt Memphis in Richtung Osten schon immer von Bedeutung. Herodot zufolge besaß sie einen der schönsten Tempel Ägyptens, der leider für immer verschwunden ist.

Hinweise auf den ersten dieser Schätze gaben zwei Funde vom 22. September 1906: eine goldene Lotostasse mit der Kartusche von Königin Tausret sowie drei Silberkrüge, in die der Name des Atumentaneb, Diener und Bote eines Königs, eingraviert war. Die Finder ließen diese Stücke verschwinden, um sie dann illegal mit hohem Profit zu verkaufen. Später landeten sie wegen Diebstahls im Gefängnis. Obwohl die Behörden weitere Hauptstücke sicherstellten, schlüpften einige weniger bedeutende Gegenstände durch das Netz und wurden später vom Ägyptischen Museum in Berlin und dem Metropolitan Museum in New York erworben. Bei den Ausgrabungen, die kurze Zeit später an dieser Stätte durchgeführt wurden, stieß man auf einige zusätzliche Stücke, wie der damalige Oberinspektor der Altertümerverwaltung für das Nildelta, C. C. Edgar, berichtet:

»Sobald die [ersten] Vasen im Museum untergebracht waren, begann ich mit einer kleinen Ausgrabung in Tall Basta. Wir wussten, wo in etwa der Schatz gefunden worden sein musste, kannten aber nicht die genaue Stelle … Am zweiten Ausgrabungstag machten wir einen guten Fund … Die Arbeiter hatten einige kleine Goldbrocken gefunden, bei denen es sich um die verstreuten Teile einer Halskette handelte … außerdem fanden wir zwei kleine Figuren, eine aus Gold, die andere aus Elektron … und aus dem Mund eines der Arbeiter wurde mit einigen Schwierigkeiten ein flaches, mit Blattgold verziertes Stück Silber herausgezogen.«

Der zweite Schatz von Tall Basta wurde am 17. Oktober 1906 mehrere Meter vom ersten und etwas weiter von der Tempelstätte entfernt gefunden. Die genaue Beziehung zum ersten Fund bleibt ungeklärt. Beide lagen jedoch 20 Meter unterhalb römischer Ebenen dieser Stätte.
»Alles lag auf einem Haufen … die wenigen wertvollen Silberobjekte obenauf, das Gold darunter inmitten von Silberschalen … praktisch nichts war verloren.« Auch hier stammten die frühesten Stücke aus der Ramessidenzeit – zwei Armreife von Ramses III. mit wunderschönen Gliedern, die

Unten Ausschnitt der getriebenen Verzierung einer Silberschale des Atumentaneb aus dem Schatz von Tall Basta, der sich nun im Museum of Art in New York befindet: Fischfang und Vogeljagd in den Sümpfen.

Unten Der bessere der Silberkrüge aus dem ersten Schatz von Tall Basta mit stabilem, aus Gold gegossenem Henkel in Form eines Steinbocks, der am Goldrand balanciert, so als wolle er trinken. Der Bauch des Gefäßes wurde zur Zeit der Entdeckung durch die Spitzhacke eines Arbeiters beschädigt.

4000 v. Chr.

3000 v. Chr.

2000 v. Chr.

1000 v. Chr.

0

700 n. Chr.

DATIERBARES MATERIAL DER SCHÄTZE AUS TALL BASTA

Museums-Nr.	Schatz	Beschreibung	Datierung
Kairo CG 53260	erster	goldene Lotostasse	Tausret
Berlin 19736	erster	goldenes, situl-ähnliches Gefäß	Tausret
New York, MMA 07.228.212 (+07.228.196, 07.228.202, 07.228.233)	erster	Randstücke von Silbersieb oder Schale	Tausret
Kairo CG 52575	zweiter	ein Paar Armreife aus Gold und Lapislazuli	Ramses II.
	zweiter	schlecht erhaltenes Silberfragment	Ramses II. (?)

Unten Goldgefäß der 19. Dynastie aus dem ersten Schatz von Tall Basta, der Bauch, eine getriebene Arbeit, der Hals mit dem Ziselierhammer gearbeitet. Der einzige Griff, ein Ring, führt durch den Körper eines liegenden Kalbes.

Oben Ein Paar Doppel-Gans-Armreife aus Gold und Lapis-lazuli mit dem eingravierten Namen von Ramses II. aus dem zweiten Tell-Basta-Schatz.

Oberseite zu einem Relief mit zwei doppelköpfigen Gänsen modelliert, deren Körper aus Lapislazuli waren.

Heute stimmen die meisten Gelehrten mit William Kelly Simpson darin überein, dass sich die beiden Schätze anhand der mit einer Inschrift versehenen Gegenstände zeitlich einordnen lassen. Im Gegensatz dazu glaubte Maspero damals, dass gewisse Stücke der Sammlung aus frühislamischer Zeit stammten und »ein Teil davon einem Goldschmied in einer kleinen Stadt gehörte.«

1907 – 1911 Carnarvon und Carter in Theben

Der 5. Earl of Carnarvon, ein reicher und eher unkonventioneller englischer Aristokrat, besuchte nach einem schweren Verkehrsunfall in Deutschland Ägypten zunächst aus gesundheitlichen Gründen. Nachdem er zufällig Gaston Maspero (Seite 64) vorgestellt worden war, versuchte er sich – in der Hoffnung, die ansonsten endlosen Monate im winterlichen Exil kurzweiliger zu gestalten – als Ausgräber. Nachdem er sich bereits durch die Entdeckung (im Carnarvon-Grab Nr. 9) von zwei Schreibtafeln (Kairo JE 43216, 43217) ausgezeichnet hatte, von denen eine die

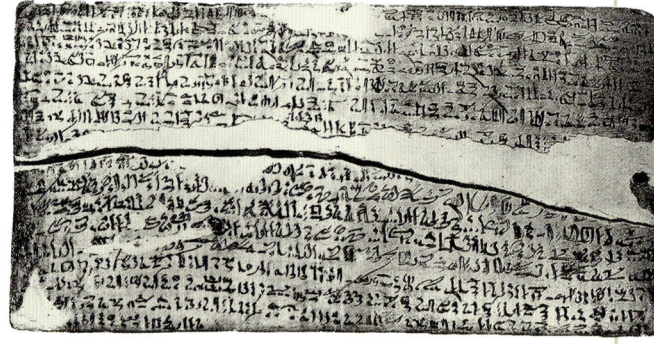

Geschichte der Vertreibung der Hyksos durch Kamose, den König der 17. Dynastie, (Seite 202) erzählt, stellte er 1908 einen Experten ein, der ihn bei seiner Arbeit anleiten sollte: Howard Carter. Die beiden arbeiteten gut zusammen und fanden zwischen 1907 und 1911 an der Grabungsstätte von Dra abu'l-Nega mehrere andere wichtige Grabstätten, von denen eine Reihe unberührt war. Eines der bedeutendsten Gräber (Carnarvon Nr. 37) war dasjenige, das die aus einer Silberlegierung gefertigte Statuette eines Jungen namens Amenemheb enthielt, die aus der frühen 18. Dynastie stammt und sich heute im Metropolitan Museum of Art in New York (MMA 26.7.1413) befindet. Es war ein schöner Fund, doch wie wir heute wissen, hielt die Zukunft für Carnarvon und Carter noch weit größere Belohnungen bereit (Seite 160).

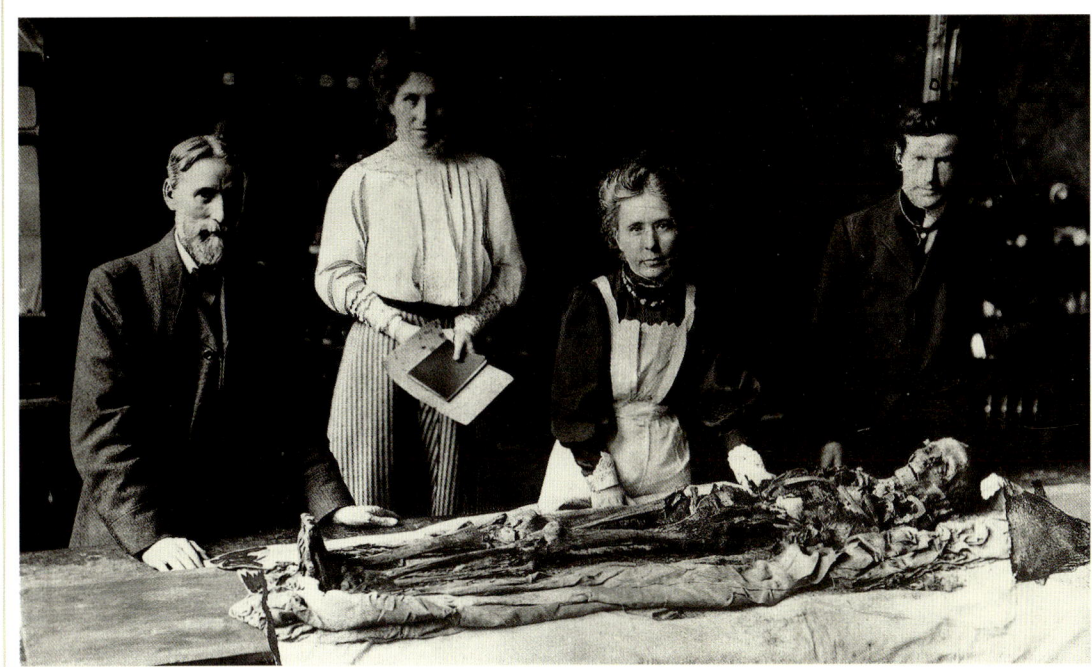

men werden können, sodass nichts zerstört wird. Weitere, noch einschneidendere Entwicklungen sind in Zukunft im Bereich der DNS-Analyse zu erwarten.

1907
Das Grab
zweier Brüder

*»Die gesamte Begräbnis-
ausstattung und die
größeren Sarkophage
stehen allem anderen aus
dieser Epoche in nichts
nach …«*
FLINDERS PETRIE

Das Grab zweier Brüder wurde von einem Arbeiter entdeckt, der unter der Aufsicht des britischen Archäologen Ernest Mackay tätig war. Die Grabstätten waren unberührt, obwohl die oberhalb liegende, in den Fels gehauene Kapelle offensichtlich mehrere Jahrhunderte später während der Herrschaft Ramses III. teilweise in Schwarz ausgestaltet worden war, um sie vermutlich wieder zu benutzen.
Der Grabinhalt gelangte schließlich an das Manchester-Museum, wo er zunächst 1908 von Margaret Murray (oben) und anschließend dann von einem Team unter der Leitung von Rosalie David eingehend untersucht worden ist.
Aus archäologischer Sicht ist die Sammlung auf Grund ihres Zustandes und ihrer Vollständigkeit von beträchtlicher Bedeutung. Die auffallende körperliche Unterschiedlichkeit der kleinen Brüder hat unter den Wissenschaftlern großes Interesse geweckt. Auf Grund der in Manchester unter Leitung von David durchgeführten bahnbrechenden interdisziplinären Forschungen besitzen wir viele Informationen über die Inhaber des Grabes.
Nachtanch (21470) starb etwa im Alter von 60 Jahren in Folge einer Erkrankung der Lunge (Staub-

lunge) und eines Herzleidens und war möglicherweise Eunuch.
Sein Schädel hatte Ähnlichkeit mit dem der Grabstatue des Chnumnacht. Letzterer litt unter einer schweren Gelenkarthrose und einem Wachstumsstillstand und war zur Zeit seines Todes etwa 40 Jahre alt. Sein Schädel hatte Ähnlichkeit mit dem der Grabstatue des Nachtanch. Offensichtlich gab es einige Verwirrung bei der Grabausstattung.
Davids Beispiel folgend, wird die wissenschaftliche Erforschung von Mumien parallel zur Entwicklung der Computertomografie fortgesetzt, was bedeutet, dass vollständig eingewickelten Leichnamen die Mumienbinden Schicht für Schicht auf dem Bildschirm statt auf dem Operationstisch abgenom-

DAS GRAB ZWEIER BRÜDER

Nr.	Name	Beschreibung
1	Nachtanch	rechteckiger Außensarg, Holz
2	Nachtanch	antropomorpher Innensarg, Holz
3	Nachtanch	Mumie (»eunuchenhaft«)
4	Nachtanch	Kanope, Holz
5	Nachtanch	Kanopen, Ton
6	Nachtanch	große Statuette des Verstorbenen, Holz
7	Nachtanch	kleine Statuette des Verstorbenen, Holz (gefunden in 9)
8	Chnumnacht	rechteckiger Außensarg, Holz
9	Chnumnacht	antropomorpher Innensarg, Holz
10	Chnumnacht	Mumie
11	Chnumnacht	Statuette des Verstorbenen, Holz (gefunden in 2)
12	Ir (?)	Trägerin von Opfergaben, Holz
13	Iqi (?)	Trägerin von Opfergaben, Holz
14	ohne Inschrift	Segelbootmodell, Holz
15	ohne Inschrift	Ruderbootmodell, Holz
16	ohne Inschrift	Gefäß, Ton
17	ohne Inschrift	Schale, Ton

STATUEN VON MYKERINOS: GEORGE A. REISNER IN GISEH

1908: Petries Fund in Dra Abu'l Nega

Datum
10. Juli 1908 und später

Entdecker
George A. Reisner

Ort
Giseh (Mykerinospyramide)

Periode
Altes Reich,
4. Dynastie,
Herrschaft des Mykerinos,
2490–2472 v. Chr

4000 v. Chr.

3000 v. Chr.

2000 v. Chr.

1000 v. Chr.

0

700 n. Chr.

»Während Reisners Ausgrabungen bei den zwei Tempeln des Mykerinos … wurden sensationelle Schätze zutage gebracht … Ich erlebte mit ihm noch einmal die Aufregung, einen mit erstaunlichen Skulpturen gefüllten Raum nach dem anderen zu öffnen. Zwei Alabaster-Porträtköpfe des Königs, fünf vollständig erhaltene Statuen und die Schiefertriade. Er konnte kaum an sich halten … «
JOSEPH LINDON SMITH

George A. Reisner, der amerikanische Flinders Petrie, begann seine wissenschaftliche Karriere mit alten Texten aus dem Nahen Osten, bevor ihn die Ägyptologie, so wie sie in Berlin von Adolf Erman und Kurt Sethe praktiziert wurde, in ihren Bann zog. Zwei produktiven Jahren, in denen er am *Catalogue général* des Ägyptischen Museums von Kairo arbeitete (Amulette, Boote und Kanopen), folgte die Arbeit als Ausgrabungsleiter einer von der Universität von Kalifornien veranstalteten Expedition. Diese wurde von Mrs. Phoebe Hearst, der Mutter des Zeitungsbesitzers William Randolph Hearst, gesponsert. In Deir el-Ballas und Nag el-Deir sammelte Reisner wertvolle Erfahrungen als Ausgräber, bevor er zum Assistenzprofessor für Ägyptologie der Universität Harvard und zum Leiter der gemeinsam von der Universität Harvard und dem Bostoner Museum of Fine Arts finanzierten Expedition in Giseh ernannt wurde.

Reisners Arbeit in Giseh erfüllte in jeder Hinsicht die Erwartungen der beiden Institutionen – er führte sie sorgfältig aus, dokumentierte sie gewissenhaft und hatte bei seinen Funden enormes Glück. Der Expeditionsleiter war auch auf beeindruckende Weise frei von Vorurteilen und mied die koloniale Arroganz, von der manchmal sogar die besten Ausgrabungen beherrscht waren. Die Ägypter arbeiteten mit ihm und nicht für ihn.

Die Ausgrabungen in Giseh waren nicht wegen der Textfunde von Bedeutung, sondern wegen der reichen Ausbeute an aus dem Alten Reich stammenden Königsskulpturen aus der Mykerinospyramide und den Taltempeln des Königs, einer wichtigen Stätte, der zugewiesen zu werden, Reisner enormes Glück hatte. So schreibt er:

GEORGE ANDREW
REISNER (1867–1942)

- Geboren am 5. November 1867 in Indianapolis.
- B. A., M. A., Dr. phil., Harvard .
- Auslandsstudium 1893–1896, Assyriologie in Berlin, Wechsel zur Ägyptologie unter Kurt Sethe.
- Aushilfsassistent am Ägyptischen Museum in Berlin, 1895 und 1896.
- Dozent für Semitisch, Universität Harvard, 1896 und 1897.
- Leiter der Phoebe-Apperson-Hearst-Ägyptenexpedition und Hearst-Dozent der Universität von Kalifornien, 1899–1905.
- Assistenzprofessor für semitische Archäologie, Harvard, 1905–1910.
- Archäologische Nubienforschung 1907–1909; Leiter der Harvard-Boston-Ägyptenexpedition und Assistenzprofessor für Ägyptologie, Harvard, 1910.
- Kustos für ägyptische Kunst, Museum of Fine Arts, Boston, 1910–1942; Professor für Ägyptologie, Universität Harvard, 1914–1942; zahlreiche Ausgrabungen in Ägypten und im Sudan.
- Gestorben 1942; hinterlässt seine archäologischen Aufzeichnungen dem Bostoner Museum und der Universität Harvard eine Sammlung von 1300 Kriminalgeschichten.

Rechts Die ausgezeichnet erhaltene Paar-Statue von Mykerinos und einer namenlosen Königin – der letzte und größte von Reisners prachtvollen Funden in Giseh, der am 18. Januar 1910 gemacht wurde.

Links Eine der vier 1908 von Reisner gefundenen Mykerinos-Triaden. Der König, der die Krone Oberägyptens trägt, steht zwischen Isis und der Göttin des 17. Gaus von Oberägypten.

Unten Kopf einer Alabasterstatue des Mykerinos (erkennbar an seiner leicht knolligen Nase). Der König trägt das Nemes-Kopftuch. Ein ungewöhnliches Detail (das ganz am Ende der Pharaonenzeit wieder auftaucht) sind die Locken, die unter dem Stirnband hervorschauen.

»Vor der Ausgrabung der Tempel des Mykerinos waren nur 13 Statuen und Statuetten der Könige der 4. Dynastie bekannt … In den Tempeln des Mykerinos fand die Harvard-Boston-Expedition 17 gleich gut erhaltene Statuen … und zusätzlich 15 Statuetten, die acht Stadien bei der Schaffung einer Statue zeigen … Dieses reiche Material machte es nötig, die Geschichte der ägyptischen Kunst während der großen kreativen Periode neu zu betrachten …«

Rechts Die restaurierte Kolossalstatue von Mykerinos aus ägyptischem Alabaster im Museum of Fine Arts, Boston (MFA 09.204). Der ungewöhnlich kleine Kopf scheint Ergebnis der Entscheidung zu sein, den Kopfschmuck in einem sehr späten Stadium der Meißelarbeiten zu verändern, das heißt eine enge weiße Krone gegen ein viel breiteres, Nemes genanntes Königskopftuch einzutauschen.

1908
Petries Fund in Dra abu'l Nega

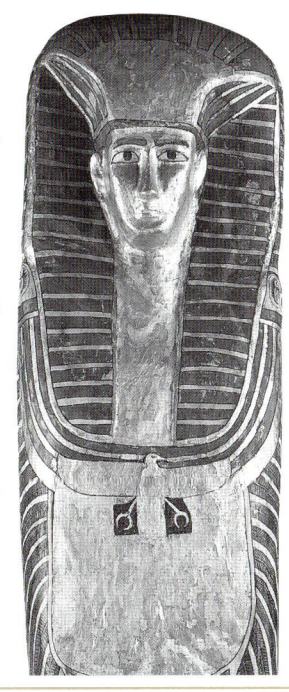

Flinders Petrie verbrachte nur kurze Zeit seines langen Lebens mit Ausgrabungen in Theben, doch wenn er es tat, wurde er reichlich belohnt. Die Entdeckung einer flachen Grube in Dra abu'l Nega im Winter 1908/09, welche die Leichname einer Frau und eines Kleinkindes enthielt, erwies sich bedeutend. Der hölzerne Hauptsarkophag aus der 17. Dynastie, war gemustert und mit Gold bemalt. Bei dem kleineren, rechteckigen Sarkophag fanden sich ein auseinander genommener Holzstuhl, zwei Schemelrahmen aus Holz, eine Holzkiste und ein Schilfkorb sowie ein Joch mit 16 Tongefäßen, die in Netzen aufgehängt waren. Beide Leichname waren gut erhalten und mit Armreifen aus Gold oder Elektron, Perlenketten, Ohrringen, Gürteln und Halsketten geschmückt. Möglicherweise waren Frau und Kind unbedeutendere Mitglieder des thebanischen Königshauses, obwohl keine Namen erhalten sind. Der Fund wurde Petrie im Ganzen zugestanden und dem Royal Museum of Scotland in Edinburgh zugeteilt (1909.527), wo er derzeit untersucht wird.

1912

NOFRETETE, IKONE DES ALTEN ÄGYPTEN: DIE WERKSTATT DES BILDHAUERS THUTMOSIS

1913: Das Grab des Impi · Vor 1914: Das Messer von Gebel el-Araq
1913: Statuen von Amenophis, Sohn des Hapu, und Paramesse

Datum
1912

Entdecker
Ludwig Borchardt

Ort
Tell el-Amarna

Periode
Neues Reich
18. Dynastie,
Herrschaft des Echnaton
1353–1335 v.Chr.

Rechts Der Kopf der Nofretete, der schönsten Frau des alten Ägypten. Das erhaltene Auge ist ein abgerundetes Stück Bergkristall, das von einem Farbkörper gehalten wird, der die Pupille darstellt. Die in frühen Fotos in der anderen Augenhöhle sichtbaren Spuren eines gleichen Farbkörpers lassen vermuten, wie der Ägyptologe Rolf Krauss anmerkt, dass das Auge im Altertum noch vorhanden war, aber herausgefallen ist.

Unten Szene aus dem Grab von Huja in Tell el-Amarna, die den Bildhauer Iuti in seiner Werkstatt zeigt, wie er an einer Statue der Prinzessin Baketaten arbeitet.

Nach der bahnbrechenden Ausgrabungssaison Petries in Tell el-Amarna (Seite 83) wurde an dieser Ausgrabungsstätte über mehrere Jahre lang die Arbeit vom Inschriftenforscher Norman de Garis Davies fortgesetzt, der die Grabinschriften der wichtigsten Mitglieder des Adels abschrieb und anschließend in dem sechsbändigen Werk *The Rock Tombs of El Amarna* veröffentlichte. Dank der Arbeit Petries und Davies' nahm der Amarna-Stil – der unverwechselbare, übertrieben naturalistische Stil, mit dem Echnaton seine Revolution zum Ausdruck bringen wollte und der bis dahin nur von einer Handvoll Werke repräsentiert wurde (Seite 24, 61) – schnell einen Platz im Bewusstsein der Öffentlichkeit ein. Im Jahre 1907 nahmen die deutschen Archäologen der Deutschen Orient-Gesellschaft unter der Leitung Ludwig Borchardts den Faden Petries wieder auf, dieses Mal in den Randbezirken der Stadt. Das Ergebnis ihrer Arbeit sollte die Welt in Erstaunen versetzen.

Aus dem alten Ägypten sind uns nur die Namen weniger Künstler überliefert, da es keine Tradition gab, die Bilder zu signieren, haben diese wenigen nur durch Zufall überlebt. Aus der Amarna-Ära kennen wir drei Künstler mit Namen. Iuti war »Aufseher der Bildhauer der großen Königsgattin Teje« und wird in einer Szene im Grab eines hohen Beamten namens Huja gezeigt, wie er an der unvollendeten Statue der Königstochter Baketaten eine Korrektur in Tinte vornimmt. Der Bildhauermeister Bek (Sohn des ersten Bildhauers von Amenophis III., Men, der für die außergewöhnlichen Memnon-Kolosse in Theben verantwortlich war) behauptet auf seinen berühmten Quarzitstelen in Berlin (1/63), dass er »zu denjenigen gehöre, die Seine Majestät selbst unterwiesen hätten«. Der Dritte ist Thutmosis, »Liebling des guten Gottes, Aufseher der Arbeiten und Bildhauer« Echnatons. Thutmosis' Existenz wird durch eine kleine Elfenbeinscheuklappe bestätigt. Diese bescheidene Scheuklappe identifiziert Thutmosis als Leiter einer Reihe von Werkstätten, die in Haus P 47.1–3 in der südlichen Vorstadt von Tell el-Amarna entdeckt wurden und wo die Deutsche Orient-Gesellschaft am 6. Dezember 1912 in den Trümmern eines kleinen, aufgemauerten Raumes die größte Sammlung von Amarna-Kunst fand, welche die Ägyptologie je zu Gesicht bekommen hat.

Die Thutmosis-Galerie

Die Sammlung der Werke, die bei der Ausgrabung der zerstörten Schlammziegelvilla des Thutmosis gefunden wurden, gehört zu den wichtigsten Skulpturengruppen in ganz Ägypten – insgesamt mehr als 20 Gipsguss-Prototypen (eine ähnliche Sammlung, ziemlich abgenutzt, war von Petrie zwei Jahrzehnte zuvor entdeckt worden), die nach den Originalen aus Ton in den verschiedenen Stadien der Fertigstellung angefertigt worden waren, zusammen

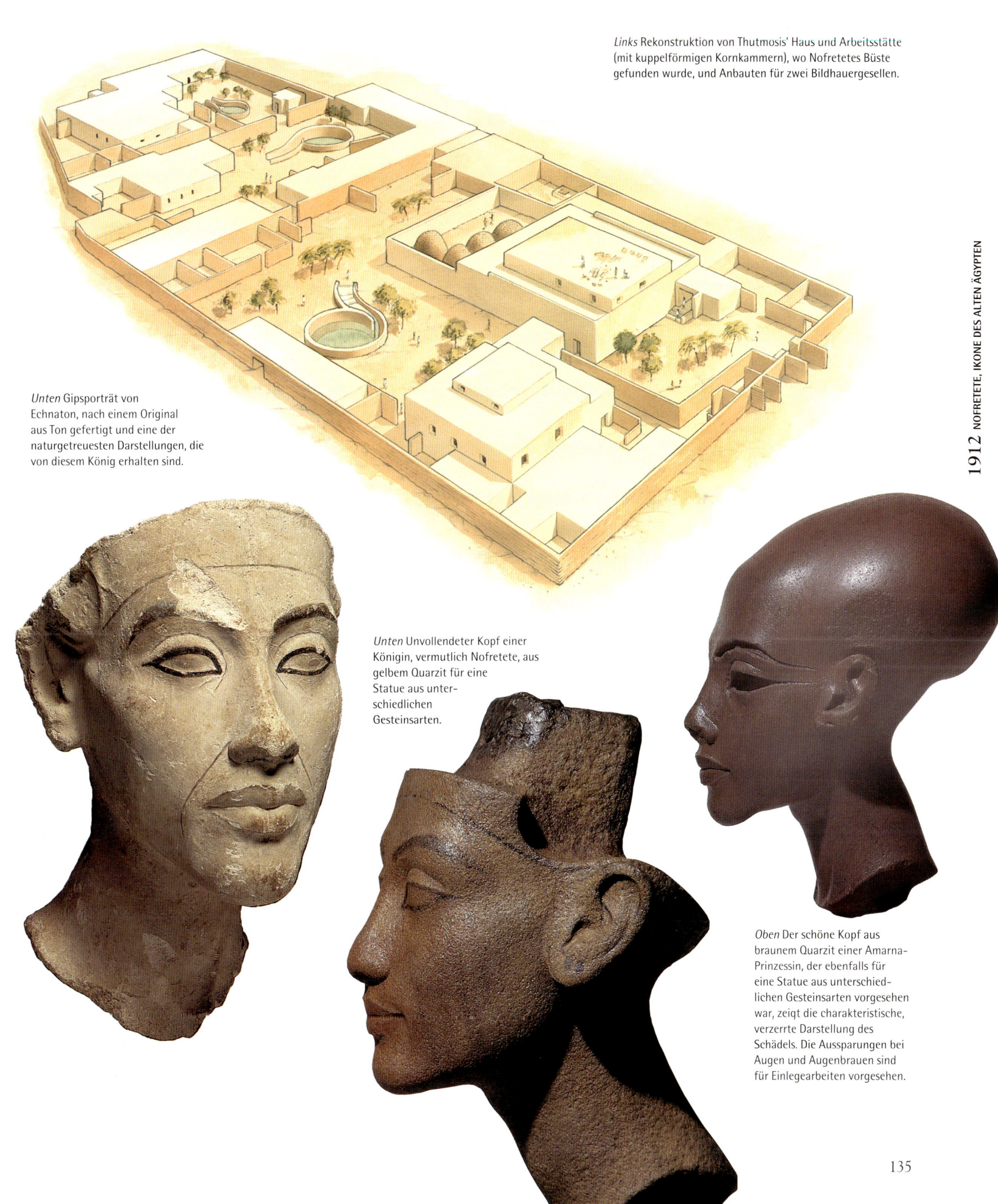

Links Rekonstruktion von Thutmosis' Haus und Arbeitsstätte (mit kuppelförmigen Kornkammern), wo Nofretetes Büste gefunden wurde, und Anbauten für zwei Bildhauergesellen.

Unten Gipsporträt von Echnaton, nach einem Original aus Ton gefertigt und eine der naturgetreuesten Darstellungen, die von diesem König erhalten sind.

Unten Unvollendeter Kopf einer Königin, vermutlich Nofretete, aus gelbem Quarzit für eine Statue aus unterschiedlichen Gesteinsarten.

Oben Der schöne Kopf aus braunem Quarzit einer Amarna-Prinzessin, der ebenfalls für eine Statue aus unterschiedlichen Gesteinsarten vorgesehen war, zeigt die charakteristische, verzerrte Darstellung des Schädels. Die Aussparungen bei Augen und Augenbrauen sind für Einlegearbeiten vorgesehen.

135

LUDWIG BORCHARDT
(1863 – 1938)

- Geboren in Berlin am 5. Oktober 1863.
- Ausbildung zum Architekten, Technische Hochschule, 1883 – 1887.
- Studium der Ägyptologie bei Adolf Ermann.
- Mitinitiator des *Catalogue général* des Kairoer Museums.
- Begründet das Deutsche Archäologische Institut in Kairo 1907; bis 1928 dessen Direktor.
- Ausgrabungen in Abu Ghurab und Abusir, 1898 – 1901 (Seite 87), 1907 – 1914 in el-Amarna.
- Gestorben am 12. August 1938 in Paris; beigesetzt in Kairo.

mit einer ganzen Reihe von unvollendeten und vollendeten Skulpturen, die – zum Teil zusammengesetzt – aus unterschiedlichen harten und weichen Gesteinsarten geschnitten worden waren. Die Mehrzahl der wichtigsten Angehörigen des Hofes kann wohl identifiziert werden, dazu zählen auch die Pharaonen Amenophis III. und Echnaton, die Königinnen Nofretete und Kije, mehrere Königstöchter sowie die hohen Beamten Amenophis, Sohn des Hapu, und Eje, der Vater des Gottes. Es gibt auch Porträts von Individuen, die in erster Linie Privatpersonen waren, während der Amarna-Zeit aber eine bedeutende Rolle gespielt haben müssen. Bisher konnten sie jedoch nicht identifiziert werden.

Die Qualität all dieser Werke ist hervorragend, aber im Mittelpunkt der Thutmosis-Sammlung steht die berühmteste Ikone des alten Ägypten: die herrliche bemalte Büste von Nofretete, die ihre charakteristische, nach oben hin flach zulaufende Krone trägt. Das Porträt, auf Gips über einem Kalk-

steinkern modelliert, ist zweifellos das Werk des Meisters selbst und im Detail vollkommen – auch wenn nur eines der Augen, eine Einlegearbeit, heute erhalten ist.

Bei der offiziellen Verteilung der Ausbeute knapp einen Monat nach deren Entdeckung ging die Nofretete-Büste an Dr. James Simon, den Geldgeber der deutschen Ausgrabungen. 1920 machte Simon seine Sammlung dem preußischen Staat zum Geschenk. Drei Jahre später enthüllte man die Königin vor einem erstaunten Publikum – ein Ereignis, auf das umgehend die Beschwerde der entrüsteten ägyptischen Regierung folgte, dass das Königinnenporträt unter unrechtmäßigen Umständen außer Landes gebracht worden sei. Die Beschuldigungen gingen hin und her, Vorschläge zur Entschärfung dieser unglücklichen Situation wurden gemacht – aber es nützte nichts. Schließlich beendete Adolf Hitler die Diskussion, indem er kategorisch erklärte, dass die Büste in Berlin bleiben solle.

1913
Das Grab des Impi

Die Grabkammer von Impi aus der Familie Senedjemib, Architekten und Aufseher bei den Arbeiten in Giseh, wurde von Reisners Gruppe 1913 gefunden. Sie war seit dem Tag, an dem der Leichnam zu Beginn der 6. Dynastie beerdigt worden war, unberührt geblieben.

Das Grab enthielt insgesamt mehr als 500 Objekte, darunter Impis rechteckigen Sarg und eine Vielzahl von Tonwaren, Kupfergefäßen und rituellen Gegenständen wie auch diese breite Halskette aus Gold und Fayence. Es war das erste von lediglich zwei Gräbern, welche die Harvard-Boston-Expediton in intaktem Zustand vorfand. Das andere gehörte Hetepheres, der Mutter von Cheops (Seite 168).

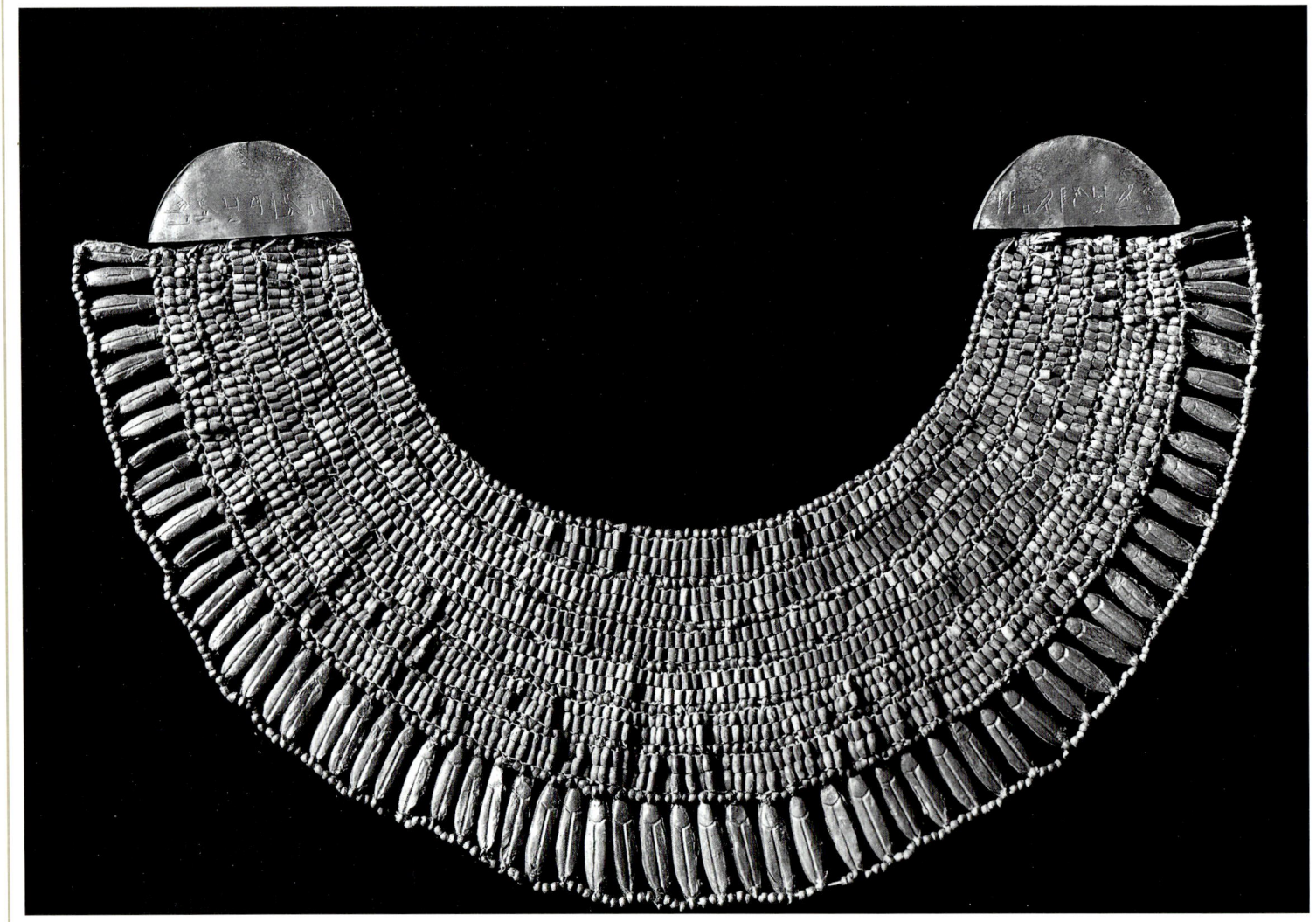

Vor 1914
Das Messer von Gebel el-Araq

»...von allen Belegen für kämpferische Auseinandersetzungen und Militärexpeditionen [der späten prädynastischen Zeit] ist das so genannte Gebel-el-Araq-Messer sicherlich der erstaunlichste.«
Michael Hoffman

Dieser berühmte Gegenstand – die wellenförmig geschliffene Flintsteinklinge mit einem kunstvoll geschnitzten Griff – wurde im Februar 1914 in Kairo für den Louvre (E 115 17) erworben. Er war offensichtlich

erst kurze Zeit zuvor von Einheimischen in Gebel el-Araq gegenüber Nag Hammadi aus einem Grab ausgegraben worden. Das Interessante an dem aus der späten prädynastischen Zeit (etwa 3200 v. Chr.) stammenden Fund ist der kunstvolle Griff. Auf seiner Außenseite befindet sich ein Motiv in reinem mesopotamischem Stil, während die Innenseite zwei Reihen von kämpfenden Männern und eine Schiffsszene zeigt. Viele Gelehrte sind immer noch der Meinung, dass dies auf eine Invasion Ägyptens durch Völker aus dem Osten am Beginn der ägyptischen Geschichte hinweist.

1913
Statuen von Amenophis, Sohn des Hapu, und Paramesse

Die vier Statuen, die Georges Legrain am 25. Oktober 1913 nahe der westlichen Kolossalstatue von Haremhab am Fuß des 10. Pylons in Karnak freilegte, gehören zu den schönsten und wichtigsten privaten Statuen, die je gefunden wurden. Zwei davon (Kairo JE 44861, 44862) stellen Amenophis, den Sohn des Hapu und hohen Beamten unter Amenophis III., dar, der zunächst als großer Mann und später als Gott verehrt wurde – leicht zu erkennen an den abgewetzten Stellen, die von Tausenden frommen Händen verursacht wurden, als sie den heiligen Papyrus im Schoß des Mannes berührten. Die dritte und vierte der von Legrain entdeckten Statu-

en (Kairo JE 44863, 44864) zeigen den Wesir Paramesse, der spätere König Ramses I. Diese beiden Männer waren für viele der größten Bauwerke zuständig, die während der 18. Dynastie errichtet wurden. Die größte Leistung Amenophis', Sohn des Hapu, als leitender Architekt des Königs war die Errichtung des Grabtempels von Amenophis III. mit den berühmten Statuen, die heute als die Memnon-Kolosse bezeichnet werden. Paramesse wird vor allem mit Haremhabs Bauten in Karnak in Verbindung gebracht, zu denen der Pylon zählt, an dessen Fuß diese vier Statuen gefunden wurden.

1914
DER VERBORGENE SCHATZ VON PRINZESSIN SAT-HATHOR-IUNIT
1914: Holzskulpturen des Mittleren Reichs aus Lischt

Datum
1914

Entdecker
Guy Brunton

Ort
el-Lahun (Petrie-Grab 8, in der Nähe der Pyramide von Sesostris II.)

Periode
Mittleres Reich, 12. Dynastie, Herrschaft von Amenemhet III., 1844–1797 v. Chr.

»Nur meine Frau weiß, wie wir den Schmuck nach London schafften …«
FLINDERS PETRIE

Die Pyramide von König Sesostris II. der 12. Dynastie, die sich in el-Lahun befindet, wurde erstmals 1889 und 1890 von dem englischen Ägyptologen Flinders Petrie untersucht. Damals gelang es Petrie, in die Grabkammer des Königs vorzudringen. Doch erst Ende 1913 kehrte er zu dieser Stätte zurück, um die Nebengräber zu erforschen, die, wie die Arbeit an anderen Pyramiden dieser Epoche gezeigt hatte, üblicherweise in der Nähe zu finden waren. Die Grabstätten in den ersten Schächten, die Petrie durch gründliche Untersuchung der die Pyramide umgebenden Plattform orten und betreten konnte, waren in der Antike ausgeraubt und zerstört worden. Ein weiterer Schacht, zum Himmel hin offen sowie kleiner und weniger gut angelegt, schien ebenfalls keine Schätze zu bergen. Doch dann entdeckte ein Helfer Petris eine mit Schlamm gefüllte Nische, die er sorgfältig zu räumen begann. Schon bald schimmerte Gold hervor. Petrie wurde informiert und sein Assistent Guy Bruton übernahm die Arbeit.

Oben Mit Gold ausgelegte Schnalle für das auf der rechten Seite (oben, rechts) gezeigte Perlenarmband aus Gold, Karneol und Fayence, in das ein Name von König Amenemhet III. der 12. Dynastie eingraviert ist.

Rechts Frühe, inzwischen ersetzte Rekonstruktionen aus verschiedenen Fundstücken, die aus dem von Guy Brunton entdeckten Schatz von el-Lahun stammen: ein Gürtel mit Löwenköpfen und ein Armband mit amulettartigen Klauen.

138

DAS GRAB VON PRINZESSIN SAT-HATHOR-INUIT (PETRIE-GRAB NR. 8)

Nr.	Objekte	Fundstelle
1	grüne Feldspatperle	Schachtfüllung
2	roter Granitsarkophag und Deckel	Grabkammer
3	Sargplatten (?) aus Holz (in Nische)	
4	Stücke von Goldfolie (in 2)	
5	Kalksteinkanope (in 5)	
6	Holzkanope (in 5)	
7	Kalzitkanopen mit dem Kopf von Sat-Hathor-Inuit (in 6)	
8	Kanopeninhalt (in 7)	
9	schwarzes Granitfragment, beschriftet (nahe 2)	
10	Tonwaren	
11	Holzschatullen (5), die den Schatz enthalten (siehe Tabelle Seite 140)	Nische
12	Perle	Opferkammer
13	Kalzitgefäß-Deckel	
14	Sargauge aus Kalzit und Obsidian	
15	Kupferstückchen	
16	Tongeschirr	
17	Opfergaben von Rind und Geflügel	
18	»magisches« Kalzitgefäß	

Rechts Sat-Hathor-Iunits Spiegel. Der Reflektor aus Silber ist mittlerweile korrodiert. Der hervorragend gearbeitete Griff besteht aus Obsidian, Halbedelsteinen und Gold.

Nach der bis dahin mageren Ausbeute dieser Grabungssaison hatte niemand mit einem solchen Fund gerechnet – eine spektakuläre Sammlung von Schmuck aus dem Mittleren Reich, begraben unter 20 Zentimeter fest gewordenem Schlamm. Der Schatz hatte sich ursprünglich in fünf kunstvollen Ebenholzbehältern befunden, die auf Grund des Wassers in einem sehr schlechten Zustand waren:

Links Der erste und schönste der beiden Brustschmuckstücke von Sat-Hathor-Iunit, die beide den Namen von Amenemhet III. enthalten. Ihr Stil weist eine erstaunliche Ähnlichkeit mit dem Stil des Schmucks auf, der bei Prinzessin Sathathor gefunden wurde, die fast den gleichen Namen trägt, und deren Grabstätte Jacques de Morgan in Dahschur entdeckte. Die Stücke stammen möglicherweise sogar aus derselben Bildhauerwerkstatt.

DER SCHATZ VON SAT-HATHOR-INUIT

Winlock-Nr.	1
Breite	44,5 cm
Beschreibung	Furnier aus Ebenholz und Elfenbein, goldene Djed-Pfeiler-Verzierung
Inhalt	Spiegel, 2 Armbänder, 2 Fußringe, 2 Gürtel, Krallenkette, 3 Löwenamulette, 3 Armbinden mit Motto-Verschlüssen, Sesostris-II.-Pektoral mit Perlenkette, 2 Skarabäusringe, 2 große Rasiermesser mit Goldgriff, Untertasse aus Silber, 2 kleine Rasiermesser, 2 Wetzsteine, Spiegel
Winlock-Nr.	2
Breite	35 cm
Beschreibung	Furnier aus Ebenholz und Elfenbein, Palastfassaden-Stil
Inhalt	8 Ölgefäße aus Kalzit
Winlock-Nr.	3
Breite	14 cm (?)
Beschreibung	Holz, Einfassung aus Goldfolie (?), Ziernägel mit Goldkopf (?), Einlegearbeit aus Elfenbein (?)
Inhalt	4 Obsidian-Kosmetik-Gefäße
Winlock-Nr.	4 (?)
Breite	38 cm+
Beschreibung	nichtverziertes Holz (?)
Inhalt	Diadem und Perücke/Perückenornamente, 2 Skarabäen aus Lapislazuli, 2 Armspangen mit Motto-Verschluss, sehr kleine Löwenarmspange, Amenemhet-III.-Pektoral mit Perlenkette
Winlock-Nr.	5
Breite	55 cm+
Beschreibung	nichtverziertes Ebenholz (?)
Inhalt	Perücken (?)

»Eine Woche lang verbrachte Brunton Tag und Nacht bei der Grabstätte und holte alle Gegenstände vorsichtig aus dem hart gewordenen Schlamm heraus, ohne auch nur ein einziges Stück zu verbiegen oder zu zerkratzen. Alles, was aus dem Schlamm auftauchte, wusch ich mit einer Kamelhaarbürste in klarem Wasser, um die natürliche Oberfläche nicht zu verändern. Dann fotografierte ich die Fundstücke.«

Rechts Fein gearbeitetes Kästchen, das aus Elementen rekonstruiert wurde, die man in dem Schatz von el-Lahun fand, und eine Auswahl seines Inhalts: eine Rekonstruktion des Spiegels der Prinzessin (siehe Abbildung Seite 139), kupferne Rasierklingen mit Goldgriffen, Schleifsteine, ein silbernes Schminkschälchen und eine Reihe von elegant in Gold gefassten Kosmetikbehältnissen aus Obsidian.

Zuteilung

Petries Glückssträhne sollte andauern. Maspero, der das letzte Jahr als Direktor der Altertümerverwaltung amtierte, billigte Petrie in einer großartigen Geste den größten Teil des Fundes zu, den er als Wiederholung des Schmuckfundes von Jacques de Morgan in Dahschur in den Jahren 1894 und 1895 (Seite 88) betrachtete. Allerdings brachte diese Geste weitere Problem mit sich, nicht zuletzt die Frage, wo Petrie den Fund unterbringen sollte. Sein erster Gedanke war das Britische Museum, dem »ich schriftlich mitteilte…dass der Wert dessen, was wir gefunden hatten, mindestens 8000 Pfund betrug«.

»Die Antwort des Britischen Museums auf meinen Brief lautete, dass man, wenn man die Dinge gesehen habe und sie diese Summe wert seien, vielleicht in der Lage sei, ein paar Tausend aufzubringen – eine groteske Behandlung der Angelegenheit, womit sich diese Lösung erübrigt hatte.«

Damit war eine wunderbare Gelegenheit verspielt – eine, die sich nie wieder bieten wird. Der Verlust der Briten war dennoch ein Gewinn für die Ägyptologie, denn schließlich ging der Schmuck von el-Lahun, einer der aufsehenerregendsten Schätze, die je in Ägypten gefunden wurden, ans Metropolitan Museum of Art in New York. Der Schatz hätte nicht in bessere Hände gelangen können. Auf Grund einer von Herbert Winlock und seinen Kustodenkollegen durchgeführten Expertenstudie wissen wir heute mehr über diesen Fund und seine kleine, schlanke Besitzerin, als man je für möglich gehalten hätte.

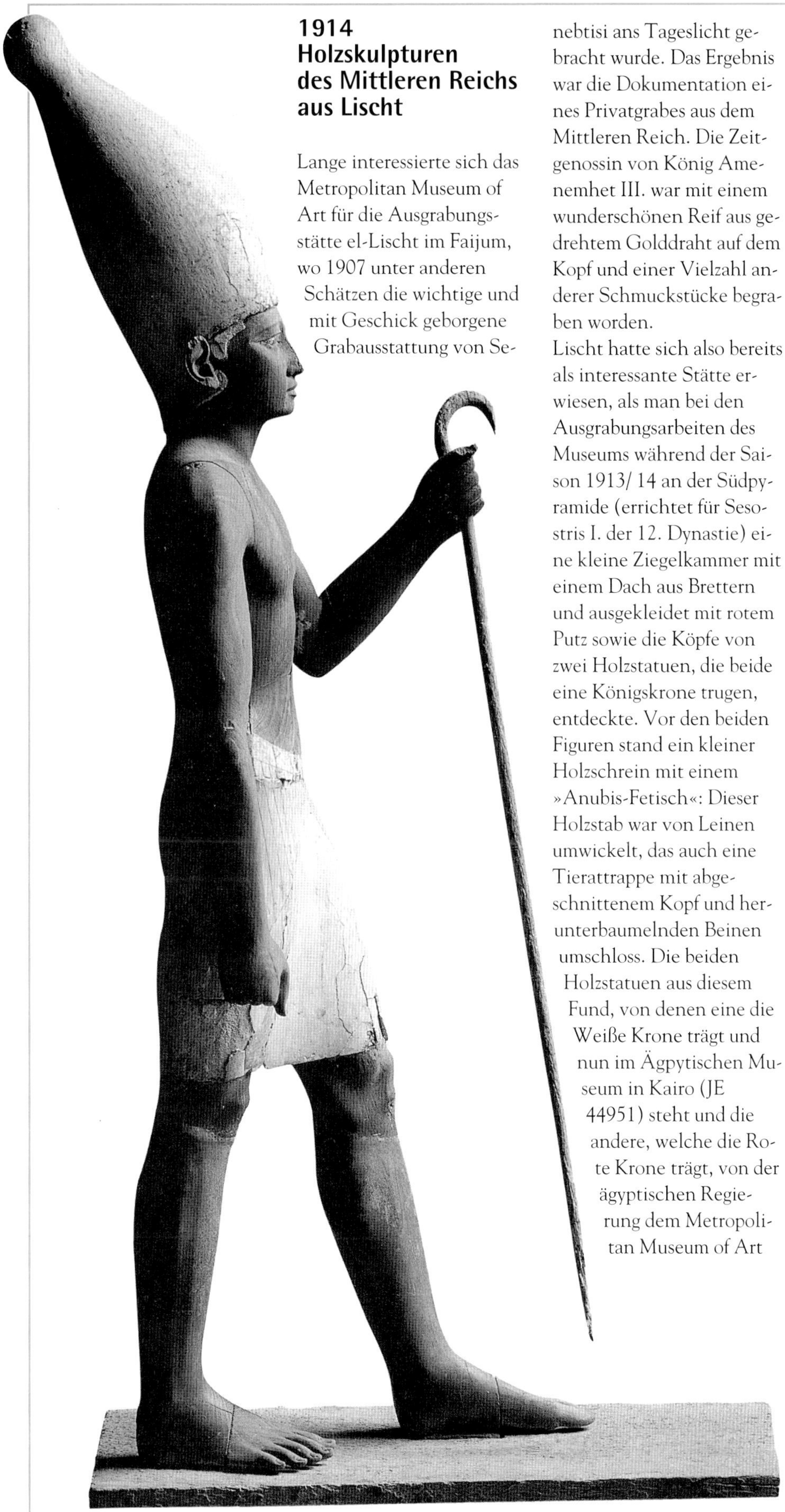

1914
Holzskulpturen
des Mittleren Reichs
aus Lischt

Lange interessierte sich das Metropolitan Museum of Art für die Ausgrabungsstätte el-Lischt im Faijum, wo 1907 unter anderen Schätzen die wichtige und mit Geschick geborgene Grabausstattung von Se-

nebtisi ans Tageslicht gebracht wurde. Das Ergebnis war die Dokumentation eines Privatgrabes aus dem Mittleren Reich. Die Zeitgenossin von König Amenemhet III. war mit einem wunderschönen Reif aus gedrehtem Golddraht auf dem Kopf und einer Vielzahl anderer Schmuckstücke begraben worden.

Lischt hatte sich also bereits als interessante Stätte erwiesen, als man bei den Ausgrabungsarbeiten des Museums während der Saison 1913/ 14 an der Südpyramide (errichtet für Sesostris I. der 12. Dynastie) eine kleine Ziegelkammer mit einem Dach aus Brettern und ausgekleidet mit rotem Putz sowie die Köpfe von zwei Holzstatuen, die beide eine Königskrone trugen, entdeckte. Vor den beiden Figuren stand ein kleiner Holzschrein mit einem »Anubis-Fetisch«: Dieser Holzstab war von Leinen umwickelt, das auch eine Tierattrappe mit abgeschnittenem Kopf und herunterbaumelnden Beinen umschloss. Die beiden Holzstatuen aus diesem Fund, von denen eine die Weiße Krone trägt und nun im Ägpytischen Museum in Kairo (JE 44951) steht und die andere, welche die Rote Krone trägt, von der ägyptischen Regierung dem Metropolitan Museum of Art

in New York (MMA, 14.3.17) überlassen wurde, sind sehr außergewöhnlich. »Augen, Ohren und Hände…sind mit hervorragender und subtiler Auf-

merksamkeit für das Detail dargestellt, was man selbst bei viel größeren Statuen selten findet.« Ihre damalige genaue Funktion ist uns noch nicht erschlossen.

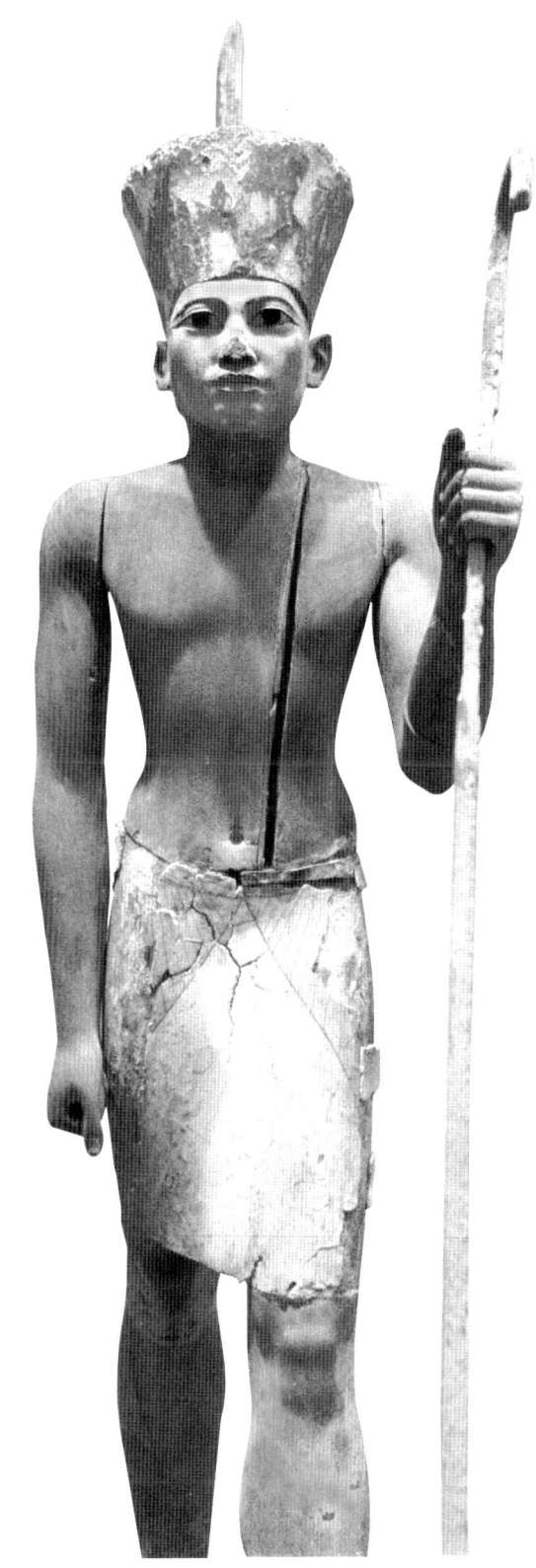

1914–1945
TEIL IV
PHARAONEN UND STERBLICHE

»Gaston Maspero … strebte danach, dass jedes Museum in Ägypten mit einer repräsentativen Auswahl an schönen Ausstellungsobjekten bedacht urde … Doch 1914, begründet in der Person von Pierre Lacau, kündigte die ägyptische Regierung Veränderungen an …«

JOSEPH LINDON SMITH

Gaston Maspero schied im Juli 1914 zum zweiten Mal aus dem Museumsdienst aus und kehrte nach Frankreich zurück. Sein Nachfolger als Direktor der Altertümerverwaltung wurde der weißbärtige Pierre Lacau, dessen Spitzname »Gottvater« vielsagend war. Er war ein brillanter Gelehrter, ein effektiver Verwaltungsmann und ein wahrer Freund Ägyptens. Er konnte jedoch auch sehr arrogant sein und diplomatisches Geschick zählte nicht gerade zu seinen Stärken.

Unter Lacau als Direktor gingen die Tage der Eigenmächtigkeiten der Archäologie zu Ende. Zur Zeit der Entdeckung des fast unversehrt gebliebenen Grabs des Tutanchamun im Jahr 1922 wurden die Barrieren höher und höher: Zwischen Howard Carter und den ägyptischen Behörden gab es gegensätzliche Ansichten nicht nur darüber, wem die Funde zustehen sollten, sondern auch über das grundsätzliche Recht des Ausgräbers so zu arbeiten, wie er, und nicht die Behörden, es für erforderlich hielten. Vor dem Hintergrund eines wieder erwachenden ägyptischen Nationalismus führte dies alles zu einer Unvereinbarkeit der Standpunkte, die partnerschaftliche Lösungen verhinderte.

Zwar führten viele Teams ihre Arbeit fort, aber wie die Egypt Exploration Society (wie der umbenannte Egypt Eyploration Fund seit 1919 hieß), Flinders Petries British School of Archaeology und das Metropolitan Museum of Art wandten sich nach Süden in den Sudan oder in den Norden nach Syrien und Palästina oder hörten ganz auf. Erst nachdem sich die Einsicht durchgesetzt hatte, dass die Ägyptologen an Erkenntnissen und nicht an Besitz interessiert sind, konnten die Ausgrabungsarbeiten wieder das Niveau der glorreichen Jahre erreichen.

Der mystische Blick des Amenophis IV.: Detail einer Kolossalstatue, von denen eine Reihe in Karnak entdeckt wurde.

DAS GRAB VON DJEHUTINACHT IN EL-BERSCHEH

1915: Das Ägypten der Ptolemäer und das Zenon-Archiv

Datum
1915

Entdecker
H. Lyman Story

Ort
El-Berscheh
(Wadi Deir en-Nachleh,
Grab 10a)

Periode
Mittleres Reich, 11. Dynastie,
vermutlich Herrschaft
Nebhepetre Mentuhoteps II.,
2061–2020 v. Chr.

4000
v. Chr.

3000
v. Chr.

2000
v. Chr.

1000
v. Chr.

0

700
n. Chr.

»Das außergewöhnlichste Fundstück in diesem Grab war der große äußere Sarkophag von Dje-hutinacht, dessen Innenflächen von der Hand eines meisterlichen Malers wundervoll geschmückt worden waren. Ungeachtet der Wasserschäden, die der Sarg während seiner Überfahrt nach Boston durch ein Feuer an Bord erlitten hat, zählt er zweifellos zu den erlesensten bemalten Sarkophagen, die je entdeckt wurden.«
DOWS DUNHAM

El-Berscheh war im Mittleren Reich der bedeutendste Bestattungsort von Hermupolis magna, in dem in einer Reihe geschmückter, in den Stein gehauener Grabmäler (von denen viele durch Erdbeben und Grabräuber beschädigt wurden) die Herrscher des 15. Gaus Oberägyptens (Hasengau) zur Ruhe gebettet wurden. Der Ort war seit langem für ein von Charles Brine vor 1818 entdecktes Wandrelief in der Grabkammer von Djehutihotep berühmt, das den Transport einer riesenhaften Statue darstellt. Beklagenswerterweise wurde das Kunstwerk 75 Jahre später von der ansässigen Bevölkerung beschädigt. Dies zeigte, welche Gefahr den bedeutenden Kunstwerken von el-Berscheh drohte und führte zur ersten organisierten Expedition. Sie erfolgte unter der Leitung von Percy Newberry vom Egypt Exploration Fund in den Jahren 1891–1893 und bot Howard Carter (Seite 160) die Gelegenheit, sich als archäologischer Zeichner seine Sporen zu verdienen. Einige Jahre später legten andere Ägyptologen wie Georges Daressy (im November und Dezember 1897) und Ahmed Kamal (im Jahr 1900 und danach) mehrere unberührte Grabstätten frei und entdeckten zahlreiche interessante Grabbeigaben, die den Herrschern und ihren Beamten gehörten.

Unterstützt von Kamal, versuchte der Amerikaner George A. Reisner (Seite 132) 1915 sein Glück an diesem Ort. Die Arbeiten standen jedoch nicht unter der Leitung eines Archäologen, sondern des Bostoner Museumsverwalters H. Lyman Story, der sich, Berichten zufolge, mehr für die Übersendung der richtigen Zigarrenmarke aus den USA als die detaillierte Aufzeichnung der Fundstücke interessierte. Innerhalb kürzester Zeit stieß man im Hof des ansonsten zerstörten Grabmals 10 auf zwei mit Trümmern gefüllte Schächte. Glücklicherweise verzichtete man auf das Dynamit, für dessen Einsatz sich Story ausgesprochen hatte. Der erste der beiden Schächte erwies sich als außerordentlich aufschlußreich. Zunächst gab die Erforschung von Schacht 10a wenig Anlaß zu Hoffnung auf aufregende Entdeckungen, da lediglich große Mengen von Taustücken, seltsamen Perlen und zerbrochenen Booten und Statuetten aus den Trümmern zutage gefördert wurden; in 10,5 Metern Tiefe, jenseits des teilweise zugemauerten Eingangs zur Grabkammer fiel jedoch der Blick des Forschers auf ein Gewirr von zerbrochenen Särgen, hölzernen Grabbeigaben, einem menschlichen Kopf und Leib, Bruchstücken von Schmuckgegenständen und Gefäßen – die Überreste des Doppelgrabes des »Erbprinzen und Herrschers über beide Throne« Djehutinacht, eines Herrschers aus der Zeit der 11. Dynastie, und seiner Gemahlin, die verwirrenderweise denselben Namen trug. Das Grab war eindeutig durchwühlt worden, was die Grabräuber jedoch zurückgelassen hatten, wog bei weitem das auf, was sie möglicherweise mit sich genommen hatten. Als besonderes Prunkstück erwies sich der äußere Sarkophag von Dje-

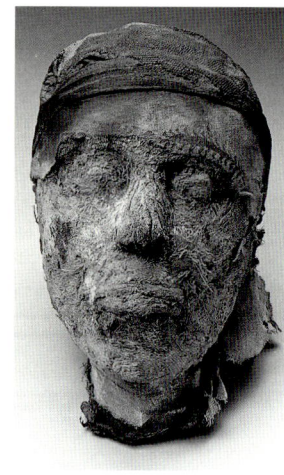

Oben Der kunstvoll bearbeitete Kopf der Mumie von Djehutinacht mit an den Schädel geschmiegten Leinenbinden und schwarz nachgezeichneten Augenbrauen. Wie die Computertomografie zeigt, ist das Gewebe unterhalb der Binden ausgezeichnet erhalten geblieben.

Links Das zeitgenössische Foto zeigt den desolaten Zustand in der südlichen Ecke der Grabkammer.

1915
Das Ägypten der Ptolemäer und das Zenon-Archiv

»Vor allem die [Zenon-Dokumente] vermitteln ein wundervolles Bild vom Leben im Ägypten zu Beginn des Alexandrinischen Zeitalters.«
CAMPBELL COWAN EDGAR

Das Zenon-Archiv umfasst mehrere Tausend griechische Dokumente eines Vertreters des Apollonios, des Finanzministers Ptolemaios' II. Philadelphos. Die Texte umfassen den Zeitraum von etwa 260 bis 240 v. Chr. und sind auf Griechisch verfasst. Das Archiv wurde nicht im Zuge einer offiziellen Grabung sondern 1915 von ägyptischen Bauern in der Gegend der alten Siedlung Philadelphia (Darb el-Ger-

za) im Faijum entdeckt und ist heute auf mehrere Museumssammlungen aufgeteilt. Der letzte Fund enthält Briefe, Bittschriften, Abrechnungen und einige literarische Texte, die neben einem Einblick in das Leben der Reichen und Armen dieser Provinzstadt auch – durch die flinke Feder des Apollonios – eine Schilderung des Hofes von Ptolemaios in Alexandria und der fernen, in Kleinasien gelegenen Stadt Kaunus bieten, aus der Zenon stammte.

»In einem Brief an Zenon berichtet ein weitschweifiger unbekannter Schreiber, dass er einen Fachmann hinzugezogen habe, um einige aus Gazellenknochen gefertigte Würfel zu ›heilen‹. Der Fachmann hält sie für schlecht und verweist als Bestätigung seines Urteils auf seine Tätigkeit bei Hofe, wo er den Würfel von Alexander [=Antipatros] Etesias ›geheilt‹ habe – der einst 45 Tage lang König von Makedonien war –, und nun, 20 Jahre später, verbringt er, mit Knöcheln spielend, seinen Ruhestand am Hof von Ptolemaios Philadelphos.«
STEPHEN GLANVILLE

Oben Ausschnitt aus der linken Innenseite von Djehutinachts kunstvoll gestaltetem äußeren Sarg. Gezeigt werden die Gaben, die den Verstorbenen in der Ewigkeit nähren sollen.

Unten Die Prozession der Opferträger nach der Rekonstruktion des Modells. Die außergewöhnlich gearbeiteten Figuren stellen einen Priester (?) und drei individuell gestaltete Dienerinnen dar, welche die Speisen für das ewige Leben in der nächsten Welt tragen.

Rechts Djehutinacht, der Eigentümer des Sarges, in sitzender Haltung. Er hält seinen Stab in der Hand und trägt einen breiten Halsschmuck, Armbänder und einen Hüftgurt.

hutinacht mit seiner kunstvollen Innenausschmückung von unvergleichlicher Qualität, die zu den Meisterwerken der altägyptischen Malerei zählt. Aus Storys Aufzeichnungen über die Räumung der Grabkammer lässt sich schließen, dass die Gemahlin vor ihrem Mann gestorben war und ihr Grab zur Zeit der Beisetzung seiner Särge geplündert wurde. Diese Vorgehensweise war in Ägypten bei Grabmälern, die mehrmals verwendet wurden, nicht ungebräuchlich. Vermutlich kehrten die Leichenbestatter nach einem angemessenen Zeitraum als Grabräuber zur Untersuchung von Djehutinachts Särgen zurück. Sachkundig verschafften sie sich Zugang zu den sterblichen Überresten des Mannes. Djehutinachts mumifizierter Leichnam wurde herausgezogen, ehe man ihn auf der Suche nach Juwelen in Stücke riss. Als schauriger Beobachter verfolgte der auf den äußeren Sarkophag gelegte abgetrennte Kopf, dessen Gesichtszüge durch die Leinenbinden nachgebildet und mit Farbe nachgezeichnet waren, das Treiben der Plünderer, die den Leib von den Binden befreiten und ihn möglicherweise in Brand steckten, bevor sie sich mit ihrer Beute davonmachten.

DER INHALT VON DJEHUTINACHTS GRABMAL

Gegenstand	Gemahl	Gemahlin	ungewiss
Särge	2	3	
Mumienmasken	1	1	
Mumien	1	1	
Schmuck, Amulette			verschiedene
Kanopentruhen	1	1	
Kanopendeckel			1
Bootsmodelle			55+
Große Ruder			2
Darstellungen des bäuerlichen und häuslichen Lebens			33+
Gabenträger			12+
Nachgebildete Speisen			verschiedene
Stäbe und Stöcke			250+
Bogen und Modellpfeile			verschiedene
Kleine Tische			4
Hes-Vasen			verschiedene
Leinentuch			1
Unbestimmbarer Gegenstand			1

1915
DIE JUWELEN VON TELL EL-MOQDAM

Datum
1915

Entdecker
C.C. Edgar

Ort
Tell el-Moqdam
(Leontopolis)

Periode
Dritte Zwischenzeit,
22. Dynastie,
Herrschaft
Osorkons III.,
883–855 v. Chr.

Tell el-Moqdam liegt an der Stelle des alten Leontopolis, der Hauptstadt des 11. Gaus Unterägyptens während der Ptolemäerzeit, eine Stadt, welche die gesamte ägyptische Geschichte hindurch eine bescheidene Bedeutung hatte. Unter den wenigen für diesen Ort verzeichneten Funden stößt man auf einige beeindruckende. Dies gilt vor allem für die beiden kleinen Gewölbegräber, die 1915 nach einem Hinweis aus der Bevölkerung am Westrand des Ortes von dem örtlichen Forschungsbeauftragten ausgegraben wurden. Seit längerem wußte man bereits von der Grabstätte, die voller Wasser war und wenig Aufsehenerregendes zu versprechen schien. C.C. Edgar, der Inspektor der Altertümerverwaltung, berichtet:

>»Die nördliche Kammer, die einen Kalksteinsarkophag enthielt, war geplündert und der Sarg selbst zerschlagen worden. Der Sarg in der südlichen Kammer bestand glücklicherweise aus rotem Granit und besaß einen überaus widerstandsfähigen Deckel ...«

Angenehm überrascht wurden die Ausgräber durch die Entdeckung, dass die südliche Grabkammer ein Relief schmückte. Auf Grund des hohen Wasserspiegels war es jedoch nicht möglich, das Kunstwerk eingehend zu studieren. Als noch größerer Glücksfall erwies sich die Tatsache, dass die Forscher imstande waren, aus dem Schlamm im Sarkophag verschiedene außergewöhnliche Schmuckgegenstände wie einen erlesenen silbernen Brustschild zu bergen. Dank des Gewichts des granitenen Sargdeckels – eines wieder verwendeten Steinblocks – war das südliche Grab einer unerwünschten Zuwendung durch Räuber vollkommen entgangen. Wie die Qualität der Schmuckstücke aufzeigte, handelte es sich keineswegs um ein gewöhnliches Begräbnis. Der Herzskarabäus identifizierte seine Besitzerin als Königin Kama – vermutlich die Mutter von Osorkon III., Kamama –, die im Tempelbezirk ihrer Heimatstadt beigesetzt wurde, in den sie auf eigenen Wunsch nach ihrem Tod zurückgekehrt war.

Unten Vergoldeter Silberbrustschmuck aus dem Grab der Königin Kamama: der Gott Chnum (ausgeführt als massive Lapislazuli-Einlegearbeit), flankiert von den Gottheiten Hathor (hinten) und Maat (vorne).

DER SCHATZ VON KÖNIGIN KAMAMA

Kairo-Nr.	Beschreibung
45337	Vergoldetes Silberpektorale mit Intarsien
45338	Skorpionamulett mit Menschenkopf aus Gold und Intarsien aus Achat
45339	Goldreif, geschmückt mit Einlegeuräus
45340, 45341	Armbänder mit eingelegtem Gold
45342, 45343	Fragmente zweier goldener Armbänder
45344	großer Skarabäus aus Lapislazuli
45345	Amulett mit Djed-Pfeiler aus Lapislazuli
45346	Lapislazulischeibe
45347	großer Skarabäus aus ägyptischem Blau
45348	Frosch aus Lapislazuli
45349	goldene Scheibe mit Intarsien
45350	Steatit-Skarabäus mit Name der Königin und Auszügen aus dem *Totenbuch*
45351	grob gefertigtes Taweret-Amulett aus Lapislazuli
45352	kleine Achatschatulle
45353	Kalzitvase mit einem Henkel
45354	Kalzitvase mit drei Henkeln
45355–45356	zwei Kalzitvasen mit zwei Henkeln
45357	Kalzitkanope mit Deckel als Menschenkopf
45358	Kalzitkanope mit Deckel als Hundekopf
45359	Kalzitkanope ohne Deckel
45360	Kalzitkanope mit Inschrift, ohne Deckel
45361	Bronze-Uräus mit Goldspuren
45362	Fayence-Uschebti mit Resten einer Inschrift

1916–20
NUBISCHE GRÄBER DER 25. DYNASTIE: NURI UND EL-KURRU
1916: Der Carnarvon-Gold-Amun

Datum
1916–1920

Entdecker
George A. Reisner

Ort
Nuri und El-Kurru

Periode
25. Dynastie,
Herrschaft von Kaschta bis
Tanwetamani,
ca. 770 – 657 v. Chr.

Das Ausgrabungsgebiet des amerikanischen Archäologen George A. Reisner erstreckte sich von Giseh im Norden (Seite 132, 136) bis zu den Grenzen des ägyptischen Einflusses im Süden über den 6. Katarakt hinaus, wo er an verschiedenen bedeutenden Orten Grabungen tätigte. Dazu zählten Meroe (Seite 35), das Gebiet Napata mit Gebel Barkal (wo er 1915 seine Arbeit begann) und die Begräbnisstätten Nuri und el-Kurru, wo die nubischen (oder kuschitischen) Herrscher Ägyptens der 25. Dynastie bestattet wurden.

Nuri

»Die aufschlussreichsten Stücke der zahlreichen interessanten Funde von Nuri sind wahrscheinlich die Uschebti-Figuren. Sie wurden in nahezu allen Gräbern gefunden und trugen größtenteils eine Inschrift. Ihnen verdanken wir in erster Linie, dass wir die Namen der bestatteten Personen kennen. In einigen Gräbern waren sie in großer Zahl vorhanden: So fanden sich in jenem des Königs Taharqa mehr als 1000 [1070] aus hartem Stein in einer Größe von 20 bis 82 Zentimeter …«
DOWS DUNHAM

Reisners Ausgrabungen erstreckten sich ab 1916 über mehrere Grabungssaisons und umfassten die Entdeckung von etwa 20 Königsgräbern und 53 Grabstätten königlicher Frauen aus der Zeit zwischen 690 und 337 v. Chr. Nur wenige Namen dieser Herrscher sind in die Geschichte eingegangen. Der wohl berühmteste von ihnen war Taharqa, der bekannteste der nubischen Könige, unter deren Herrschaft Ägypten nach einer langen Phase politischer Stagnation, die sich an den Zusammenbruch des Neuen Reiches anschloss, wieder aufblühte. Ungeachtet der großen Entfernung zeigte sich anhand von Reisners Ausgrabungen in Nuri, dass die Bestattungspraktiken fast ausnahmslos ägyptisch waren. Auch hier begrub man die Pharaonen in Pyramiden – wenn auch in bedeutend kleineren als den riesenhaften Bauwerken früherer Perioden – mit der ge-

Unten Die Ausgrabungen vor dem Pyramidengrab des Taharqa in Nuri sind in vollem Gang. Eine klassische Szene: Einheimische Grabungshelfer und Träger unter der Aufsicht eines westlichen Archäologen in weißem Anzug.

4000 v. Chr.

3000 v. Chr.

2000 v. Chr.

1000 v. Chr.

0

700 n. Chr.

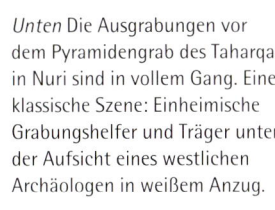

samten Bestattungsausrüstung. Hierzu gehörten Sarkophage und/oder anthropomorphe Särge, kostbare metallene Gesichtsmasken, Skarabäen und andere Amulette und Krönungsinsignien sowie goldene Gefäße, Behälter aus Stein und Töpferwaren, Lebensmittel und andere Gebrauchsgegenstände, die in den drei in Stein gehauenen Grabkammern unter der eigentlichen Pyramide aufbewahrt wurden. In den kleinen Begräbniskapellen, die an der Ostfront dieser Pyramiden errichtet wurden, stellte man Stelen und Opferaltäre auf. Wie in El-Kurru waren die Gräber geplündert worden, zur Freude der Wissenschaftler jedoch auf oberflächliche Art und Weise. Als eines der ergiebigsten erwies sich das Grabmal von Aspelta, einem Nachfolger von Taharqa, in dem durch einen frühzeitigen Einsturz des Daches vieles erhalten blieb, was aus den benachbarten Gräbern entfernt worden war.

Oben Vor dem Hintergrund der Pyramiden von Nuri ordnen zwei sudanesische Helfer Reisners die riesige Menge an Uschebtis, die in Taharqas Grab (Nu1) 1917 gefunden wurden.

El-Kurru

»… hier fand unsere Expedition mit einer einzigen Ausnahme die Gräber sämtlicher Könige der 25. ägyptischen Dynastie, jener Herren, die eine Wende im Schicksal des im Niedergang begriffenen Ägypten herbeiführten und ihre ehemaligen Herrscher besiegten …
DOW DUNHAM

Oben Der Mumienschmuck aus Blattgold stellt eine geflügelte Isis dar. Er stammt aus der Pyramide 10 von Nuri.

Links Die Auswahl der Uschebti-Figuren zeigt die unterschiedlichen Größen und verschiedenen Materialien. Qualität und Anzahl der Skulpturen sind gleichermaßen beeindruckend.

DIE KÖNIGSGRÄBER DER 25. DYNASTIE

König	Datum	Ort
Kaschta	770 – 750	El-Kurru (?)
Pije (Pianchi)	750 – 712	El-Kurru (Ku 17)
Schabaka	712	El-Kurru
Schebitku (Schabataka)	698-690	El Kurru
Taharqa	690-664	Nuri (Nu 1)
Tanwetamani (Tanutamun)	664 – 657+	El-Kurru

Reisners Arbeit in Nuri warf viele Rätsel auf: Angesichts der Ausmaße der Begräbnisstätte hoffte er nicht zu Unrecht auf die Entdeckung jener Könige des Kusch-Reiches, die als 25. Dynastie über Ägypten herrschten. Tatsächlich fand er aber lediglich das Grab Taharqas, eines von sechs dieser Könige. Wo lagen die der anderen? In der nächsten Grabungssaison (1918/19) verlegte Reisner seine Männer nach el-Kurru, an einen wenig versprechenden Aussichtspunkt auf der gegenüber liegenden Seite des Flusses, der von einer einzigen verfallenen Pyramide gekennzeichnet wurde. Er hatte wenig Hoffnung, hier auf bedeutende Funde zu stoßen, seine Skepsis erwies sich jedoch glücklicherweise als unberechtigt.

Die Begräbnisstätte von el-Kurru dürfte um die Wende zum 1. Jahrtausend v. Chr. oder sogar früher gegründet worden sein und ihre Verwendung lässt sich im Wesentlichen in zwei Phasen einteilen. Die erste, rein kuschitische Phase dauerte etwa ein Jahrhundert an. In ihr entwickelten sich die – durchwegs geplünderten – Gräber von einfachen Kieshügeln zu rechtwinkeligen Steinmastabas über einer schlichten Begräbnisgrube. Die Gräber der späteren Phase, die um 750 v. Chr. einsetzte, besaßen ein oberirdisches Bauwerk aus Stein in Form einer stark vereinfachten Pyramide, von der aus eine Treppe in eine oder zwei in den Fels gehauene Grabkammern hinabführte. Bei deren Ausgrabung ergaben sich weitere Hinweise auf ägyptische Bestattungsmethoden wie die Entnahme der Eingeweide (davon

1916
Der Carnarvon-Gold-Amun

Die vom 5. Earl of Carnarvon unter der Leitung seines Partners und Freundes Howard Carter zusammengestellte Sammlung ägyptischer Antiken enthielt jede Menge Meisterwerke. So befand sich unter den Stücken diese spektakuläre Darstellung des Gottes Amun aus reinem Gold. Carter hatte die 18 Zentimeter hohe Figur in ihrem heutigen beschädigten Zustand 1917 von einem Händler in Kairo erworben. Man sagte ihm, sie sei von einem *sebachin* ein Jahr zuvor nördlich des großen Amuntempels in Karnak ausgegraben worden. Diese Angaben wirken glaubwürdig, lassen

sich jedoch nicht beweisen. Während Carter die Figur der Zeit der 18. Dynastie – und zwar den Jahren Thutmosis' III. – zuschrieb, konnte der Kunsthistoriker Cyril Aldred anhand des Fertigungsstils überzeugend nachweisen, dass die Statue während der 22. Dynastie entstand. Dass sie zu den bedeutendsten Gottesdarstellungen aus Edelmetall zählt, die jemals in Ägypten zutage gefördert wurden, ist unbestritten. Die Figur, die auf Grund ihrer Größe vermutlich eher ein kostbares Exvoto als eine eigenständige Kultfigur ist (Seite 155), gilt im Metropolitan Museum in New York als eine der erlesensten Kostbarkeiten ägyptischer Kunst (MMA 26.7.1412).

Unten Kolossalstatue des Taharqa, die in stehendem Originalzustand über 4 Meter hoch ist. Gefunden wurde sie in Gebel Barkal (Tempel B 800) während George A. Reisners Ausgrabungen.

Rechts Gerätschaft für Trankopfer aus dem Grab von König Pije in El-Kurru (KU17).

zeugten kanopische Gerätschaften) und die Beigabe von Uschebti-Figuren, ein Indiz, dass die bis dahin in der Region weit verbreiteten Menschenopfer nun der Vergangenheit angehörten. Der charakteristische nubische Brauch, den Verstorbenen auf einem Bett anstatt in einem Sarg zu bestatten, setzte sich jedoch größtenteils fort.

Die Begräbnisstätte von El-Kurru, welche die Gräber einflussreicher Königinnen und Könige des Kusch-Reiches umfasste, war zwar beraubt worden, barg aber, wie Reisners Arbeit zeigte, immer noch sehr viel.

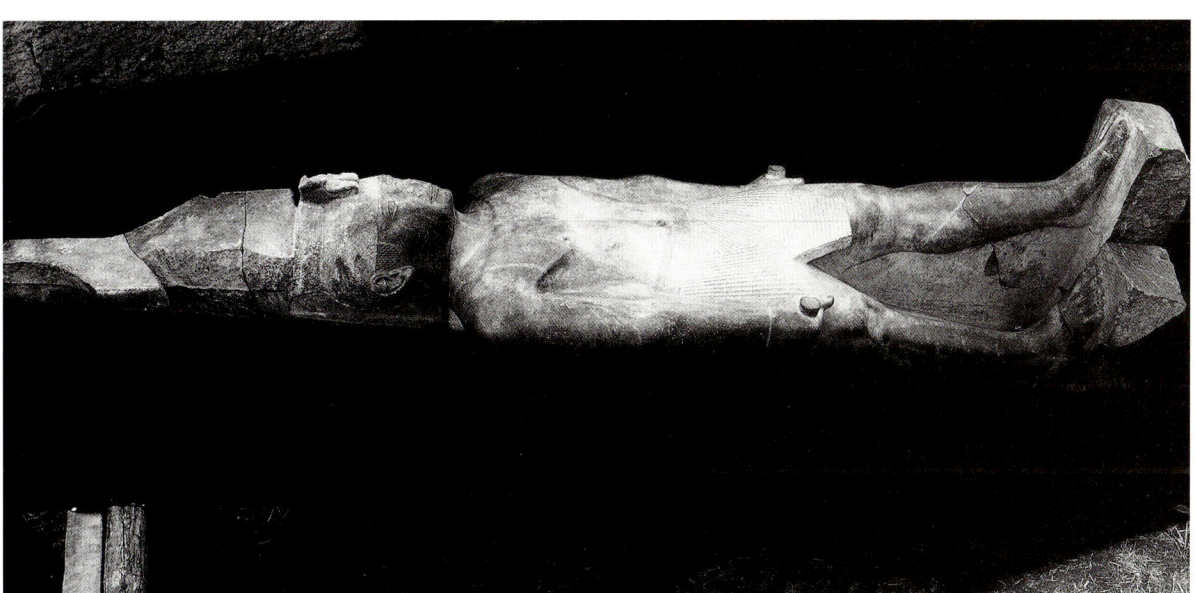

1916
DER SCHATZ DER DREI ÄGYPTISCHEN »PRINZESSINNEN«
1919: Das Grabmal von Petosiris in Tuna el-Gebel

Datum
1916

Entdecker
Ägyptische Ortsansässige

Ort
Theben (Quabbanat el-Qurud)

Periode
Neues Reich, 18. Dynastie,
Herrschaft Tuthmosis' III.,
1479–1425 v. Chr.

»Als wir das Grab [im Jahr 1928] besuchten, wurden wir von dem alten Mohammed Hammad geführt, einem der Grabräuber, die es entdeckt hatten. Ihm zufolge waren beide Enden des Ganges [die zur Grabkammer führten] blockiert gewesen…Nach der Geschichte des alten Mohammed befanden sich in der Kammer verschiedene Gegenstände, ordentlich arrangiert auf einer Schicht aus Spänen, die den Boden bedeckte…[D]ie Särge waren noch gut erkennbar und standen Seite an Seite mit dem Kopfende zur Südwand gerichtet, waren jedoch durch die Feuchtigkeit völlig verrottet. Ein [d]erartiges Begräbnis könnte sehr wohl auf den gleichzeitigen Tod [der Frauen] durch eine Epidemie schließen lassen. Möglicherweise handelte es sich aber auch um Opfer einer Exekution als Folge einer Palastverschwörung.«
HERBERT E. WINLOCK

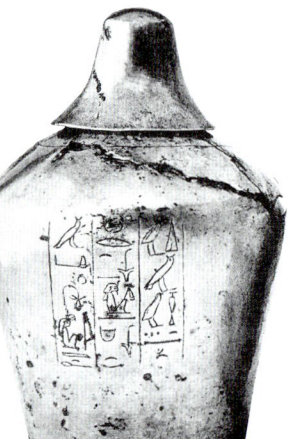

Das Grabmal der drei »Prinzessinnen« – dreier untergeordneter Gemahlinnen Thutmosis' III. – wurde von den Einwohnern von Qurna nach heftigen Regenfällen, wie sie mitunter in der Gegend auftreten, Ende Juli 1916 entdeckt. An einer bestimmten Stelle, hoch in den Felsen des Affenfriedhofs (Qabbanet el-Qurud), verschwand das herabströmende Wasser, ohne unten eine Spur zu hinterlassen. Wie sich herausstellte, floss es in ein vergessenes Grabmal, das augenblicklich von seinen glücklichen Entdeckern ausgeräumt wurde. »Noch vor Mitte August war in Qurna und Luxor allgemein bekannt, dass ein außergewöhnlicher Schatz gefunden worden war.« Ein Großteil der Sammlung gelangte gegen eine stattliche Entlohnung über Howard Carter und Lord Carnarvon in das Metropolitan Museum of Art in New York, wo Herbert Winlock die Aufgabe zufiel, die Stücke systematisch zu erfassen. Die Menge und Qualität des Materials aus der Zeit der 18. Dynastie war zu jener Zeit beispiellos: königliche Diademe und Kopfschmuck, Ohrringe, breite Halsbänder, Halsketten, Amulette, Armbänder, Fingerringe, Finger- und Zehenhülsen, Metallsandalen, Spiegel, Kanopen und eine Vielzahl von Gefäßen aus Edelmetall, Glas und Stein. Der Schatz war vielleicht naheliegenderweise von den Händlern durch echte Fundstücke anderen Datums und eine Vielzahl von Fälschungen »ergänzt« worden, ehe er untersucht werden konnte. Einige Stücke dieser Art waren bereits zur Zeit der Publikation Winlocks als solche erkannt worden, andere – wie etwa verschiedene der kostbaren Metallgefäße – wurden seitdem von den amerikanischen Ägyptologen Christine Lilyquist und Peter F. Dorman als Ergänzungsstücke erkannt.

Die einstigen Eigentümer dieser Sammlung wurden durch die wichtigsten Fundstücke als Gemahlinnen von Thutmosis III. identifiziert:

Oben Verschiedene Fragmente von Halsketten, die das Metropolitan Museum of Art über Lord Carnarvon und Howard Carter erwarb. Der Schatz war von Händlern durch zahlreiche Gegenstände (wie die aus Täfelchen bestehende Kette) »ergänzt« worden, die sich bei jüngsten Untersuchungen als Arbeiten unserer Zeit erwiesen.

Links Mitte Silbergefäß mit Stöpsel mit dreispaltiger Inschrift eines Hieroglyphentextes für die Königin Menawa; ihre Gefährtinnen Manhat und Mahnta besaßen ähnliche Behälter, deren genaue Funktion unbekannt ist.

Links Ein königlicher Kopfschmuck aus dem Grab, wie er früher im Metropolitan Museum of Art in New York ausgestellt wurde. Das zentrale Oberteil besteht aus Gold und war einst mit Intarsien verziert. An ihm hängen etwa 800 miteinander verbundene Rosetten, deren ursprüngliche Einlegearbeiten aus Karneol, Türkis und Glas größtenteils erhalten sind.

DER SCHATZ DER DREI »PRINZESSINNEN«
DIE WICHTIGSTEN STÜCKE

Schmuckstücke für Alltag

Nr.	Beschreibung	Inschrift
1	Goldener Kopfschmuck mit Intarsien	
2	Gazellen-Kopfschmuck aus Gold	
3	Goldohrringe (5 Paar)	
4	Breites Halsband aus Gold mit Endgliedern in Form eines Falkenkopfes	Thutmosis III.
5	Breites Halsband aus Gold mit Endgliedern in Form einer doppelten Lotosblüte	Thutmosis III.
6	breites Halsband aus Gold mit Endgliedern in Form einer einfachen Lotosblüte	
7	verschiedene Perlenketten, Amulette, Anhänger, Goldgegenstände usw. (einige Fälschungen)	
8	Kette aus Fayencescheiben und Perlen	
9	Armbänder, verziert mit Katzen, aus Gold usw. (3 Paar)	
10	Armbänder mit Perlenintarsien, aus Gold usw. (3 Paar)	Thutmosis III.
11	verschiedene Armbänder aus Gold usw. (einige Fälschungen) sowie eines von Hatschepsut	Thutmosis III.
12	goldene Ringe mit Skarabäen usw. (8) einschließlich einiger von Hatschepsut	Thutmosis III.
13	perlenbesetzte Gürtel aus Gold usw. (3)	

Begräbnisschmuck

Nr.	Beschreibung	Inschrift
14	goldene Halsketten mit Herzskarabäen usw. (3)	Manhat, Menawa, Mahnta
15	Armreif mit Seweret-Perlen, Gold usw. (3)	
16	Armreifen mit Perlen, Gold usw. (2)	
17	gabelförmige Amulette aus Gold (3)	
18	breite Halsbänder mit Endgliedern in Form eines Falkenkopfes, Blattgold (3)	
19	Brustschmuck mit Geier, Blattgold (3)	
20	Finger- und Zehenhülsen (54)	
21	Sandalen, Blattgold (3 Paar)	
22	Kanopen mit Deckel in Form eines Menschenkopfes (3 Sätze)	Manhat, Menawa, Mahnta

Kosmetikgegenstände

Nr.	Beschreibung	Inschrift
23	Spiegel aus Gold und Silber (2),	einer Thutmosis III.
24	kosmetische Gefäße aus verschiedenen Steinarten, einige mit Goldrand (mindestens 12)	Thutmosis III.
25	kosmetische Töpfe aus verschiedenen Steinarten (etwa 30)	Thutmosis III.

Trinkgefäße

Nr.	Beschreibung	Inschrift
26	Trinkgefäße aus Gold (Fälschung) (15)	Thutmosis III.
27	goldenes (?) Gefäß mit Griff (6)	
28	Trinkgefäße aus Silber (2)	
29	Kanister aus Silber (3)	Manhat, Menawa, Mahnta
30	Trinkgefäße, Glas (2),	eines Thutmosis III.
31	Trinkgefäß aus Kalzit	Thutmosis III.
32	Trinkgefäße aus Feldspat (2)	
33	Amphoren/Weinkrüge aus Kalzit (mindestens 7)	

Oben Ein rekonstruierter breiter Halsschmuck mit Falkenverschluss aus dem Grabmal der drei »Prinzessinnen«. Der Verschluss und die Hängeperlen sind mit dünnem Blattgold überzogen und mit Halbedelsteinen und Glas eingelegt.

Unten Ein einzelnes Armband von drei gleichen Paaren aus der Erwerbung von Carnarvon und Carter mit Perlen aus Gold und Halbedelsteinen. Der Verschluss ist mit liegenden Miniaturkatzen aus Gold und Karneol verziert. Zwei weitere Exemplare, möglicherweise aus Fayence, fehlen heute.

»Die Namen dieser drei Frauen lauteten Manhat, Menawa und Mahnta und wurden, wie bei Fremdworten üblich, in Silbenschrift geschrieben«, bemerkte Winlock und folgert: »...da diese Namen ein Anflug von Fremdartigkeit umgibt – ... dürften die Frauen Töchter syrischer Stammesführer gewesen sein...« Diese Ansicht wird nach wie vor allgemein geteilt.

In der Antike war das Grab von Manhat, Menawa und Mahnta seiner Entdeckung nur um Haaresbreite entgangen, fanden doch in der Nähe des Eingangs Howard Carter im Jahr 1916 und Herbert E. Winlock und sein Team im Jahr 1928 verschiedene Inschriften, die auf eine einstige Anwesenheit des königlichen Schreibers Djehutimose und seines Sohnes Butehaimun in der unmittelbaren Umgebung hinwiesen.

Die Namen dieser Personen sind uns heute wohlbekannt. Sie waren von den thebanischen Hohepriestern der 21. Dynastie mit der Aufgabe betraut worden, rund um Theben alte, reiche Grabmäler aufzuspüren, um die Toten für eine Wiederbestattung zu bergen. Diese beiden Männer vor allem sind dafür verantwortlich, dass nur äußerst selten ein intaktes thebanisches Grab gefunden wurde. Winlock bermerkte: »Die Inspektoren wussten eindeutig, dass sich in der unmittelbaren Umgebung ein Grabmal befand«; zu unserem Glück dürfte an diesem Tag gutes Wetter geherrscht haben, sodass diese Begräbnisstätte den Schreibern des Altertums entging.

Ein Wort zu Fälschungen
Fälschungen sind der Untergang jedes Museumsdirektors. Im Verlauf der gesamten Geschichte der Ägyptologie bis in unsere Tage gab es einige überaus erfolgreiche Betrugsversuche, wie

Oben Eine von drei rekonstruierten breiten Halsketten aus dem Grabmal. Die eingelegten Hängeperlen, Gegengewichte und lotusförmigen Verschlussstücke sind mit einem Namen des Königs versehen. Der Perlengürtel (darunter) ist nach dem Vorbild von Akaziensamen gefertigt.

der Schatz der drei »Prinzessinnen« verdeutlicht. Worin liegt der Anreiz?

»Die Liebe zum Geld kennzeichnete immer schon den Ägypter. In ihr zeigt sich der Einfallsreichtum des Nachkommen des Künstlers. Zweifellos stellt er, mitunter unterstützt von verschiedenen Europäern, Nachbildungen von Antiken, Skarabäen, Figuren und Modellen in solch raffinierter Kunstfertigkeit her, dass selbst viele der besten Fachleute nur rätseln können, ob es sich um Fälschungen oder echte Stücke handelt. Einige dieser Imitationen wurden gegen hohe Beträge verkauft. Entdeckt man den Betrug rechtzeitig, erhält der Eigentümer mitunter einen Teil seines Geldes zurück. Der ägyptische Fälscher würde nichts Unehrenhaftes darin sehen, jemanden auf diese Weise zu betrügen. Würde sein Schwindel aufgedeckt, bedauerte er lediglich, dass ihm ein Vermögen entging.«
T. G. WAKELING

1919
Das Grabmal von Petosiris in Tunat Al Gabal

»…ein viel gereister und überaus kultivierter Mann, [der] offenbar einen griechischen Künstler für die Szenen aus dem Alltagsleben anstellte, welche die äußeren Abschnitte seines Grabmonuments zieren.«
CYRIL ALDRED

Das eigenwillige, tempelähnliche Familiengrab von Petosiris, dem Hohepriester des Gottes Thot in Hermupolis magna, wurde um 340 v. Chr. gegen Ende der dynastischen Zeit errichtet. Es ist in einer eigentümlichen Mischung aus traditionellen und gewagteren ausländischen Stilelementen verziert und wurde 1919 entdeckt und anschließend von dem französischen Inspektor der Altertümerverwaltung Gustave Lefebvre ausgegraben. Die teilweise in die Felssohle gehauene Grabkammer wurde im Jahr darauf geöffnet. Die Mumie des Grabeigentümers hatten Plünderer mitgenommen, seine hölzernen Särge waren jedoch zurückgeblieben; der erlesenste und am besten erhaltene befindet sich heute in Kairo (JE 46592). Er zeichnet sich durch seine fünf kunstvollen Säulen und von Glasintarsien geschmückten Hieroglyphen aus dem 42. Kapitel des *Totenbuchs* aus und zählt zu den besterhaltenen Arbeiten seiner Art. Ein Fragment der Vorderseite eines

ähnlichen Sargs dieser Gruppe wird heute in Turin aufbewahrt. In den darauf folgenden Jahrzehnten (1931–1952) setzten Sami Gabra und die Universität Kairo die Arbeiten in Tunat Al Gabal fort und erkundeten die berühmten Katakomben des Ibis, des heiligen Tieres von Thot. Hinter dem Grabmal des Petosiris entdeckte man eine »vollständige Stadt mit an Gräber

angebauten Häusern. Diese Gebäude dienten den Familien der Verstorbenen während ihrer Besuche zu den verschiedenen religiösen Festen als Unterkunft, da diese zwei bis drei Tage andauern konnten«. Wie das Grabmal des Petosiris weisen auch diese Gebäude eine außergewöhnliche Mischung ägyptischer und griechischer Stilelemente auf.

DIE GRÄBER ASCHAYETS UND DER KLEINEN MAYET

Datum
1920

Entdecker
Herbert E. Winlock

Ort
Theben (Dair Al Bahri)

Periode
Mittleres Reich, 11. Dynastie,
Herrschaft Mentuhoteps II.,
2061 – 2010 v. Chr.

Der Tempel König Mentuhoteps II. aus der 11. Dynastie wurde zunächst von Édouard Naville für den Egypt Exploration Fund in Dair Al Bahri ausgegraben. Dabei wurden sechs Schreine freigelegt, die Naville mit sechs geplünderten und einst reich ausgestatteten Gräbern in Verbindung brachte. Herbert Winlock, der Ausgräber des Metropolitan Museum, war nicht überzeugt und beschloss, die Angelegenheit nochmals zu untersuchen. Er erkannte, dass nur vier von Navilles Gräbern mit den sechs Schreinen in Beziehung standen und dass in geringer Entfernung zwei zusätzliche Gräber lagen, die Navilles Aufmerksamkeit entgangen waren. Diese beiden Begräbnisstätten waren nach wie vor intakt.

Das erste der beiden Gräber (Nr. 17) enthielt »einen großen Holzsarg«, welcher der Dame Kemsit gehörte. »Sobald wir ihn anhoben … konnten wir darunter den Deckel eines skulpturierten Kalksteinsarkophags mit der Inschrift ›Aschayet‹ erkennen.« Sowohl der Kalksteinsarkophag als auch der innere rechteckige Holzsarg erwiesen sich als prachtvolle Kunstwerke. Ashayets Leichnam in einer mumienförmigen Kartonage befand sich nach wie vor im

Mitte Dair Al Bahri und die Überreste von Mentuhoteps Totentempel – Winlocks Fundstätte.

Unten Diese hölzerne Grabstatuette von Aschayet wurde in ihrem Holzsarg neben dem mumienförmigen Kartonagebehälter gefunden, der ihren Leichnam enthielt.

Unten Ein Ausschnitt aus dem Inneren von Aschayets Sarkophag zeigt die wundervoll erhaltene Malerei. Das Grabmal wurde aus mehreren einzelnen Kalksteinplatten errichtet, die an den Ecken mit Kupferbändern verbunden wurden.

Sarg. »An ihrer Seite lag ihre Statuette in altertümlich steifer Haltung, mit Goldarmbändern geschmückt und einem von weißen Trägern gehaltenen roten Rock bekleidet.«
Im massiven Sarkophag des zweiten Grabmals (Nr. 18) stieß man auf einen kleinen weißen, unversehrten Sarg, der den Namen Mayet – »die Katze« – trug. In ihm befanden sich ein weiterer Sarg und die Mumie selbst. Begraben unter einem Stapel gefalteten Leinens lag sie auf der Seite: »Die Augen ihrer Gipsmaske blickten durch die auf ihre Särge aufgemalten Augen hindurch … Nachdem das Leinen vorsichtig weggeschnitten worden war, erschienen nacheinander fünf bezaubernde Halsketten … [so] wie die kleine Mayet sie vor 4 000 Jahren getragen hatte.«

Um wen es sich jedoch bei diesem Kind handelte, »bleibt unserer Phantasie überlassen«.

4000 v. Chr.	
3000 v. Chr.	
2000 v. Chr.	
1000 v. Chr.	
0	
700 n. Chr.	

BRIEFE EINES TYRANNISCHEN VATERS: DIE HEQANACHT-PAPIERE

Vor 1921: Das gelbe Jaspisgesicht aus der Carnarvon-Sammlung
1922 oder früher: Eine silberne Kultdarstellung von Horus dem Älteren

Datum
1920

Entdecker
Herbert E. Winlock

Ort
Theben (Dair Al Bahri,
Grabmal des Meseh im Hof
von TT315)

Periode
Mittleres Reich,
12. Dynastie,
Herrschaft Sesostris' I.,
1971–1926 v. Chr.

Rechts In dem ersten Text der
Sammlung schreibt Heqanacht
an seinen Verwalter Merisu:
» ... du musst das Hausmädchen
Senen aus meinem Haus entfernen ... Du bist dafür verantwortlich, dass du es zulässt, dass sie
meine neue [?] Frau schlecht behandelt!«

*»...die privaten Briefe eines weitschweifigen alten Bauernpriesters führen uns über die Hinter-
treppe direkt in einen Haushalt vor 4000 Jahren und gestatten es uns, häusliche Reibereien zu
Zeiten Abrahams zu belauschen.«*
HERBERT E. WINLOCK

Die Heqanacht-Papiere – eine kleine Sammlung von Papyri, die sich heute im Metropolitan Museum of Art in New York (MMA 22.3.516-523a-e) befinden – wurden in der Grabungssaison 1920/21 von Herbert E. Winlock und der Ägyptenexpedition des Metropolitan Museum in Dair Al Bahri gefunden. Sie befanden sich im Gang der unberührten Begräbnisstätte des Meseh, eines Familienangehörigen des Wesirs Ipi; die Anlage war im Hof
des Grabmals des Wesirs (TT315) gegraben worden. Gemeinsam mit anderem Müll waren
die Papiere dazu verwendet worden, den Boden auszugleichen und eine Gleitrampe für den
Sarg zu bauen. Wie man anhand des unversehrten Siegels des Schriftstücks III folgern
kann, wurden dieses und andere vermutlich nie zugestellt. Dieser Umstand veranlasste einige Wissenschaftler, von einer Intrige auszugehen, und inspirierte Agatha Christie zu
ihrem altägyptischen Kriminalroman *Rächende Geister*.
Die Wissenschaftler Battiscombe Gunn, der die Briefe zuerst untersucht hatte, T. G. H.
James und andere gelangten zu dem Schluss, Heqanacht, der abwesende Landeigentümer
und Briefschreiber, habe als Ka-Beamter in Ipis Namen während der Herrschaft Mentuhoteps II. aus der 11. Dynastie gewirkt. Hans Goedicke und Dorothea Arnold schreiben die
Texte einer etwas späteren Periode zu. Goedicke datiert sie auf die Herrschaft König Ame-
nemets I. aus der 12. Dynastie, während Dorothea Arnold das Entstehungsdatum in der
frühen Regierungszeit dessen Sohnes Sesostris I. ansiedelt, als dieser noch Mitregent seines
Vaters war.

Vor 1921 Das gelbe Jaspis-gesicht aus der Carnarvon-Sammlung

Die erste öffentliche Erwähnung des zwölf Zentimeter
hohen Bruchstücks des gelben Jaspisgesichts aus der
Sammlung des 5. Earl of
Carnarvon (heute in New
York, MMA 26.7.1396) er-
folgte im Ausstellungskata-
log des Burlington Fine Arts
Club aus dem Jahr 1921. In
ihm wurde eine »Komposit-
statue der Königin Nofretete« als Ursprung des Fundstücks angeführt. Die Zu-
weisung erfolgte zum Teil

auf Grund des ver-
wendeten gelben
Steins – Gelb
verwies traditio-
nellerweise auf
weibliches
Fleisch – und
zum Teil auf
Grund von Lord
Carnavons und
Howard Carters
(sicherer?) Informa-
tion, dass das Kunst-
werk in Tell el-Amarna
gefunden worden war,
ehe es auf den ägypti-
schen Antikenmarkt ge-
langte. 1959 klassifizierte
man das Bruchstück neu,
und zwar als unteren Teil eines Porträts von Teje, der

Gemahlin Amenophis' III.
und Mutter Echnatons. In
jüngerer Zeit hat Dorothea
Arnold das Fragment der
zweiten Gemahlin Ech-
natons, Kija, zugewiesen.
Wie auch immer, das
Bruchstück kennt
nicht seinesglei-
chen. Es bildet
ein seltenes
Beispiel einer
ägyptischen
Kompositstatue,
das mit außerge-
wöhnlichem Einfüh-
lungsvermögen in eines
der wertvollsten und härtes-
ten Materialien geschnit-
ten wurde, die zu dieser Zeit
bekannt waren.

Die Schriften bieten einen einzigartigen, faszinierenden Einblick in das ägyptische Alltagsleben des Altertums im Herzen des Landes und dies – sollte Arnold recht behalten – an einem historischen Wendepunkt kurz nach der Gründung der neuen Hauptstadt Itjtaui in der Nähe von Lischt (von wo aus Heqanacht vermutlich schrieb). Heqanachts Briefe spiegeln die alltäglichen Angelegenheiten eines Mannes seiner Schicht wider – seine Beziehungen zu seinem Haushalt, dessen Zusammensetzung, die verschiedenen Pflichten in diesem und Ähnliches mehr.

Der Grundgehalt dieser Texte eines autoritären Vaters aus dem alten Ägypten wurde von ihrem Entdecker Herbert Winlock gekonnt zusammengefasst:

»…[Heqanacht] genoss…es, [seine Familie] daran zu erinnern, das sie ›sein Brot aß‹ und dass ›alles ihm gehörte und der gesamte Haushalt von ihm abhängig war‹. Er war ein kleinlicher, überheblicher Kerl, dessen Briefe nur so strotzten von Aussprüchen wie: ›Beachtet dies‹, ›Seid sorgsam und tatkräftig‹ und ›Ich werde euch dafür zur Rechenschaft ziehen‹. ›Unterlasst es nicht, auf alles zu antworten, was ich euch geschrieben habe‹, beharrte er, ›denn bedenkt, dies ist ein Jahr, um für seinen Herrn zu arbeiten‹; oder: ›dies ist kein Jahr, um seinen Herrn, seinen Vater oder seinen Bruder zu vernachlässigen‹.«

Wir alle kennen diesen Menschentypus. Denn ungeachtet der zeitlichen und kulturellen Distanz waren die Ägypter mit ihren Stärken und Schwächen Menschen aus Fleisch und Blut wie wir selbst.

»Dies ist ein Sohn, der zu seiner Mutter spricht, nämlich der Totenpriester Heqanacht zu seiner Mutter Ipi und zu Hetepet: Wie ergeht es euch? Erfreut ihr euch eures Lebens, geht es euch gut und seid ihr gesund? Möge das Wohlwollen von Month, dem Herrscher des Gaus von Theben, mit euch sein! Und das Haus? Ist alles in Ordnung? Habt um mich keine Sorge, ich bin gesund und munter.
Haltet ein [mit den Klagen]. Während das gesamte Land dahinstarb, habt ihr nicht gehungert; denn als ich nach Süden in eure Gegend kam, habe ich für ausreichende Lebensmittelzuteilung gesorgt. Und ist das Hochwasser des Nils nicht geringer als sonst? Und vom Nil-Hochwasser hängt doch unsere Nahrungszuteilung ab. Also vertraut mir, denn mir ist es immer gelungen, euch durchzubringen.
Solltet ihr ungeduldig werden, so beachtet, dass ich den gesamten Haushalt als meine Kinder betrachte, und da ich für alles verantwortlich bin, solltet ihr sagen: ›Es ist besser, halb am Leben zu sein, als vollkommen tot‹. Nur wahrer Hunger sollte als solcher bezeichnet werden, denn hier ist man dazu übergegangen, Menschen zu essen, und nirgendwo anders erhält man derartige Rationen…«
Schreiben des Totenpriesters Heqanacht an Merisu und Hetis Sohn Nacht, einen Untergebenen: »Du solltest meinen Leuten nur solange diese Rationen zuteilen, solange sie arbeiten. Gehe mit großer Sorgfalt vor! Hackt jedes meiner Felder, siebt das Saatgut, und hackt mit euren Nasen tief über die Arbeit gebeugt …!«
P. HEQANACHT II.

1922 oder früher
Eine silberne Kultdarstellung von Horus dem Älteren

»Eine sitzende Figur des Horus aus massivem Silber. …Vergoldet – doch an einigen Stellen fehlt die Goldschicht. Reinigen?…Zustand des Silbers, wo es ausgesetzt war, gut…«
HOWARD CARTER

Howard Carter erblickte diese außergewöhnliche Statue eines falkenköpfigen Gottes erstmals am 6. April 1922 in den Händen des Händlers Nicolas Tano in Kairo. Sie war zu dieser Zeit noch mit einer grauen, klumpigen Schicht überzogen. Carters scharfem Blick war es jedoch nicht entgangen, dass das Fundstück sich nicht nur reinigen, sondern sogar besonders gut reinigen lassen würde, wie er in seinem Tagebuch vermerkte. Wäre er in den darauf folgenden Monaten nicht durch die Entdeckung des Grabmals von Tutanchamun abgelenkt worden, hätte die Statue zweifellos ihren Weg in die Sammlung Carnarvons gefunden. Stattdessen gelangte sie in andere Hände und blieb in ihrem korrodierten Zustand bis Ende der Siebzigerjahre, als ihr wahrer Glanz durch eine sorgfältige Reinigung zum Vorschein kam.

Da die Figur vermutlich Horus den Älteren darstellt, trug sie wahrscheinlich ursprünglich eine getrennt angefertigte Doppelkrone. Die Skulptur selbst besteht aus massivem Silber und war, wie an den erhaltenen Resten zu erkennen, mit einer Goldauflage versehen, um das rituelle Wesen der Gebeine und des Fleisches des Gottes wiederzugeben. Ihr Gewicht beträgt bei einer Höhe von 42 Zentimetern außergewöhnliche 16,5 Kilogramm. Die Augen bestehen aus Steinkristallen und die erhaltenen Perückenintarsien sind aus Lapislazuli gearbeitet – ein weiterer Hinweis auf den göttlichen Status des Fundstücks. Die Statue (die sich heute im Miho-Museum, Shigaraki, Kyoto befindet) stellt die größte und kostbarste erhaltene Metallfigur des alten Ägypten dar und wurde bei den Feiern dieses Gotteskultes verwendet.

DIE HEQANACHT-PAPIERE

James-Nr.	Inhalt
I	Brief Heqanachts an seinen »Verwalter« Merisu
II	Brief Heqanachts an seine Mutter Ipi und den Verwandten Hetepet; Heqanacht an Merisu und Nacht, den Sohn von Heti
III	Brief Heqanachts an den Aufseher des Deltas Herunefer
IV	Brief der Tochter Sitnebsechtus an die Mutter Sitnebsechtu
V	Fünf Rechnungen und Listen von Holz und Holzgegenständen
VI	Rechnung
VII	Zwei Rechnungen
VIIIa	Rechnung
VIIIb	Brief (?)
[IX]	Rechnung

1920
DIE MODELLE DES MEKTIRE: DAS ALTE ÄGYPTEN IN MINIATUR
1920: Der Gold-Uräus König Sesostris' II.

Datum
1920

Entdecker
Harry Burton;
Herbert E. Winlock

Ort
Theben (Dair Al Bahri,
unterhalb des Portikus
von Grab TT280)

Periode
Mittleres Reich,
12. Dynastie,
Herrschaft Amenemhets I.,
1991 - 1962 v. Chr.

Unten »Der Strahl [erhellte] eine
kleine Welt, wie sie vor 4 000
Jahre bestanden hatte.« Mektires
prachtvolle Modelle, wie sie in
ihrem in den Felsen gehauenen
Versteck angetroffen wurden.

»Der Ort ist auf unheimliche Weise beeindruckend. Die hoch aufragenden Felsen aus gelbbrau-
nem Kalkstein umschließen einen tiefen Krater mit einem Durchmesser von etwa 400 Metern.
Auf seinem Grund befinden sich die nahezu ausgelöschten Spuren eines Weges, der vermutlich
zum Grabtempel des letzten Königs der 11. Dynastie emporführt. Hoch oben, am Rand des Kra-
ters, wo die Felsen senkrecht hochsteigen, liegen die schwarzen Öffnungen zu den Gräbern der
Höflinge «

HERBERT E. WINLOCK

Das außergewöhnlich gelegene Grabmal des reichen und mächtigen königlichen Kanzlers
und hohen Verwaltungsbeamten Mektire war erstmals von Georges Daressy im Jahr 1895
ausgegraben worden und sieben Jahre später erneut von dem englischen Industriellen und
begeisterten Amateurforscher Robert Mond. Nach wie vor barg es jedoch viele Rätsel –
selbst der Name des Grabeigentümers war zu diesem Zeitpunkt noch unbekannt –, sodass
sich die Ägyptenexpedition des Metropolitan Museum of Art 1920 entschloss, den Ort
näher zu untersuchen. Sie beabsichtigte, »die Gänge und Grabkammern erneut auszuräu-
men, um einen Plan anzufertigen, da unsere Vorgänger dies unterlassen hatten«.
Das Grabmal selbst war im Altertum geplündert und zerstört worden. Dennoch stieß man auf
zahlreiche Fragmente wie 22 Stücke vom Sarg, die mit Auszügen aus den Pyramidentexten
und – vermutlich – Sargtexten versehen waren, und die in der Kapelle aufgefundenen bemalten Relieffragmente zählen zu den erlesensten aus dieser Periode. Die Archäologen hatten
sich nach all ihrer Mühe allerdings mehr erhofft und kehrten in bedrückter Stimmung in ihr
Lager zurück, als vom Fotografen Harry Burton, der die letzten Aufnahmen vom Grabungsort machte, die Botschaft eintraf, dass sie rasch zurückkehren sollten. Widerstrebend kamen
sie seiner Aufforderung nach und waren entsprechend wenig beeindruckt, als Burton ihnen
den Grund für seine Bitte zeigte. Winlock berichtet: »Bis auf ein zerklüftetes Loch im Fels
war nichts zu sehen…als wir uns jedoch nacheinander flach auf den Boden legten und einen
Lichtstrahl durch den Spalt scheinen ließen, bot sich uns einer der aufregendsten Anblicke
für einen Ausgräber«:

»Der Strahl [erhellte] eine kleine Welt, wie sie vor 4 000 Jahren bestanden hatte. Ich blickte
auf eine Vielzahl bunt bemalter kleiner Männer hinab, die hierhin und dorthin zogen. Ein
hochgewachsenes schlankes Mädchen betrachtete mich vollkommen gefasst, eine Gruppe kleiner Männer mit Stäben in den erhobenen Händen trieb gefleckte Ochsen vor sich her; Ruderer

HERBERT EUSTIS
WINLOCK
(1884 – 1950)

»Als außergewöhnlich redege-
wandter, genialer Archäologe genoss Winlock wegen seiner wissenschaftlichen Fähigkeiten hohes
Ansehen und man schätzte ihn auf
Grund seines sonnigen Gemüts,
seines überschäumenden Witzes
und seines reichen Humors, zumeist wohlwollend, selbst wenn er
einem verknöcherten, eifersüchti-
gen Kollegen galt.«
THOMAS HOVING

- Geboren am 1. Februar 1884
  in Washington D.C.
- Ausbildung in Harvard, 1906
  B.A., 1933 – 1938 Ehrendok-
  torwürde von Yale, Princeton,
  Michigan und Harvard.
- Archäologe des Metropolitan
  Museum of Art und 1906 bis
  1931 nahezu durchgehend in
  Ägypten; arbeitet mit beein-
  druckenden Ergebnissen in
  Lischt, der Charga-Oase und
  Theben; von 1928–1932 Lei-
  ter der Ägyptenexpedition.
- 1929–1939 Kurator der Ab-
  teilung für ägyptische Kunst
  des Metropolitan Museum of
  Art; 1932–1939 Direktor des
  Museums; 1939–1950 emeri-
  tierter Direktor.
- Gestorben am 26. Januar
  1950 in Venice, Florida.

Unten Mektire betrachtet von
seinem Pavillon aus den Vieh-
bestand: das größte und
lebensechteste der zahlreichen
Bestattungsmodelle des Grabeigentümers.

1920
Der Gold-Uräus von König Sesostris' II.

»[Der Arbeiter Hofni Ibrahim] erzählte mir einst, dass er häufig das Museum von Kairo besuche, um die Uräusschlange in ihrer Glasvitrine zu bewundern und um sich an den Tag [im Jahr 1920] zu erinnern … an dem er sie erstmals in seinen Händen gehalten habe. «
ZAKARIA GONHEIM

»Aus verschiedenen Gründen zweifelte man daran, ob [Sesostris] II. tatsächlich in der Pyramide von el-Lahun begraben war. Diese Frage ist nun endgültig gelöst. 1920 entschloss man sich, den Schutt aus den Pyramidenkammern zu räumen bzw. ihn nochmals gründlich zu durchsuchen. Zunächst begann man mit der in den Felsen gehauenen Gabenkammer südlich der Grabkammer. Hier bedeckten lediglich 15 Zentimeter Staub und Bruchstücke den Boden. Innerhalb einer halben Stunde förderte man die Uräusschlange der Königskrone zutage … Sie ist aus reinem Gold gefertigt und weist Intarsien mit den üblichen Steinen auf – Lapislazuli, Türkis, Karneol.« Vor dem Fund Tutanchamuns war dieses prachtvolle Schmuckstück (Kairo JE 52702) »die einzige Krönungsinsignie, die tatsächlich von einem ägyptischen König getragen worden war«.

Rechts Ein Fischzug in der nächsten Welt: Zwei Kanus schleppen ein Grundnetz, um sicherzustellen, dass ihr Eigentümer auch in der nächsten Welt stets mit frischem Fisch versorgt ist.

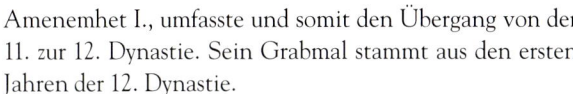

Amenemhet I., umfasste und somit den Übergang von der 11. zur 12. Dynastie. Sein Grabmal stammt aus den ersten Jahren der 12. Dynastie.

DIE HOLZMODELLE DES MEKTIRE

Kennzeichnung	Beschreibung	Museum
A	Wohnhaus von Mektire	Kairo JE 46721
B	Wohnhaus von Mektire	New York MMA 20.3.13
C	Begutachtung des Viehs	Kairo JE 46724
D	Viehstall	New York MMA 20.3.9
E	Schlachterei	New York MMA 20.3.10
F	Kornspeicher	New York MMA 20.3.11
G	Brauerei und Bäckerei	New York MMA 20.3.12
H	Weberei	Kairo JE 46723
I	Tischlerei	Kairo JE 46722
K	Trägerin mit Getränk	Kairo JE 46725
L	Trägerin mit Nahrung	New York MMA 20.3.7
M	Gruppe von vier Trägern	New York MMA 20.3.8
N	Boot mit Segel	Kairo JE 46720
O	Boot mit Ruder	New York MMA 20.3.1
P	Boot mit Segel	Kairo JE 46719
Q	Boot mit Ruder	New York MMA 20.3.2
R	Küchentender mit Segel	Kairo JE 46718
S	Küchentender mit Ruder	New York MMA 20.3.3
T	Jacht mit Segel	New York MMA 20.3.4
U	Jacht mit Paddel	Kairo JE 46716
V	Jacht mit Segel	Kairo JE 46717
W	Jacht mit Paddel	New York MMA 20.3.5
X	Schnellboot	New York MMA 20.3.6
Y	Fischerkanus mit Grundnetz	Kairo JE 46715

zogen an den Riemen einer Bootsflotte, während eines der Schiffe direkt vor mir zu sinken schien, den Bug unsicher in die Luft gehoben. Das gesamte geschäftige Treiben erfolgte in unheimlicher Stille, als wäre die Zeitspanne von 40 Jahrhunderten, über die hinweg ich nun blickte, zu groß, als dass ein Echo an mein Ohr hätte gelangen können.«
HERBERT E. WINLOCK

Oben Träger statten das Grab von Mektire mit Vorräten aus. Diese Darstellung gleicht jener im Grab des Djehutinacht in el-Berscheh.

Winlocks ägyptische Arbeiter hatten eine kleine, vollkommen unberührte Kammer freigelegt – ein Gegenstück des Mittleren Reichs zum Serdab oder Statuenraum des Alten Reichs – vollgepackt mit einer unbeschädigten Sammlung bis ins Detail kunstvoll ausgearbeiteter bemalter Holzmodelle, die für ihren Eigentümer in der nächsten Welt das Leben wieder erschaffen sollten, das er im Diesseits genossen hatte. In ihrer Güte und Vollständigkeit gibt es weder davor noch danach einen Fund, der sich mit dem Wunder von Mektires kleiner Sammlung messen könnte.

Jüngste Untersuchungen der Grabkammer und seiner Modelle lassen den Schluss zu, dass Mektires Leben von 50 bis 60 Jahren mehrere Herrschaften, von Mentuhotep II. bis

DIE MUMIE WAHS WIRD AUS IHREN BINDEN GEWICKELT

1920: Die Statuen des Merirehaschtef

Datum
1920

Entdecker
Herbert E. Winlock

Ort
Theben (Dair Al Bahri, unterhalb des Portikus von Grab TT280)

Periode
Mittleres Reich, 12. Dynastie, Herrschaft Amenemhets I., 1991 – 1962 v. Chr.

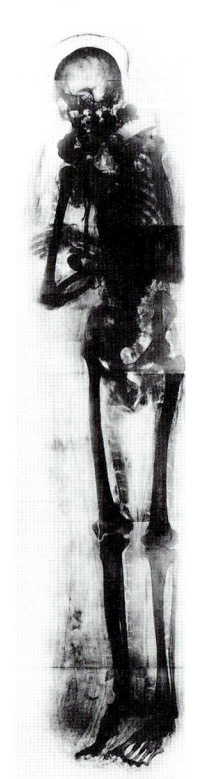

Unten Die 1935 angefertigten Röntgenaufnahmen von Wahs Mumie enthüllten seinen verborgenen Grabschmuck.

»Die angeblich abgegrasten Gänge des Grabmals von [Mektire] gaben einen wahren Schatz [von Grabmodellen] frei, der es rechtfertigte, Aufweg und Hof gründlicher zu untersuchen, als wir ursprünglich beabsichtigt hatten ... Wieder war das Glück auf unserer Seite ... direkt am Rand der Ausgrabungen unserer Vorgänger fanden wir am oberen Ende des Aufweges ... das kleine, unberührte Grab eines Gefolgsmannes des großen Mannes, er trug den Namen Wah.«
HERBERT E. WINLOCK

Die Umgebung der Begräbnisstätte Mektires war eingehend untersucht worden und hatte bereits unerwartete Schätze freigegeben, realistischerweise konnte man nichts Interessantes mehr erwarten – weitere Überraschungen sollten jedoch noch folgen. Am 24. März 1920 schreibt der Ausgräber Herbert E. Winlock in seinem unnachahmlichen Stil:

»In der Woche, in der wir die Modelle [von Mektire, Seite 156] fortbrachten, übernahmen wir den Arbeitstrupp des Palastes [Malqatas, wo ebenfalls Ausgrabungen im Gang waren] und wandten uns mit unserer neuen Verstärkung Teilen des Hofes zu, die aussahen, als wäre in ihnen bereits zuvor gegraben worden ... Wo der Fels plötzlich abfällt, hatte Wah [ein Mitglied von Mektires Hof] einen kleinen Abstieg hauen lassen, der zu einem etwa acht Meter langen Tunnel mit einer Höhe und Breite von jeweils 1,65 Metern führte. Als wir den Eingang entdeckten, war er noch fest mit Lehmziegeln verschlossen und als wir diese entfernten, nachdem wir sie fotografiert hatten, erblickten wir an der Rückseite seinen unversehrten Sarg. Alles war genau, wie die Priester es vor 4000 Jahren zurückgelassen hatten. Direkt am Eingang lagen einige verbrannte Strohhalme – die Asche so fein wie die einer Zigarette. Sie waren von einer Fackel herabgefallen, die zur Zeit des Begräbnisses gebrannt hatte. Achtlos hatte man rechts ein weißes Sargtuch aus Leinen zurückgelassen, mit dem der Sarg bedeckt gewesen war, während man ihn den Hügel emporgetragen hatte. Unter dem Sarg schauten zu beiden Seiten die drei Leinenstreifen heraus, mit denen er zusammengebunden worden war und die dann aufgeknotet und fallen gelassen wurden. Am Fuß des Sarges lag der Holzknauf, mit dessen Hilfe die Leichenbestatter den Deckel abgesenkt hatten und den sie absägten, sobald der Deckel seine endgültige Lage erreicht hatte. Auf der Seite des Sarges waren in Kopfnähe die Augen des Toten aufgemalt, so dass er in die Welt hinausblicken konnte. Vor dieses »Fenster« hatte man zwölf konische Brotlaibe und den rechten Vorderlauf eines Stieres – als Anteil des Verstorbenen am Totenmahl – gelegt sowie einen Krug Bier. Der Bierkrug wies genau dieselbe Form auf wie jene, die man in der Modellbrauerei von Mektire gefunden hatte und war ebenso mit einem Lehmpfropfen verschlossen worden. Das Bier hatte jedoch weitergegärt, sodass der Pfropfen in eine Richtung davongeschossen war, während der Krug in die andere rollte. Wo es sich über den Boden ergossen hatte, blieb eine harte, trockene Kruste zurück.«

Die Mumie Wahs

Wahs rechteckiger Holzsarg enthielt eine gut erhaltene Mumie, die auf der linken Seite lag, damit sie durch die magischen, auf den Sarg gemalten Augen hinausblicken konnte. Der Kopf ruhte auf einem hölzernen Kissen, eine Harzscheibe lag am Grund des Sarges und ein kupferner Spiegel vor dem Gesicht. Zu Füßen der Mumie befanden

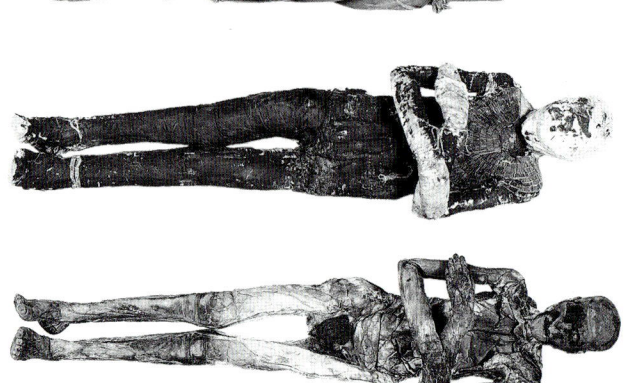

Unten Verschiedene Stadien während des Entfernens der Binden vom Leichnam: Zustand, in dem die Mumie gefunden wurde, mit vergoldeter Gesichtsmaske; nach Ablösung des Großteils der Binden und des Füllmaterials (Mitte); der mumifizierte Leichnam (unten).

hatte, aus der lediglich die bezaubernde vergoldete Gesichtsmaske hervorlugte: Wah war keine hochrangige Persönlichkeit gewesen, sodass man sich von einer Freilegung des Leichnams wenig versprach. Wiederum sollte es sich um eine Fehleinschätzung handeln. Die 15 Jahre nach ihrer Ankunft im Museum von der Mumie gemachten Röntgenaufnahmen enthüllten, dass Wahs Hals, Brust und Armgelenke mit Schmuck überladen waren, wie es in Theben um 2000 v. Chr. Mode gewesen war.

Die folgende Ablösung der Binden wurde peinlich genau aufgezeichnet, sodass die Mumie später wiederhergestellt werden könnte. Sie erbrachte nicht nur Wahs prachtvolle Schmucksammlung, sondern zeigte zudem, dass es sich bei ihrem Eigentümer um einen relativ jungen, etwa 30 Jahre alten Mann handelte. Der Überfluss an Silber – zu jener Zeit höher geschätzt als Gold – weist auf den Reichtum des Verstorbenen hin. Der Leichnam war einem einfachen Mumifizierungsprozess unterzogen worden. So hatte man durch einen Einschnitt in Bauchhöhe lediglich die unterhalb des Zwerchfells befindlichen Organe entnommen.

sich ein Paar hölzerne Modellsandalen und eine in Leinen gewickelte Holzstatuette des Verstorbenen. Darauf hatte man 38 Schichten gesäumtes und gefaltetes Leinen gepackt, das drei Krummstäbe enthielt. Schließlich hatte man die oberste Lage mit einer Schicht Harz »versiegelt«. Der Großteil dieser außergewöhnlichen Fundstücke wurde dem Metropolitan Museum of Art zugewiesen, wo man die Gegenstände einer eingehenderen Untersuchung unterzog. Jahrelang wurde die Mumie (MMA 20.3.203) in ihrer groben Umwicklung ausgestellt, wie man sie gefunden

Oben Fünf Halsbänder aus Gold, Silber, verschiedenen Halbedelsteinen, glasigem Steatit und Fayence - gefunden in den Binden der Mumie.

1920
Die Statuen
des Merirehaschtef

»…am 17. Dezember 1920 befanden wir uns in Sedment, einem entsetzlichen Wüstenhochland … Die Ausbeute dieser Grabungssaison [bestand] aus einer kleinen Felsenkapelle [mit] einer Bestattungsgrube in einer Ecke des Hofes. In etwa drei Meter Tiefe lagen drei hölzerne Figuren des Eigentümers Merirehaschtef in unterschiedlichem Alter – als Jüngling, Landeigentümer und alter Mann. Der Jüngling [Britisches Museum EA 55722] gilt als detailgetreueste und lebendigste Statuette des Alten Reichs.«
Flinders Petrie

Oben Wahs einzigartiger Silberskarabäus trägt auf dem Rücken die Namen und Titel Wahs sowie die seines Herrn Mektire. In seine flache Unterseite sind ein Schneckenmuster und amulettartige Hieroglyphen eingeritzt.

DIE MUMIE WAHS WIRD AUS IHREN BINDEN GEWICKELT

Nr.	Beschreibung
1	Schal, kiltartig um die Leiste gewickelt; Beschriftung: »Leinen des Tempels, zum Schutz von Nitanchsechmets, des wahrhaften Verkünders«
2	12 Binden, die den Körper in aufwärts und abwärts gerichteten Spiralen umgaben, jeweils 12 Meter lang und 15 Zentimeter breit
3	gefaltete Tücher und große Stücke aus Leinen, um der Mumie ihre zylindrische Form zu verleihen
4	Bindenschicht, dick überzogen mit Harz
5	20 weitere Tücher und Kompressen, Gesichtsmaske vollkommen enthüllt
6	10 weitere Tücher und Kompressen
7	Zweite Bindenschicht, stark überzogen mit Harz
8	12 weitere Tücher und Kompressen und darunter erste Schmuckschicht - 4 Perlenketten (aus Gold, Silber, Halbedelstein und Fayence)
9	6 weitere Binden und darunter eine zweite Schicht mit in Tüchern gewickelten Schmuckstücken – Perlenkette über der Brust; vier große Skarabäen (zwei aus Silber, einer aus Lapislazuli, einer aus Fayence) über den gekreuzten Armen
10	6 große Binden und ein Dutzend Kompressen und Tücher
11	dritte Harzschicht: Schmuck-Fayence, Binden; Arme und Beine von breiten Bändern umgeben; passende Armbänder und Knöchelbänder; Hauseidechse; Grille
12	verschiedene Bandagen und Tücher; Schmuck: Seweret-Perle aus Karneol in der linken Handfläche

- Mumie hält die Arme über der Brust gekreuzt
- unplatziert auf der Mumie: tote Maus, »auf die Knie der Mumie fallen gelassen und unter den nächsten Bandagen verborgen«
- Gesamtmenge des zur Mumifizierung verwendeten Leinens: 375 Quadratmeter; 845 Quadratmeter aus dem Grab
- mehr als 60 Tücher mit beschriebenen Etiketten: Hieroglyphe oder Name des Eigentümers (elf Mal der Wahs); im Altertum wurden die Namen häufig herausgerissen; 6 mit Datum versehene Leinenstücke – Herrschaft von Mentuhotep II. und Amenemhet I.

DAS GRABMAL VON TUTANCHAMUN

4000
v. Chr.

3000
v. Chr.

2000
v. Chr.

1000
v. Chr.

0

700
n. Chr.

Datum
1922

Entdecker
Howard Carter

Ort
Theben (Tal der Könige,
Grab KV62)

Periode
Neues Reich,
18. Dynastie, Herrschaft
Tutanchamuns,
1333–1323 v. Chr.

»Wir arbeiten in unberührtem Gelände, sodass niemand weiß, was auf uns zukommt – hundert Mal hoffe ich, dass es etwas Gutes ist …«
HOWARD CARTER

Theodore Davis (Seite 115) hatte in den Jahren 1905 und 1908 im Tal der Könige die ersten Hinweise auf die Existenz von Tutanchamuns Begräbnisstätte entdeckt. Es handelte sich um eine kleine Fayencetasse mit dem Namen des Königs und – aus KV54 – um eine Ansammlung von Einbalsamierungsabfällen und anderen Dingen. Mit der Entdeckung des kleinen, aus einer Kammer bestehenden Grabes KV58, das eine begrenzte Menge an Bruchstücken aus Goldfolie freigab, auf denen sich die Namen von Tutanchamun und Eje befanden, glaubte Davis das Grabmal Tutanchamuns selbst gefunden zu haben, aus dem dieses Material stammte. Howard Carter und sein Geldgeber, der 5. Earl of Carnarvon, waren wiederum fest davon überzeugt, dass Davis irrte und dass das Grabmal von Tutanchamun noch seiner Entdeckung harrte. Es war ihrer Aufmerksamkeit nicht entgangen, dass in keinem Versteck königlicher Mumien (Seite 64, 103) der Leichnam des Königs aufgetaucht war, was darauf hinzuweisen schien, dass das Grab unberührt geblieben war.

Ihre Hoffnung sollte sich am 4. November 1922 mit der Entdeckung einer in den Stein gehauenen Stiege unterhalb des Eingangs zum Grab Ramses VI. (KV9) bewahrheiten. Diese Stiege erwies sich als die erste von vielen, die zu dem zugemauerten und verputzten Eingang eines Grabes führten, auf dem sechs verschiedene Typen großer, ovaler Siegel prangten. Fünf dieser Siegel trugen den Thronnamen Tutanchamuns – »Nebcheprure«. Nach mehreren Jahren ergebnisloser Grabungstätigkeit wirkte dieser Fund zu Beginn der letzten geplanten Grabungssaison im Tal der Könige nahezu wie ein Wunder.

Die Erforschung des Grabmals

»Zu guter Letzt eine wundervolle Entdeckung im Tal gemacht; ein prachtvolles Grab mit unberührten Siegeln; werde sie bis zu Ihrer Ankunft aufbewahren; herzlichen Glückwunsch!«
HOWARD CARTER

HOWARD CARTER
(1874–1939)

- Geboren am 9. Mai 1874 in Kensington als Sohn eines Tiermalers.
- Aus gesundheitlichen Gründen Unterricht zu Hause.
- Zeichner und Maler des Egypt Exploration Fund an verschiedenen Ausgrabungsstätten in Ägypten 1891 – 1899.
- Oberinspektor der Altertümerverwaltung in Oberägypten 1899 – 1904; arbeitet viel im Tal der Könige.
- Oberinspektor in Unterägypten 1904 und 1905.
- Künstler, Händler, Dolmetscher in Luxor 1905–1908.
- Archäologe Lord Carnarvons 1908 – 1923; gräbt in Theben (Dra abu'l Nega, Dair Al-Bahri, Tal der Könige) und anderen Orten.
- Entdeckung und Räumung des Grabs von Tutanchamun 1922–1932.
- Gestorben am 2. März 1932 in Kensington.

Oben Eines der Siegel, mit denen das Grab nach der Beisetzung des Königs verschlossen wurde. Ein Name des Königs findet sich in der Kartusche über dem Motiv des Schakals und der neun Gefangenen.

Links Lord Carnarvon und seine Tochter Lady Evelyn Herbert, fotografiert am Bahnhof von Luxor mit Howard Carter (links außen) und dem Gouverneur der Provinz Kina.

Oben Der Eingang zum Grabmal des Tutanchamun mit Blick auf die Treppe, die zur ersten versiegelten Tür führt.

Links Eine der lebensgroßen hölzernen Wächterstatuen, die den versiegelten Eingang zur Grabkammer flankierten. Die aus Holz geschnitzte, mit schwarzem Harz bemalte und mit Blattgold verzierte Figur gibt den König in wahrer Größe mit seinem Aussehen zu Lebzeiten wieder.

TUTANCHAMUNS SCHÄTZE FUNDSTÜCKE UND FUNDSTELLEN

Objektklasse	A	B	C	D	E	F
Anhänger		•	•	•		•
Ausrüstung für Streitwagen			•		•	
Ausrüstung zum Bogenschießen		•	•	•		•
Betten			•			•
Bier				•		
Bootsmodelle					•	
Brustschilde						
Bumerangs und Wurfstäbe			•			
Fächer					•	
Gefäße	•	•	•	•		
Goldmaske				•		
Götterfiguren			•	•	•	
Kanopenbehälter					•	
Kisten und Truhen	•		•	•		
Kleidung			•		•	
Kniekissen			•			•
Königsstatuen		?	•	•		
Körbe			•			•
Kosmetikgegenstände		•	•			•
Krönungsinsignien			•	•	•	
Lampen und Fackeln			•	•		
Modell eines Kornspeichers				•		
Mumien				•		
Musikinstrumente			•			•
Pflanzenmuster			•		•	
Ritualobjekte			•			
Rituelle Lager			•			
Särge (königliche)				•		
Särge (andere)				•		
Sargtuch und Gerüst				•		
Sarkophag				•		
Schilde						•
Schmuck, Ketten, Amulette	•		•	•		•
Schreibgeräte			•	•		•
Schreine			•	•		
Schwerter und Dolche				•		
Siegel	•	•	•	•	•	•
Speisen				•		•
Spiele			•			•
Stäbe und Stöcke			•	•		
Stühle mit Hocker			•		•	
Tragbarer Pavillon			•			•
Uschebtis und Ähnliches	•	•		•		
Weinkrüge	•	•				•
Werkzeug			•		•	•

A Eingangstreppe
B Gang
C Vorkammer
D Grabkammer
E Schatzkammer
F Anbau

Zum Zeitpunkt der Entdeckung befand sich Lord Carnarvon noch in England. Carter benachrichtigte ihn und schüttete die Treppe zu. Nach Lord Carnarvons Eintreffen wurde der Zugang wieder freigelegt. Diesmal bemerkte Carter in der linken oberen Ecke ein wieder versiegeltes Loch, was darauf hindeutete, dass das Grabmal höchstwahrscheinlich nach der Bestattung von Grabräubern betreten worden war. Ohne zu wissen, was sie zu erwarten hatten, öffneten die Forscher nun die versiegelte Tür und leerten den mit Schutt gefüllten Gang dahinter. Staub und Kalksteinsplitter, aus denen das Füllmaterial bestand, waren mit verschiedenen Bruchstücken gemischt. Würde das gesamte Grabmal diesen Zustand aufweisen?

Am 26. November 1922 um vier Uhr nachmittags war der Korridor vollkommen ausgeräumt und gab den Blick auf eine zweite zugemauerte und versiegelte Tür frei – auch diese war in der linken oberen Ecke nachträglich verschlossen worden. Carter hielt durch ein kleines Loch eine Kerze in den dahinter liegenden Raum, um die Luft auf giftige Gase zu prüfen, und spähte dann selbst hinein:

> »Zunächst konnte ich nichts erkennen, da die aus der Kammer entströmende heiße Luft die Kerzenflamme flackern ließ. Sobald sich meine Augen an das Licht gewöhnten, tauchten die Einzelheiten des Raumes langsam aus dem Dunkel auf. Seltsame Tiere, Statuen und Gold – überall glitzerte es von Gold.«

Dies war der großartigste Fund in der Geschichte der Archäologie.

Das Grabmal und seine Geschichte

KV62, wie das Grab heute offiziell bezeichnet wird, besteht lediglich aus sechs Elementen: der Eingangstreppe; dem mit Schutt gefüllten Gang; der Vorkammer mit den mit Tierköpfen geschmückten Liegen, Streitwagen und lebensgroßen Wächterfiguren; dem Anbau, einer Aufbewahrungskammer, die ursprünglich für die Weinkrüge und Nahrungsvorräte des Königs bestimmt war; der geschmückten Grabkammer mit ihren vier massiv vergoldeten Holzschreinen um den Quarzitsarkophag und die drei Särge (der innerste aus reinem Gold), die den mumifizierten Leichnam des Königs enthielten; schließlich der Schatzkammer, die in erster Linie der Aufbewahrung der königlichen Kanopen diente. Im Vergleich zu anderen Grabmälern war es außergewöhnlich klein und wies eine eigentümliche Anordnung auf. Wie sich bald herausstellte, handelte es sich vermutlich um ein Privatgrabmal, das erst nachträglich an seine königliche Verwendung angepasst worden war. Die Arbeiten an

Oben Die schematische Darstellung zeigt die Bestattungsanlage mit Eingangstreppe, Gang, Vorkammer, Anbau, Grabkammer und Schatzkammer, sowie die Verteilung der unzähligen Kostbarkeiten, die mit Tutanchamun beigesetzt wurden.

Rechte Seite oben Die Vorkammer mit einer Fülle von Grabschätzen.

Rechte Seite unten links Die Skorpiongöttin Serket, eine der vier göttlichen Beschützerinnen von Tutanchamuns Sarkophag.

Rechte Seite unten rechts Die Beute von Plünderern. Nachdem die Wächter des Tales den Dieben im Altertum ihre Beute abgenommen hatten, warfen sie sie einfach wieder in das Grabmal zurück.

Links Sorgfältig aufgestellte Schatullen am Eingang zur Schatzkammer. Den Inventarlisten auf den Deckeln zufolge enthielten sie vor der Plünderung des Grabmals eine Sammlung von Juwelen.

Rechts Die Öffnung der Begräbnisschreine. Sie enthielten einen prachtvollen Quarzitsarkophag und drei Särge, von denen der innerste aus Gold bestand, sowie die mit einer Maske versehene und seit dem Tag der Bestattung unberührte Mumie des Königs.

Tutanchamuns »offizieller« Begräbnisstätte, die vermutlich im westlichen Tal lag, waren zum Zeitpunkt seines unerwarteten Todes vermutlich noch nicht weit genug fortgeschritten, so dass in aller Eile andere Vorkehrungen getroffen werden mussten. Überall standen und lagen die Grabbeigaben. Sie drängten sich in den Ecken, waren bis an die Decke empor aufgestapelt und wiesen die größte Materialvielfalt auf, die je in einem ägyptischen Grab angetroffen worden war – und dies, nachdem das Grabmal im Altertum zwei Mal beraubt worden war!

Die erste Plünderung erfolgte kurz nach der Bestattung des Königs und wurde vermutlich von jenen durchgeführt, die beim Begräbnis mitgeholfen hatten, das Grab auszustatten. Der Diebstahl wurde entdeckt und der Zugang mit Schutt gefüllt, um weitere unerwünschte Besucher in der Zukunft abzuschrecken – doch ohne Erfolg. Kurz danach erfolgte eine zweite Plünderung. Diesmal hatten die Eindringlinge jedoch bedeutend weniger Glück: Sie wurden offenbar auf frischer Tat ertappt, da Carter einen Teil der Beute nach wie vor, bereit für den Abtransport, in ein Kopftuch gehüllt vorfand. Die Grabräuber erwartete ein grausames Schicksal – sie wurden verstümmelt und mit einem angespitzten Stab gepfählt.

Diese schonungslose Vorgehensweise wirkte eindeutig abschreckend: Es erfolgte kein weiterer Versuch, in die Grabkammer vorzudringen. Da die »ketzerischen« Amarna-Pharaonen während der nachfolgenden Herrschaft der Ramessiden zur Vergessenheit verdammt wurden und an der Stelle später eine Reihe von Steinkammern und Arbeiterunterkünften entstand, verblich jede Erinnerung an das Grabmal von Tutanchamun.

Die Pracht des Grabmals

Die Entdeckung von Tutanchamuns Grab zeichnete ein neues und gänzlich unerwartetes Bild von der Pracht und Kultiviertheit des ägyptischen Königshofes in den letzten Jahren des 14. Jahrhunderts v. Chr. Man hatte zwar auch zuvor bereits Ausrüstungsgegenstände für Grabstätten und Möbelstücke aus dem Palast im Tal der Könige gefunden (Seite 18, 101, 113), da sie jedoch lediglich in geringer Zahl und im Allgemeinen stark beschädigt gefunden wurden, ließen sie sich nur von einigen wenigen fachkundigen Gelehrten deuten. Dank Carnarvons und Carters prachtvollem

Links Tutanchamuns atemberaubende prachtvolle Porträtmaske aus Gold wurde unversehrt auf der königlichen Mumie in der Grabkammer gefunden.

Oben Der Kanopenbehälter: Die vier mit Verschlüssen in Form von Menschenköpfen versehenen Hohlräume enthalten Miniatursärge aus Gold, in denen die einbalsamierten Eingeweide des toten Königs aufbewahrt wurden.

Unten Zwei der herrlichen goldenen Brustschilde mit Intarsien aus dem Grabmal. Der obere stammt von Echnaton, während der untere Tutanchamuns Namen trägt.

Fund konnte nun auch die übrige Welt mit eigenen Augen feststellen, was Archäologen meinten, wenn sie vom »Glanz des alten Ägypten« sprachen.

Tutanchamuns Grabmal enthielt eine Vielzahl unterschiedlicher Gegenstände: Jene, die für das Bestattungsritual und das Weiterleben des jungen Königs im Jenseits erforderlich waren, wie etwa die Schreine, der Sarkophag, die Särge und die Maske, aber auch persönliche Besitzstücke, die dem Pharao zu Lebzeiten vertraut gewesen waren. Letztere betonen auf beredte Weise die menschliche Seite des jungen Mannes: sein Schmuck und seine königlichen Krönungsinsignien, eine Unmenge an Kleidung und Textilien sowie verschiedene Kisten, Truhen, Throne, Stühle und Betten aus der königlichen Residenz; die Streitwagen und Waffen des Königs (einschließlich eines tadellos erhaltenen Dolchs aus dem damals eben erst entdeckten Eisen); mehrere Fächer, Stöcke und Stäbe (einer mit der Aufschrift »ein Schilfrohr, das seine Majestät mit eigener Hand geschnitten hat«); kostbare Öle und Salben; Spiele und Spieltruhen; Musikinstrumente (besonders berühmt sind die silbernen und kupfernen Trompeten, deren schauriger Klang 1939 in einer BBC-Sendung ertönte); die Schreibgeräte des Pharaos (aber seltsamerweise kein Papyrus), eine kostbare, sorgfältig in einer Schatulle aufbewahrte Locke vom Haar seiner geliebten Großmutter Teje; schließlich all die Töpfe, Pfannen, Körbe und Vorräte, die der Versorgung des Königs auf seiner letzten Reise dienen sollten. Nie zuvor war eine vergleichbare Vielfalt an glitzernden Gegenständen gefunden worden.

Der Fluch der Pharaonen

»Im April 1923 starb Lord Carnarvon im Alter von 59 Jahren; sein Tod war auf einen kleinen Fleck auf seiner Wange zurückzuführen, der vernachlässigt worden war. Kurz zuvor hatte [Arthur] Weigall [der damals für die Daily Mail schrieb] die alte Geschichte wieder ausgegraben, dass von ägyptischen Grabmälern Unglück ausgehe. Auf diese Weise wurde der ›Fluch des Tutanchamun‹ ins Leben gerufen. Als sich meine Frau und ich bei Weigall beschwerten, erklärte er: ›Aber sehen Sie nur, wie sich die Öffentlichkeit darauf stürzt.‹ Genau das tat sie: Jeder Todesfall einer Person, die auch

nur im Entferntesten mit dem Grab in Beziehung stand, wurde dem ›Fluch‹ zugeschrieben. Carter starb 1939 im Alter von 66 Jahren, [Harry] Burton 1940 und [der Times-Reporter Arthur] Merton bei einem Autounfall im Jahr 1942 und jedesmal wurde der ›Fluch‹ erwähnt oder ins Spiel gebracht.«
REX ENGELBACH

Der 5. Earl of Carnarvon, der Geldgeber für Carters Arbeiten im Tal der Könige, starb am 5. April 1923 am infolge des Bisses einer infizierten Stechmücke. Wie Silvio Curto betonte, war ein derartiges Schicksal »in Ägypten nicht ungewöhnlich; Francesco Ballerini, Schiaparellis erster Assistent im Tal der Königinnen und an anderen Grabungsorten, starb auf dieselbe Weise«. Die Presse, die das Interesse der Öffentlichkeit an der Geschichte Tutanchamuns aufrecht erhalten wollte, zog es jedoch vor, Carnarvons Tod dem »Fluch« (Seite 231) zuzuschreiben, der all jene ereile, die den ewigen Frieden des Pharaos störten. In den darauf folgenden Jahren sollte er als Erklärung für sämtliche Schwierigkeiten herhalten.

Das Tal der Könige nach Tutanchamun

Nach Carters bedeutender Entdeckung verschwand das Tal der Könige für mehrere Jahrzehnte aus dem Blickfeld der Ägyptologie, nahm man doch an, dass mit dem Fund von Tutanchamun nichts Lohnendes mehr übrig war. Heute wissen wir es besser. Seit man in den Sechzigerjahren dazu übergegangen ist, dem gewonnenen Wissen mehr Bedeutung beizumessen als den Kostbarkeiten, und mit der Veröffentlichung des nicht zu übertreffenden Handbuchs *The Royal Necropoleis of Thebes* von Elizabeth Thomas ist das Interesse am Tal der Könige wieder gewachsen.
Heute sind mehrere Expeditionen vor Ort tätig, legen auf der Suche nach bisher übersehenen Informationen längst

Oben Ein fein gearbeiteter Holz-Uschebti des Königs, bekleidet mit dem Nemes-Kopftuch. In den Händen hält er Krummstab und Dreschflegel als Symbole seiner irdischen Herrschaft.

Links Vergoldete Holzstatue des Pharaos, der auf dem Rücken eines Leoparden steht.

Unten Der zweite Sarg des Pharaos aus vergoldetem Holz, versehen mit üppigen Intarsien aus Glas und Halbedelsteinen. Ursprünglich wurde er für einen früheren König angefertigt.

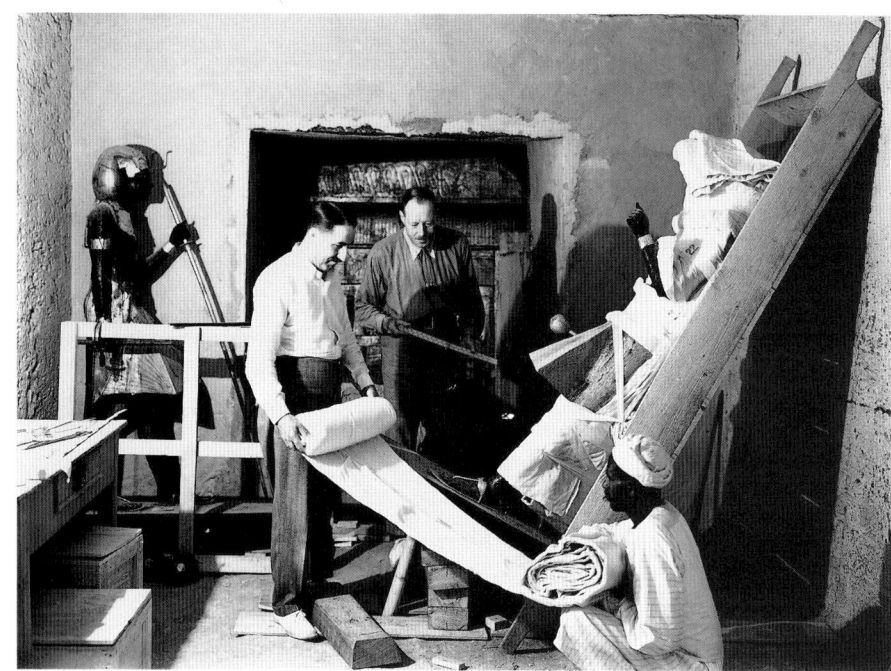

Oben Howard Carter, sein Assistent »Pecky« Callender und ein ägyptischer Arbeiter verpacken die beiden Wächterstatuen sorgfältig in mehrere Lagen Baumwollwatte als Vorbereitung für ihren sicheren Transport aus dem Grabmal.

Rechts Die Untersuchung der königlichen Mumie: Professor Douglas Derry schneidet unter dem wachsamen Blick von Carter und den Vertretern der Altertümerverwaltung vorsichtig die Binden auf. Die Fülle an außergewöhnlichen Schätzen, die sich in den Bandagen verbargen, sollte die Forscher überraschen.

bekannte Gräber frei und graben erneut in jenen Bereichen der königlichen Wadis, die Theodore Davis und das Erfolgsteam Carter/Carnarvon übersehen haben. Beeindruckende und gelegentlich überraschende Ergebnisse sind die Folge, wie etwa die beiden neuen, intakten Prinzensarkophage (von Amunherchepeschef und Mentuherchopschef, den Söhnen Ramses' III. und Ramses' VI.) in dem bekannten Grabmal des Bai (KV13), die von Hartwig Altenmüller und einem Team der Universität Hamburg zu Beginn der Neunzigerjahre entdeckt wurden, und die laufende Enthüllung architektonischer Meisterschaft, die Kent Weeks und das Theban Mapping Project aus KV 5 (Seite 220) verkünden, einem Grab, das für die Söhne von Ramses II. angelegt wurde.

Die Politik nach Tutanchamun

> *» ... Monsieur Lacau, welche Chancen habt ihr uns in den 65 Jahren eingeräumt, in denen ihr Franzosen die Altertümerverwaltung beherrscht habt?«*
> AHMED KAMAL

Der weltmännische und allgemein beliebte Gaston Maspero hatte sich 1914 von seiner zweiten Amtsperiode als Generaldirektor der Altertümerverwaltung zurückgezogen. Auf ihn folgte ein weiterer Franzose, Pierre Lacau. Lacaus Bestallung war mehr als nur ein Wechsel von einer Person zu einer anderen: Da Lacau fest davon überzeugt war, dass Maspero im Umgang mit ausländischen Forschern nachlässig und in seiner Verteilungspolitik zu großzügig gewesen war, entschloss er sich zu einer Reform des Systems.

In jenen Zeiten des wachsenden Nationalismus konnten die Dinge jedoch leicht außer Kontrolle geraten. Nach der Entdeckung des Grabs von Tutanchamun kam es zu einer unwürdigen Auseinandersetzung über die Eigentümerschaft des Grabes und seiner Schätze und das politische Klima heizte sich gefährlich auf. Als keineswegs hilfreich erwies sich in

dieser Situation Ludwig Borchardts Entscheidung, das Vorhandensein der sagenhaften Nofretete-Büste (Seite 134) bekanntzugeben. Wem gehört eigentlich dieses Land, begannen sich die Ägypter zu fragen. Zu den Opfern des politischen Umschwungs zählte das neue, zehn Millionen Dollar teure Museum von Kairo, dessen Finanzierung John D. Rockefeller zu übernehmen angeboten hatte; um den Einfluss des Westens nicht noch größer werden zu lassen, lehnten die Ägypter dieses und andere Projekte ab.

In den nachfolgenden Jahren nahmen die Schwierigkeiten zu und die Zahl der ausländischen Expeditionen ab, da viele von ihnen von Fundobjekten abhängig waren, wenn sie Geldgeber gewinnen wollten. Einige, die nicht im Stande waren, sich an die Zeiten anzupassen, zogen sich vollkommen zurück, wie etwa Flinders Petries British School of Archaeology, die 1927 Ägypten für immer verließ, um in Palästina weiterzugraben. Als schließlich 1936 die neuen Zuteilungsvorschriften in Kraft traten, folgten das Metropolitan Museum of Art und die Egypt Exploration Society für einige Zeit diesem Beispiel.

Andere hingegen hielten mit guten Ergebnissen durch. Zu ihnen zählten die erneut zugelassenen Deutschen unter Günther Roeder in el-Aschmunein (Seite 194) und die Franzosen unter der Leitung von Pierre Montet in Tanis (Seite 198). In der Vergangenheit waren bereits ägyptische Ägyptologen (wie etwa Ahmed Kamal) ihren Forschungen nachgegangen, nun jedoch nahm erstmals ein durchwegs ägyptisches Grabungsteam seine Arbeit auf – dessen berühmtestes Mitglied Selim Hassan (Seite 178) seine praktische Ausbildung vor Ort von dem großen österreichischen Ägyptologen Hermann Junker erhalten hatte. Hassans Bemühungen in Giseh erbrachten nicht nur ebenso beeindruckende Ergebnisse wie die seines Mentors, sondern wurden auch ausführlich in mehreren Büchern dokumentiert, die sich bis heute für die heutige Wissenschaft als überaus wertvoll erwiesen haben.

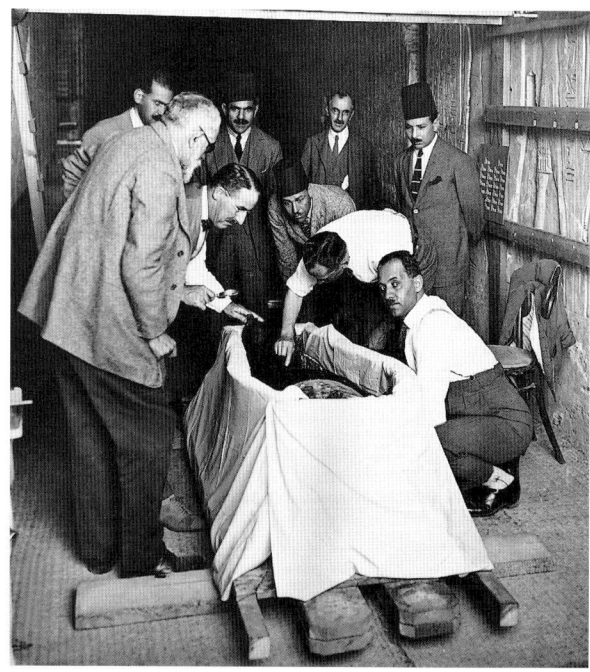

1923
DIE GEFALLENEN SOLDATEN EINES ÄGYPTISCHEN KÖNIGS

Datum
1923

Entdecker
Herbert E. Winlock

Ort
Theben (Dair Al Bahri,
Friedhof 500, Grab 507)

Periode
Mittleres Reich,
12. Dynastie,
vermutlich Herrschaft
Amenemhets I.,
1991 – 1962 v. Chr.

»…der Ort war vor Jahrhunderten vollständig geplündert und mit zerrissenen Leinenstücken zurückgelassen worden, unter denen sich beraubte und verstümmelte Leichen befanden, die achtlos aufeinander geworfen worden waren. Die Chancen standen schlecht, dass die Diebe etwas für uns übrig gelassen hatten …«
HERBERT E. WINLOCK

Massengräber mit Mumien gibt es in Ägypten, insbesondere in Theben, häufig und sie zogen wenig Aufmerksamkeit auf sich. Ein derartiges Lager wurde vom Team des Metropolitan Museum im Inneren des Grabmals 507 aufgefunden, das neben dem Grab des Kanzlers Cheti (TT311) in den Felsen nördlich des Hatschepsut-Walls liegt. Man begrüßte die Entdeckung eher halbherzig – bis sich herausstellte, dass diese Mumien älter waren als gewöhnlich und einer bestimmten Gruppe innerhalb der ägyptischen Gesellschaft angehörten.

Auf Grund des wenig verlockenden Inhalts schob man die Räumung des Grabs, das im Frühjahr 1923 entdeckt wurde, bis in den März 1927 hinaus. Die Arbeiten ergaben etwa 60 Leichname, aber nur die Bruchstücke von zwei oder drei Särgen durchschnittlicher Qualität aus dem frühen Mittleren Reich. Die Annahme der Forscher, dass es sich lediglich um eine späte Katakombe handelte, schien sich zu bestätigen: »In der heißen Sonne verströmten [die Leichen] einen außerordentlich unangenehmen Geruch … und erinnerten in ihrem Aussehen an die ausgedörrten Körper von Kopten … Die Leinenwicklung hatte jedoch etwas an sich, das nicht koptisch wirkte.« Als man die Überreste daraufhin sorgfältiger untersuchte, fanden sich etwa 62 Leinenetiketten. Zur Überraschung der Forscher datierten diese wie die Särge aus der Frühzeit des Mittleren Reichs. Plötzlich flackerte das Interesse für den Fund erneut auf. Bei näherer Betrachtung zeigte sich, dass diese spärlich umwickelten Leichname

»[die Körper] bemerkenswert kräftiger Männer waren, die allesamt in der Blüte ihres Lebens gestanden hatten … ohne … einen einzigen kahlen Kopf. Im Gegenteil, alle Männer besaßen fülliges Haar, das im Nacken zusammengefasst war wie bei den zeitgenössischen Statuetten von Soldaten aus Assiut.«

Handelte es sich hier tatsächlich um die Leichen derartiger Soldaten? Der Beweis sollte nicht lange auf sich warten lassen. »Wir … hatten die ersten neun Leichen methodisch gemessen, als die zehnte auf den Tisch gelegt wurde und Brewster bemerkte … dass eine Pfeilspitze aus ihrer Brust herausragte.« Am Ende der Obduktion war man auf mehr als ein Dutzend von Pfeilen verursachte Wunden gestoßen – wobei man andere vermutlich übersehen hatte – sowie auf 28 Kopfwunden, die von geschleuderten Steinen oder ähnlichen Geschossen stammten oder von Keulen, mit denen man den Verwundeten den Todeshieb verabreicht hatte. Sechs der Leichen waren von Raubvögeln verunstaltet worden. Winlock schloss daraus, dass es sich um Soldaten von Mentuhotep II. handelte, dem vierten König der 11. Dynastie, der das Land vereinte, indem er die Grenze von Herakleopolis überschritt und gleichzeitig im Norden herrschte; jüngsten Studien zufolge datiert man sie auf einen späteren Zeitpunkt. Die Sache, für die sie gekämpft haben, bleibt wohl auch weiterhin im Dunkeln. Dass man ihnen jedoch das Privileg zukommen ließ, im Königsbezirk bestattet zu werden, verdeutlicht, mit welcher Ehrerbietung man ihren Heldenmut anerkannte.

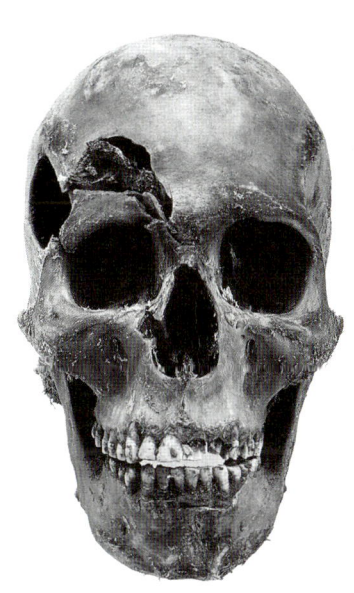

Unten Ein gewaltsamer Tod: Der Schädel eines erschlagenen Soldaten zeigt die tödliche Axtwunde über der Augenbraue.

Oben Ein weiterer, gut erhaltener Kopf mit gebrochener Nase und einer eingedrückten Fraktur über dem rechten Auge.

4000
v. Chr.

3000
v. Chr.

2000
v. Chr.

1000
v. Chr.

0

700
n. Chr.

1925
DAS RÄTSELHAFTE GRAB DER KÖNIGIN HETEPHERES
1924 – 1933: Statuen und Kacheln auf der Stufenpyramide von Djoser

Datum
1925

Entdecker
George A. Reisner

Ort
Giseh (nahe der Cheopspyramide, Grab G7000X)

Periode
Altes Reich, 4. Dynastie, Herrschaft Cheops', 2551 – 2528 v. Chr.

»*Dieses unberührte Grab … bot zum ersten Mal in der Geschichte der ägyptischen Ausgrabung Gelegenheit, die Bestattungsstätte einer bedeutenden Persönlichkeit aus der Frühzeit zu untersuchen. Es ist 1500 Jahre älter als die Königsgräber des Neuen Reichs. Durch die kleine Öffnung konnten [wir] einen prachtvollen Alabastersarkophag sehen, dessen Deckel sich noch an seinem Platz befand. Zum Teil auf und zum Teil hinter dem Sarkophag lagen etwa 20 vergoldete Stäbe und Stangen eines großen Zeltes, an der Westseite des Sarkophags mehrere goldene Platten mit Fayenceintarsien und auf dem Boden standen in wirrem Durcheinander zahlreiche vergoldete Möbelstücke.*«
GEORGE A. REISNER

Oben Die große Pyramide Cheops', des Sohns der Königin Hetepheres. Im Hintergrund die Pyramide Chephrens, des Nachfolgers von Cheops.

Am 2. Februar 1925 stellte der Fotograf aus George A. Reisners Harvard-Expedition zu den Pyramiden von Giseh sein dreibeiniges Stativ auf. Dabei glitt eines der Beine auf einem Verputzteil – nicht auf einem losen Felsstück – aus. Eine nähere Untersuchung des Ortes ergab, dass der Verputz den Eingang zu einem Schachtgrab verbarg.

In Reisners Abwesenheit (er selbst befand sich noch in den USA) legte sein britischer Assistent Alan Rowe den Schacht frei. In einer Tiefe von etwa 30 Metern mündete der Schacht in eine einzige Kammer, die mit Kalksteinblöcken verschlossen und eindeutig seit dem Altertum nicht geöffnet worden war. Bedeutende unberührte Gräber sind in Giseh, einem Ort, dem immer große Aufmerksamkeit zuteil wurde, äußerst selten; bis 1925 hatte Reisner nur ein einziges entdeckt – das Grab Impis (Seite 136).

Links Der Eingang zum Grabschacht von Hetepheres. Für die Bergung der zierlichen und teilweise zerbrochenen Grabschätze der Königin ist bereits ein Flaschenzug aufgestellt.

168

1924 – 1933
Statuen und Kacheln auf der Stufenpyramide von Djoser

Djosers Serdab

Der Komplex der Stufenpyramide von Djoser, dem zweiten König der 3. Dynastie (2630–2611 v. Chr.), ist heute als weltweit ältestes großes Steinmonument berühmt. Errichtet am Anfang der dynastischen Geschichte, weisen seine architektonischen Formen eine erhabene Reinheit auf: Touristen aus der Zeit des Neuen Reichs, die vor mehr als 3 000 Jahren an diesem Ort ihre Graffiti zurückließen,

beschrieben den Komplex mit den Worten: »Als wäre der Himmel in ihm und würde [der Sonnengott] Re in ihm aufsteigen«. Der französische Architekt Jean-Philippe Lauer stellte die Stätte nahezu in ursprünglichem Glanz wieder her. Er kam an den Schauplatz, nachdem Cecil Firth bereits von 1924 bis 1926 an diesem Ort gearbeitet hatte. Heutige Besucher der Stufenpyramide werden von ihrem Führer üblicherweise eingeladen, durch eine der beiden zylindrischen Öffnungen zu spähen, die auf der Nordseite des Djoser-Komplexes in den Serdab, den verschlossenen Statuenraum, gebohrt worden sind, und einen Blick auf das Gesicht des ursprünglichen Eigentümers der Pyramide zu werfen. Was sie sehen, ist in Wirklichkeit eine moderne Kopie der lebensgroßen Ka-Statue des Königs aus Kalkstein, in der die Lebenskraft des verstorbenen Königs einen Wohnort fand und die Welt außerhalb des Grabes beobachten sowie Weihrauchopfer erhalten konnte. Das Original wurde kurz nach seiner Entdeckung in der Grabungssaison 1924/25 durch Dows Dunham (der Firth bei seinen Arbeiten in Reisners Giseh Lager zur Seite stand)

an das Museum von Kairo übereignet (JE 49158). Die Statue Djosers besitzt einige interessante Merkmale, wie etwa die veraltete Form eines Nemes-Kopftuchs mit spitz zulaufenden Enden, das seine gestreifte Perücke bedeckt, sowie als Intarsien gearbeitete Augen, die längst ausgestochen worden waren. Die als Hochrelief gefertigte Inschrift auf der Vorderseite des Sockels identifiziert die Person als »Netjerichet«. Im gesamten Grabmal wird Djoser mit diesem Namen bezeichnet. Das löwenähnliche Profil des Pharaos verströmt noch heute auf bemerkenswerte Weise königliche Macht. Einer zweiten, am selben Fundort entdeckten »Statue« kommt jedoch mehr Bedeutung zu, obwohl sie im Wesentlichen lediglich aus dem mit einer Inschrift versehenen Sockel besteht. Er trägt nicht nur den Namen von Netjerichet-Djoser, sondern auch in elegantesten Hieroglyphen den Namen und Titel des Gelehrten und Architekten der Stufenpyramide Imhotep, eine der einflussreichsten und zugleich rätselhaftesten Persönlichkeiten aus der Frühzeit der Antike (Seite 206).

Weitere Entdeckungen

»Zwischen 1924 und 1931 gewann der englische Archäologe Firth … neue Erkenntnisse über die Bauwerke, welche die Pyramide umgeben; die Häuser des Südens und des Nordens … der T-Tempel … die Eingangsgalerie … das Südgrab … und die verstärkte Einfriedungsmauer. 1928 entdeckte derselbe Forscher unter der Pyramide eine weitere, mit blauen Kacheln geschmückte Kammer und drei Stelen von König Djoser … Nach ihm untersuchten Quibell und Lauer die tiefer gelegenen unterirdischen Galerien der Pyramide, auf die Firth nur einen kurzen Blick geworfen hatte. 1933 stießen sie hier auf zwei Alabastersarkophage … und einen Lagerraum mit etwa 30 000 Steingefäßen.«
Étienne Drioton

Seit der Entdeckung des Grabes von Impi waren bereits zwölf Jahre vergangen. Der Fund des zweiten unversehrten Grabes erfüllte die Forscher nun mit einiger Genugtuung. Ihre Begeisterung wuchs, als eine Inschrift den Eigentümer des neuen Grabes als Königin Hetepheres, Gemahlin König Snofrus und Mutter Cheops, auswies. Zusätzlich bereitete es Reisner besondere Freude, dass diese Entdeckung (wenn auch nur vorübergehend) den Triumph, den Carnarvon und Carter mit der Auffindung des Grabmals von Tutanchamun (Seite 160) gefeiert hatten, in den Schatten stellte. Reisner lehnte die beiden als arrogant und kolonialistisch ab und tat alles, um sie als skrupellose Schatzsucher und Abenteurer zu diskreditieren.

Die Ausgrabung von Hetepheres reichlich gefüllter Grabkammer fiel vorwiegend dem bislang unbekannten Dows Dunham zu und erwies sich als langwierig und schwierig, um nicht zu sagen geradezu gefährlich. Dunham selbst wäre vermutlich in einer frühen Phase der Aufräumungsarbeiten von einem unerwartet von der Decke der Kammer fallenden Felsbrocken getötet worden, hätte er keinen Tropenhelm getragen. Die Räumung wurde zusätzlich durch den beengten Raum erschwert, in dem nicht mehr als zwei Personen gleichzeitig ihrer Tätigkeit nachgehen konnten, und durch die gewaltige Hitze, die das elektrische Licht verbreitete. Eine gewisse Erleichterung brachte ein sorgfältig platzierter Ventilator, der die Temperatur auf erträglichere 27 – 29 Grad senkte. Selbstverständlich musste man bei der Aufstellung des Ventilators besonders gewissenhaft vorgehen, da die organischen Komponenten des Bestattungsinventars nahezu vollständig zerfallen waren und ein kräftiger Lufthauch den gesamten Fund davonblasen konnte:

»Ich erinnere mich, dass ich einmal zu Beginn der Arbeiten, als ich mit Reisner gemeinsam im Grabmal war, eine Bemerkung machte, die er so amüsant fand, dass er in ein herzliches Lachen ausbrach. Augenblicklich hörten wir ein leises Rascheln, als ein Stückchen einer Goldauflage an der Rückseite der Kammer als Folge der Luftvibrationen, die durch das Geräusch verursacht worden waren, abwärts glitt.«
DOWS DUNHAM

Die besondere Zerbrechlichkeit von Hetepheres Grabausstattung war von Anfang an Grund zu ernstlicher Sorge. Der großzügigen Goldauflage, mit der die meisten Objekte verziert waren, ist es jedoch in hohem Maß zu verdanken, dass sie im Allgemeinen ihre Form bewahrten. Dieser Umstand und die sorgfältigen Aufzeichnungen, gewissenhaften maßstabgerechten Zeichnungen (die sich auf 1701 Manuskriptseiten beliefen) und hervorragende Fotografien (1057 Bilder) ermöglichten schließlich, dass die bedeutendsten Fundstücke aus frischem Holz nachgebaut und ihre einzigartige Gestaltung und Qualität zurückgewonnen werden konnten. Sie ergänzen und erklären die überlieferte Informationsfülle der Reliefs und Grabmalereien zu Bestattungsgegenständen dieser Art. Das gesamte Unternehmen stellte geradezu ein Wunder an Geduld dar.

Links Die Grabungstätigkeiten sind beinahe abgeschlossen. Der junge Dows Dunham zeichnet Position und Inhalt der zerbrochenen Schmuckschatulle der Königin in der südlichen Ecke der Kammer auf.

Der Augenblick der Wahrheit

Die mit großer Spannung erwartete Öffnung des Sarkophags der Königin, die spät in der zweiten Saison der Arbeiten an dem Grabmal erfolgte, stellte sich als außergewöhnliche Enttäuschung heraus. Dows Dunham berichtet:

»Am 3. März 1927 versammelte sich eine namhafte Gesellschaft [von etwa acht Personen] ungefähr 30 Meter unter der Erdoberfläche ... Auf ein Nicken von Reisner wurden die Winden in Bewegung gesetzt, die für diesen Zweck zuvor angebracht worden waren. Langsam entstand zwischen dem Deckel und dem Sarkophag ein Spalt. Er erweiterte sich allmählich, bis wir in den oberen Teil des Sarkophags blicken konnten; nichts war zu sehen. Während sich der Deckel weiter hob, konnten wir tiefer in das Innere und schließlich bis auf den Grund des Sarkophags sehen ... «

Der Künstler Lindon Smith, der ebenfalls anwesend war, führt die Geschichte weiter aus:

»Als [der Deckel] hoch genug angehoben war, sodass ich hineinspähen konnte, sah ich zu meiner großen Bestürzung, dass die Königin nicht darin lag – der Sarkophag war leer! Ich wandte mich an Reisner und sagte mit lauterer Stimme als beabsichtigt: ›George, sie ist ein Blindgänger!‹ Daraufhin fragte der Minister für staatliche Bauprojekte: ›Was ist ein Blindgänger?‹ Reisner erhob sich von seiner Kiste und sagte: ›Gentlemen, ich befürchte, Königin Hetepheres gewährt keine Audienz.‹ Dann fügte er hinzu: ›Mrs. Reisner wird im Lager einige Erfrischungen servieren.‹ «

Das Rätsel um die Kanopentruhe – und neue Antworten

Nach dieser Enttäuschung wandten die Forscher ihre Aufmerksamkeit der Kanopentruhe der Königin zu, die verborgen in einer versiegelten Nische gestanden hatte. Paradoxerweise war sie nicht leer, sondern enthielt vier Pakete von Eingeweiden, von denen drei noch immer in einer Lösung aus Natron trieben, die für die Einbalsamierung verwendet worden war. Wie ließ sich dieser seltsame Umstand erklären? In dem Versuch, sämtliche Tatsachen in Einklang zu bringen, kam Reisner auf eine geistreiche Erklärung. Er folgerte, dass Hetepheres ursprüngliches Grabmal, das möglicherweise in Dahschur lag, kurz nach der Bestattung verwüstet und ihr Leichnam gestohlen oder zerstört worden war. Diese entsetzliche Tat, wenn auch nicht die Plünderung selbst, ver-

schwieg man Reisner zufolge Cheops und verbrachte die Überreste der Begräbnisausstattung seiner Mutter, ohne deren Leichnam, nach Giseh. Reisners Hypothese wurde zu Recht bezweifelt, mit zwingender Logik von Mark Lehner im Jahr 1985. Er bot eine bedeutend einfachere Erklärung an: Reisners Grabmal war nicht der zweite, sondern der ursprüngliche Bestattungsort der Königin und Mutter, der sich an der geplanten Satellitenpyramide GI-x ausrichten sollte, die allerdings nie errichtet wurde. Auf Cheops Befehl wurde der Leichnam der Königin später zur Wiederbestattung in eine der neuen Satellitenpyramiden GI-a oder GI-b überstellt – wo er vermutlich bereits im Altertum zerstört wurde. Aus unerfindlichen Gründen war die ursprüngliche Begräbnisausstattung der Königin, einschließlich ihrer Eingeweide, in G 7000 x zurückgeblieben.

Oben Die Rekonstruktion aus neuem Holz von Hetepheres' vergoldeter Schmuckschatulle mit Armbändern.

Links Ein goldenes Gefäß aus dem Grabschatz der Königin. Es wurde aus einer einzigen Platte getrieben und wundervoll poliert. Man fand es in einer kleinen Schachtel mit Rasierklingen und zwei weiteren Gefäßen, die ebenfalls aus Gold waren

HETEPHERES
DIE BEDEUTENDSTEN FUNDE

Alabastersarkophag (JE 51899)
Kanopentruhe aus Alabaster (JE 52452)
Hölzernes Kanopenbett mit Goldauflage (JE57711)
Hölzerne Vorhangtruhe mit Goldauflage und Intarsien (JE 72030)
Hölzernes Bett mit Goldauflage und Intarsien (JE 53261)
Hölzerne Stühle (2) mit Goldauflage, einer mit Intarsien (JE 53263, Temp. reg. 22.2.60, verschiedene)
Hölzener Tragestuhl mit Goldauflage und Intarsien (JE 52372)
Hölzerne Truhen (etwa 8), Inhalt: Leinen, Töpferwaren, Steingefäße, Lehmsiegel, Feuersteine, verschiedenste Bruchstücke
Hölzerne Truhe mit Goldauflage und Intarsien (Temp. reg. 22.2.60, verschiedene), Inhalt:
  Kopftuch (Kleidungsstück?)
  hölzerne Truhe mit Salbentiegeln aus Kalzit usw. (JE 52373)
  Waschkrug und -becken aus Kupfer
  Steingefäße (2) und Tongefäße (2)
  hölzerne Kopfstütze mit Gold- und Silberauflage (JE 53262)
  hölzerne Truhe, mit Goldauflage, Inhalt: Silberarmbänder (JE 53265-81; MFA 47.1699)
  Gold- und Silberteller, Rasiermesser und andere Kosmetikgegenstände aus Gold und Kupfer; Armbänder aus Elfenbein
Rohrförmige Lederhülle mit Stäben (2), Gold- und Silberauflage (JE 89619)
Verschiedene Stein- und Tongefäße
Korb
Verschiedene Kupfergegenstände

• Die meisten Objekte befinden sich in Kairo (JE; Temp. reg.), kleinere Stücke (und Faksimile größerer Gegenstände) im Museum of Fine Arts in Boston (MFA)

EIN AMARNA-KÖNIG UND SEINE KÖNIGIN:
DIE KARNAK-KOLOSSE

1926: Skarabäen aus Dair Al Bahri

Datum
1925

Entdecker
Henri Chevrier

Ort
Theben (Karnak)

Periode
Neues Reich,
18. Dynastie,
Herrschaft Echnatons,
1353–1335 v. Chr.

Das Anlegen eines Entwässerungskanals östlich der Umfassungsmauer des großen Amun-Tempels in Karnak im Jahr 1925, unter der Leitung des französischen Inspektors Henri Chevrier, führte zu unerwarteten Ergebnissen. Bei den Arbeiten stieß man auf zwei Statuen einer umgefallenen Sandsteinkolonnade in ausgeprägtem Amarna-Stil. Sie bestätigten, dass Amenophis IV./Echnaton zu Beginn seiner Herrschaft innerhalb des Amun-Bezirks dem Gott Aton einen Tempelkomplex errichtete hatte. Georges Legrain hatte 1904 im Versteck von Karnak (Seite 118) ein Bruchstück derselben Kolonnade gefunden (CG 42089), ohne jedoch dessen Bedeutung zu erkennen.

Die von Henri Chevrier zwischen 1925 und 1932 durchgeführten Grabungen sollten überraschende 25 dieser Amarna-Kolosse (von ursprünglich 28, geschätzt anhand der erhaltenen Sockel) zu Tage fördern sowie einen Teil des Fundaments jenes Bauwerks, zu dem sie gehörten: dem Gem-pa-Aton-Tempel. Diese Anlage ist heute durch die Talatat und die

Amenophis IV./Echnaton (links) und seine Gemahlin Nofretete (rechts), wie sie in zwei Serien der kolossalen Statuen dargestellt werden, die Henri Chevrier in Karnak entdeckte. Da beide Figuren dazu bestimmt waren, von unten betrachtet zu werden, wirken sie in der frontalen Ansicht seltsam.

Ausgrabungen des amerikanischen Ägyptologen Donald B. Redford (Seite 209) und der Franzosen besser bekannt. Die Karnak-Kolosse sind außergewöhnlich beeindruckende Kunstwerke, von denen man ursprünglich annahm, dass sie einzig den König darstellen. Die »neutrale« Gestalt zumindest einer der Darstellungen führte zu einer umfangreichen Literatur über die angeblich mangelnde Sexualität des »Ketzerkönigs«. Ganz unabhängig von derartigen Fantasien behält der britische Ägyptologe J. R. Harris gewiss recht, wenn er die Statuen als Darstellung von Amenophis IV. und seiner einflussreichen Gemahlin Nofretete betrachtet, die als die Gottheiten Schu bzw. Tefnut erscheinen.

Links Momentaufnahme während der Grabungen: Mehrere zerbrochene Kolosse aus Chevriers spektakulärem Fund liegen verstreut über den Boden der Ausgrabungsstätte in Ost-Karnak.

1926
Skarabäen aus Dair Al Bahri

Die Ausgrabungen des Metropolitan Museum of Art in Dair Al Bahri, in und um die Totentempel von Mentuhotep II. und Hatschepsut aus der 18. Dynastie, sind zu Recht berühmt und rechtfertigen auf Grund ihrer Produktivität ein eigenes Buch wie Herbert E. Winlocks *Excavations at Deir el Bahri, 1911 – 1931.* Zu den Höhepunkten der Ausbeute gehören die Überreste aller bedeutender Skulpturen von Hatschepsut, die im Altertum vorsätzlich zerstört wurden, die Entdeckung des prachtvollen, wenn auch unbenutzten zweiten Grabmals (TT353) von Senemut, Günstling der Königin und Architekt ihres Tempels, sowie zahlreiche unberührte Gräber bedeutender und weniger bedeutender Persönlichkeiten früherer und späterer Perioden. Eine etwas bescheidenere Klasse, wenn auch nicht geringer in seinem ästhetischen Aussehen und seiner historischen Bedeutung, bildet der Amulett-Skarabäus,

der auf Grund der Verbindung mit dem Entstehenden eine besonders passende Metapher für die Wiedergeburt des Verstorbenen in der nächsten Welt darstellt. Amulette dieser Art findet man gelegentlich in Gründungsgruben, die zu Beginn und in verschiedenen Baustadien angelegt wurden. Man kennt zahlreiche dieser Depots aus dem alten Ägypten – wie etwa mehrere (die ziemlich willkürlich angeordnet sind und die Entwicklung des Bauplans widerspiegeln) im Totentempel der Hatschepsut in Dair Al Bahri.

Die drei im Jahr 1926 entdeckten Gründungsgruben unterschieden sich von den bereits bekannten sowohl hinsichtlich der Zahl als auch der Präzision der Skarabäen, die sie bargen: Im Depot G befanden sich 192, in H 11 und in I 96 – insgesamt 299 Skarabäen höchster Qualität aus grünem glasigen Steatit. Die Fülle an Hatschepsut-Skarabäen weist eindeutig darauf hin, dass die Königin für die Errichtung des Totentempels

verantwortlich war, während die Skarabäen ihres Neffen und Mündels Thutmosis III. (von denen einige die Frühform seines Namens »Mencheperenre« tragen) den Baubeginn entgegenkommenderweise den ersten Jahren seiner Herrschaft als König zuweisen.

GRÜNDUNGS-GRUBEN G, H, I	
Anzahl	Beschreibung
2	Thutmosis I.
31	Thutmosis III.
153	Hatschepsut
18	Neferure
18	Amun
77	Spruch/Zeichnung

1928

DIE BIBLIOTHEK DES GELEHRTEN UND SCHREIBERS KENHERCHEPSCHEF

Datum
1928

Entdecker
Bernard Bruyère
(1879 – 1971)

Ort
Theben (Deir el-Medina,
in der Nähe
von Grab 1165)

Periode
Neues Reich, 19. Dynastie,
vor und nach der
Herrschaft Merenptahs,
1224 – 1214 v. Chr.

Unten Die gut erhaltene Siedlung Deir el-Medina wurde von den Arbeitern bewohnt, welche die Königsgräber des Neuen Reiches im Tal der Könige und im Tal der Königinnen bauten und ausstatteten. Hier befand sich das Haus von Kenherchepschef, in dem seine außergewöhnliche Bibliothek gefunden wurde.

Ungeachtet der Entdeckung des unberührten Familiengrabs des Handwerkers Sennedjem im Jahr 1886 durch die dortige Bevölkerung (Seite 69), hatte man die Bedeutung von Deir el-Medina als seltener Mikrokosmos des altägyptischen Lebens und Todes während einer relativ begrenzten Periode (18. bis 20. Dynastie) jahrelang nicht erkannt. Die Ausgrabungen von Ernesto Schiaparelli (Seite 121) vom Ägyptischen Museum in Turin (der zwischen 1905 und 1909 sporadisch im nördlichen Teil des Ortes und in der Nekropole arbeitete und das Grab des Architekten Cha entdeckte, Seite 126), die Restaurierungsarbeiten von Émile Baraize am ptolemäischen Tempel und die in der Nähe von dem deutschen Wissenschaftler Georg Möller im Jahr 1913 durchgeführten Grabungen im Dorf und in Begräbnisstätten bildeten die Ausgangsbasis. Der intensiven Forschungstätigkeit des Institut français d'archéologie orientale (IFAO) in Kairo ab dem Jahr 1917 ist es jedoch zu verdanken, dass man sich der Besonderheiten und Reichhaltigkeit des Ortes mit seinen zahllosen Inschriften bewusst wurde.

Der Großteil dieser langfristigen französischen Arbeiten erfolgte unter der Leitung von Bernard Bruyère (1922 – 1940, 1945 – 1951). Unter seiner Aufsicht wurden sämtliche Bereiche des Ortes und seiner Umgebung sowie der so genannte Grand puit, die »große Grube« untersucht – ein großer, begehbarer Brunnen, der mehr als 5 000 Ostraka aus Kalkstein enthielt. Diese Texte boten einen bedeutenden und wahrlich einzigartigen Einblick in das Leben des einzelnen Dorfbewohners und die Geschichte der Siedlung und befassten sich mit Ereignissen und Verhältnissen wie Geburten, Todesfällen, Eheschließungen, Scheidungen, Streitigkeiten, Streiks, Religion, Gesetz und Ordnung. Bruyère entdeckte zudem mehrere gut ausgestattete Gräber, wie etwa die im Wesentlichen unberührten Gräber der Dame Madja und des Handwerkers Sennefer. Die Grabungsarbeiten sind heute größtenteils eingestellt, die weitere Bearbeitung, das Studium und die Veröffentlichung der IFAO-Funde hält jedoch bis zum heutigen Tag an. Den faszinierendsten Fund der Grabungen in Deir el-Medina bildet die Bibliothek des Kenherkhepsef. Die Geschichte der Entdeckung des Archivs weist die üblichen verschlungenen Wege auf. Alan Gardiner, der als Erster diese außergewöhnliche Sammlung literarischer, magisch-medizinischer und anderer hieratischer Papyri in der Bibliothek des verstorbenen Sir Alfred Chester Beatty studierte, gelangte zu der Ansicht, dass sie, ähnlich wie die Papyri des Ramesseums (Seite 96), auf Grund ihres Inhalts zur Berufsausrüstung eines Wunderheilers oder Arztes gehörten. Wie wir heute wissen, trifft diese Annahme nicht zu. Ähnlich wie bei den 75 Jahre zuvor angekauften Harris-Papyri (Seite 45) handelt es sich bei den Chester-Beatty-Texten (die heute zwischen London und Dublin aufgeteilt sind) um zusammengestellte Schriften aus einem bedeutend größeren und weniger spezialisierten Schriftenlager, das die Franzosen im Jahr 1928 zwischen den beiden Grabkapellen in der Nähe von

Mein Herz flattert hastig, wenn ich an dich, an meine Liebe, denke; es lässt mich nicht vernünftig handeln, es springt von seinem Platz. Ich kann kein Kleid anziehen, und auch keinen Schal umlegen; ich schminke meine Augen nicht, noch bin ich eingeölt. »Warte nicht, geh' hin«, sagt [mein Herz] zu mir, sooft ich an ihn denke; mein Herz, mach keinen Unsinn, warum spielst du verrückt …
Sei standfest, wenn du an ihn denkst, mein Herz, flattere nicht.
VERLIEBTE FRAU:
AUSZUG AUS DEM
PAPYRUS CHESTER
BEATTY I.

DIE BIBLIOTHEK DES KENHERCHEPSCHEF

Kennzeichnung	Beschreibung
P. Chester Beatty I	Streitschriften über Horus und Seth; Liebeslieder; Hymnen; Hymnen zu Ehren von Ramses V.; Dokument über einen Viehhandel
P. Chester Beatty II	Geschichte über die Blendung und nachfolgende Rehabilitierung der Wahrheit
P. Chester Beatty III	Traumbuch; Schlacht von Kadesch; Brief an den Wesir Panehsi
P. Chester Beatty IV	monotheistische Hymnen; Schriftsammlung eines Schülers
P. Chester Beatty V	Hymne an den Nil; kurze Texte in Briefform; magische Texte
P. Chester Beatty VI	medizinische Rezepte; magischer Text
P. Chester Beatty VII	Zaubersprüche gegen Skorpione; Zaubersprüche gegen Fieber usw.
P. Chester Beatty VIII	magisch-religiöse Texte
P. Chester Beatty IX	Ritual des Amenophis I.; Ausschnitt aus einem magischen Text; Anrufungsbuch; Schutzbuch
P. Chester Beatty X	Auszüge aus einem Buch über Aphrodisiaka
P. Chester Beatty XI	Geschichte von Isis und Re; magische Texte; Rechnungen; Hymne an Amun; Zaubersprüche für die Sicherheit auf dem Fluss usw.
P. Chester Beatty XII	Auszüge aus einem magischen Text mit mythologischen Anspielungen
P. Chester Beatty XIII	magischer Text
P. Chester Beatty XIV	religiöser Text
P. Chester Beatty XV	magisch-medizinischer Text
P. Chester Beatty XVI	magischer Text; Rechnungen
P. Chester Beatty XVII	Auszüge aus dem satirischen Brief des Hori
P. Chester Beatty XVIII	Auszüge aus einer bunten Sammlung; medizinischer Text
P. Chester Beatty XIX	Auszug aus der Satire über den Handel
P. Deir el-Medina I	Lehre des Ani; magische Texte
P. Deir el-Medina II	Teil des P. Naunachte II, III
P. Deir el-Medina III–XVI	Briefe
P. Deir el-Medina XVII	Liste von Bronzegeräten
P. Naunachte I (?), II – III, IV (?)	Testamente
P. Genf 15274 (?)	Beschwörungen gegen Skorpionstiche; Memoranden

Schacht 1165 in Deir el-Medina ausgegraben hatten. Die beiden Textgruppen stammen offenkundig aus derselben umfangreichen Sammlung, deren Eigentümer kein weiser Magier oder Arzt war, sondern der Handwerker und Schreiber Kenherchepschef, der mit der Herstellung der steinernen Dekoration des Pharaonengrabes beschäftigt war. Kenherchepschef ist den Ägyptologen wohl bekannt. Er tritt im Jahr 33 der Herrschaft Ramses II. zum ersten Mal in Erscheinung, wird im 40. Jahr Grabschreiber und behält dieses Amt bis zum Ende der Regierungszeit Sethos II. bei – über eine Zeitspanne von mehr als 40 Jahren. Kenherchepschef war gewiss kein beliebter Beamter, denn es finden sich Hinweise darauf, dass er in der Ausübung seines Amtes nachlässig und korrupt war. Wie es scheint, gehörte sein Herz nicht seiner Arbeit, sondern seinen Büchern – und in späteren Jahren in zunehmendem Maß seiner neuen, zwölfjährigen Gemahlin. Die Interessen, die sich in Kenherchepschefs Bibliothek widerspiegeln, sind nicht ungewöhnlich für die Lektüre eines

gebildeten Ägypters der Zeit der Pharaonen. Nach seinem Tod wurden die Rollen zunächst von der Familie aufbewahrt, endeten aber schließlich als Notiz- und Schmierpapier. Es sollte jedoch noch schlimmer kommen. In überraschender Übereinstimmung mit der Entdeckung der Bibliothek von Kenherchepschef enthält einer der späten Ramessiden-Papyri (Britisches Museum EA 10326), der gegen Ende des Neuen Reichs von dem Schreiber Djehutimose beschrieben wurde, folgende Nebenbemerkung:

> »Was die Schriftstücke anbelangt, auf die der Regen im Haus … niederging, die du herausbrachtest … , sagte ich dir: ›Ich werde sie wieder aufbinden‹. Du brachtest sie wieder hinunter und wir lagerten [sie] im Grabmal des Amennacht, meines [Urgroß-]Vaters … «

Abgesehen von der Tatsache, dass der Fundort der Kenherchepschef-Papyri auffällig mit jenem Ort übereinstimmt, an dem Djehutimose seiner Beschreibung zufolge die durchtränkten Texte deponierte, weist einer der Chester-Beatty-Texte Spuren eines Wasserschadens auf. Anscheinend war die Bibliothek von den verständnislosen Erben des Gelehrten ohne jedes Zeremoniell in der Nekropole abgelegt worden.

Unten Der Papyrus Chester Beatty III – eine Seite der Textsammlung von Kenherchepschef – enthält einen Auszug aus dem Traumbuch mit dem denkwürdigen Satz: »Wenn ein Mann sieht … wie er seinen Unterleib rasiert, ist dies ein schlechtes Vorzeichen, denn es bedeutet Trauer…«

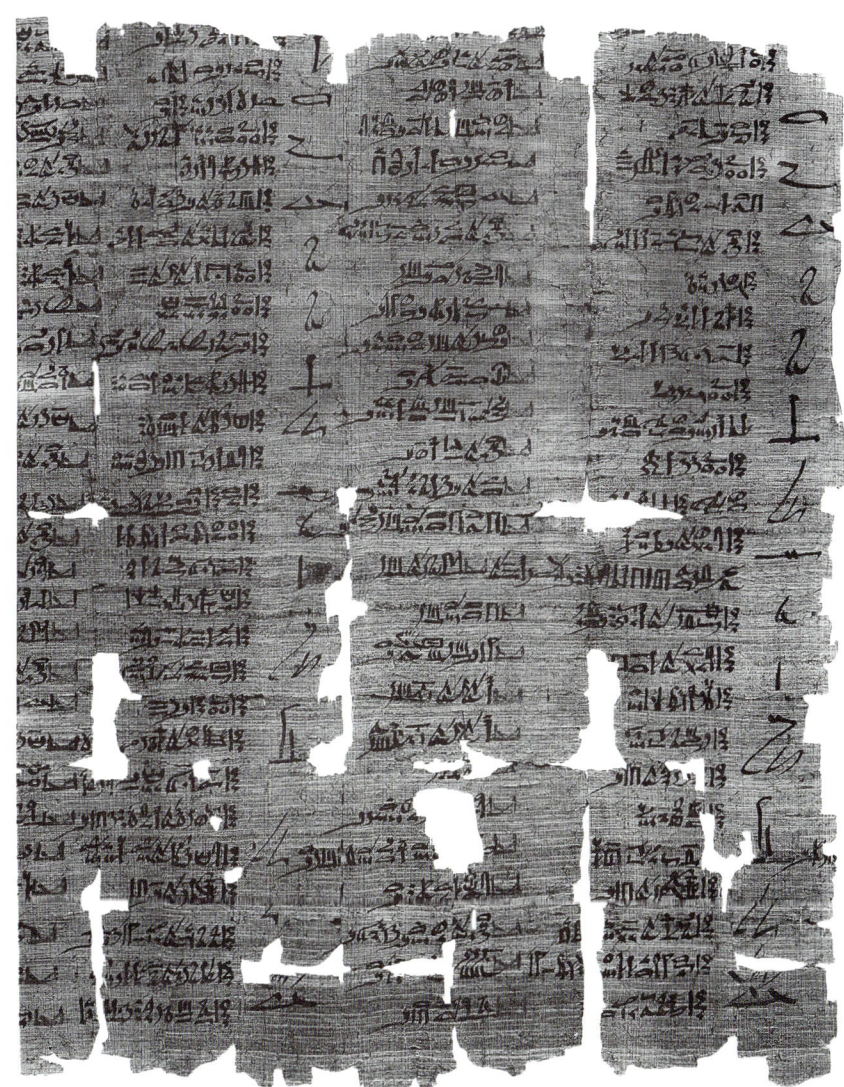

1930: Ein Krug mit Gold aus Tell el-Amarna · 1929 – 1939: Mersuanch und seine Statuen

Datum
23. Februar 1929

Entdecker
Herbert E. Winlock

Ort
Theben (Dair Al Bahri,
Grab DB 358)

Periode
Neues Reich,
18. Dynastie und später,
etwa 1550 – 945 v. Chr.

4000 v. Chr.

3000 v. Chr.

2000 v. Chr.

1000 v. Chr.

0

700 n. Chr.

»Mitte Januar [1929] hatten wir die Suche nach Fragmenten der Statue [von Königin Hatschepsut] an der Ausgrabungsstätte [von Dair Al Bahri] beendet und unsere Arbeiter legten allmählich die tiefer liegenden Abfalllager am Abhang des Tempels der Hatschepsut frei … An ihm waren uns zwei Schutthügel aufgefallen, die seit Jahrhunderten verwitterten und unter Treibsand und heruntergefallenen Felsstücken nahezu begraben lagen … Möglicherweise handelte es sich um den Aushub eines Tunnels zu einem oder mehreren unentdeckten Gräbern in der Schieferschicht. Auf diese Annahme stützten wir unsere Hoffnung …
Am 23. Februar – sechs Wochen nach Beginn unserer Arbeiten am Hügel – berichtete der Reis Gilani, dass die Männer auf ein grobes Loch im Felsen unter ihren Füßen gestoßen waren … «
Herbert E. Winlock

Das von Winlock 1929 unterhalb des Tempels der Hatschepsut in Dair Al Bahri entdeckte Grabmal diente der Bestattung einer »Tochter des Königs« aus der 21. Dynastie und der Königin Meretamun aus der frühen 18. Dynastie. »Die Stille, die Dunkelheit und das Wissen, dass [deren] Sarg jahrhundertelang hier gelegen hatte … trugen zu einer unheimlichen Stimmung bei und entgegen so manchen Erwartungen ergibt sich eine derartige Atmosphäre nicht oft bei Ausgrabungen.«
Während das erste Grab wenig Interessantes zu bieten hatte, erwies sich das zweite als einzigartig. Meretamun war in zwei Särgen bestattet worden, von denen der äußere nicht nur eine wahrlich erlesene Qualität, sondern auch beträchtliche Dimensionen aufwies – stehend erreichte er eine Höhe von mehr als drei Metern und erinnerte an die riesenhaften Särge der Königinnen Ahhotep und Ahmose/Nofretere aus dem königlichen Bestattungslager von Dair Al Bahri (Seite 64). Meretamuns innerer Sarg wies wesentlich geringere Dimensionen auf. In ihm befand sich ihre sorgfältig in Binden gewickelte Mumie – »geschmückt mit Girlanden, die noch so frisch waren, dass man die Farbe der Blumen erkennen konnte«.

Unten links Der äußere, menschenförmige Sarg der Königin Meretamun, ein Meisterwerk der Holzschnitzkunst, war vor der »Restaurierung« durch die Beamten von Pinudjem I. üppig mit Gold und farbigen Intarsien verziert.

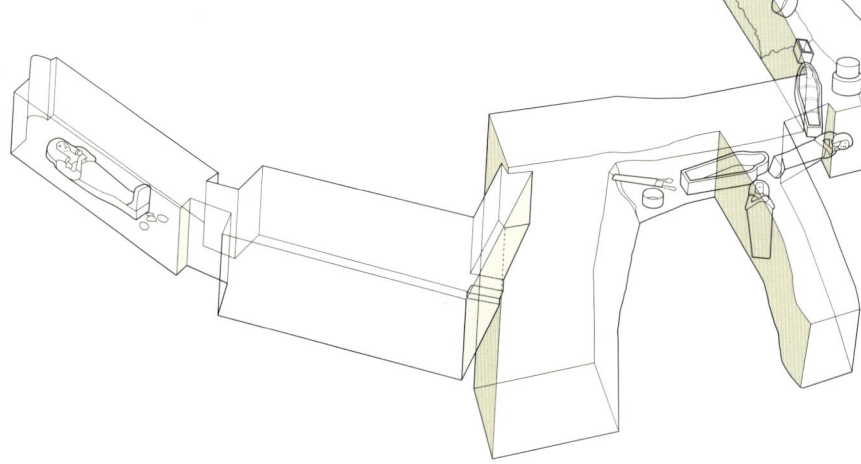

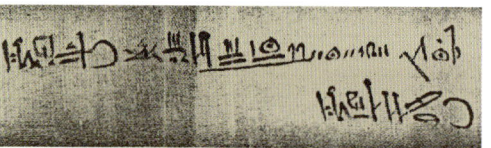

Ein Etikett mit hieratischem Text auf der Mumie der Meretamun berichtete von der »Wiederherstellung« der Grabstätte.

1930
Ein Krug mit Gold aus Tell el-Amarna

»Die Vase lag weniger als 30 Zentimeter unter der Oberfläche und der Bindepfahl eines lokalen Würdenträgers hatte einen Splitter vom Deckel abgeschlagen. Es ist zwar bekannt, mit welchen Gefühlsäußerungen er reagierte, als er vernahm, was ihm entgangen war, seine Worte eignen sich jedoch nicht zur Veröffentlichung.«

HENRI FRANKFORT UND
J. D. S. PENDLEBURY

Die von der Egypt Exploration Society zwischen 1921 und 1936 durchgeführten Ausgrabungen in Tell el-Amarna schlossen an die Arbeiten von Petrie und der Deutschen Orient-Gesellschaft an (Seite 83, 134). Diese Forschungstätigkeit der EES wurde im Jahr 1977 unter der Leitung von Barry Kemp erneut aufgenommen und hält bis heute an. Die Arbeiten in Amarna in den Zwanziger- und Dreißigerjahren erfolgten in entspannter Atmosphäre. Dennoch erbrachten auch sie ihren Anteil an aufregenden Fundgegenständen, ja in einem Fall sogar das Glitzern von Gold. 1930 entdeckte das Team von John Pendlebury unter dem Fußboden eines Hauses (T 36.63) in der

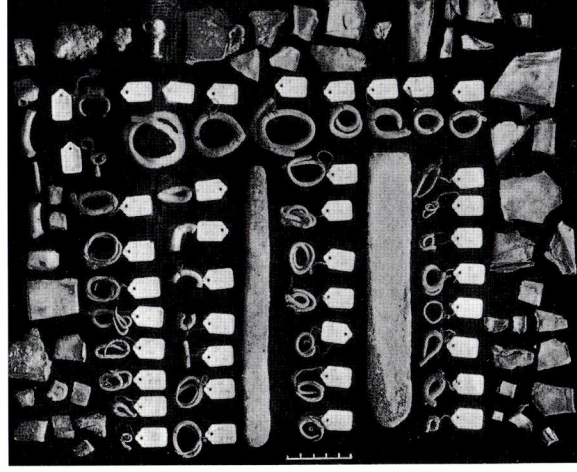

nördlichen Vorstadt zahlreiche Gegenstände aus Edelmetall, die in einem großen kugelförmigen Gefäß mit einem Durchmesser von 24 Zentimetern aufbewahrt wurden, der mit einer kleineren umgedrehten Schale als Deckel verschlossen war. »Da die Arbeiter nicht bereit waren, ihre Aufgabe in einer Weise zu erfüllen, von der sie aus Erfahrung wussten, dass sie nutzlos und schwierig war, lösten sie den Deckel einfach mit Gewalt und schüttelten die Erde im Inneren, um sie aufzulockern. Plötzlich kam

ein Goldbarren zum Vorschein. Danach erschienen noch 22 Goldbarren, viel Silber und eine kleine Statue eines hethitischen Gottes aus Silber mit einer Kappe aus Gold.« Das darauffolgende Schweigen war geradezu fühlbar.

Vieles über den Fund bleibt nach wie vor im Dunkeln. Es handelte sich vermutlich um das Restmaterial eines Metallarbeiters, da von verschiedenen Barren ein Stück abgeschnitten war, als hätte man eine bestimmte Menge Material benötigt. Der Fund wurde in Kairo aufgeteilt. Ein Großteil der Stücke, die der EES zugewiesen wurden, gelangte in die Bank von England, wo man sie einschmolz. Glücklicherweise gehören derartig drastische Finanzierungsmethoden heute der Vergangenheit an.

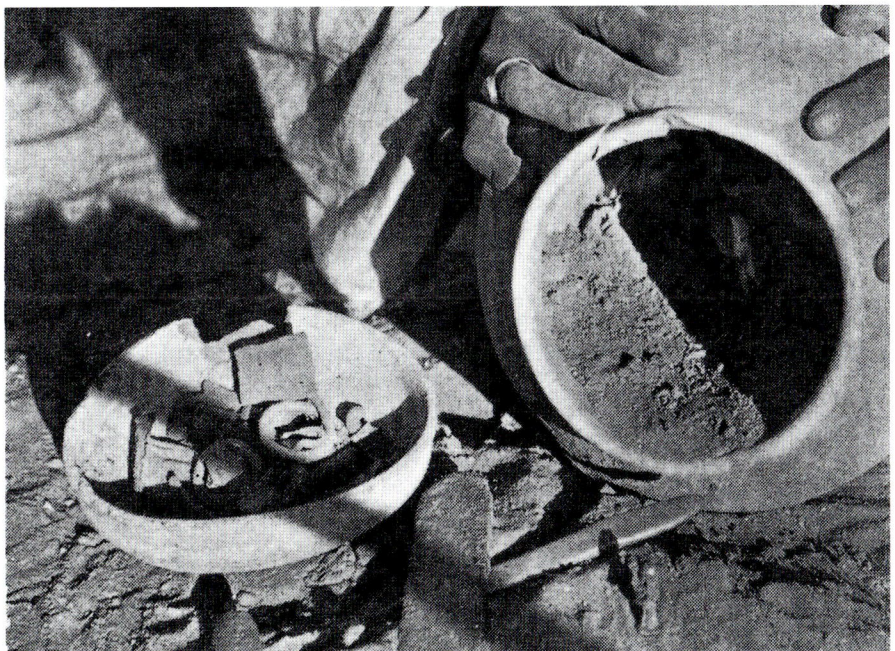

DER KRUG MIT GOLD AUS HAUS T. 36.63 IN TELL EL-AMARNA

Beschreibung	Anzahl
hethitisches Silberamulett	1
grob gefertigte Goldbarren	23
grob gefertigte Silberbarren	2
»Ringe« aus Silber	27
gerillte »Ringe« aus Silber	10
Silberohrring in Form einer Mondsichel	1
tropfenförmiger Silberohrring	1
Bruchstücke von Silbergefäßen	mehrere
Bruchstücke von Silberauflagen	mehrere

Linke Seite Schematische Darstellung des Grabmals – man sieht die wuchtige Begräbnisstätte Meretamuns in der innersten Grabkammer jenseits des »Brunnens«. Der Leichnam der Prinzessin Nany aus der 21. Dynastie wurde später beigesetzt und ohne seinen äußeren Sarg aufgefunden.

Das gesamte Grabmal wirkte unberührt. Dennoch stimmte etwas nicht: Die wenigen Grabbeigaben waren äußerst bescheiden und bestanden aus kaum mehr als einigen versiegelten Körben. Während die bemalten Oberflächen der Särge der Königin gut erhalten waren, zeigte sich deutlich, dass die meisten Glasintarsien herausgebrochen worden waren; eine Untersuchung ergab, dass die Farbe die ursprünglich aus Blattgold bestehenden Oberflächen ersetzte.

Das Rätsel löste sich durch eine zierliche Tinteninschrift, die in hieratischer Schrift quer über das Leichentuch von Meretamun verlief: »19. Jahr, 3. Monat der Jahreszeit Akhet, 28. Tag. Am heutigen Tag erfolgt die Untersuchung von Meretamun, der Gemahlin des Königs« – das Grab der Königin war in Ordnung gebracht worden. Winlock nahm an, dass

Meretamuns erneute Beisetzung einen frommen Wiedergutmachungsakt seitens der Priester darstellte, die vielleicht durch Zufall auf ihr geplündertes Grab gestoßen waren. Heute wissen wir es besser: Das Grab der Königin war nicht vor, sondern während dieser Untersuchung all seiner wertvollen Gegenstände – Abdrücke kostbarer Schmuckstücke der Königin finden sich auf ihrem mumifizierten Leichnam – beraubt worden. Wie weitere Etikettierungen anzeigten, regierte im »19. Jahr« des »Wiederherstellers« der Hohepriester des Amun und Möchtegern-König Pinudjem I., während dessen »Herrschaft« eine derartige Schandtat zum offiziellen Tagesbefehl gehörte. Mit den Reichtümern, die ihm von den thebanischen Toten zuflossen, finanzierte er seine zweifelhafte Machtstellung.

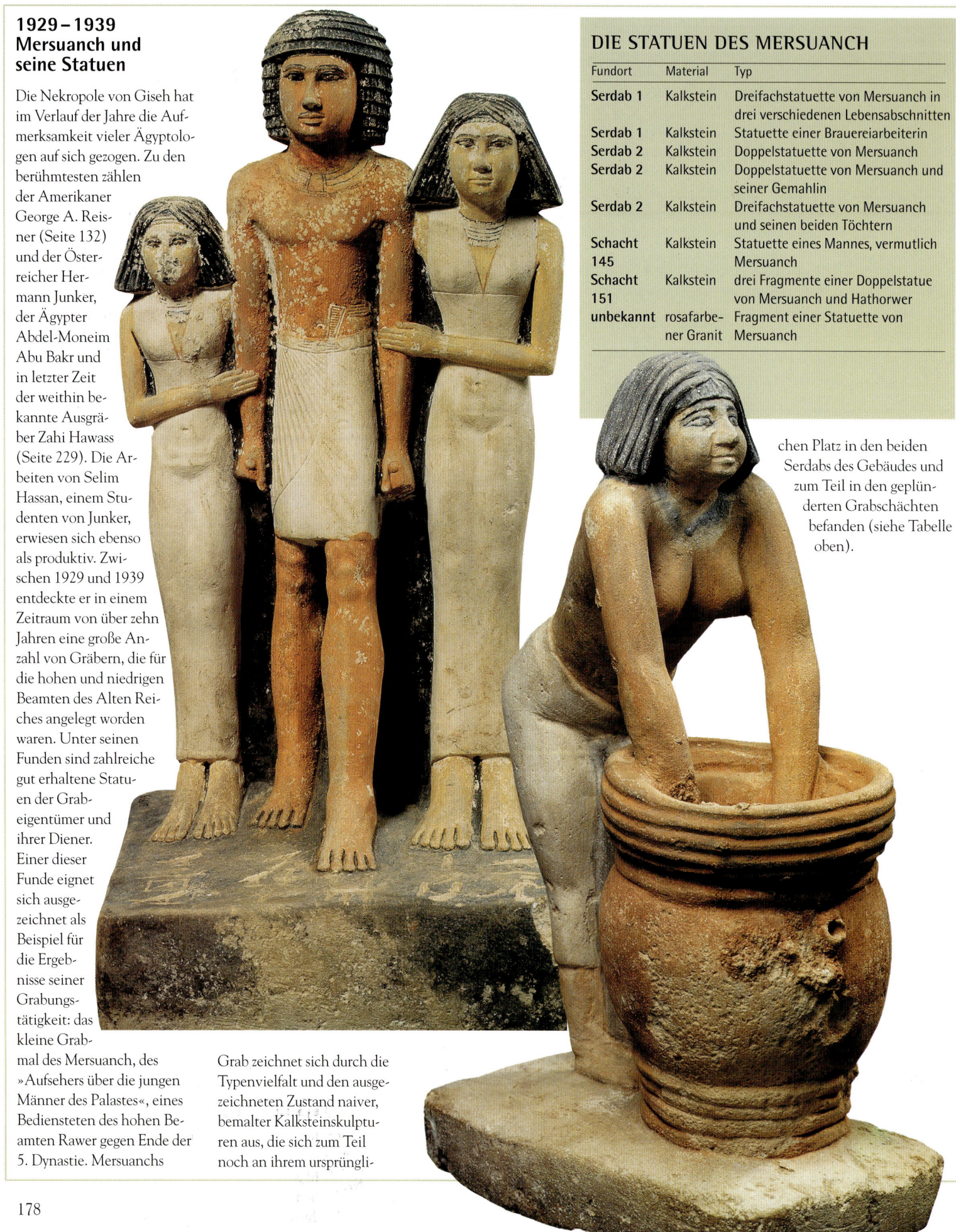

1929 – 1939
Mersuanch und seine Statuen

Die Nekropole von Giseh hat im Verlauf der Jahre die Aufmerksamkeit vieler Ägyptologen auf sich gezogen. Zu den berühmtesten zählen der Amerikaner George A. Reisner (Seite 132) und der Österreicher Hermann Junker, der Ägypter Abdel-Moneim Abu Bakr und in letzter Zeit der weithin bekannte Ausgräber Zahi Hawass (Seite 229). Die Arbeiten von Selim Hassan, einem Studenten von Junker, erwiesen sich ebenso als produktiv. Zwischen 1929 und 1939 entdeckte er in einem Zeitraum von über zehn Jahren eine große Anzahl von Gräbern, die für die hohen und niedrigen Beamten des Alten Reiches angelegt worden waren. Unter seinen Funden sind zahlreiche gut erhaltene Statuen der Grabeigentümer und ihrer Diener. Einer dieser Funde eignet sich ausgezeichnet als Beispiel für die Ergebnisse seiner Grabungstätigkeit: das kleine Grabmal des Mersuanch, des »Aufsehers über die jungen Männer des Palastes«, eines Bediensteten des hohen Beamten Rawer gegen Ende der 5. Dynastie. Mersuanchs

Grab zeichnet sich durch die Typenvielfalt und den ausgezeichneten Zustand naiver, bemalter Kalksteinskulpturen aus, die sich zum Teil noch an ihrem ursprüngli-

chen Platz in den beiden Serdabs des Gebäudes und zum Teil in den geplünderten Grabschächten befanden (siehe Tabelle oben).

DIE STATUEN DES MERSUANCH

Fundort	Material	Typ
Serdab 1	Kalkstein	Dreifachstatuette von Mersuanch in drei verschiedenen Lebensabschnitten
Serdab 1	Kalkstein	Statuette einer Brauereiarbeiterin
Serdab 2	Kalkstein	Doppelstatuette von Mersuanch
Serdab 2	Kalkstein	Doppelstatuette von Mersuanch und seiner Gemahlin
Serdab 2	Kalkstein	Dreifachstatuette von Mersuanch und seinen beiden Töchtern
Schacht 145	Kalkstein	Statuette eines Mannes, vermutlich Mersuanch
Schacht 151	Kalkstein	drei Fragmente einer Doppelstatue von Mersuanch und Hathorwer
unbekannt	rosafarbener Granit	Fragment einer Statuette von Mersuanch

1931–34

WALTER EMERY IN BALLANE UND QUSTUL: DIE GRÄBER DER X-GRUPPE

1931: Tutanchamuns Kolosse · 1932: Die Statuen von Heqaib

Datum
1931–1934

Entdecker
Walter Bryan Emery

Ort
Ballane und Qustul

Periode
X-Gruppe, 3.–6. Jahrhundert n. Chr.

»1931 entschlossen sich die Mitglieder des Archaeological Survey of Nubia unter der Leitung von W. B. Emery die hohen Hügel eingehend zu untersuchen, die an beiden Nilufern in der Nähe der Orte Ballane und Qustul in Nubien liegen und von denen man bislang annahm, dass sie natürlichen Ursprungs seien. Sie erwiesen sich als Tumuli, die Grabmäler aus der Spätantike überdeckten, und ähnelten den zuvor ausgegrabenen bei den Orten Gammai, Firka, Wawi und auf der Nilinsel Sai – alle südlich von Wadi Halfa im Sudan gelegen.«
REX ENGELBACH

Als im Jahr 1929 die Entscheidung fiel, zum zweiten Mal die Krone des ersten Assuan-Staudammes anzuheben (das Bauwerk war 1904 vollendet worden und die erste Erhöhung hatte ein Jahrzehnt später stattgefunden), erteilte die ägyptische Regierung den Auftrag zu einer über drei Saisons andauernden Erforschung der bedrohten Gebiete, wie sie Weigall im Jahr 1905 und Reisner zwischen 1907 und 1909 durchgeführt hatten. Leiter des 150 Mann starken ägyptischen Arbeiterteams war der junge Walter Bryan Emery, dem L. P. Kirwan als Assistent zur Seite stand; der italienische Archäologe Ugo Monneret de Villard untersuchte mit einem eigenen Team die christlichen Orte, die von der Überflutung betroffen sein würden. Einer der ersten Orte, an denen Emery und seine Arbeiter Station machten, war das kleine Dorf Ballane, das sich durch eine Reihe von Hügeln mit einer Höhe zwischen zwei und zwölf Metern von Hunderten ähnlichen Siedlungen unterschied. Wie die auf der gegenüberliegenden Uferseite bei Qustul gelegenen Tumuli erwiesen sich die Hügel im Verlauf der Grabungstätigkeit als Begräbnisstätten von

Links Ungewöhnliche Bronzelampe aus Grab 3 in Qustul, deren Gesicht silbergefasste Granataugen aufweist. Die Öffnung für das Öl befindet sich über der Stirn, die für den Docht unter dem Kinn.

1931
Tutanchamuns Kolosse

Als die University of Chicago 1931 zwei riesenhafte Statuen aus bemaltem Quarzit entdeckte (Kairo JE 59869, 60134; Chicago OI 14088), war deren Motiv, der Kind-König Tutanchamun, bereits zu Ägyptens berühmtestem Sohn aufgestiegen. Der Fundort der Statuen, der für Eje angelegte und von seinem Nachfolger Haremhab übernommene Totentempel in Theben und die Palimpsest-Kartusche des Letzteren auf dem Gürtel machen deutlich, warum er für die Welt so lange verloren geblieben war: Da er der Sohn des »ketzerischen« Echnaton war, hatte sein Nachfolger dem jugendlichen Pharao den Status einer unerwünschten Person zugewiesen und dessen Hinterlassenschaft für sich beansprucht. Hätten Carnarvon und Carter nicht im Jahr 1922 sein Grabmal entdeckt, würde er noch immer als kümmerliche Fußnote der Geschichte existieren.

4000 v. Chr.

3000 v. Chr.

2000 v. Chr.

1000 v. Chr.

0

700 n. Chr.

Oben Einer der großen Tumuli in Ballane, unter dem ein lokaler König beerdigt wurde.

Königen und Adeligen des 3. bis 6. Jahrhunderts n. Chr., die den einfallsreichen Namen »X-Gruppe« erhielten.

> » ... ausschließlich Glück ist es zu verdanken, dass ein Königsgrab [in Ballane] unberührt erhalten geblieben war. Diese Kammer war an einem höher gelegenen Ort errichtet worden als die anderen Gräber und auf diese Weise der Aufmerksamkeit der Plünderer entgangen. Es handelte sich um das Grabmal einer Königin, deren Leichnam durch Wasser teilweise zerstört war. Der aus Silber und Edelsteinen bestehende Schmuck, den sie trug – die Krone, Ohrringe, Halsketten, Armketten, Ringe, Fußkettchen und Zehenringe –, befand sich in guten Zustand und stellte den größten vollständigen Schmuckfund dar, der je in Ballane entdeckt worden war ... «
> ILLUSTRATED LONDON NEWS

Rechts Ein Weihrauchgefäß, das die Gestalt eines Löwen aufweist und von Emery in Grab 80 ausgegraben wurde. Ursprünglich hing es an Ketten, wurde geschwungen und der Weihrauch entwich aus Nüstern und Mund.

Rechts innen Diese Bronzelampe mit christlichem Kreuz, die sich noch auf ihrem ursprünglichen Gestell befindet und im 3. Jahrhundert n. Chr. entstand, stammt aus Grab 95 in Ballane.

Die Königsgräber von Ballane und Qustul glichen einander, indem sie jeweils mit einer langen Rampe ausgestattet waren, die zu einer tiefen Grube führte, in der die Grabkammer aus getrockneten oder gebrannten Lehmziegeln errichtet worden war. Dieses Bauwerk bedeckte man mit einem Hügel, dessen Größe von der Bedeutung seines Eigentümers abhing. Die verschiedenen Bestattungsabteilungen wurden mit einer zugenagelten und versiegelten Holztür verschlossen und schließlich mit einer Ziegelmauer versperrt. Zu ihnen zählte die eigentliche Totenkammer, in welcher der König oder die Königin in lederner Klei-

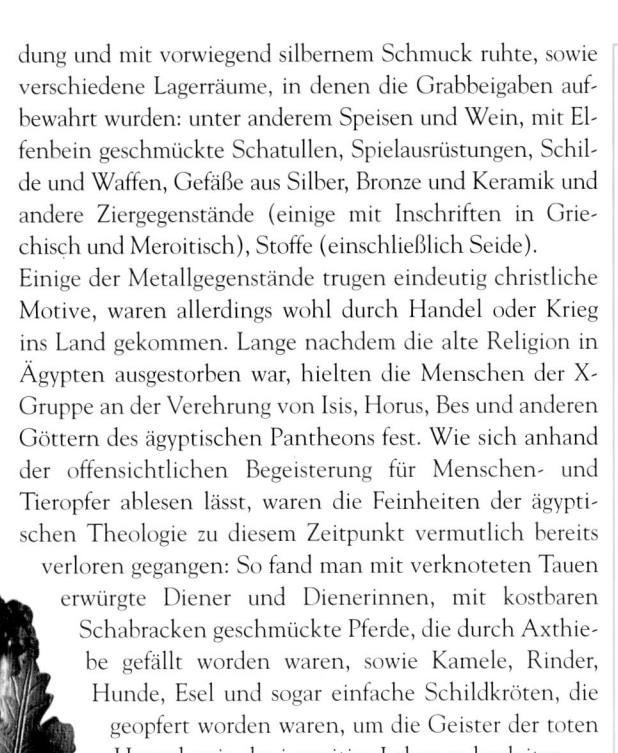

dung und mit vorwiegend silbernem Schmuck ruhte, sowie verschiedene Lagerräume, in denen die Grabbeigaben aufbewahrt wurden: unter anderem Speisen und Wein, mit Elfenbein geschmückte Schatullen, Spielausrüstungen, Schilde und Waffen, Gefäße aus Silber, Bronze und Keramik und andere Ziergegenstände (einige mit Inschriften in Griechisch und Meroitisch), Stoffe (einschließlich Seide).

Einige der Metallgegenstände trugen eindeutig christliche Motive, waren allerdings wohl durch Handel oder Krieg ins Land gekommen. Lange nachdem die alte Religion in Ägypten ausgestorben war, hielten die Menschen der X-Gruppe an der Verehrung von Isis, Horus, Bes und anderen Göttern des ägyptischen Pantheons fest. Wie sich anhand der offensichtlichen Begeisterung für Menschen- und Tieropfer ablesen lässt, waren die Feinheiten der ägyptischen Theologie zu diesem Zeitpunkt vermutlich bereits verloren gegangen: So fand man mit verknoteten Tauen erwürgte Diener und Dienerinnen, mit kostbaren Schabracken geschmückte Pferde, die durch Axthiebe gefällt worden waren, sowie Kamele, Rinder, Hunde, Esel und sogar einfache Schildkröten, die geopfert worden waren, um die Geister der toten Herrscher in das jenseitige Leben zu begleiten.

Links Bronzenes Gestell für eine Öllampe, in Form des Eros, der einen Ast einer Weinrebe hält. Es stammt etwa aus dem 2. Jahrhundert n. Chr. und wurde von Emery im Grab 114 in Ballane entdeckt.

Unten Karneolbesetzte Silberkrone mit drei gehörnten, mit einer Doppelfeder versehenen Sonnenscheibe. Sie wurde auf dem Kopf einer Königin in der Grabkammer von Grab 47 in Ballane gefunden.

1932
Die Statuen von Heqaib

Über 50 Jahre lang zählte Labib Habachi zu den aktivsten ägyptischen Wissenschaftlern, dessen archäologische Karriere im Jahr 1932 mit der Bestellung zum Inspektor der Altertümerverwaltung in Assuan begann. Zwei Jahre später entdeckte man hier, auf Elephantine, eine bedeutende Skulptur aus der Zeit vor dem Mittleren Reich. Sie stand mit einer Reihe von Schreinen in Beziehung, die einem Bezirksgouverneur der Zeit der 6. Dynastie namens Heqaib gewidmet waren. Heqaib ist uns durch seine Autobiographie auf der Fassade seines Grabmals in Qubbet el-Hawa bekannt, wo er für die Nachwelt von den Erfolgen seines Lebens berichtet. Seine größte Leistung bestand darin, den nubischen Vormarsch von Süden her in seinen Machtbereich zum Stillstand gebracht zu haben. Diesen mutigen Taten verdankt er vermutlich, dass er kurz nach seinem Tod zum Gott erklärt wurde. Der Heqaib-Kult erfreute sich insbesondere während der 12. und 13. Dynastie großer Beliebtheit. Als im Jahr 1946 die Grabungstätigkeit an dem Ort wieder aufgenommen wurde, stieg die Gesamtzahl an gefundenen Statuen auf nahezu 40, von denen einige vollständig und andere in Bruchstücken gefunden wurden. Zusätzlich entdeckte man etwa 50 Altäre, kleine Schreine, Stelen und Opfertische.

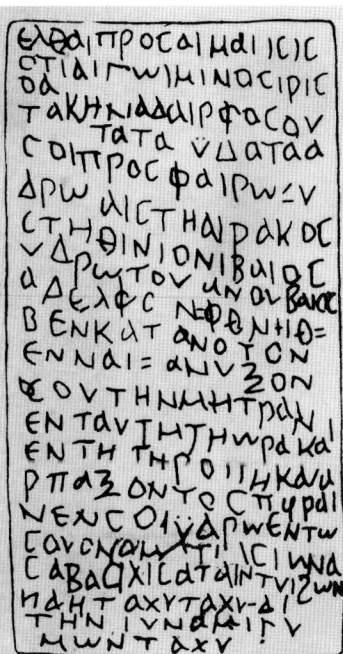

Rechts Dieser Liebeszauber wurde in barbarischem Griechisch auf ein Stück Goldfolie geschrieben und stammt aus Grab 2 in Ballane.

181

1935–39
GROSSE GRABMÄLER AUS DEM FRÜHEN ÄGYPTEN
Um 1935: Die Juwelen des Hohepriesters Herihor

WALTER BRYAN EMERY
(1903 – 1971)

- Geboren am 2. Juli 1903 in Liverpool.
- St. Francis Xavier's College in Liverpool, anschließend Ausbildung zum Marineingenieur, dann Studium der Ägyptologie an der Liverpool University bei Percy Newberry und Thomas Erich Peet, 1921–1923; 1939 M.A. in Liverpool.
- 1923/24 Assistent bei den Ausgrabungen der Egypt Exploration Society in Amarna; 1924–1928 Leiter der von Robert Mond finanzierten Ausgrabungen der University of Liverpool in Luxor und Armant; in Armant entdeckt er das Bucheum; 1929–1935 Leiter des Archaeological Survey of Nubia, wo er die Grabhügel von Ballane und Qustul entdeckt und ausgräbt (Seite 179); 1935–1939 Ausgrabungsleiter in Nord-Sakkara.
- Nach Kriegsdienst und diplomatischem Dienst Professor für Ägyptologie des University College London, 1951–1970; 1957–1963 Ausgrabungsleiter der Egypt Exploration Society in Nubien; nimmt 1964 seine Arbeiten in Sakkara wieder auf (Seite 206).
- Gestorben am 11. März 1971 in Kairo.

Datum
1935 – 1939

Entdecker
Walter Bryan Emery

Ort
Sakkara

Periode
Frühdynastische Zeit,
1. Dynastie,
2920–2770 v. Chr.

Walter Bryan Emery verdiente sich seine Sporen als Archäologe 1925 und 1926 mit der Entdeckung des Bucheums, der spätägyptischen Begräbnisstätte der heiligen Buchis-Stiere von Armant südlich von Luxor. 1929 wurde er zum Direktor der Archaeological Survey of Nubia bestellt (Seite 179) und 1935 zum Inspektor der Altertümerverwaltung in Sakkara. Damit begann eine lebenslange Beziehung zu diesem Ort, die sich in zwei, einander überschneidende Phasen einteilen lässt: Ausgrabung der frühdynastischen Nekropole und seine Arbeit in den Katakomben des Friedhofs der heiligen Tiere (Seite 206).

Mit der Erforschung der frühdynastischen Nekropole setzte Emery die 1930 von seinem Vorgänger Cecil M. Firth begonnenen Arbeiten fort, die im Jahr darauf auf Grund von Firths Tod eingestellt worden waren. Er nahm die Arbeit dort auf, wo Firth sie abbrechen hatte müssen, und legte das heute als Mastaba 3035 bekannte Grabmal frei. Zu seiner Überraschung entdeckte er, dass der Oberbau der Gräber mit seiner Nischengliederung, dem Palastfassadenstil, nicht aus einem Stück, sondern aus verschiedenen Abteilungen bestand. Er glich vielmehr dem Grab der Königin Neithhotep, das Jacques de Morgan 1897 in Naqada entdeckt hatte (Seite 100), und wies sogar eine noch stärkere Ähnlichkeit mit einem frühen Grab auf, mit der Mastaba Giseh V, auf die Flinders Petrie einige Jahre zuvor gestoßen war. Im Verlauf der Arbeiten an der Mastaba 3035 legte Emery Kammer um Kammer frei, bis erstaunliche 45 Innenräume offen zugänglich waren, und man stand vor der außergewöhnlichen Tatsache, dass keine einzige dieser Kammern zuvor gestört worden war. In ihnen lagerte eine umfangreiche Sammlung an Grabausrüstung, die Gefäße aus Metall, Stein und Keramik und andere Gegenstände umfasste sowie erhaltene Papyrusrollen, die zwar hervorragend gefertigt, aber leider unbeschrieben waren. Eigentümer dürfte der Siegelinhaber Hemaka gewesen sein, der zur Zeit der aufkeimenden ägyptischen Zivilisation unter König Dewen aus der 1. Dynastie gelebt hatte.

Die folgenden Grabungssaisons von 1936 bis 1939 sollten sich als ebenso produktiv erweisen. Eine weitere Mastaba, das Grab 3471 aus der Zeit der Herrschaft Djers, eines frühen Königs der 1. Dynastie, erbrachte eine besonders reichhaltige Sammlung an Kupfergegenständen. Bei den Ausgrabungen des Aufbaus von Grab 3504 – das nicht nur einmal, sondern mehrmals geplündert worden war – förderte man etwa 1 500 Gefäße aus Stein und 2 500 aus Keramik von ausgezeichneter Qualität zu Tage.

Emery fiel sofort auf, um wieviel beeindruckender die Aufbauten dieser Mastabas waren – und um wieviel reichhaltiger ihr Inhalt – im Vergleich zu den Gräbern, die Émile Amélineau und später Flinders Petrie in Umm el-Gaab bei Abydos gefunden hatten (Seite 109). Ebenso erstaunlich war das Vorhandensein untergeordneter Begräbnisstätten. Allmählich gelangte man zu der Ansicht, dass die Grabmäler von Abydos möglicherweise nicht die Begräbnisstätte der frühdynastischen Könige Ägyptens darstellten, sondern lediglich Kenotaphe waren. Emery hielt es für wahrscheinlicher, dass die Gräber der ersten Könige eines vereinten Ägypten in Sakkara lagen, in der Nähe der neuen Verwaltungshauptstadt Memphis. War es möglich, dass die von ihm ausgegrabenen Gräber von Sakkara nicht die Mastabas hoher Beamter waren, wie er

zunächst vermutet hatte, sondern die Grabmäler der Könige selbst? Diese interessante Möglichkeit fand zahlreiche Anhänger, bis sich herausstellte, dass die Gräber von Abydos in Wirklichkeit lediglich einen Teil eines größeren Komplexes darstellten und nur scheinbar ein Größenunterschied zwischen ihnen und den angeblich beeindruckenderen Monumenten von Sakkara bestand. Wie es heute scheint, wurden Emerys Gräber, ungeachtet ihrer kostbaren Ausstattung, nicht für die Könige selbst, sondern für die reichsten und Verwalter und Beamten des Reiches errichtet, von deren Organisationstalent und Kommunikationsfähigkeit (Kenntnis der Schrift) die sichere und rasche Entwicklung des frühägyptischen Staates abhing.

Links Momentaufnahme während der Grabungen: Der steinerne Verschluss zum Grabmal 3500 befindet sich noch in der Originalposition am Ostende des Unterbaus, der aus der Regierungszeit von König Qaa aus der 1. Dynastie stammt.

Rechts Die gut erhaltene Palastfassade von Grabmal 3506 (Westfront). Sie wurde während der Herrschaft von König Dewen, eines weiteren Herrschers der 1. Dynastie, errichtet, enthält jedoch keinen Hinweis auf den Eigentümer des Grabes.

Oben Die aus Lehm gebildeten Stierköpfe wurden mit echten Hörnern versehen und vor dem kunstvollen Mauerwerk von Grabmal 3504 angeordnet.

Linke Seite Mitte Elfenbeinschild König Djers aus dem Grab Hemakas (Mastaba 3035).

Linke Seite unten links »Spielscheibe« aus schwarzem Steatit aus dem Grab von Hemaka mit einer spektakulären Szene von Hunden auf der Jagd – eine Einlegearbeit aus kontrastierendem, cremefarbenem Stein.

Linke Seite unten rechts Emerys axionometrische Rekonstruktion des beeindruckenden, aus Lehmziegeln errichteten Grabmals 3504, das er König Wadj aus der 1. Dynastie zuordnen wollte.

Um 1935
Die Juwelen des Hohepriesters Herihor

John Romer meinte einmal, dass das Grab von Herihor, dem Hohepriester von Amun während der letzten Jahre des Neuen Reiches – sollte es je gefunden werden – »jenes von Tutanchamun wie Woolworth aussehen lassen würde«. Wenn man nach den Gegenständen urteilen kann, die sich zurzeit im Roemer-Pelizaeus-Museum in Hildesheim als Leihgaben befinden, hat man Herihors Grabmal in den Hügeln von Theben entdeckt. Es enthielt zwar auch Goldgegenstände, die sich jedoch nicht mit den Schätzen des jugendlichen Pharaos messen können. Der gefundene Schmuck setzt sich aus drei Armbändern zusammen. Eines ist teilweise mit unbearbeiteten Türkisen eingelegt und trägt das Abbild des Gottes Min

und eine Inschrift. Mit den Armbändern bringt man einen Kelch in Verbindung, der mit einem Relief geschmückt ist und aus derselben Zeit sowie möglicherweise aus demselben Fund stammt.

183

DAS GRABMAL DER ELTERN VON SENENMUT, DEM GÜNSTLING DER HATSCHEPSUT

Datum
1936

Entdecker
Ambrose Lansing und
William C. Hayes

Ort
Theben
(Scheich Abd el-Qurna)

Periode
Neues Reich, 18. Dynastie,
1473–1458
v. Chr.

Die Ergebnisse der Arbeiten des New Yorker Metropolitan Museum of Art in Scheich Abd el-Qurna während der Grabungssaisons 1930/31 und 1935/36 waren außergewöhnlich. Das zur Freilegung gewählte Gebiet umfasste den Abhang unterhalb des Eingangs des seit langem bekannten Grabmals von Senenmut (TT71), dem großen Verwalter des Amun. Ungeachtet seiner niedrigen Abstammung stieg dieser Beamte zu einem der mächtigsten Männer des Landes auf. Seinen Einfluss verdankte er seiner Position als Günstling der Königin und (wenn wir der Deutung zumindest einer Schmähschrift aus der Zeit Glauben schenken wollen) seiner körperlichen Vertrautheit mit ihr.

Wie das Team des Metropolitan Museum feststellen sollte, waren verschiedene Mitglieder aus Senenmuts unmittelbarer Familie und möglicherweise auch aus seiner Dienerschaft in der Nähe dieses Grabmals beigesetzt worden, ehe er sich entschloss, für sich eine exklusivere Bestattungsstätte zu errichten. Herbert Winlock und das Team des Metropolitan Museum hatten dieses Grab (TT353) im Jahr 1927 unterhalb des Tempels der Hatschepsut in Dair Al Bahri entdeckt. Keines der beiden Grabmäler scheint jedoch in Verwendung gewesen zu sein, sodass das Schicksal der sterblichen Überreste dieses Mannes weiterhin ein Rätsel bleibt.

1935 konzentrierte das Museum seine Arbeiten auf das erste Grab Senemuts und den unteren Teil des Abhangs, der unmittelbar östlich davon anschloss. Bald schon stieß man auf verschiedene bescheidene, jedoch überaus interessante Grabstätten der Zeit, wie etwa das des Lautenspielers Hormose und das Grab, das als jenes von Senenmuts Schwester Ahhotep ausgewiesen war (wenn auch lediglich durch vage Andeutungen). Zusätzlich entdeckte man den sorgfältig in Binden gewickelten Leib einer kleinen Stute, die in einem großen rechteckigen Sarg aus wieder verwendetem Holz gemeinsam mit dem ersten ägyptischen Sattel, der je gefunden wurde, begraben war. Dieser Fund besaß besonderen Seltenheitswert, da das Pferd damals erst seit relativ kurzer Zeit in Ägypten Verbreitung gefunden hatte. Das zweite »Haustier«, das man in einem ähnlichen Holzsarg etwas weiter südlich fand, war ein Hundskopfäffchen. Dem gewissenhaft in Binden gehüllten Tier hatte man eine Tasse mit Rosinen mitgegeben, von denen es sich im Leben nach dem Tod ernähren sollte.

Ramose und Hatnefer

An Weihnachten zeigte sich bereits, dass die Grabungssaison 1935/36 erfolgreich sein würde – weitere Überraschungen standen jedoch noch bevor. Gegen Ende der Saison legte man das Grabmal eines Mannes namens Amenhotep frei, bei dem es sich möglicherweise um einen jüngeren Bruder von Senenmut handelte. Zuvor allerdings hatten die Arbeiter des Metropolitan Museums bei Grabungen am oberen Teil des Abhangs, unterhalb der eingestürzten künstlichen Terrasse vor dem Grab von Senenmut, weitere Gegenstände im Schutt entdeckt: ein rechteckiges Tamburin, ein Bruchstück einer Kopfstütze und Teile eines zerfallenen Holzstuhls.

WILLIAM C. HAYES
(1903 – 1963)

»… ein grobknochiger, stattlicher Mann, ungezwungen und freundlich, was ebenso echt war, wie die darunter liegende Scheuheit und Zurückhaltung.«
DOWS DUNHAM UND
HENRY GR. FISCHER

- Geboren am 21. März 1903 in Hempstead auf Long Island.
- 1926 Ausbildung in Princeton, Massachusetts, Studienwechsel zur mittelalterlichen Geschichte und Byzantinistik, ehe er sich der Ägyptenexpedition des Metropolitan Museum nach Dair Al Bahri, 1927 – 1936, anschließt; ab 1936 Assistent der Abteilung für ägyptische Kunst; 1952 – 1963 Kurator.
- Gestorben am 10. Juli 1963 in New York.

Links Der Verwalter Senenmut, ein Günstling und möglicher Geliebter von Königin Hatschepsut, hält als schwarze Granitstatue sein Mündel Neferure im Arm. Die Figur wurde 1904 in dem Versteck von Karnak gefunden (Seite 118).

Rechts Ein niedriger Holzstuhl aus der Grabkammer von Ramose und Hatnefer, Senenmuts Vater und Mutter, in Theben. Er versinnbildlicht den hohen sozialen Status, den sie dank ihres tatkräftigen Sohnes genossen.

Das Vorhandensein eines Stuhls, eines Symbols von Reichtum und Ansehen, verwies auf einen überdurchschnittlich interessanten Fund. Sobald die Stelle von Schutt und Trümmern geräumt war, kam der Eingang zu einem zugemauerten, unversehrten Grabmal zum Vorschein. Alle hielten den Atem an:

»Nachdem wir die Mauer entfernt hatten, lag ein kleiner rechteckiger Eingang vor uns, flankiert von roh gehauenen Säulen aus Kalkstein, und dahinter eine kleine, in den Fels geschlagene Kammer mit einer Höhe von 1,3, einer Tiefe von 2,5 und einer Breite von 2,9 Metern ... [Im Inneren] war praktisch kein freier Raum übrig.«

Wie Ambrose Lansing und William C. Hayes berichten, »fiel der Blick unmittelbar auf eine weiße Kanopentruhe ohne Inschrift, welche die Form eines Schreins aufwies und auf Schlittenkufen befestigt war ... Daneben und dahinter drängte sich eine Vielzahl von Särgen, Kisten, Körben und Krügen«. Die unausweichliche Frage lautete: Wem gehörte dieses Grab? Die Antwort lag auf der Hand: »Sobald wir eine Ecke des Sargtuches hoben, das über das Fußende des schwarzen Sargs gebreitet war, ... konnten ... wir den Namen ... der ›Hausherrin Hatnefer‹ lesen ... [und] den Namen ›Ramose‹.« Lansing und Hayes hatten das unberührte Grab der Eltern und anderer Mitglieder von Senenmuts unmittelbarer Familie entdeckt, die stilvoll in der Nähe des vorgesehenen Bestattungsplatzes ihres zu hohem Rang aufgestiegenen Sohnes beigesetzt worden waren. Der Inhalt dieses neuen Grabes befand sich in ausgezeichnetem Zustand. Er war weder durch Wasserdampf noch durch die allgegenwärtigen weißen Ameisen beschädigt worden (allerdings hatten Mäuse die Grabbeigaben angenagt). Fünf Tage nach Entdeckung war das Grab mit der gebotenen Sorgfalt vollkommen ausgeräumt. Heute steht fest, dass der größte Teil der Begräbnisausstattung – wenn nicht sogar alles – Hatnefer zuzuweisen ist, der eigenwilligen Mutter des

Links Die schematische Darstellung gibt die Positionen an, in denen die Särge, Kisten und weiteren Grabbeigaben sowie das Paar während der Grabungen aufgefunden wurden.

Unten Aufnahme der Grabkammer von Ramose und Hatnefer in dem Zustand, in dem sie die Archäologen antrafen.

Senenmut. Senenmuts Vater Ramose war einige Jahre vor seiner Gemahlin und vor dem Aufstieg seines Sohnes gestorben und hatte ursprünglich ein bescheideneres Begräbnis erhalten. Er und andere schlecht einbalsamierte Personen im Grab waren offenbar zu Beginn von Hatschepsuts Herrschaft von ihrem früheren Bestattungsplatz in dieses Grabmal überführt worden, um gemeinsam mit Hatnefer die Vorzüge des Einflusses und Erfolgs ihres kurz davor zu Ansehen gelangten Sohnes zu genießen.

1936

DER SCHATZ VON EL-TOD: GABEN AUS OST UND WEST

1937: Der Unas-Aufweg – Eine Galerie ägyptischer Kunst

Datum
1936

Entdecker
Fernand Bisson de la Roque

Ort
el-Tod (Tempel des Month)

Periode
Vermutlich Mittleres Reich,
12. Dynastie,
Herrschaft Amenemhets II.,
1929–1892 v. Chr.

Der am Ostufer des Nils gegenüber von Armant (Hermonthis) gelegene Ort el-Tod (im Altertum Djerti) war jahrhundertelang eines der wichtigsten Heiligtümer des falkenköpfigen Gottes Month gewesen. Die ersten Ausgrabungen in diesem Bereich unternahm 1933 ein französisches Team unter der Leitung von Fernand Bisson de la Roque; drei Jahre später stießen die Ausgräber bei ihren Grabungen unterhalb der aus dem 5. Jahrhundert n. Chr. stammenden Kirche aus Lehmziegeln auf einen Tempel, den sie Sesostris I. zuschrieben. Im Steinfundament dieses Tempels lag der Schatz von el-Tod verborgen.

Bisson de la Roque erinnerte sich genau an das Datum und die Uhrzeit der Entdeckung: der 8. Februar 1936 um vier Uhr nachmittags. Ein Depot von Bronzefiguren des Osiris aus der Saïtenzeit (26. Dynastie) war eben zu Tage gefördert worden, dann kündigte ein faszinierendes Klirren in derselben Sandschicht unterhalb des Tempels die erste von vier mit Kupfer überzogenen Kassetten an, auf die das Werkzeug eines Arbeiters gestoßen war. Wie sich aus den großen Kupfernägeln schließen ließ, die rundum verstreut lagen, waren diese Kassetten ursprünglich von Holzkisten umgeben gewesen, die im Verlauf der zahllosen Überschwemmungen des Nils verrottet waren.

Sobald die vier Kassetten gereinigt waren, stellte sich heraus, dass sie zwei Längen aufwiesen: 45,5 und 30 Zentimeter. Da sich der Arbeitstag seinem Ende zuneigte, trugen die Männer sie in das Ausgrabungshaus. Ihr Gewicht veranlasste sie zu aufgeregten Bemerkungen. Eine Kassette wurde noch am selben Abend geöffnet, indem man einen Meißel in die korrodierte Nut schob, die entlang des Deckels verlief, und die altertümliche Versiegelungsniete absprengte. Die übrigen drei öffnete man im Verlauf der nächsten Tage auf dieselbe Weise.

Die beiden größeren Behältnisse waren vollgepackt mit Lapislazuli in rohem und bearbeitetem Zustand und die beiden kleineren mit Metallbarren und anderen Gegenständen aus Gold (insgesamt 6,98 Kilogramm) sowie unversehrten und verbeulten Silbergefäßen, Silberbarren und anderen Objekten (deren Gesamtgewicht 8,87 Kilogramm betrug). Interessanterweise hatte man die besten Stücke – die in bearbeitetem oder unversehrtem Zustand – im Altertum vorsichtig obenauf gelegt, sodass man sie beim Öffnen als Erste sehen würde.

Eine sorgfältige Reinigung der Kassetten selbst enthüllte auf allen Deckeln und Vorderseiten eine große Kartusche, welche die Namen und Titel von Amenemhet II. aus der 12. Dynastie enthielt. Die Archäologen nahmen daher an, dass sie den König bezeichnete, der diesen Schatz, möglicherweise im Angedenken an seinen Vater Sesostris II., an dieser Stelle hinterlegt hatte.

Unten Die heute im Louvre ausgestellten Schatullen, Gefäße, Edelmetallbarren und übrigen Gegenstände bildeten ursprünglich einen Teil des Schatzes, den Fernand Bisson de la Roque 1936 in el-Tod fand.

1937
Der Unas-Aufweg
Eine Galerie ägyptischer Kunst

Die Entdeckung des Aufwegs in Sakkara, der den Totentempel der Königspyramide mit seinem Taltempel verbindet, stellte für die Erforschung der ägyptischen Architektur ein bedeutendes Ereignis dar. Nur wenige derartige Elemente einer am Ufer gelegenen Pyramidenanlage waren erhalten geblieben, da sie sich späteren Generationen als günstige Quellen für bereits behauene Steine anboten. Aus den Überresten der Pyramidenaufwege der 5. Dynastie in Abusir und desjenigen von Pepi II. aus der 6. Dynastie in Sakkara war der Entwurf derartiger Bauwerke bereits abzulesen; ebenso stand fest, dass sie mit erlesenen Szenen in zierlichen, heraustretendem Relief geschmückt sein konnten. Bislang war von dieser Verzierung wenig erhalten geblieben, das Aufschluss über das Wesen und den Inhalt verschafft hätte. Anhand der bedeutend größeren Überreste, die Selim Hassan in Unas entdeckt hatte, zeigte sich, dass »einige der Szenen überaus interessant waren und große künstlerische Leistungen« darstellten.

Die Innenflächen des Unas-Weges, ein überdeckter Gang von 690 Metern Länge, einer Breite von 2,6 und einer Höhe von 3,15 Metern, war ursprünglich über die gesamte Länge mit Szenen versehen gewesen, die von natürlichem Licht beleuchtet wurden, das durch eine schmale Öffnung in der Mitte der Decke einfiel. Viele der Blöcke waren verschwunden, zahllose jedoch erhalten geblieben. Während man vom Land der Lebenden im Osten in das Reich der Toten in den Westen fortschritt, wechselte das Motiv des Reliefs allmählich von so weltlichen Themen wie dem Transport von Säulen und anderen Bauelementen von den Steinbrüchen bei Assuan über Jagd-, Landwirtschafts-, Kriegs- und Marktszenen zu Darstellungen von einem Sed-Fest.

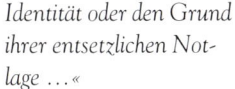

» … eine der seltsamsten und zugleich vollkommen einzigartigen Darstellungen ist jene von hungernden Männern und Frauen in erbärmlichem Zustand … Die abgebildeten Personen scheinen Ausländer zu sein. Nichts bietet uns jedoch einen Hinweis auf ihre Identität oder den Grund ihrer entsetzlichen Notlage …«

Wie Hassan bemerkte, »spiegeln diese Gestalten einen spröden, grauenvollen Realismus wider; sie bringen Verzweiflung zum Ausdruck, wie sie noch nie zuvor in der Kunst des Alten Reiches aufgeschienen waren. … Die erlesene Qualität der Arbeit … erhöht unser Bedauern über den Verlust der übrigen Szenen.« Diese und ähnliche, kürzlich am Aufweg von Sahure entdeckte Fragmente lassen eine allzu häufige Wirklichkeit des antiken Lebens am Nil wieder erstehen. Wer diese Darstellungen sieht, erfährt das Grauen einer Hungersnot, wie sie in Monumenten wie der Inschrift im Felsen von Sehel beschrieben wird. Diese Inschrift berichtet von einer Tragödie aus der Zeit von Djoser, die sieben entbehrungsreiche Jahre lang andauerte.

Vor den Augen der Forscher lag offensichtlich eine einzigartige Sammlung ausländischer Gaben, die aus dem fernen Afghanistan im Osten (der Heimat des Lapislazuli) ebenso herangebracht worden waren wie aus der westlichen Welt des Mittelmeeres (dem deutlich erkennbaren Ursprung der Silbergefäße).

Zu gegebener Zeit wurde der Schatz großzügig zwischen Kairo und dem Louvre in Paris aufgeteilt. Auf Grund der frühen Datierung und der Tatsache, dass für mehrere Stücke des Schatzes enge minoische Parallelen angeführt werden konnten, schien der Fund insbesondere für die Erforschung der ägäischen Geschichte und Kultur ein Gottesgeschenk zu sein. Barry Kemp und Robert Merrillees vertreten allerdings die Ansicht, dass die Sammlung später als im Mittleren Reich einzuordnen sei und dass sich lediglich für die Keramikgefäße von el-Tod entsprechende Parallelen in der minoischen Welt fänden, nicht hingegen für die aus Metall gefertigten. Weiter führten sie an, dass der Schatz nicht in einem geschlossenen Abschnitt der Zeit der 12. Dynastie, sondern in einem bedeutend späteren Tempelbereich entdeckt worden sei und dass man alte Truhen verwendet habe.

Unten Zwei hauchdünne Silberschalen und eine Tasse mit Henkel aus dem Fund. Viele Wissenschaftler erkennen in den verwendeten Mustern einen starken minoischen Einfluss.

Ganz unten Der Tempel des Sesostris I. bei El-Tod: Die Fundstelle des Schatzes.

DIE BEHÄLTNISSE UND IHR INHALT

1. Inhalt der beiden großen Kassetten (Leergew. 37,5 kg)
Lapislazulistücke in rohem Zustand und Reste bearbeiteter Steine (mehrere)
Zylinder- und Knopfsiegel aus Lapislazuli, einige Keilinschriften (mehrere)
Intarsien aus Lapislazuli (mehrere)
Armbänder aus Gold, Silber und Lapislazuli
Perlen und Anhänger aus Lapislazuli und Karneol (mehrere)
mehrere Stücke aus Quarz, Amethyst und Obsidian

2. Inhalt der beiden kleineren Kassetten (Leergew. 13,9 kg)
rechteckige Barren aus Gold (10), nummeriert in hieratischer Schrift, Gesamtgewicht 6,5 Kilogramm
Bruchstück eines rechteckigen Goldbarrens
Stücke geschmolzenen Goldes (8)
Goldschale
Ohrgehänge (?) aus Gold (2)
ovale Silberbarren (12), Gewicht bis zu 134,66 Gramm
Silberketten (25) aus jeweils 4–5 Ringen, Gewicht bis zu 108 Gramm
zu Ringen gebogene Stangenbarren aus Silber (4), Gewicht bis zu 268,1 Gramm
Gefäß mit Henkel und Deckel aus Silber
Schalen (mit und ohne Henkel) aus Silber (153, davon 143 verbeult und 10 unversehrt)
Silberlöwe (1, Gewicht ?)
Anhänger und Fingerringe aus Silber (mehrere)

1939–46
DIE KÖNIGSGRÄBER IN TANIS: SCHÄTZE AUS DER DRITTEN ZWISCHENZEIT

Datum
1939 – 1946

Entdecker
Pierre Montet

Ort
Tanis

Periode
Dritte Zwischenzeit,
21.–22. Dynastie,
1040–783 v. Chr.

»Wir entfernten die Erde und erblickten eine größere Platte, die einem Sturzstein ähnelte, vor zwei kleinen flachen Steinen, die an die Türen eines Kleiderschranks erinnerten. Ich betrachtete sie kurz und stieß sie dann mit Ibrahims Stock an. Sie klang hohl, wie eine unterirdische Kammer, die nicht vollständig aufgefüllt war… Nach Beendigung dieser Eintragung werde ich an die Fundstelle zurückkehren, da dies ein bedeutender Augenblick zu sein scheint«
PIERRE MONTET

Die Entdeckung mehrerer unberührter Königsgräber aus der 21. und 22. Dynastie durch den französischen Ägyptologen Pierre Montet in der Deltastadt Tanis hätte eigentlich die Phantasie der gesamten Welt anregen sollen. Eine derartige Reaktion blieb jedoch aus: Europa stand kurz vor Kriegsausbruch und hatte andere Sorgen. Erst durch das kürzlich aufgeflammte Interesse an der Dritten Zwischenzeit, das zu großen Ausstellungen in Paris, Edinburgh und anderen Städten führte, erfährt Montets Fund nun die Aufmerksamkeit, die ihm zusteht. Montet war ein vom Glück begünstigter Forscher. Obwohl er ausgebildeter Ägyptologe war, verließ er 1921 Ägypten und das Niltal, um bis 1924 im libanesischen Byblos zu graben. Hier entdeckte er einen Tempel und eine reich ausgestattete königliche Nekropole aus der ersten Hälfte des 2. Jahrtausends v. Chr. Viele der ausgegrabenen Gegenstände unterstreichen die engen Kontakte, die im Altertum zwischen Ägypten und seinen vorderasiatischen Nachbarn herrschten. Diese Forschungsrichtung wollte Montet weiterverfolgen. Da man Tanis zu jener Zeit – irrtümlich – mit Auaris (Seite 224), der Hauptstadt der aus Asien eingedrungenen Hyksos, und der Stadt des biblischen Ramses gleichsetzte, schien sie sich bei seiner Rückkehr zur ägyptischen Archäologie als Ausgangsort geradezu anzubieten.

Der Bestattungskomplex von Osorkon II. (Grab I)

»›Sehen Sie eine Kartusche an den Wänden, können Sie einen Namen lesen?‹ Vollkommen benommen, konnte ich kaum etwas erkennen. ›Osorkon! Es ist das Grab von Osorkon‹, rief ich schließlich…«
GEORGES GOYON

PIERRE MONTET
(1885 – 1966)

• Geboren am 27. Juni 1885 in Villefranche-sur-Saône.
• Student Victor Lorets an der Universität Lyon; 1910 – 1914 Institut français d´archéologie orientale in Kairo.
• Ausgrabungen im libanesischen Byblos 1921 – 1924.
• Grabungen in Tanis 1929 – 1939, entdeckt die königliche Nekropole der 21. und 22. Dynastie; weitere Grabungen in Abu Roasch (Nekropole der 1. Dynastie).
• Später Professor für Ägyptologie an der Universität Straßburg.
• Gestorben am 18. Juni 1966 in Paris.

4000 v. Chr.

3000 v. Chr.

2000 v. Chr.

1000 v. Chr.

0

700 n. Chr.

Rechts Tanis und das ausgegrabene Mauerwerk der königlichen Grabmäler. Die Grabkammern liegen tief unter später errichteten Bauwerken, die jedoch schon in der Antike zerstört worden waren.

Oben Die Komponenten dieses frühen Funds von Montet drücken den Namen König Ramses' II. aus – Scheibe (»ra«), Kind (»mes«) und Pflanze (»su«) –, der unter dem Schutz des Falkengottes Hauron steht.

Links Am 18. März 1939 steigt Pierre Montet erstmals in das Grab von Psusennes I. hinab, während sein Assistent Georges Goyon die Leiter festhält.

Rechts Im Grabungshaus der Franzosen arrangiert Pierre Montet (etwas ungelenk) die Mumie von Psusennes I., die noch immer die goldene Gesichts-maske trägt, für die nach-folgende Untersuchung.

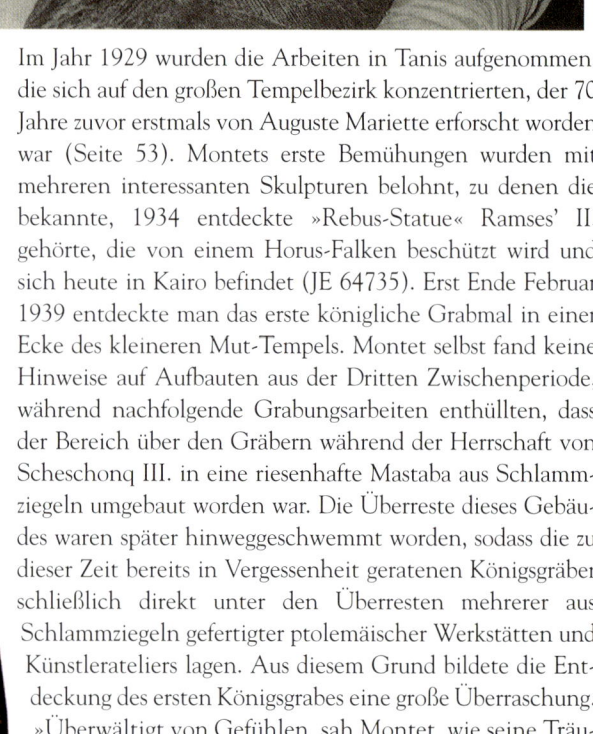

Im Jahr 1929 wurden die Arbeiten in Tanis aufgenommen, die sich auf den großen Tempelbezirk konzentrierten, der 70 Jahre zuvor erstmals von Auguste Mariette erforscht worden war (Seite 53). Montets erste Bemühungen wurden mit mehreren interessanten Skulpturen belohnt, zu denen die bekannte, 1934 entdeckte »Rebus-Statue« Ramses' II. gehörte, die von einem Horus-Falken beschützt wird und sich heute in Kairo befindet (JE 64735). Erst Ende Februar 1939 entdeckte man das erste königliche Grabmal in einer Ecke des kleineren Mut-Tempels. Montet selbst fand keine Hinweise auf Aufbauten aus der Dritten Zwischenperiode, während nachfolgende Grabungsarbeiten enthüllten, dass der Bereich über den Gräbern während der Herrschaft von Scheschonq III. in eine riesenhafte Mastaba aus Schlamm-ziegeln umgebaut worden war. Die Überreste dieses Gebäu-des waren später hinweggeschwemmt worden, sodass die zu dieser Zeit bereits in Vergessenheit geratenen Königsgräber schließlich direkt unter den Überresten mehrerer aus Schlammziegeln gefertigter ptolemäischer Werkstätten und Künstlerateliers lagen. Aus diesem Grund bildete die Ent-deckung des ersten Königsgrabes eine große Überraschung. »Überwältigt von Gefühlen, sah Montet, wie seine Träu-me Wirklichkeit wurden«:

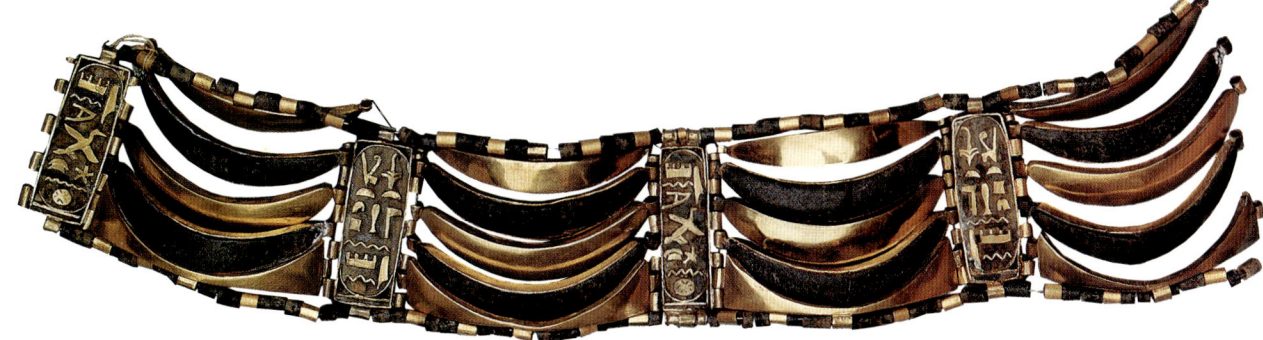

Links Ein eleganter Armreif, einer von drei ähnlichen Armschmuckstücken, die Smendes, Hoherpriester des Amun in Theben, für das Begräbnis Psusennes' I. bestimmte. Die vier Rinsge stammen aus demselben Schatz.

   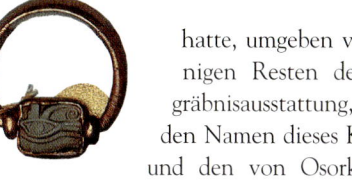

Unten Kopf des Falkengottes Horus, der den Deckel des silbernen Sarges von Scheschonq II. ziert. Der Sarg wurde in Grab III, Raum 5 gefunden.

»Nachdem ich die Erde und Steine, die den Eingang versperrten, entfernen hatte lassen, stieg ich in die quadratische Kammer hinunter, deren Wände mit Figuren und Hieroglyphen geschmückt waren. Sie führte in eine weitere Kammer mit einem großen Sarg, der aus der Erde herausragte, die drei Viertel der beiden Räume erfüllte. Die Kartusche ist jene von Osorkon [II].«

Tatsächlich hatte der Forscher das Grab nicht durch den ursprünglichen Zugangsschacht, sondern durch das Dach betreten. Die Grabkammern waren aus Kalkstein und roten Granitblöcken am Grund einer großen Grube errichtet worden, die anschließend mit etwa vier Meter tiefen Zugangsschächten versehen und wieder aufgefüllt worden war.

Das Grabmal war im Altertum häufig gestört worden, dennoch konnte man seine königliche Bestimmung deutlich erkennen. Die Kalksteinwände der vier aufeinander folgenden Räume waren mit bemalten Reliefs aus dem *Totenbuch* und dem *Buch von der Nacht* geschmückt. In der ersten Kammer (I–1) befanden sich die Überreste des Inhalts des Grabes von Scheschonq III.; die zweite Kammer (I–2) enthielt einen leeren Sarkophag; in der dritten Kammer prunkte ein Granitsarkophag, den sich Takelot II. angeeignet

Links und rechts Die beiden goldenen Armbänder mit Intarsien und den Kartuschen von Psusennes I. wurden im Grab Amenemopes gefunden

Linke Seite, große Abbildung Die Goldmaske von Psusennes I. Ungeachtet einer gewissen Ähnlichkeit mit dem berühmten Kopfschmuck, den Howard Carter auf der Mumie von Tutanchamun fand, hält sie einem Vergleich hinsichtlich der verwendeten Materialien und der Ausführung nicht stand.

hatte, umgeben von einigen Resten der Begräbnisausstattung, die den Namen dieses Königs und den von Osorkon I. trugen. Die Kammer I–4 enthielt schließlich den nach wie vor reichlich vorhandenen Inhalt des Grabes von Osorkons II. – dem Eigentümer des Komplexes – und seinem Sohn Harnacht.

Der Bestattungskomplex von Psusennes I. (Grab III)

Montet wurde deutlich, dass es um sehr viel ging: Versehentlich (wenn auch im Nachhinein vielleicht nicht unerwartet) war er auf eine wirkliche Königsnekropole aus der Dritten Zwischenzeit gestoßen. Vermutlich warteten noch mehr Gräber auf ihre Entdeckung. Während in der Luft bereits Kriegsgrollen lag, nahm er einen anderen Bereich in Angriff und fand, wie erwartet, einen weiteren Bestattungskomplex. Möglicherweise mangelte es Montets begeisterter Reaktion angesichts der Entdeckung dieses zweiten Grabmals am 17. März 1939 (das er wiederum durch das Dach betreten hatte) an Originalität – »ein wundervoller Tag wie aus Tausendundeiner Nacht« –, sie war jedoch dem Anlaß angemessen. Nachdem er sich vorsichtig in die kleine, geschmückte Kammer hinabgelassen hatte, die sich diesmal als Grab des Königs Psusennes I. erwies, stand Montet inmitten hoch aufgestapelter Grabbeigaben. An einer Seite bot sich der außergewöhnliche Anblick eines mit einer Falkenmaske verzierten Silbersarges, der die Inschrift des bislang unbekannten Königs Scheschonq II. trug. Da die Sargoberfläche im Licht der Fackel verführerisch glitzerte, verging ein Augenblick, ehe Montet erkannte, dass dieser Sarg von zwei vermodernden Mumien flankiert wurde (die man inzwischen als wieder bestattete Leichname der Könige Siamun und Psusennes II. identifiziert hat).

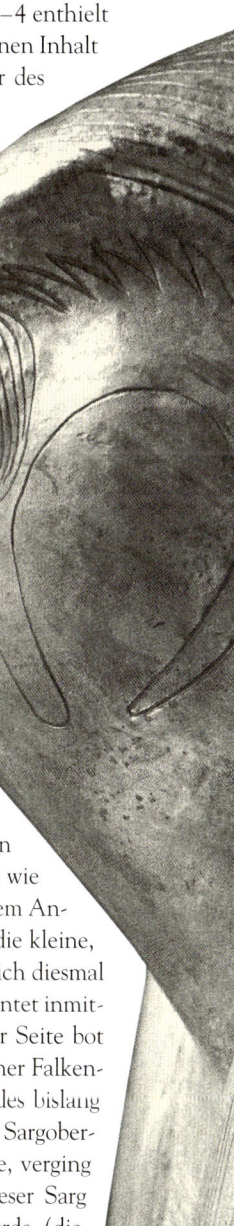

EINE CHRONOLOGIE VON MONTETS (UND LÉZINES) ARBEITEN IN TANIS

Datum	Beschreibung
1929	Beginn der Grabungen in Tanis
27. Februar 1939	Zutritt zur Grabkammer Osorkons II. (I-4)
18. März 1939	Zutritt zum Grab Psusennes' I. und Entdeckung Scheschonqs II. (sowie Siamuns und Psusennes' II) (III-5)
21. März 1939	Öffnung des Silbersarges Scheschonqs II. (in Anwesenheit König Faruks)
6. April 1939	Transport der Schätze Scheschonqs II. ins Museum nach Kairo
15. Januar 1940	Untersuchung des Grabes Harnachts (in I-4)
15. Februar 1940	Öffnung der Grabkammer Psusennes' I (III-1)
28. Februar 1940	Öffnung des Sarkophags Psusennes' I. (in Anwesenheit König Faruks)
1. März 1940	Öffnung des Silbersarges Psusennes' I.
3.–7. März 1940	Entnahme des Schmucks Psusennes' I.
7. März 1940	Transport der Schätze von Psusennes' I. ins Museum nach Kairo
16. April 1940	Zutritt in die Grabkammer Amenemopes (III-2)
17. April 1940	Öffnung des Sarkophags Amenemopes (in Anwesenheit König Faruks)
3. Mai 1940	Transport der Schätze Amenemopes ins Museum nach Kairo
13. Februar 1946	Entdeckung der Grabkammer Wendjebaendjeds (III-4)

DIE KÖNIGSGRÄBER VON TANIS

Grab	Raum	Eigentümer
I	1	anonym
	2	leer
	3	Takelot II.
	4	Osorkon II.; Harnacht
II	1	leer
	2	anonym
III	1	Psusennes I.
	2	Amenemope.
	3	leerer Sarkophag Anchefenmuts
	4	Wendjebaendjed
	5	Scheschonq II.; Siamun; Psusennes II.
IV		ursprüngliches Grab Amenemopes
V		Scheschonq III.
VI		nicht identifiziert
VII		nicht identifiziert

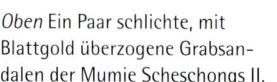

Während die Ruhe dieser drei Toten im Altertum offensichtlich gestört worden war, schienen die beiden dahinter liegenden Granitkammern unberührt, die hinter einer verzierten Wand verborgen und durch einen riesigen, auf Kupferwalzen laufenden Granitblock geschützt waren. Die eine enthielt die umfangreiche und unberührte Begräbnisausstattung des Grabeigentümers Psusennes I. mit Kanopenkrügen, Uschebti-Figuren und Gefäßen aus Gold und Silber, die vor dem Sarkophag aufgetürmt waren (der einfach aus der Grabkammer von Merenptah im Tal der Könige entnommen worden war), während die zweite, ursprünglich für Psusennes' Mutter, Königin Mutnedjmet, vorbereitete Kammer den reichen Grabinhalt König Amenemopes beherbergte.

Weitere Überraschungen sollten folgen. Nördlich des Silbersarges von Scheschonq II. lag eine weitere Kammer, in welcher der leere Sarg eines Generals namens Anchefenmut stand. Als Alexandre Lézine am 13. Februar 1946 die Arbeiten erneut aufnahm, entdeckte er in einer Seitenkammer das ungestörte Grab von Wendjebaendjed, eines weiteren Armeeangehörigen. Es erwies sich als annähernd so ergiebig wie das von Psusennes I.

Oben Ein Paar schlichte, mit Blattgold überzogene Grabsandalen der Mumie Scheschonqs II.

Unten Zwei goldene Pektorales aus dem Grab Amenemopes.

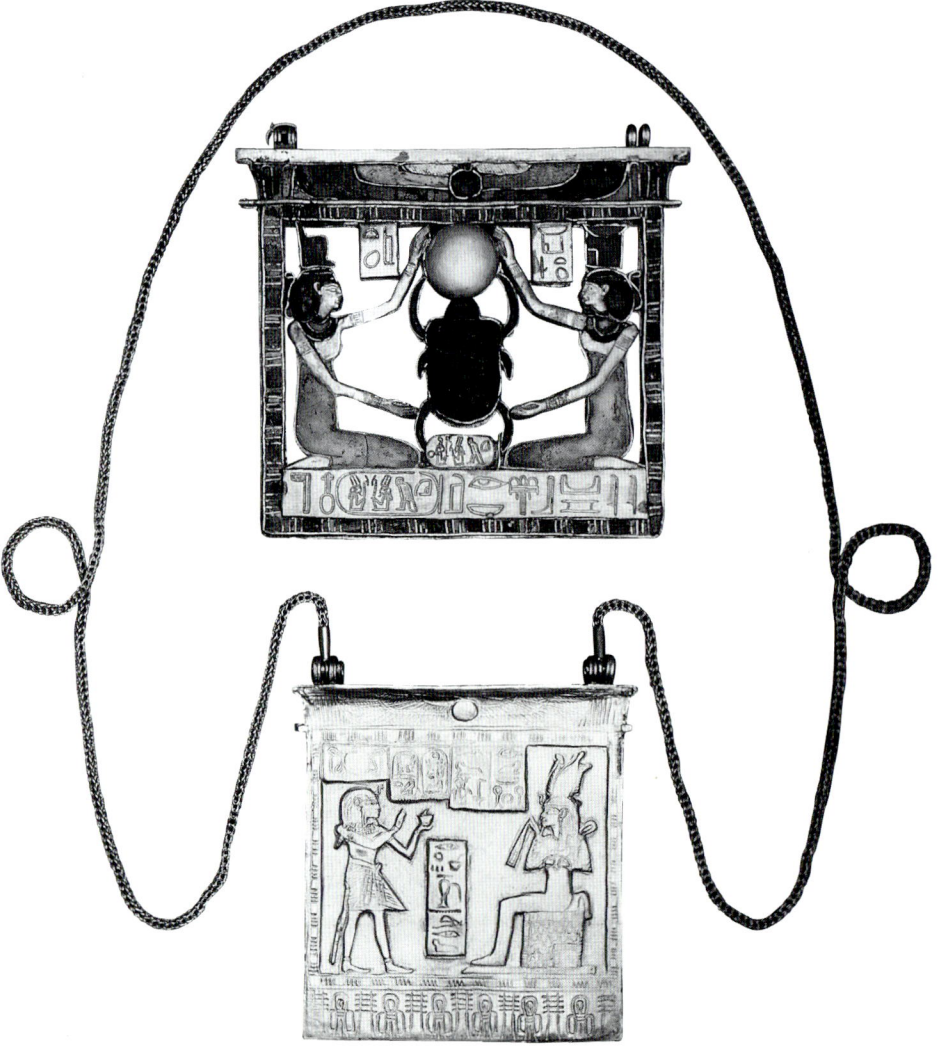

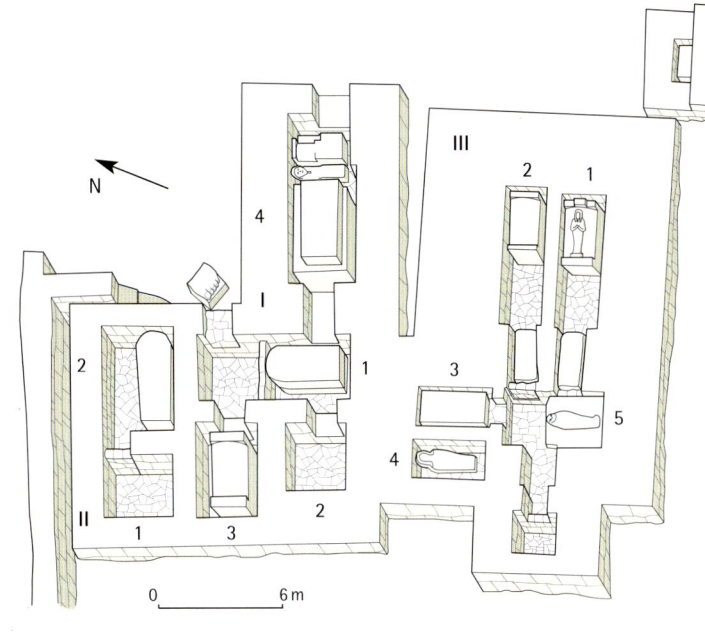

Mit den jüngsten Entdeckungen in Tanis stieg die Gesamtzahl der Grabmäler dieses königlichen Bestattungskomplexes auf sieben, wenn sich auch keiner der neueren Funde mit den reich ausgestatteten Kammern zu Montets Zeiten vergleichen lässt.

Die Arbeiten zur Deutung der Anlage und ihrer Elemente werden nach wie vor fortgesetzt. Bedauerlich ist jedoch, dass auf Grund des schlechten Erhaltungszustands der organischen Materialien und der Eile, mit der die ersten Gräber geräumt worden waren (siehe Tabelle), viele Aspekte der Nekropole und ihrer Geschichte im Dunkeln geblieben sind – und vermutlich bleiben werden.

Oben Schematische Darstellung der bedeutendsten Königsgräber von Tanis (siehe Tabelle gegenüber).

Rechts Vergoldeter und mit Intarsien verzierter Deckel des Holzsarges von König Amenemope, dem Nachfolger von Psusennes I. und Eigentümer der zweiten Kammer von Grabmal III.

Links Goldenes Pektorale der Mumie Scheschonqs II. Intarsien aus Lapislazuli, Feldspat und Glas: Sonnengott Amun-Re-Horachte flankiert von Göttinnen, die zum Zeichen des Schutzes ihre Schwingen ausbreiten.

Oben Silberschale mit Intarsien und Goldverzierung aus dem Grabschatz von Wendjebaendjed (Grab III, Raum 4). Die zierliche Hieroglyphenschrift weist sie als Geschenk König Psusennes' I. für den General aus.

193

1942: Das Grab Scheschonqs · 1944: Der Gürtel des Ptahschepses
1945: Die Kodizes von Nag Hammadi

Datum
1939

Entdecker
Günther Roeder

Ort
El-Aschmunein

Periode
Neues Reich,
18. Dynastie,
Amarna-Zeit,
1353–1333 v. Chr.

Unten Überreste eines Stütz-
pfeilers des kleinen Amun-Tempels in Hermupolis, der unter
Ramses II. begonnen und von
Sethos II. und Merenptah kunstvoll ausgestaltet wurde. Das
gesamte Bauwerk wurde aus
wieder verwendeten Kalksteinblöcken der Amarna-Periode errichtet.

»In der Grabungssaison 1946/47 sah ich erstmals die Reliefs – mehrere Hundert von ihnen und kein einziges länger als 53 oder 55 Zentimeter, viele jedoch bedeutend kürzer … Dass sie ursprünglich aus Tell el-Amarna stammten, ist offenkundig. Ebenso eindeutig steht fest, dass sie dort nicht gefunden werden konnten.«
JOHN D. COONEY

El-Aschmunein – das alte Hermupolis magna, das Kultzentrum des Gottes Thot – war mehrmals Ziel archäologischer Expeditionen, von der Suche italienischer und deutscher Wissenschaftler nach Papyri zu Beginn des 20. Jahrhunderts – unter der Leitung Schiapa-rellis (Seite 121), Evaristo Breccias sowie Otto Rubensöhns – bis zu den archäologischen und architektonischen Forschungen des Britischen Museums unter Jeffery Spencer. Unge-achtet der Tatsache, dass der Ort seit dem Altertum vieles erlebt und häufig verwüstet wor-den ist, bot er zahlreiche Überraschungen. In einer Grabungsschicht fand das italienische Team »Fragmente von Papyri mit Menschen und Tierfiguren sowie pflanzenähnlichen Entwürfen, die als Muster für zu webende Stoffe dienten, da sie koptischen Textilien ähnelten«. Diese Stücke sind in der Geschichte der ägyptischen Archäologie einzigartig. Eine ganz andere Bedeutung kommt der Entdeckung zu, die der deutsche Ägyptologe Günther Roeder in den Jahren vor dem Ausbruch des Zweiten Weltkriegs machte. Während der Grabungsarbeiten an der Westseite des so genannten Sphinx-Tores in el-Aschmunein stießen Roeders Männer auf etwa 1 500 Blöcke, die von Ramses II. als Füll-material verwendet worden waren. Bei näherer Untersuchung zeigte sich, dass diese Blöcke mit versenkten Reliefs im Amarna-Stil verziert waren. An verschiedenen Stellen konnte man sogar die Namen von Aton, Echnaton und seiner Hauptkönigin Nofretete er-kennen. Zweifellos waren die Blöcke aus Echnatons verlassener Hauptstadt Tell el-Amarna über den Fluss transportiert worden. Die frühen Ramessiden hatten die dortigen Monumente als willkommenen Steinbruch für Baumaterial verwendet.

GÜNTHER ROEDER
(1881–1966)

- Geboren am 2. August 1881 in Schwiebus, Deutschland.
- Ausbildung in Jena und Berlin unter Adolf Erman; 1904 Promotion.
- Erste Anstellung als Ägypto-loge im Ägyptischen Museum Berlin; ab 1907 bei der ägyp-tischen Altertümerverwal-tung, nimmt in Nubien die Tempel von Debod, Kalab-sche sowie Dakkeh auf und katalogisiert die Schreine im Museum von Kairo.
- 1915–1945 Direktor des Roemer-Pelizaeus-Museums in Hildesheim; leitet zwi-schen 1929 und 1939 für das Museum die Arbeiten in Hermupolis.
- Gestorben am 6. November 1966 in Kairo.

1942
Das Grab Scheschonqs

Die Erfolge jener Zeit nah-men ihren Anfang mit Pierre Montets Entdeckung der Königsgräber in Tanis im Jahr 1939 (Seite 189). Nun, zu Beginn des Jahres 1942, förderte der ägyptische Wis-senschaftler Ahmad M. Ba-dawi das prachtvolle Grab-mal des Kronprinzen Sche-schonq zutage, ein Sohn von Osorkon II. und Hohepriе-ster des Ptah in Memphis. Das Grab von Scheschonq lag inmitten einer Gruppe

von Elitegrabmälern aus der 22. Dynastie an einem Ort namens Kom el-Fakri, etwa 250 Meter westlich des um-gestürzten Kolosses von Ramses II. (Seite 26), in der Nähe jener Stelle, an der Badawi kurz zuvor die Ein-balsamierungshäuser der Apis-Stiere gefunden hatte. Die Räumung des Grabes erbrachte einen prachtvol-len Schatz an Bestattungs-schmuck, der aus goldenen Finger-, Zehen- und Penis-hülsen, einem Herzskara-bäus aus grünem Stein und aus einem frühen »Horus-auf-den-Krokodilen-Amu-

lett« (Seite 33) bestand, sowie einem Sarkophag, Kanopenkrügen, Uschebti-Figuren (insgesamt etwa 200) und Gefäßen aus Ala-baster.

Rechte Seite Eine Auswahl von Steinblöcken aus dem Fund von Roeder: (von oben nach unten) Echnaton mit einem Oliven-zweig; der ermattete Leib des Königs; Szene eines Fischzugs.

Roeder und sein Team fotografierten diese so genannten Hermupolis-Blöcke vor Beendigung ihrer Arbeiten in ihrer aufgrund des Kriegsausbruchs letzten Grabungssaison an diesem Ort. Kurz nach der Abreise der Expeditionsmannschaft nach Deutschland fanden die Reliefs ihren Weg aus den deutschen Lagerhallen auf den Antikenmarkt von Kairo. Hier sah der Kurator des Brooklyn Museum John D. Cooney kurz nach Kriegsende eine Auswahl dieser und anderer Reliefs (die möglicherweise aus inoffiziellen Grabungen an der Ostseite des Sphinx-Tores stammten), die nun hübsch in Pastelltönen bemalt waren.

In den letzten Jahren untersuchte der deutsche Wissenschaftler Rainer Hanke die Hermupolis-Reliefs mit beeindruckenden Ergebnissen, die bedeutende Einblicke in die Geschichte der Amarna-Periode gewähren. Das vermutlich berühmteste Relief ist jenes, das den kindlichen Pharao Tutanchamun ein für alle Mal als Sohn eines Königs auswies. Von den rund um die Welt verstreuten Einzelteilen fanden die besten – wirklich außergewöhnlich fein gearbeitet Stücke – als großzügiges Vermächtnis des großen amerikanischen Sammlers Norbert Schimmel den Weg in das Metropolitan Museum of Art in New York.

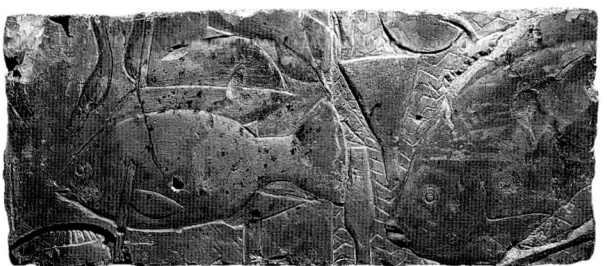

1944
Der Gürtel des Ptahshepses

Bei Grabungen in der Nähe des Taltempels von Unas stieß Abdel Salam M. Husein im Januar 1944 auf einen Schiefersarkophag (Kairo JE 87077). Er beinhaltete den im Wasser liegenden, aufgelösten Leib von Ptahschepses, eines Prinzen des Alten Reichs, bei dem es sich vermutlich um einen Sohn von Unas handelte, dem letzten König der 5. Dynastie. Eine Untersuchung ergab, dass der ansonsten gewöhnliche Verstorbene einen »goldenen Gürtel« trug, dessen Muster aus kleinen Perlen bis auf eine leichte Beschädigung durch Druckeinwirkung auf beiden Seiten unversehrt war« (JE 87078). Der noch vor Ort mit geschmolzenem Wachs geschützte Gürtel wurde von A.Y. Moustafa hervorragend konserviert und befindet sich heute im Museum in Kairo.

1945
Die Kodizes von Nag Hammadi

Ägypten besitzt eine lange Tradition als Fundstätte außergewöhnlich bedeutender Texte, die mit der Bibel zusammenhängen. Zu diesen zählen auch die Kodizes von Nag Hammadi, welche die beiden Bauernbrüder Mohammed und Khalifa Ali durch Zufall im Dezember 1945 in einem verborgenen Krug am Fuß eines großen Felsblocks unterhalb von Gebel el-Tarif im nördlichen Oberägypten entdeckten. Da sie annahmen, dass das Gefäß Gold enthielt, zerschlugen sie es. Statt Gold fiel jedoch eine Sammlung dunkler, in Leder gebundener Papyrusbücher heraus. Die heute glücklicherweise in Kairo wiedervereinte Kollektion besteht aus zwölf vollständigen Büchern und Fragmenten eines 13., das die Mutter der Brüder im Zuge einer Geschichte von Mord und Totschlag zu zerstören versuchte, eine Geschichte, die es wert wäre, niedergeschrieben zu werden. Die aus dem Griechischen ins Koptische über-

setzten und von einer gnostischen christlichen Gemeinschaft um 400 n. Chr. aus Sicherheitsgründen verborgenen Texte stellen die größte Sammlung gnostischer Schriften dar. Jeder Band besteht aus mehreren Traktaten – insgesamt 52, von denen sechs Duplikate sind. Da bis dahin lediglich sechs der 46 Texte bekannt waren, erweiterte der Fund von Nag Hammadi den Bestand gnostischer Literatur um beeindruckende 40 Titel – von denen 75 Prozent unbeschädigt erhalten sind. Vermutlich gehörte die Sammlung von Nag Hammadi, ebenso wie die 1952 bei Gebel Abu Mena entdeckte (die Bodmer-Papyri), dem Mönchsorden, der vom hl. Pachomius gegründet wurde.

NACH
1945
TEIL V
AUF DER SUCHE NACH ANTWORTEN

»Meiner Meinung nach haben Ausgrabungen in den vergangenen Jahren in einem zu hohen Maße die Aktivitäten von Ägyptologen bestimmt; die Erfordernisse der Wissenschaft wurden mehr und mehr denen der Museen untergeordnet, sodass die vermehrte Auffindung von Altertumsstücken zum primären Ziel und das vermehrte Wissen über die Menschen der Antike zur sekundären Erwägung geworden sind.«

ALAN H. GARDINER

Die Jahre nach 1936 – mit der Verschärfung der Vorschriften über die Altertümer, dem Ausbruch des Zweiten Weltkriegs, der Revolution in Ägypten und der Suezkrise – waren keine leichten für ausländische Archäologen. Mit der Planung eines Staudamms in Assuan eröffnete sich aber im Jahr 1960 eine neue Möglichkeit für eine internationale Beteiligung an der Erforschung der ägyptischen Antike: Mit Zustimmung der Regierung des damals seit kurzem unabhängigen Staates Ägypten begann die UNESCO ein Projekt zur Untersuchung und Ausgrabung der bedrohten Bereiche. Die Operation diente vornehmlich der Dokumentation und Bergung, Neuentdeckungen gab es hingegen nur wenige; wichtiger war aber auch die von ihr eingeleitete neue Phase internationaler Kooperation.

Der heutige Oberste Rat für Altertümer, die Nachfolgeorganisation der alten Altertümerverwaltung und des Ägyptischen Amts für Altertümer, vergibt inzwischen jedes Jahr schätzungsweise mehr als hundert Grabungsgenehmigungen an ausländische Archäologen – und dazu kommen etwa noch einmal so viele für ägyptische Unternehmungen. Aber nun steht, im Einklang mit der Forderung Gardiners, die Wissensvermehrung im Vordergrund. Die Arbeit ist langsamer und methodischer geworden und konzentriert sich meist auf bereits bekannte Orte, von denen man sich zusätzliche Erkenntnisse erhofft.

Dementsprechend hat die Zahl spektakulärer neuer Entdeckungen abgenommen – doch nach wie vor tauchen wie früher immer wieder regelmäßig unerwartete Zufallsfunde auf.

Ein Taucher aus Jean-Yves Empereurs Team untersucht den Torso einer kolossalen Königsstatue im Hafen von Alexandria, kurz vor der Bergung 1995.

1950: Der Schatz der Königin Tachut

Datum
1947

Entdecker
Ägyptische Ortsansässige

Ort
Tell el-Maschuta

Periode
Spätzeit, 27. Dynastie,
wahrscheinlich Herrschaft
Darius' II., 424 – 404 v. Chr.

» 1947 wurde der Kairoer Markt von einer anscheinend unerschöpflichen Menge griechischer Tetradrachmen überschwemmt, eine Münze die in Ägypten häufig gefunden wird und eigentlich von keinem besonderen Interesse ist. Aber die Masse dieser Münzen war außergewöhnlich und es gab Gerüchte von noch größeren Mengen, die eingeschmolzen wurden. Wie aus verschiedenen Quellen hervorgeht, fand man die Münzen zusammen mit Silbergefäßen und Achatornamenten (die sich nun in Brooklyn befinden) in Pithom im östlichen Delta … .«
JOHN D. COONEY

Tell el-Maschuta war der erste Ort, der von Édouard Naville 1883 für den Egypt Exploration Fund ausgegraben wurde. Dabei kam eine Reihe von Schlammziegel-Magazinen zum Vorschein, und diese identifizierte man sofort – wenn auch wohl fälschlicherweise – mit denen, die von den Israeliten angelegt worden waren, als sie sich in Knechtschaft im biblischen Pithom befanden. Im Jahr 1905 forschte dann Charles Trick Currelly für Flinders Petries Egyptian Research Account an dem Ort, wo die Arbeiten seither weitergegangen sind.

Vor oder während des Jahres 1947 fanden ortsansässige Ausgräber einen spektakulären Schatz mit Silbergeschirr und Münzen. Über die Umstände des Fundes gibt es keine verlässlichen detaillierten Angaben und selbst die genaue Art der Deponierung des Schatzes bleibt im Dunkeln, allerdings muss er bei seiner Entdeckung eindrucksvoll gewesen sein. Die Sammlung des Silbergeschirrs war umfangreich: Sie scheint eine silberne Kopfvase – heute im Britischen Museum (GR 1962, 12-12, 1) – umfasst zu haben, zwei silberne Krüge und Henkel sowie 17 ganze und zerbrochene Silberschalen, von denen vier eine aramäische Widmung des späten 5. Jahrhunderts v. Chr. aufweisen (die Schalen befinden sich vor allem im New Yorker Brooklyn Museum, 54.50.33 bis 42, 55.183).

Einige ungewöhnliche, in Gold gefasste Achatstücke (heute Brooklyn 54.50.1 bis 54.50.33) werden ebenfalls im Zusammenhang mit dem Fund erwähnt, den John D. Cooney auf Grund der Texte und des starken persischen Einflusses in der Verzierung des Geschirrs nicht früher als auf die späte 27. Dynastie datiert – also auf die Jahre um 410 v. Chr., einige Jahrzehnte früher als der ähnliche, 1905 gefundene Schatz von Tuch el-Qaramus (Seite 125) den eine Gruppe von *sebachin* entdeckt hatte.

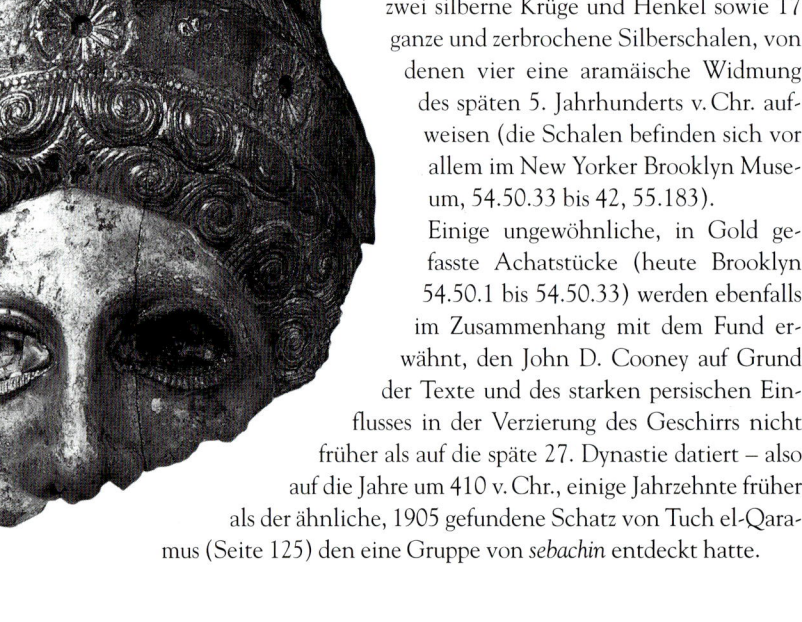

Links Fragmentarische griechische Kopfvase – sie soll zum Schatz von Tell el-Maschuta gehört haben und von Ortsansässigen in den Ruinen eines der Göttin Alat geweihten Heiligtums gefunden worden sein.

| 4000 v. Chr. |
| 3000 v. Chr. |
| 2000 v. Chr. |
| 1000 v. Chr. |
| 0 |
| 700 n. Chr. |

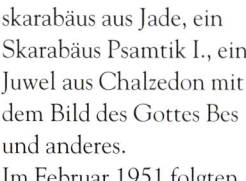

skarabäus aus Jade, ein Skarabäus Psamtik I., ein Juwel aus Chalzedon mit dem Bild des Gottes Bes und anderes.

Im Februar 1951 folgten weitere Untersuchungen an dem Ort. Dabei wurden die Schlammziegelkonstruktion des Grabes und Fragmente von Uschebti-Figuren ausgegraben, während man südlich der Grabstätte auf zwei große Blöcke mit dem Namen des Gatten Tachuts stieß: Psamtik II. aus der 26. Dynastie.

1950
Der Schatz von Königin Tachut

Im April 1950 verrichtete ein Bauer seine Feldarbeit in der Nähe von Ruinen, die man sich im Delta in Tell Atrib, dem antiken Athribis, für zukünftige Ausgrabungen aufgehoben hatte, als sein Pflug plötzlich auf einen vergrabenen weißen Quarzitsarkophag stieß.

Untersuchungen der Altertümerverwaltung ergaben schnell – auf Grund eines Hieroglyphentextes mit einer Kartusche –, dass der Eigentümer eine Königin der Spätzeit namens Tachut war. Als man den Deckel des unberührten Sarkophags gehoben hatte, wurde klar, dass die zurückliegenden zweieinhalb Jahrtausende ihren Tribut gefordert hatten. Der Holzsarg im Inneren war fast vollständig verrottet und die Mumie befand sich in einem ähnlichen Zustand (Mitte rechts). Unter den Überresten im Sarkophag fanden sich allerdings zahlreiche königliche Bestattungsjuwelen aus wertvollen Metallen (rechts) und Steinen (Kairo, JE 88963–89045). Zu diesem Fund gehörten eine kleine Goldmaske (oben), ein Diadem, geflügelte Ba-Vögel, ein schöner Herz-

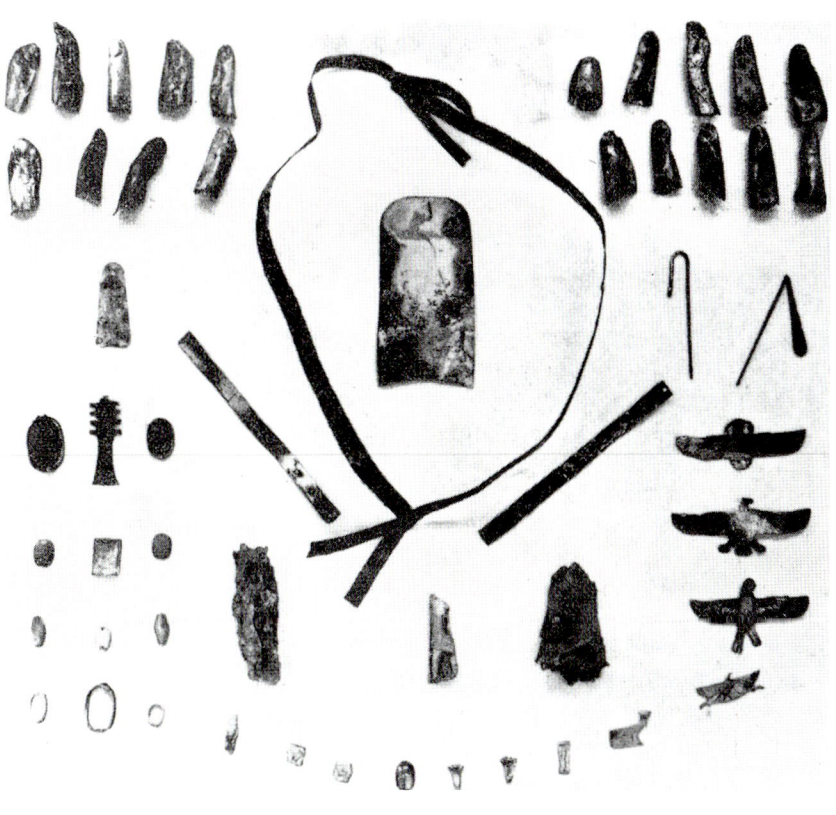

1952
DIE VERBORGENE PYRAMIDE SECHEMCHETS
1954: Die Stele des Kamose

MUHAMMAD ZAKARIA GONEIM (1911 – 1959)

»Meistens trägt er eine dunkle Sonnenbrille, um sich gegen die grelle ägyptische Sonne zu schützen … Nimmt er sie ab, blinzeln seine Augen lustig und humorvoll.«
LEONARD COTTRELL

- Geboren 1911 in Gharbija im Nildelta.
- Studium der Ägyptologie in Kairo, Abschluss 1934.
- Assistent von Selim Hassan, 1937 Mitentdecker der Reliefs des Aufwegs Unas' (Seite 187); Inspektor in Assuan und Tell Edfu 1939 – 1943, Direktor der Nekropole in Theben 1943; Oberinspektor für Oberägypten 1946 – 1951; Direktor der Nekropole in Sakkara 1951.
- Selbstmord am 12. Januar 1959 in Kairo.

Datum
1952

Entdecker
Zakaria Goneim

Ort
Sakkara

Periode
Frühdynastische Periode, 3. Dynastie, Herrschaft Sechemchets, 2611 – 2603 v. Chr.

Unten links Die Mauer um den Komplex der verlorenen Pyramide des Pharaos Sechemchet. Die monumentale Fassade ist hervorragend erhalten und erreicht eine Höhe von nahezu drei Metern.

Unten rechts Südöstliche Ecke der ersten Stufe der Pyramide mit ihrem schräg emporragenden Mauerwerk; der vor ihr stehende Arbeiter verdeutlicht ihre immense Größe. Auffallend ist die Ähnlichkeit der Konstruktion mit der Stufenpyramide des Pharaos Djoser.

»›Wo ist die Pyramide?‹, fragten mich die Kollegen scherzhaft und ich hatte keine Antwort – nur den inneren Glauben daran, dass ich irgendwo unter jener weiten Sandfläche schließlich doch das finden würde, was ich suchte.«
ZAKARIA GONEIM

Selbst bei größter Nachlässigkeit kann eine Pyramide, so möchte man meinen, eigentlich kaum abhanden kommen. Doch auch für solch riesige Monumente gilt dies nicht unbedingt – jedenfalls dann nicht, wenn ihre Errichtung kaum über den Unterbau hinaus gediehen war.

Der Mann, der dann schließlich doch noch die verloren geglaubte Pyramide des Pharaos Sechemchet fand, war der ägyptische Archäologe und Leiter der Nekropole von Sakkara, Zakaria Goneim. Als Erstes stieß er auf einen Teil der Umgrenzungsmauer, an der man später eine Aufschrift in roter Tinte mit dem Namen des Hofarchitekten des Pharaos Djoser entdeckte: Imhotep. Für Goneim war dies bereits ein Hinweis auf das, was er hier erwarten konnte. Den großen Fund selbst machte man dann am 29. Januar 1952, in der allerletzten Phase der Grabungssaison: Und zum Vorschein kam eine Stufenpyramide.

Erst im Januar 1954 konnte die Suche nach dem Zugang zu Sechemchets unterirdischen Kammern beginnen. Bei der Pyramide Djosers (Seite 169) hatte dieser an der Nordseite in einiger Entfernung von der Pyramide selbst unter dem Totentempel des Königs gelegen. Als der Sand an der gleichen Seite der Pyramide Sechemchets weggeschaufelt wurde, stieß Goneim auf einen ähnlich gestalteten Bau, aber nicht auf den erhofften Zugang. Daraufhin ließ er die Grabungen etwas weiter nördlich fortsetzen, bei einer zuvor schon bemerkten großen Vertiefung im Sand, und fand tatsächlich den Eingang.

Wie durch ein Wunder war das Mauerwerk, das den Zutritt versperrte, noch intakt. Offensichtlich war aber die rechte Hälfte in der Antike bereits einmal neu angelegt worden. Als man die Pyramide dann schließlich am 9. März 1954 öffnete, wurde das Ereignis von großem öffentlichen Interesse begleitet.

Nachdem er die Verschlussmauer teilweise entfernt hatte, sprang der Ausgräber hinunter in einen mit Schutt angefüllten Korridor. Bei der allmählichen Räumung des Gangs kamen Hunderte von Grabgefäßen ans Tageslicht, die in Schichten auf dem Boden abgelegt worden waren und stark an ähnliche Beigaben in der Pyramide Djosers erinnerten (Seite 169). Dann aber kam die Überraschung: der Glanz von Gold und 21 kostbaren metallenen Armreifen, dazu ein goldener Amtsstab, ein goldener kleiner Kosmetikbehälter in Form einer zweischaligen Muschel, eine Pinzette mit Nadel aus Elektron und Schmuckperlen aus

Gold, Karneol und Fayence sowie goldene Abstandshalter – zusammen der Inhalt einer seit ihrer Einlagerung unberührt gebliebenen zerfallenen Holzkiste. Weitere Funde waren unter anderem mit getrocknetem Schlamm verschlossene Behälter, die den Namen Sechemchets trugen, zusätzliche Gefäße aus Kupfer und verschiedene Gerätschaften aus Feuerstein.

Etwa 30 Meter vom Eingang der Pyramide, im Westen des Korridors, führte eine Türe in einen zweiten Gang, der zunächst in Richtung Norden und dann wieder zurück verlief, um schließlich in einer T-förmigen Galerie zu enden. Hier befanden sich 132 kleine Magazine oder Lagerkammern. Diese Anlage glich jener der Pyramide von Zawiet el-Arjan und anderen wie der wesentlich späteren Grabstätte der Söhne Pharao Ramses' II. im Tal der Könige (KV5; Seite 220).

Der Alabastersarkophag

Die Ausgrabung des absteigenden Hauptgangs ging bis Ende 1954 weiter. Die Arbeit gestaltete sich zusehends schwieriger und schien auch immer weniger zu versprechen – bis dann doch die Konturen einer steinernen Türeinfassung mit zugemauerter Öffnung sichtbar wurden; wie sich später herausstellte, war dieses Mauerwerk drei Meter dick. Am 31. Mai konnten dann endlich Goneim und seine Ar-

Oben Der Weg in die Tiefe der unterirdischen Bereiche von Pharao Sechemchets Pyramide, wie er sich heute darbietet.

Links Goldener Kosmetikbehälter aus dem Eingangskorridor der Pyramide; Ober- und Unterteil sind mit Scharnieren verbunden und bilden zusammen eine zweischalige Muschel.

Unten Der herrliche Alabastersarkophag mit hoch gezogener Verschlussplatte; zwar lagen bei seiner Entdeckung noch die unberührten Überreste von Trauerblumen darauf, aber der Sarkophag selbst war leer.

beiter durch das Loch kriechen, das sie in die Mauer gebrochen hatten.

»Als wir uns aufrichteten und die Lampe hochhoben, begrüßte uns ein wunderbarer Anblick. In der Mitte einer grob behauenen Kammer stand ein herrlicher Sarkophag aus mattem, gold leuchtendem Alabaster. Wir bewegten uns darauf zu. Mein erster Gedanke war: ›Ist er unversehrt?‹«

Und er war unversehrt. Zusammen mit seiner ungewöhnlichen, durch Gips gesicherten Verschlussplatte aus Kalzit zeigte er keinerlei Anzeichen von Schaden; obenauf lag noch ein eingetrockneter Trauerkranz.

Alles deutete darauf hin, dass es sich um das seit der 3. Dynastie unberührte Grab Sechemchets handelte. Trotzdem sollte aber noch ein Monat vergehen, bis das Geheimnis des Sarkophags im Beisein einer hochrangigen Gruppe von Beamten und Ägyptologen am 26. Juni 1954 endgültig gelüftet wurde. Von einem Gerüst über der 227 Kilogramm

schweren Verschlussplatte wurde diese mit einem Seilzug Zentimeter für Zentimeter angehoben. Nach zwei Stunden war die Öffnung groß genug, dass Goneim in den Sarkophag blicken konnte. »Ich kniete mich hin ... Der Sarkophag war leer.«

Bei der vorangegangenen Räumung des Eingangskorridors war es zu einem Unfall gekommen, bei dem einer der Arbeiter erstickt war. In der Folge hatte ein bedrückender Schleier die Arbeiten überschattet. »Ich fühlte mich merkwürdig unwohl«, schrieb Goneim. »Es war ein schwer zu beschreibendes Empfinden ... eine Mischung aus Furcht, Neugier und Ungewissheit... Ich hatte das Gefühl, dass die Pyramide eine eigene Persönlichkeit besaß und diese die des Königs war, für den die Pyramide gebaut wurde und der darin noch immer fortlebte.« Wenn das so war, dann bedeutete diese Anwesenheit nichts Gutes. Drei Jahre später, auf der Höhe seines Forscherlebens im Jahr 1959, ertränkte sich Goneim im Nil.

Weitere Forschungen

Andere sollten aber ohne ähnliche Vorfälle die Forschungen fortsetzen. Auf der Spur des Geheimnisses von Sechemchets Pyramide nahm 1963 Jean-Philippe Lauer (unten) die Arbeiten dort auf, wo Goneim stehen geblieben war. Lauer begann die Suche nach einer südlichen Grabkammer, deren Existenz nach den Funden an der Stufenpyramide nun auch hier angenommen wurde. Dabei konnte

er die alte Vermutung Goneims bestätigen, dass der Pyramidenkomplex im Laufe seiner Errichtungsphasen um fast das Doppelte erweitert worden war, was wiederum nahelegte, dass jene Südkammer, wenn es sie als Teil der ursprünglichen Anlage gab, relativ nah an der eigentlichen Pyramide selbst liegen musste. Dort wurde sie dann auch bei Grabungen zwischen 1965 und 1967 gefunden. Unter der Westseite einer gänzlich verfallenen Mastaba führte ein Schacht zu einem Gang, der von West nach Ost verlief und an dessen Ende sich ein verrotteter Holzsarg mit den Gebeinen eines zweijährigen Jungen befand – wohl das vermutlich kurz nach der Beisetzung ausgeraubte Grab eines Königssohns. Sechemchet selbst hat man bisher nicht gefunden, aber die unterirdischen Teile dieses Pyramidenkomplexes harren immer noch der vollständigen Ausgrabung.

Das Monument des Sechemchet stellt lediglich die größte in einer ganzen Reihe »verlorener« Pyramiden dar und weitere werden immer wieder entdeckt, zuletzt etwa 1995 und 1998 in Sakkara diejenigen der Königinnen Meritites und Anchesenpepi II. der 6. Dynastie. Andere hat man dagegen erst kürzlich als das erkannt, was sie tatsächlich sind, wie zum Beispiel die Mastaba von Chuwit in Sakkara oder die »Mastaba«-Gräber der Königinnen südlich der Pyramide Sesostris' III. in Dahschur. Und zweifellos werden künftig noch mehr dazukommen.

1954
Die Stele des Kamose

»Keine Entdeckung in der ägyptischen Archäologie der letzten Jahre hat bei den Fachgelehrten für mehr Aufregung gesorgt...«
ALAN GARDINER

Bei seinen frühen Ausgrabungen in der Nekropole von Theben fand der 5. Earl of Carnarvon eine zerbrochene Holztafel (Seite 130), die sich »zwischen dem losen Schutt und den Überresten von Mumien auf einem Vorsprung nahe dem Eingang zu einem geplünderten Grab« befand. Der auf der Tafel festgehaltene Text erwies sich als ein Auszug einer historisch höchst bedeutenden Darstellung über die Beseitigung der Fremdherrschaft der Hyksos-Könige – die während mehr als einer Generation das nördliche Ägypten besetzt hatten – durch den Pharao Kamose aus der 17. Dynastie. 1919 interpretierte der britische Philologe Battiscombe Gunn die Tafel als eine mögliche »Schulabschrift« von einer Stele, die in Karnak stand – eine These, die sich bestätigte, als 1932 und 1935 gerade dort Henri Chévier die Fragmente einer großen Stele mit den ersten 15 Zeilen des Textes entdeckte. Fortan hofften Ägyptologen auf weitere Funde, die das historische Ereignis noch besser dokumentierten.

Am 25. Juli 1954 wurde diese Hoffnung mehr als erfüllt. In Karnak legte der Ägypter Labib Habachi ein unversehrtes Duplikat der unvollständigen ersten Stele frei. Diese führte den Text von Carnarvons Holztafel fort.

Der Fund – »eine der aufregendsten Entdeckungen im Tempel von Karnak« – befand sich unter 17 Blöcken, die in der Antike als Fundament für eine Statue Ramses' II. verwendet worden waren und dann ungestört überdauerten. Einige davon zeigten Darstellungen aus der Zeit Amenophis' III., andere stammten von einem der Bauten Amenophis' IV./Echnatons in Karnak (Seite 209); die Kamose-Kalksteinstele lag mit der Vorderseite nach unten im Sand. Sie war 2,2 Meter hoch, 1,1 Meter breit und 28 Zentimeter dick. Wie sich die Experten erhofft hatten, lieferte sie einen Bericht über ein bis dahin unbekanntes und historisch wichtiges Ereignis der Bemühungen, die Hyksos-Herrschaft abzuschütteln.

1954
DIE BOOTE DER CHEOPSPYRAMIDE

1956: Nefruptah · 1957: Ein Porträt König Userkafs

Datum
1954

Entdecker
Kamal el-Mallakh

Ort
Giseh (Südseite
der Cheopspyramide)

Periode
Altes Reich, 4. Dynastie,
Herrschaft Cheops',
2551 – 2528 v. Chr.

*»Ich schloss die Augen und roch Weihrauch, einen sehr heiligen, heiligen, heiligen Duft.
Ich roch die Zeit … ich roch die Jahrhunderte … ich roch die Geschichte. Und dann war ich
sicher: Das Boot war hier.«*
KAMAL EL-MALLAKH

Im Jahr 1954, als Kamal el-Mallakh, damals Inspektor bei der Altertümerverwaltung,
Routinearbeiten an der südlichen Umgrenzungsmauer der Cheopspyramide in Giseh leitete, fiel ihm ein dünner Streifen rosafarbener Mörtel auf. Es stellte sich dann heraus, dass
der Streifen die Umrisse zweier lang gezogener Gräben markierte, die in westlicher Richtung mit 40 und in östlicher Richtung mit 41 massiven Kalksteinplatten abgedeckt waren. Auf einem der Steine des nach Osten verlaufenden Grabens fand Kamal el-Mallakh
ein Steinmetzeichen, eine Kartusche mit dem Namen Djedefres, des Nachfolgers von
Pharao Cheops. Djedefres war es vermutlich auch, der die Platten, von denen jede 41
Tonnen wog, hier ablegen ließ.

Es war einiges an Überredungskunst nötig, um
die Genehmigung seiner Vorgesetzten zu einer
näheren Untersuchung zu erhalten, trotz der
Aussicht dort vielleicht nichts weniger als das
Fundament einer Pyramide oder einen gemauerten Hof freilegen zu können. Aber nachdem er
sie schließlich überzeugt hatte, trieb el-Mallakh
am 26. Mai ein Loch in die 22. Verschlussplatte
des östlichen Grabens und hielt eine Taschenlampe hinein. Der Lichtstrahl zeigte auf etwas,
was zunächst ein schlichter Stapel Altholz zu sein
schien, doch dann kam die Spitze eines großen
Ruders ins Blickfeld und el-Mallakh war klar,
dass ein zerlegtes Boot aus den Anfängen der
ägyptischen Geschichte vor ihm lag. Unweit davon ruhte zudem ein zweites.

Die Entdeckung dieser Boote mitsamt ihrem völlig intakten Inhalt löste gewaltiges internationa-
les Interesse aus – aber auch Missgunst und Neid
innerhalb der Behörde, sodass el-Mallakhs viel
versprechende Laufbahn als Archäologe einen
empfindlichen Einbruch erlitt.

Ausgrabung und Rekonstruktion

Boote dieser Art waren zuvor schon gefunden
worden, so etwa aus dem Mittleren Reich in
Dahschur durch Jacques de Morgan, und sollten
auch später noch entdeckt werden – zuletzt 1991
in Abydos sogar eine ganze Flotte von zwölf
Stück aus der frühdynastischen Periode durch
David O'Connor. Die Boote aus Giseh stellen
aber einen ganz besonders einzigartigen Fund dar.
Das herrliche Exemplar, das man heute im Boots-
museum von Giseh bewundern kann, erinnert

Oben Kamal el-Mallakh, der als
junger Archäologe und Architekt
die Bootsgräben entdeckte. Seine Hartnäckigkeit und seine Untersuchung der Gräben führten
zu einer Entdeckung, welche die
Welt in Erstaunen versetzte.

4000
v. Chr.

3000
v. Chr.

2000
v. Chr.

1000
v. Chr.

0

700
n. Chr.

Links Pharao Cheops' Boot, wie
es in dem ersten von Kamal
el-Mallakh entdeckten Graben
gefunden wurde. Es sollte über
zehn Jahre dauern, bis die aus
verschiedenen edlen Hölzern
bestehenden 1224 Einzelteile
wieder zusammengebaut waren.

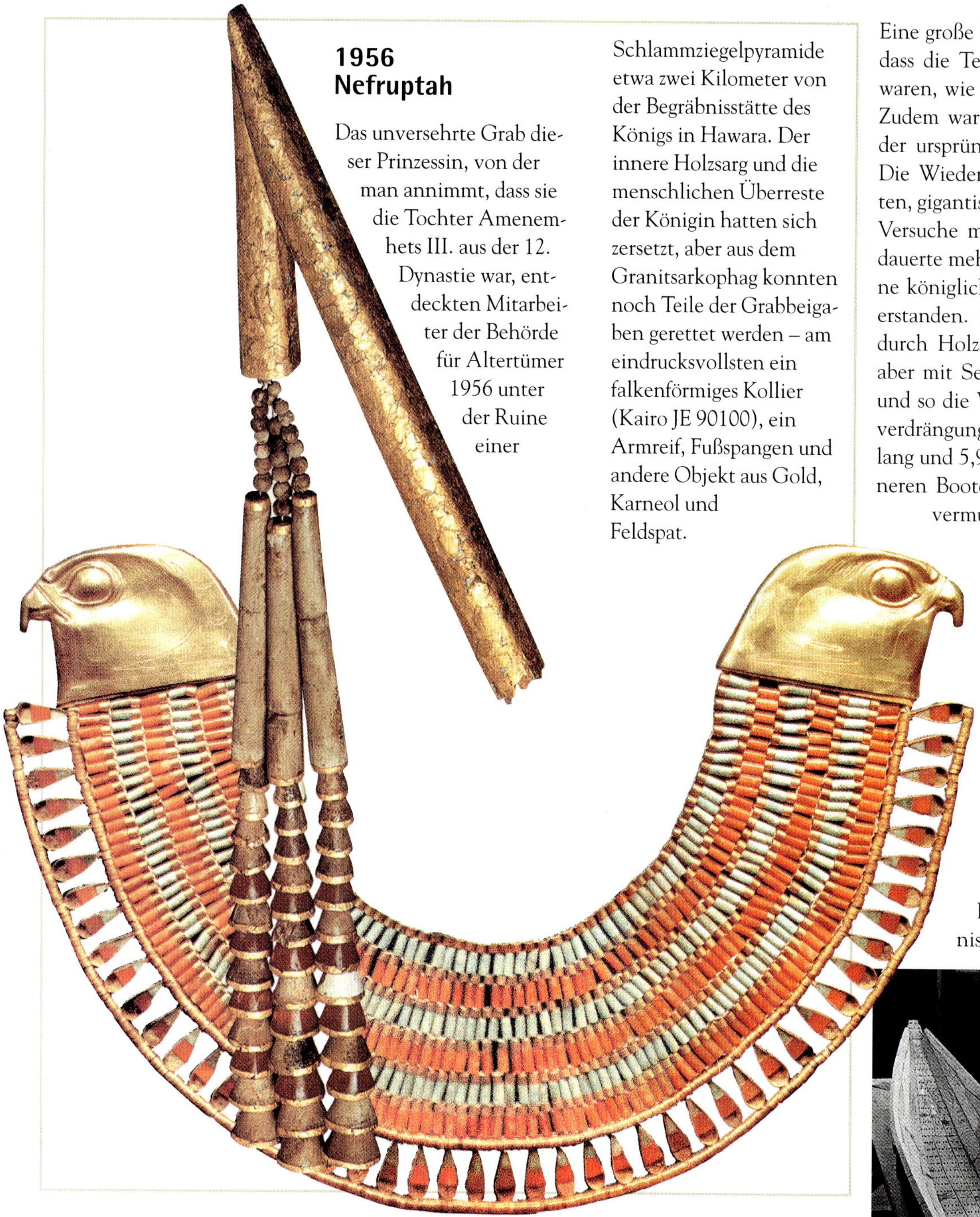

1956
Nefruptah

Das unversehrte Grab dieser Prinzessin, von der man annimmt, dass sie die Tochter Amenemhets III. aus der 12. Dynastie war, entdeckten Mitarbeiter der Behörde für Altertümer 1956 unter der Ruine einer Schlammziegelpyramide etwa zwei Kilometer von der Begräbnisstätte des Königs in Hawara. Der innere Holzsarg und die menschlichen Überreste der Königin hatten sich zersetzt, aber aus dem Granitsarkophag konnten noch Teile der Grabbeigaben gerettet werden – am eindrucksvollsten ein falkenförmiges Kollier (Kairo JE 90100), ein Armreif, Fußspangen und andere Objekt aus Gold, Karneol und Feldspat.

Eine große Hilfe bei der Rekonstruktion war die Tatsache, dass die Teile in der Reihenfolge aufgeschichtet worden waren, wie man sie vorher auseinander genommen hatte. Zudem waren viele Elemente ihrer nach Lage innerhalb der ursprünglichen Gesamtkonstruktion gekennzeichnet. Die Wiederherstellung glich trotzdem einem komplizierten, gigantischen Bausatz ohne Bauplan, beanspruchte fünf Versuche mit maßstabsgetreuen kleineren Modellen und dauerte mehr als zehn Jahre. 1968 war dann schließlich eine königliche Barke der 4. Dynastie mitsamt Kabine neu erstanden. Einige Bauteile des kiellosen Bootes waren durch Holzstifte aneinander gefügt, die weitaus meisten aber mit Seilen festgezurrt, die sich im Wasser vollsogen und so die Verbindungen stabilisierten. Bei einer Wasserverdrängung von 45 Tonnen war das Gefährt 43,4 Meter lang und 5,9 Meter breit; da sich der König wohl von kleineren Booten ziehen ließ, dienten die sechs Paar Ruder vermutlich nur zur Steuerung.

Gefahren

Das Boot des Cheops stellt eines der eindrucksvollsten Resultate der ägyptischen Archäologie dar, aber solange seine Unterbringung in geeigneten klimatisierten Räumen nicht gesichert ist, besteht für die Zukunft des Stücks noch Grund zur Sorge. In dem Graben, wo man es fand, waren die Bedingungen perfekt – im Gegensatz zu den extremen Schwankungen von Temperatur und Luftfeuchtigkeit, denen das empfindliche Holz heute ausgesetzt ist.

Die Anfälligkeit des Materials zeigt auf Besorgnis erregende Weise der Zustand des noch zerleg-

Rechts Hag Ahmed Moustafa in seiner Werkstatt. Wegen der beachtlichen Größe des Pharaonenbootes musste die Rekonstruktion in ihren ersten Phasen an maßstabsgetreuen kleineren Modellen erprobt werden.

aber kaum mehr an die sauber gestapelten Planken, auf die der Lichtkegel von el-Mallakhs Taschenlampe zuvor im Ostgraben gefallen war. Vielmehr ist das Boot, wie es nun zu sehen ist, das Werk des Oberrestaurators der Altertümerverwaltung Hag Ahmed Moustafa.

Dank der luftdichten Einlagerung unter den Verschlussplatten war das in 13 sorgfältig arrangierten Schichten verstaute Material noch in recht festem Zustand. Nach der Sicherung mit schützenden Matten und Textilien konnte im Dezember 1955 mit der höchst heiklen Bergung begonnen werden. Ende Juni 1957 war der Graben leer, und im darauf folgenden Herbst machte sich Youssef Moustafa daran, die aus 1 224 Einzelteilen bestehenden 651 Elemente zusammenzusetzen, die aus poliertem Zedern-, Akazien- und anderem Holz bestanden.

1957
Ein Porträt
König Userkafs

Dieser Steinkopf eines Königs, der die Rote Krone Unterägyptens trägt (Kairo JE 90220), wurde im Frühjahr 1957 von einem deutschschweizerischen Grabungsteam unter der Leitung Herbert Rickes in Abusir gefunden. Es handelt sich offenbar um ein Porträt des Pharaos der 5. Dynastie Userkaf, aus dessen Totentempel man das Werk ans Tageslicht geholt hatte. Die Ähnlichkeit mit den Gesichtszügen von Abbildungen des Königs Mykerinos (Seite 132) sind ver-

blüffend und möglicherweise entstammt es derselben Künstlerwerkstatt.

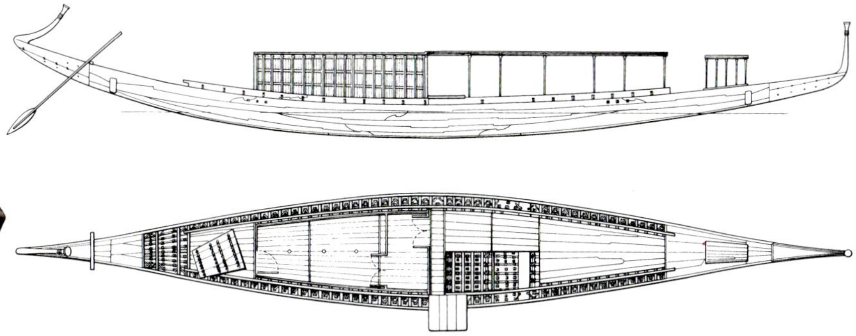

ten Schwesterschiffs, das allmählich zu verfaulen beginnt. Trotzdem besteht unter Fachleuten weiterhin die Hoffnung, dass eines Tages auch dieses Schiff in seiner ursprünglichen Pracht neben dem Pyramidengrab seiner Besitzer ausgestellt werden kann.

Unten Moustafas Assistenten prüfen die Verbindungen im neu zusammengebauten königlichen Boot.

Rechts Eine eindrucksvolle Hinterlassenschaft – die majestätische Barke des Cheops in dem eigens für sie errichteten Museum.

1964/65: Das verlorene Gesicht einer Statue

Datum
1964 – 1971

Entdecker
Walter Bryan Emery

Ort
Sakkara

Periode
Spätzeit, 664 – 30 v. Chr.

4000
v. Chr.

3000
v. Chr.

2000
v. Chr.

1000
v. Chr.

0

700
n. Chr.

»*Seit Dezember 1964 gräbt Professor Emery in der antiken Nekropole nicht weit von der Stufenpyramide Djosers; die ersten zwei Arbeitssaisons brachten unter einer Nekropole aus der 1. Dynastie einen großen Katakombenkomplex (größtenteils der saitisch-persischen Periode) zutage. Die Nischen dieser Katakomben waren über und über mit Tausenden von mumifizierten Ibissen angefüllt. Die Annahme drängte sich geradezu auf, dass es sich dabei um Opfergaben von Pilgern handeln könnte, die aus gesundheitlichen Gründen den Schrein des Imhotep aufgesucht hatten, der, in den Gottesstand erhoben, mit Asklepios, dem griechischen Gott der Heilkunde, identifiziert wurde. Als Folge entstand die Hypothese, dass irgendwo in der näheren Umgebung dieser Katakomben der Tempel liegen und dass sich dieser Tempel dann wiederum in der Nachbarschaft von Imhoteps Grab befinden müsse …*«*
ILLUSTRATED LONDON NEWS

In den späteren Jahren seines Lebens hatte Bryan Emery sich einem einzigen Ziel verschrieben – der fast zur Obsession gewordenen Suche nach dem Grab Imhoteps, des Baumeisters Pharao Djosers und Architekten der Stufenpyramide (Seite 169), der später als Weiser und als die Personifizierung des griechischen Gottes der Heilkunde Asklepios galt. Cecil Firth, J. E. Quibell (Seite 97) und George A. Reisner (Seite 132) waren alle überzeugt, dass dieses Grab naturgemäß in der frühdynastischen Nekropole von Nordsakkara liegen müsse, und dieser Bereich war es dann auch, auf den sich Emery konzentrierte.
Erste Probegrabungen, bei denen Emery die Ruine einer Mastabagruft der 3. Dynastie und zwei Opferstiere entdeckte, fanden im Jahr 1956 statt. Dabei barg er zusätzlich die Mumienüberreste von heiligen Ibissen, wie sie während der Ptolemäerzeit von religiösen Pil-

Rechte Seite oben Eine Mauer aus Ibis-Mumien. Die einbalsamierten und in verschlossene Keramikbehälter gelegten Vögel wurden von Pilgern als Opfergabe an den Gott gekauft und zu Tausenden in den Katakomben beigesetzt, die den Untergrund von Nordsakkara durchziehen.

Rechte Seite unten Isis aus vergoldeter Bronze säugt das Kind Horus – ein Fund von den Ausgrabungen am Terrassentempel. Bei ihrer Entdeckung war die Statuette in Leinen gewickelt, aus dem nur die Gesichter der beiden Gottheiten heraussahen.

Oben Bei den Ausgrabungen Emerys gefundene bronzene Votivfigur von Imhotep, dem Architekten der Stufenpyramide Djosers, der während des ersten vorchristlichen Jahrtausends in weiten Teilen des Landes als Gott verehrt wurde. Das Grab des Weisen zu finden blieb aber Emerys unverwirklichter Traum.

Links Die weitläufigen unterirdischen Gänge in der Nekropole der heiligen Tiere von Sakkara mit ihren in den Stein gehauenen Nischen; diese waren für die Särge der mumifizierten Paviane bestimmt – jener heiligen Tiere des Weisheitsgottes Thot.

gern in zylindrischen Tongefäßen an den verschiedensten Orten hinterlegt worden waren. Die zahlreichen Scherbenhaufen, die das Gelände überzogen, waren offenbar zerbrochene Behälter dieser Art und deuteten auf eine nahe gelegene Katakombe, die wesentlich mehr Grabstätten dieser Art enthalten hatte. Die Frage war nun, ob die einbalsamierten Vögel – Manifestationen des Gottes Thot – mit dem späteren Kult um Imhotep als Heiler in Zusammenhang gebracht werden konnten. Wiesen sie den Weg zu dem noch hypothetischen Kultzentrum des »ersten Oberen des Ibis« und damit auch zu seinem Grab? Die Ausgrabungen, die diese Fragen beantworten sollten, begannen erst knapp zehn Jahre später, am 5. Oktober 1965, und zwei Monate danach konnte Emery seine These erstmals un-

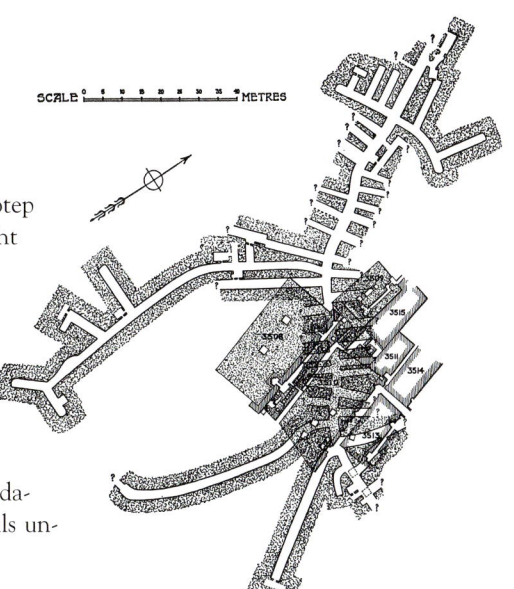

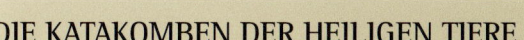

DIE GOTTHEITEN DES TERRASSENTEMPELS

» ... die bemerkenswerteste [der Ablagen des Terrassentempels] befand sich in einer Grube unter dem Steinboden von Schrein D. Bei der Öffnung fand man in der Grube zahlreiche säuberlich aufgestellte bronzene Statuetten ... Unter ihnen befanden sich drei hölzerne Schreine und eine Holzstatue des Osiris mit farbigen Glaseinlagen, die auf einem Sockel aus Kalkstein stand. Weitere Bronzestatuetten wurden in den hölzernen Schreinen gefunden, manche von ihnen verpackt in Leinen ... Neben jenen aus Bronze hat man auch Götterstatuetten aus Holz und Stein aus den Schreinen hervorgeholt. «
BRYAN EMERY

Dargestellte Gottheit	Anzahl
Anhuret	1
Anubis	2
Apis	4
Bes	1
Chnum	1
Harpokrates	32
Hathor	2
Horus	3
Imhotep	1
Isis	26
Min	2
Mut	1
Osiris	19
Ptah	4
Sachmet	2
Thot	1

Oben Plan des weitläufigen Komplexes der Ibis-Galerien, die 1964 unter der Mastaba 3510 entdeckt wurden.

DIE KATAKOMBEN DER HEILIGEN TIERE

Tierart	Zeitraum
Kühe (Mütter des Apis)	1. Jahr Psammuthis' (393 v. Chr.) bis 11. Jahr Kleopatras VII. (41 v. Chr.)
Paviane	4.–1. Jahrhundert v. Chr.
Falken	4. (?) bis 1. Jahrhundert v. Chr.

termauern. Bei der Räumung eines der Zugangsschächte zur Grabkammer 3610 aus der 3. Dynastie stießen die Arbeiter unversehens auf ein umfangreiches System unterirdischer Korridore und Seitengalerien, die an François Mariettes Serapeum (Seite 40) erinnerten. Wie sich herausstellte, war dies die erste von zwei Katakomben voller zahlloser Ibis-Mumien – »vorsichtig geschätzt weit über eineinhalb Millionen«. Ab 1966/67 sollten bei der Ausgrabung des Terrassentempels, eine der religiösen Institutionen, die über den Tierkult herrschten, weitere derartige Massengräber folgen. Hierbei wurden auch die Katakomben der Mütter des heiligen Apis-Stiers gefunden sowie die der Paviane und daneben auch die Gräber der heiligen Falken. Eine andere Ibis-Katakombe etwas näher am ausgetrockneten See von Abusir, wo die Vögel vermutlich gezüchtet wurden, hatte man bereits 1964 freigelegt. Die erstaunliche Vielfalt der in Sakkara bestatteten Tiere erscheint bisher einmalig: In verschiedenen Bereichen des Geländes hat man auch beigesetzte Widder, Katzen, Hunde und sogar Löwen nachgewiesen. Zahlreiche Details der Aufzucht und Tötung sowie der Behandlung der Körper sind aber immer noch unklar.

Links Vollkommen einbandagierte Ibismumie. Die äußeren Stofflagen sind aufwändig verflochten und mit einer gestickten Abbildung des sitzenden Gottes Nefertem geschmückt.

Unten rechts Ein als Opfergabe verwendeter Situla-Eimer, der im Hof von Sektor 4 des Grabungsortes gefunden wurde. Die hieroglyphische Inschrift unterhalb des Randes zeigt den Namen Pediaset und das Jahr 40 der Regierung Psamtiks I.

1964/65
Das verlorene Gesicht einer Statue

Während der Ausgrabungen 1907 in Dair Al Bahri hatte der Egypt Exploration Fund einen kostbaren Torso aus wunderbarem, marmorähnlichem weißen Stein gefunden. Die Gestaltung und Ausführung der Statue machen sie zu einem Kunstwerk ersten Ranges, doch sie hatte einen grundlegend Fehler – das Gesicht war schon in der Antike durch präzise Schnitte abgetrennt worden und fehlte nun. Seit der Entdeckung der Figur hatte ihr Besitzer, das Metropolitan Museum of Art (MMA 07. 230.3), die Hoffnung nie aufgegeben, dass eines Tages das Gesicht doch noch zum Vorschein käme. Als dies dann tatsächlich 1964/65 geschah, war die Fachwelt verblüfft, und zwar nicht nur von der Qualität der Arbeit, sondern auch durch ihren vollkommen unversehrten Zustand. Die Entdecker des Antlitzes Thutmosis' III., die polnische Expedition unter der Leitung von Jadwiga Lipinska, fanden es (jetzt Kairo JE 90237) im Königstempel.

Emerys Ausgrabungen bei den Galerien der heiligen Tiere und dem Terrassentempel führten zu einer beträchtlichen Anzahl zusätzlicher Funde – unter anderem reichhaltige Ablagen von Steinskulpturen und bronzene Votivbilder, daneben Tempeleinrichtungen und viele wichtige Papyri und Ostraka (siehe unten). Nicht wenige der Objekte waren bildlich dargestellte Opfergaben und manche hatten sicherlich einen Bezug zum vergöttlichten Imhotep. Das Grab des menschlichen Imhotep blieb jedoch weiterhin ein ungelöstes Geheimnis. Bryan Emery verstarb 1971 im siebten Jahr der Suche, ohne sein Ziel erreicht zu haben. Unstrittig sind dagegen seine großen und bleibenden Verdienste um die Erforschung der saitischen und ptolemäischen Periode der ägyptischen Geschichte.

Die Traum-Ostraka

»... der Papierkorb eines von Sorgen geplagten Mannes.«
JOHN RAY

Die Traum-Ostraka von Sakkara gehören zu den eher zufälligen Funden, die bei den rastlosen Grabungen Bryan Emerys auf seiner Suche nach Imhotep gemacht wurden. Sie umfassen 65 auf Ton und Kalkstein geschriebene demotische Texte über die Träume eines göttlich inspirierten Schreibers namens Hor von Sebennytos. Der zum Glauben des Thot bekehrte Verfasser lebte Mitte des 2. Jahrhunderts v. Chr. in Sakkara und führte nahe des Eingangs zum Heiligtum des Gottes eine therapeutische Praxis, in der er Patienten mit Hilfe seiner göttlichen Gaben behandelte. Hors Aufzeichnungen zeigen Entwürfe einer Petition an König Ptolemaios VI. Philometor, die eine nicht näher beschriebene Beschuldigung bezüglich des Futters der Ibisse in Isiospolis betraf; möglicherweise hatte Hor von Sebennytos für die heiligen Vögel bestimmtes Korn unterschlagen. Die Texte bieten aufschlussreiche Einsichten in die politische Lage der Zeit und in gewisser Hinsicht auch über zukünftige Geschehnisse. Den Höhepunkt seiner prophetischen Karriere erreichte Hor im Jahr 168 v. Chr., als er – nach einem Traum – dem Pharao versichern konnte, dass die kurz zuvor unternommene Invasion Ägyptens durch Antiochos IV. Epiphanes von Syrien ohne Erfolg bleiben würde, eine Vorhersage, die das Ansehen des Propheten Hors nahezu über Nacht steigen ließ.

DAS ECHNATON-TEMPEL-PROJEKT:
REKONSTRUKTION AM COMPUTER

1967: Amenophis III. und Sebak – Eine Statue aus Damanscha
1960er-Jahre: Bronzen des Mittleren Reichs aus dem Faijum

Datum
Ab 1965

Wissenschaftler
Ray Winfield Smith und
Donald B. Redford

Ort
Theben (Karnak)

Periode
Neues Reich,
18. Dynastie, Amarna-Zeit,
1353–1333 v. Chr.

Unten Ausschneiden der Fotos,
bevor sie mit Hilfe des Computers geordnet werden. Größe,
Farbe, Motiv und Inschrift
wurden genau registriert und
Zusammenhänge schnell
festgestellt.

*»Durch Fotografien der von Reliefs überzogenen Blöcke und mit Hilfe eines Computers haben
wir Tausende von Steinen zusammengefügt und herrliche Kunstwerke nach Tausenden von
Jahren wieder erstehen sehen …«*
RAY WINFIELD SMITH

Archäologische Rekonstruktionen werden oft mit einem Puzzlespiel verglichen, eine Pa-
rallele, die kaum je passender erschien als bei dem Echnaton-Tempel-Projekt. Das Unternehmen – von dem inzwischen verstorbenen Ray Winfield Smith ins Leben gerufen und
von 1965 bis 1972 geleitet – konnte durch die Anwendung der seinerzeit entstehenden
Computertechnologie diverse Tempelreliefs aus der frühen Regierungszeit Echnatons re-
produzieren. Die Reliefs, 34 752 an der Zahl, waren schon 20 Jahre nach ihrer Entstehung
auf Veranlassung Haremhabs zu Beginn der 19. Dynastie oder früher zerlegt worden.
Einige der verstreuten Fragmente aus diesem geschliffenen Aton-Tempelkomplex in
Karnak hatte man zunächst im 19. Jahrhundert in Karnak gefunden, wo sie als Füllschutt
wieder verwertet worden waren und weitere dieser drei Handbreit großen so genannten
Talatat-Blöcke tauchten auch noch später auf. In Karnak bildeten sie, umgekehrt aufgestapelt und inzwischen teilweise ohne Reliefs, die Füllung des zweiten und neunten Pylonen
sowie der Fundamente des Hypostyls. Sie waren aber auch im kolossalen Tor Ramses' II. im
Tempel von Luxor zum Einsatz gekommen und ebenso im weit im Norden gelegenen Me-
damud. Angesichts dieser Fülle von Fragmenten unternahmen Smith und sein Nachfolger
des Projekts Donald Redford die Aufgabe, Ordnung in das Durcheinander zu bringen.

DONALD B. REDFORD
(*1934)

- Geboren am 2. September
  1934.
- B.A., M.A., Dr. phil., Nah-
  oststudien, Universität
  Toronto.
- Dozent an der Brown University 1959–1961; Professor
  an der Universität Toronto
  1962–1998; seit 1998
  Professor an der Pennsylvania State University.
- Leiter der Ausgrabungen der
  University of Toronto und
  der State University of New
  York, Binghampton, am Osi-
  ris-Tempel in Karnak 1970–
  1972; Leiter des Echnaton-
  Tempel-Projekts der University of Pennsylvania 1972–
  1976; Leiter der Ausgrabungen im östlichen Karnak,
  1975–1991; Leiter der Ausgrabungen in Mendes seit
  1991.

Computer

*»Keiner von uns wird je die Aufre-
gung vergessen, die wir empfanden,
als die ersten beiden Blöcke des Aton-
Tempels zusammenpassten … die
Fotos zweier Blöcke hatten ein Bild
ergeben, das Sonnenstrahlen und eine
Hieroglyphe zeigte. Die Inschrift
verkündete ominös: ›Des Gottes Herz
ist erfreut … ‹«*

Mit dem Echnaton-Tempel-Projekt
wurde nicht zum ersten Mal ein Interesse an der Zusammensetzung der Re-
liefblöcke gezeigt, denn schon in den
Zwanziger- und Dreißigerjahren hatten
die französischen Archäologen Mau-
rice Pillet und Henri Chevrier bei
ihren Arbeiten in Karnak einen ähnlichen Traum. Aber diesmal handelte es
sich um den ersten Versuch, der zu vor-
zeigbaren Ergebnissen führte. Zu verdanken war dies nicht zuletzt dem Einsatz der damals neuesten Computertechnologie, die von IBM zur Verfü-

4000
v. Chr.

3000
v. Chr.

2000
v. Chr.

1000
v. Chr.

0

700
n. Chr.

gung gestellt wurde. Die Reliefflächen der einzelnen Blöcke wurden in einheitlichem Maßstab in Schwarzweiß und Farbe abfotografiert und die Bilder anschließend nach ihren Merkmalen vom Computer analysiert und geordnet. Das Resultat sind digitale Rekonstruktionen einiger seit langer Zeit zerlegter Szenen aus den Bauten Echnatons in Karnak (siehe Tabelle). Dazu zählen Reliefs aus dem Tempel Rud-menu (»Standhaft in Monumenten des Aton für die Ewigkeit«), die aus im 9. Pylon von Luxor gefundenen Blöcken bestanden, und aus dem »Großen Haus des Benben« im Tempelkomplex Gem-pa-Aton; ebenfalls aus Blöcken des 9. Pylons rekonstruierte man Reliefs des Teni-menu (»Gepriesen in Monumenten des Aton für die Ewigkeit«). Die genaue Form und Funktion dieser Bauten sind bis heute allerdings noch weitgehend unbekannt.

Ausgrabungen

Die Tatsache, dass sich letztendlich nur ein kleiner Teil der Talatat-Blöcke zusammensetzen ließ, brachte Redford und

sein Team dazu, ab 1975 neue Ausgrabungen in Karnak zu unternehmen, da Pillet und Chevrier nicht mehr aktiv waren. Und dabei blieben Erfolge nicht aus:

»Wir konnten die Führung der Südmauer des Tempels feststellen und wir wissen einiges über das Aussehen dieser Mauer. Sie hatte die Form eines Säulengangs, der den ersten Hof des Tempels umfasste. An der Außenwand bestand die Mauer aus Schlammziegeln ..., und innen ... war sie gesäumt von Kolossalstatuen ... [Seite 172]. Wir haben auch die südwestliche Ecke und den Verlauf der Westmauer gefunden und den Eingang – was uns überraschte – und unsere Arbeit forgesetzt, bis ... wir die nordwestliche Ecke und den Verlauf der Nordmauer fanden. Also haben wir nun drei Mauern ... Außerdem konnten wir an der Mauer – und das war eine Überraschung für uns und wir waren sehr glücklich – Hunderte von Talatat-Fragmenten mit Reliefs bergen. In vielen Fällen reichen diese Teile, auch wenn sie sehr, sehr klein sind, um uns eine Vorstellung von der Thematik verschiedener Szenen an bestimmten Stellen entlang der Mauer zu vermitteln.«

DONALD B. REDFORD

Oben Der Sonnengott Aton übergibt Nofretete das »Leben« seiner Strahlen: Relief auf einem der Talatat-Blöcke.

Links Rekonstruktion der Süd-kolonnade des Gem-pa-Aton-Tempels mit den Kolossalstatuen.

Unten Sandsteinblöcke, die aus den abgerissenen Tempeln Echnatons in Karnak stammten und dann als Füllung des 9. Pylonen wieder verwendet wurden.

TEMPEL UND HEILIGTÜMER AUF DEN TALATAT-BLÖCKEN VON KARNAK

Name	Anzahl
Gem-pa-Aton (»Gefunden ist Aton«) im Per-Aton (»Haus des Aton«)	etwa 75
Hut-Benben (»Großes Haus des Benben«) im [Tempel] Gem-pa-Aton	etwa 48
Seh-en-pa-Aton (»Raum des Aton«) im [Tempel] Gem-pa-Aton	5
Rud-menu-en-aten-er-neheh (»Standhaft in Monumenten des Aton für die Ewigkeit«)	36
Teni-menu-en-aten-er-neheh (»Gepriesen in Monumenten des Aton für die Ewigkeit«)	9
Weschet-... (»Hof...«)	2
Ach-... (»Glorreich...«)	1
Per-Aton (»Haus des Aton«)	unbestimmt

1967
Amenophis III. und Sebak – Eine Statue aus Damanscha

Vor dem großen Fund von Luxor im Jahr 1989 (S. 226) galt diese sieben Tonnen schwere Skulptur von Amenophis III., die ihn von dem Gott Sebak gestützt zeigt, als eine der schönsten Statuen des Königs. Geborgen wurde die Doppelfigur am 27. Juli 1967 von Hassan Bakry, als der Sawahel-Armant-Kanal angelegt wurde. Zugleich entdeckte man den bis dahin unbekannten Tempel des Gottes in Damanscha nahe Luxor. Die gewaltige Statue war am Boden eines tiefen, mit Wasser gefüllten Beckens abgelegt, das vermutlich dazu diente, die irdische Verkörperung Sebaks – Krokodile – zu halten.

Im selben unterirdischen Komplex wurde noch eine andere herrliche Skulptur gefunden, ein dunkler Granitblock mit zwei darauf postierten Krokodilen. Der Block weist eine Widmung Nebnufers, eines Beamten Amenophis II., auf. Der Ausgräber Bakry bemerkt dazu:

»Das Monument ... stand auf einer rechteckigen Sandsteinplatte ... mit einem Paar bronzenen Rädern am unteren Rand seiner beiden Seiten ... Diese Platte war auf eine ähnliche Platte mit zwei Rillen an der Oberfläche gesetzt ...«

Mit Hilfe der Rillen ließ sich die obere Platte auf den Rädern nach vorne bewegen, so dass sich das Becken öffnete und Futter nach unten in die hungrigen Mäuler der göttlichen Reptilien herabfallen konnte.

1960er-Jahre
Bronzen des Mittleren Reichs aus dem Faijum

Die genauen Umstände der Entdeckung dieser bedeutendsten Gruppe von Bronzestatuen des Mittleren Reichs sind nicht ganz klar: Sie wurden angeblich Mitte der Sechzigerjahre im Pyramidenkomplex des Pharaos Amenemhet III. im Faijum (Seite 77) freigelegt. Der gesamte Fund bestand aus mindestens zehn Objekten (siehe Tabelle), die sich aus stilistischen Gründen und aufgrund von Inschriften auch der Zeit Amenemhets III. zuordnen lassen. Drei davon stellen den Pharao selbst dar, eine davon (rechts) fast in Lebensgröße. Zwei andere, nur unvollständig erhaltene, sind Bildnisse von Königinnen, vier von hohen Beamten, und eine kleinere hat die Gestalt eines Krokodils.

Als außerordentlich hoch gilt die künstlerische und technische Ausführung und einige der Porträts zeigen eine Individualität im Ausdruck, wie sie sonst in der Kunst dieser Epoche nur selten zu finden ist. Im Gegensatz zu den in Hierakonpolis gefundenen Statuen von Pepi I. sind die aus dem Faijum gänzlich in Gusstechnik gefertigt und eine stellt sogar die älteste bekannte Verwendung einer Kupfer-Gold-Legierung dar (Ortiz Nr. 37). Im ursprünglichen Zustand mit beinahe lebensechten Augen und prunkvollen Ein- und Auflagen aus Gold und Elektron muss die Gruppe einen atemberaubenden Anblick geboten haben und noch heute ist ihre dramatische Wirkung trotz Korrosion und der Entfernung von Teilen der edlen Metalle vor der Vergrabung unvermindert.

DIE BRONZESTATUTEN AUS DEM FAIJUM

Sammlung	Beschreibung
George Ortiz, Genf, cat. 36	Königsbüste
München ÄS 6982	Stehender König
George Ortiz, Genf, cat. 37	Kniender König
George Ortiz, Genf, cat. 35	Stehende Königin
Private Sammlung, Genf	Königinnenperücke
George Ortiz, Genf, cat. 33	Stehender Beamter
George Ortiz, Genf, cat. 34	Stehender Beamter
Louvre E27153	Stehender Beamter
München ÄS 7105	Stehender Beamter
München ÄS 6080	Krokodil

DIE UNVOLLENDETE PYRAMIDE: DAS RÄTSEL DES NEFEREFRE

1978: Die Verse des Cornelius Gallus

Datum
1974

Entdecker
Miroslav Verner

Ort
Abusir (Pyramidenkomplex des Neferefre)

Periode
Altes Reich,
5. Dynastie,
Herrschaft Neferefres,
2419–2416 v. Chr.

Unten Das Pyramidenfeld von Abusir: die Grabmäler der Pharaonen Neferefre, Neferirka-re, Niuserre, Ptahschepse, Sahure und Schepseskare (?) sowie die Sonnentempel von Userkaf und Niuserre von links nach rechts.

»Die tschechischen Grabungsarbeiten ... haben reichhaltiges interessantes Material zutage gefördert. Das riesige Grabmal des Wesirs Ptahschepses aus der 5. Dynastie hat neue Einblicke in die Karriere dieses königlichen Friseurs gebracht ... während die Ausgrabung des bisher unbekannten Pyramidenkomplexes einer Königin mit Namen Chentkaus [der Geschichte der Epoche] eine neue Dimension verlieh. Die wichtigste Entdeckung der Expedition war aber die Bestimmung einer unvollendeten Pyramide als Grabstätte des Neferefre ... «
MIROSLAV VERNER

In Abusir nördlich von Sakkara erstreckt sich entlang der Wüstenfelsen eine mehr oder weniger diagonal verlaufende Kette von Pyramiden der Herrscher der 5. Dynastie. Lange schon kannte man am Ende dieser Kette, südwestlich des Grabmals König Neferirkares, ei-ne nie fertig gestellte Pyramide, deren Besitzer aber zunächst unbekannt war. Einen mögli-chen Hinweis zur Beantwortung dieser Frage boten die Abusir-Papyri (Seite 87) – und zwar in Fragment 45 C – mit der flüchtigen Erwähnung eines zusätzlichen Grabes in unmittel-barer Nähe der Anlage von Neferirkare. Die fragliche Begräbnisstätte wurde allgemein Neferefre zugeordnet, einem wenig bekannten König der 5. Dynastie, der vermutlich der Sohn Neferirkares war.

Die ersten Grabungen hatte hier im 19. Jahrhundert der deutsche Ägyptologe Ludwig Borchardt (Seite 136) durchgeführt, doch nur mit mäßigem Erfolg. Mit den Informationen der Abusir-Texte im Gepäck unternahmen daher Forscher der Karls-Universität in Prag unter der Leitung von Miroslav Verner einen erneuten Versuch. Verners geophysikalische Untersuchungen des Grabungsortes zeigten einen großen Totentempel im Osten der Pyra-midenfundamente sowie nur wenig von der Stelle entfernt, an der Borchardt seine Arbeit eingestellt hatte, einen Kalksteinblock, der die Kartusche Neferefres trug. Damit war die Vermutung zur Identität des Besitzers bestätigt.

Bedeutende Funde

Auf Grund einiger gut erhaltener Skulpturen, die sie in der Grabungsstelle fanden, kamen die Forscher zum Schluss, dass Neferefre möglicherweise schon im Alter von etwa 20 Jah-ren verstarb, also noch bevor die Errichtung seiner Pyramide über die unteren Ebenen hi-

MIROSLAV VERNER
(*1941)

- Geboren 1941.
- Studium der Ägyptologie und Archäologie an der Karls-Universität in Prag 1960 – 1965, Promotion 1969.
- Dozent an der Karlsuniver-sität 1991, Professor 1993.
- Ausgrabungsleiter des Tschechischen Instituts für Ägyptologie, Ausgrabungen in Abusir und Abusir-Süd 1976; Direktor des Tsche-chischen Instituts 1978.

4000 v. Chr.

3000 v. Chr.

2000 v. Chr.

1000 v. Chr.

0

700 n. Chr.

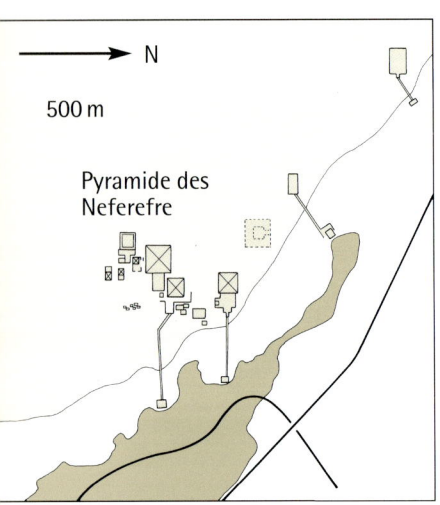

N

500 m

Pyramide des
Neferefre

Links Vor der Ausgrabung gab sich die unvollendete Pyramide des Pharaos Neferefre in Abusir wie ein schlichter Hügel – Blick von der Pyramide Neferirkares.

1978
Die Verse des Cornelius Gallus

Dank der Trockenheit der ägyptischen Wüste sind Funde gut erhaltener griechischer und römischer Papyri keine Seltenheit (Seite 107). Andererseits aber enthalten nicht viele dieser Texte geschichtlich wirklich Aufschlussreiches und von diesen lassen sich wiederum nur sehr wenige direkt mit historischen Personen in Verbindung bringen. Einer davon ist jedoch das in Leiden aufbewahrte Manuskript G6, das vermutlich einen der frühesten erhaltenen Autographen der Welt enthält – nämlich die Unterschrift Ptolemaios' IX. (107 – 88 v. Chr.). Von einem weiteren Papyrus, aus dem umfangreichen Oxyrhynchus-Archiv glaubt man, dass es von dem römischen Kaiser Severus Alexander (222–235 n. Chr.) persönlich verfasst wurde. Ein neuerer Fund entstammt dem nubischen Festungsplatz Kasr Ibrim (Primis in der An-

tike), wo gegenwärtig die Egypt Exploration Society Ausgrabungen durchführt. Der Text ist Teil einer Papyrusrolle mit Versen des gebildeten und literarisch versierten römischen Statthalters von Ägypten Cornelius Gallus. Obwohl von Augustus hoch geschätzt, begann er – in den Worten des Enzyklopädisten Lemprière – »die Gefälligkeiten, die er erhalten hatte, aus dem Gedächtnis zu verlieren, und er beutete die Provinz aus und verschwor sich gegen seinen Wohltäter …wofür er verbannt wurde … Diese Schmach traf ihn derart, dass er sich aus Verzweiflung das Leben nahm.« Warum allerdings diese Verse eines bedeutenden Römers gerade in Kasr Ibrim auftauchten, ist nicht klar.

naus gediehen war. Nach dem Tod des Pharaos wurden die oberen Mauern des unfertigen Bauwerks von einem Nachfolger geschleift und mit Kalksteinplatten abgedeckt, sodass es mit seiner flachen Oberfläche nun einem Mastabagrab ähnelte, mit abgeflachtem Oberbau über einem quadratischen Grundriss.

Am meisten für Aufregung gesorgt haben jedoch die in dem Grab gemachten Funde: unter anderem Steinskulpturen des Königs, Holzfiguren von Gefangenen, zwei rituelle Holzboote und eine große Menge verschiedener Gefäßverschlüsse, Werkzeuge und Steinbehälter.

An erster Stelle sind aber die hier gefundenen Papyri zu nennen – eine Sammlung, die in ihrer Bedeutung den ersten Abusir-Papyri gleichkommt und die zusätzliches Licht auf den ägyptischen Staat jener Epoche zu werfen verspricht. Die noch nicht vollständig ausgewerteten Manuskripte umfassen zahlreiche größere Teile und über 2 000 kleinere Fragmente; dazu zählen auch einige königliche Verordnungen. Gefunden hat man sie im nordwestlichen Bereich des Tempels, wo die Dokumente ursprünglich, eingerollt und mit Lederriemen zusammengebunden, in Holztruhen verstaut, aber bereits in der Antike sorglos verstreut worden waren.

Oben Bruchstück einer Fayence-kachel von höchster künstlerischer Qualität aus dem Totentempel der Pyramide. Die zwei Götterfiguren sind durch eine Schicht Goldfolie hervorgehoben.

Die tschechischen Ausgrabungen lassen vermuten, dass Neferefres Grabkomplex spätestens schon während der Herrschaft des Pharaos Djedkare stark verfallen war und dann unter Pepi II. auch seine Funktion, das Gedenken an den verstorbenen König wach zu halten, eingebüßt hatte. Die verworrenen Verhältnisse der Ersten Zwischenzeit boten vermutlich den Hintergrund für die Plünderung der Anlage. Trotz einer kurzen Wiederbelebung des Königskults zu Beginn des Neuen Reichs konnte sie aber zusammen mit den anderen Grabmälern von Abusir nicht mehr zu ihrer früheren Bedeutung aufsteigen.

Rechts Die tschechischen Ausgrabungen vor dem Hintergrund der Pyramide Neferirkares.

Oben Der französische Papyrologe Paule Posener-Krieger und der Inspektor für Altertümer Usama el-Hamzawi mit der gerade gefundenen Statuette des Besitzers der Pyramide rechts. Die herrlich modellierte Kalksteinfigur zeigt noch deutliche Überreste ihrer ursprünglichen Bemalung.

Rechts Unter den ersten wichtigen Funden Verners waren zahlreiche Papyri – hier ein Teil einer Rolle aus dem Totentempel Neferefres.

GRÄBER DES NEUEN REICHS IN SAKKARA

1978: Der Schatz Ramses' XI. · 1982: Das älteste Gesicht Ägyptens · 1981: Die Kolossalstatue der Meryetamun

Datum
Seit 1975

Entdecker
Geoffrey T. Martin

Ort
Sakkara

Periode
Neues Reich,
1550–1196 v. Chr.

»Vor 1975 sah man hier eine Landschaft ohne jegliche Monumente ... Aufmerksame Besucher hätten eventuell grobe rechteckige Vertiefungen im Sand bemerkt: die Umrisse der Höfe verborgener Grabanlagen.«
GEOFFREY MARTIN

Zwar bot die Nekropole von Sakkara den Ausgräbern früherer Zeiten eine reichhaltige Quelle für ihre Forschungen, doch die genauen Fundstellen der antiken Objekte blieben dabei oftmals undokumentiert. Diesem Problem wollte Geoffrey Martin im Gelände nachgehen und begab sich zunächst vorrangig auf die Suche nach der Begräbnisstätte des Schatzmeisters Tutanchamuns Maja, der als Beamter zugleich eine aktive Rolle bei der Verwaltung der königlichen Totenstadt in Theben spielte. Die Karte Lepsius' in der Hand, der als Letzter das Gebiet untersucht hatte, stieß Martin dann aber auf das bis dahin unbekannte Grab des Pharaos Haremhab – doch dasjenige Majas sollte einige Zeit später folgen.

Haremhab

»Kurz nach Beginn der Grabungen wurde uns klar, dass wir das Glück hatten, genau über einem der wichtigsten Gräber des Neuen Reichs ... angefangen zu haben – dem von Haremhab, Tutanchamuns Stellvertreter.«
GEOFFREY MARTIN

GEOFFREY THORNDIKE
MARTIN (*1934)

- Geboren am 28. Mai 1934.
- Studium in London und Cambridge, Promotion 1969.
- Dozent für Archäologie, University College London, 1970–1987; Professor 1987 und 1988, heute emeritiert.
- Ausgrabungen in Buhen, Sudan, 1963; in Sakkara seit 1964 (mit der Entdeckung der Gräber von Haremhab und Maja); Inschriftenentschlüsselung/Ausgrabungen im königlichen Wadi von Tell el-Amarna, 1969–1980; im Tal der Könige (mit Nicholas Reeves) 1998.

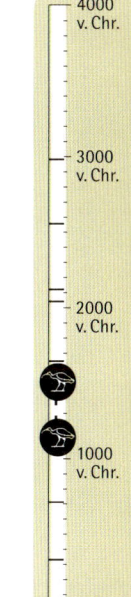

sieben Metern Höhe umfasste. Zwar befanden sich nur noch wenige Reliefs an ihrer ursprünglichen Stelle, aber die Gesamtausstattung der Anlage ließ sich mit Hilfe jener Blöcke gut nachvollziehen, die man im 19. Jahrhundert zusammen mit einer großen Stele und etlichen Statuen des Besitzers und seiner Gemahlin nach Leiden und London verbracht hatte. Einige andere Blöcke waren dagegen bei der späteren Errichtung des nahe gelegenen koptischen Klosters Apa Jeremias zum Einsatz gekommen – ein Frevel, über den sich der Pharao aber legitimerweise kaum hätte erregen können, da sich seine eigenen Architekten nicht minder respektlos bei den älteren Bauten der Umgebung, unter anderem auch der Stufenpyramide, auf ähnliche Weise bedient hatten.

Aus den Reliefs des Grabmals erfahren wir zahlreiche Details der politischen Vorgänge in Ägypten gegen Ende der 18. Dynastie und zu Haremhabs speziellem Batätigungsfeld während seiner Vormundschaft über den jungen Tutanchamun, dem Militär: Schlachten, Eroberungen, Gefangennahmen. Über Haremhab selbst ist den Reliefs aber bedauerlicherweise nicht viel zu entnehmen.

Für den Bau der unterirdischen Teile der Anlage hatte man vier Grabschächte, die noch aus dem Alten Reich stammten, umgestaltet. Die Ausgräber glauben, dass der Hauptschacht für die Beisetzung der namentlich nicht bekannten ersten Frau Haremhabs sowie für die seiner zweiten Gattin Mutnedjmet verwendet wurde. Haremhab selbst wurde offenbar in dem Grabmal bestattet, das er später für sich im Tal der Könige (KV57) errichten ließ, und das Theodore Davis 1908 entdeckte (Seite 117).

In einem Nebenschacht im äußeren Hof fand man Grabbeigaben aus der Zeit der Ramessiden, von denen die

Das Grabmal Haremhabs – noch vor dessen Thronbesteigung nach dem Tode seines Vorgängers Pharao Eje errichtet – wurde gemeinsam von der Egypt Exploration Society und dem Rijksmuseum in Leiden im Laufe mehrerer Grabungssaisons zwischen 1975 und 1978 erforscht. Während die mit herrlichen Reliefs geschmückten Mauerreste allmählich von Sand befreit ans Tageslicht kamen, wurde sehr bald die Einmaligkeit des Bauwerks deutlich, das einst nahezu 50 Meter lang war und ein kolossales Tor von über

Vorhergehende Seite links Türpfosten am Eingang zur Grabkapelle Haremhabs.

Vorhergehende Seite rechts Gefangene aus den Kriegszügen Haremhabs werden registriert.

Oben Der zweite Innenhof der Grabmalaufbauten, wie er von Martin, der Egypt Exploration Society und dem Rijksmuseum rekonstruiert wurde.

Links Nubische Gefangene des im Namen Tutanchamuns geführten Feldzugs Haremhabs. Die Gesichtszüge sind meisterhaft durch den Meißel des Künstlers dargestellt.

Links Der siegreiche Haremhab wird durch seinen König, den jungen Tutanchamun, belohnt: Untergebene des Offiziers legen ihm goldene Tapferkeitskolliers um.

Unten Stammesfürsten aus Asien und Libyen bringen vor Tutanchamun ihre Bittgesuche dar, während ein ägyptischer Dolmetscher ihre unterwürfigen Worte übersetzt.

1978
Der Schatz Ramses' XI.

»Eines Abends ... bemerkte ich einen besonders glatten Steinblock [an der Schachtöffnung innerhalb des Grabes KV4 im Tal der Könige]. Er ließ sich leicht bewegen und darunter sah ich überraschend eine vollständige Statue von Ramses XI.; zu seinen Füßen lagen aufgehäufte glitzernde Juwelen ...«
JOHN ROMER

Bei der Freilegung (1978 bis 1980) der Grabkammer Ramses' XI. (KV4) durch John Romer wurden zahlreiche fragmentarische Stücke

königlichen Verstorbenen. Eines der von dieser Wiederverwendung betroffenen Gräber in KV4 war offenbar auch das der Hatschepsut – Romer fand hier einige Teile ihres hölzernen Sarges. Daneben wurden auch Fragmente aus dem Grab ihres Stiefsohnes Tuthmosis III. entdeckt.

Ramses XI. hatte sich gar nicht in KV4 bestatten lassen, sondern, wohl durch politisch instabile Verhältnisse motiviert, lieber einen bis heute unbekannten Ort weiter im Norden gewählt. Schon aus diesem Grund lieferte die Grabung nur wenig aus der Zeit des Pharaos. Zu

entdeckt, die Aufschluss gaben über die neue Funktion der Kammer am Ende des Neuen Reichs: Sie diente anscheinend der Kommission, die mit der Auswertung der Ruhestätten im Tal der Könige beauftragt war, als Werkstatt zur Entfernung des Grabschmucks von den

diesem Wenigen zählt aber eine aus Bienenwachs gefertigte kleine Statue, die den König darstellt, wie er vor der Göttin Mat steht. Das seltene Objekt, vermutlich als Modell für einen späteren Guss gedacht, ist heute im Museum von Luxor zu sehen.

217

schönste – ein goldenes Ohrgehänge mit einer Sphinxdarstellung – möglicherweise einer Tochter Ramses' II. zuzuordnen ist, die, so scheint es, während der Herrschaft ihres Bruders Merenpthah hier beigesetzt wurde. Gefunden wurden auch mykenische Tonscherben, ein große Menge zerbrocher Grabbeigaben der 18. Dynastie und die Etikettierung eines Weinkrugs aus dem Jahr 13 der Regierungszeit Haremhabs. Dies ist die bisher letzte nachweisbare Jahreszahl für die Herrschaft des Pharaos und für Martin und seine Kollegen daher auch das anzunehmende Jahr seiner Beisetzung.

Rechts Reich verziertes goldenes Ohrgehänge von den Haremhab-Ausgrabungen, das vermutlich aus der späteren Beisetzung einer Tochter Ramses' II. in derselben Begräbnisstätte stammt.

Rechte Seite unten
Detail einer Darstellung von Maja und seiner Gemahlin Meiret; das in Kalkstein gefertigte Stück wurde im 19. Jahrhundert aus dem Grab entfernt und befindet sich heute in Leiden.

Oben, rechts und ganz oben
Bewundernswert gestaltete Reliefs aus der Grabkapelle Majas, des Schatzmeisters Tutanchamuns. Nicht wenige dieser Kunstwerke zeigen heute noch große Teile ihrer Originalbemalung.

Andere Gräber – und Maja

»Mein Gott, es ist Maja«
Jacobus von Dijk

Nach der Arbeit am Grabmal Haremhabs führten die Egypt Exploration Society und das Rijksmuseum ihre Grabungen fort und legten weiterer Begräbnisstätten frei. Die erste – das Grab einer weiteren Ramessidenprinzessin – war 1975 gefunden worden, wurde aber erst 1982 geräumt. Zwei zusätzliche, die unter der Herrschaft Ramses' II. für einen Bauleiter names Paser und für Raja, einen Sänger im Tempel des Ptah entstanden waren, standen 1981 auf dem Programm. Erst 1986 aber, elf Jahre nach Beginn der Ausgrabungen, kam das eigentlich Gesuchte zum Vorschein: das Grab Majas.

»Anfang Februar 1968, bei Grabungen in einem Schacht im Hof eines Offiziers, dachten wir durch einen Tunnel von

Grabräubern in die nördlichen unterirdischen Teile eines Grabs gelangen zu können … Wir legten keine besondere Eile an den Tag, da wir nichts Dramatisches zu finden glaubten … Wir brachten den Generator in Stellung und legten die Kabel. Einen Augenblick lang war völlige Ruhe; mein niederländischer Kollege und ich hielten die Glühbirne hoch und blickten die Treppe hinunter. Wir waren gänzlich unvorbereitet auf das, was wir sahen: einen Raum voller Reliefs, in üppig goldenem Gelb bemalt. «

Bei den Grabungen im Hof darüber fand man zahlreiche weitere herrliche Reliefs, von denen die schönsten noch weitgehend ihre ursprüngliche Bemalung trugen. In den reich mit Malereien geschmückten Kammern selbst konnten nur mehr Reste der Grabausstattung gerettet werden; die Kammern waren in der Antike ausgeraubt worden und die relativ feuchte Umgebung hatte schon vieles Übriggebliebene zerstört. Aus diesen wenigen intakten Funden geht jedoch hervor, dass Maja während der Regierungszeit Haremhabs gestorben war und seine Grabkammer mit seiner Gattin Meiret teilte – die elegante Dame, die nicht nur auf den Reliefs in der Kammer zu sehen ist, sondern auch in der Doppelstatue in Leiden, die für Martin ursprünglich der Anlass für die Ausgrabung gewesen war.

1982
Das älteste Gesicht Ägyptens

Die ersten Spuren menschlicher Aktivität im Niltal fand der Botaniker und Paläontologe Georg Schweinfurth im Jahr 1901 in Theben. Weitere Zeugnisse des prähistorischen Ägypten konnte Gertrude Caton-Thompson beisteuern, die zwischen 1924 und 1928 im nördlichen Faijum zwei zuvor unbekannte neolithische Kulturen entdeckte, sowie etwas später auch Hermann Junker bei seinen insgesamt zehn Jahre (1929–1938) dauernden Ausgrabungen in Merimde-Beni Salame im westlichen Delta. Die Fortführung der Arbeiten in Merimde durch das Deutsche Archäologische Institut 1982 brachte dann die älteste bisher gefundene Skulptur Ägyptens zu Tage. Dieser zwar nur grob modellierte, aber dennoch äußerst ausdrucksvolle neolithische Kopf (Kairo JE 97472) entstammt der zweiten Hälften des fünften vorchristlichen Jahrtausends. Das nur gut zehn Zentimeter hohe Stück war vermutlich auf einem Stock aufgesetzt und das Gesicht mit Haaren versehen.

1981
Die Kolossalstatue der Meretamun

Vor zwei Jahrzehnten machte man in Achmim, das auf der anderen Nilseite gegenüber dem modernen Sohag liegt und eine gewisse Bedeutung in der Antike hatte, eine bedeutende Entdeckung. Bauarbeiten in den Vororten im Nordosten der Stadt brachten eine Reihe skulptierter Steinfragmente zutage, wozu auch ein Teil eines riesigen, schlangenverzierten Modius mit einer zweifach gefiederten Krone gehörte. Für Ägyptologen kam der Fund in einer Gegend, in der man zuvor wenig ausgegraben hatte, etwas überraschend. 1981 wurde dann in der Nähe die Statue, zu welcher das Kopfschmuckfragment gehörte, gefunden. Das Standbild ist in Kalkstein gehauen, misst über 6,5 Meter und wurde vor den Überresten eines Tempeleingangs, der spätestens während der 19. Dynastie entstand, entdeckt. Der spektakuläre Fund, eines der herausragenden Beispiele der Bildhauerkunst der 19. Dynastie, war kein gewöhnlicher »männlicher« königlicher Koloss, handelte es sich doch ungewöhnlicherweise um eine Königin: Meretamun, Hauptgemahlin Ramses II. nach dem Tod Nefertaris, kann anhand einer Hieroglypheninschrift auf der Statue identifiziert werden.

Datum
1987

Entdecker
Kent R. Weeks

Ort
Theben
(Tal der Könige,
Grab KV5)

Periode
Neues Reich,
19. Dynastie,
Herrschaft Ramses' II.,
1290–1224 v. Chr.

»…wir krochen verdreckt und schwitzend und hocherfreut wieder aus der Grabanlage heraus. Langsam wurde mir die Bedeutung unserer Entdeckung bewusst und ich dachte: ›Hier werden wir wohl die nächsten 20 Jahre verbringen.‹« Ich schüttelte ringsum Hände und empfing Glückwunschumarmungen von begeisterten Arbeitern. Alle strahlten und lachten und wiederholten immer wieder: ›Das größte Grab im ganzen Tal! Das größte Grab im ganzen Tal!‹«
KENT WEEKS

Manchmal bergen vermeintlich wohl bekannte Grabungsorte durchaus noch die größten Überraschungen – ein gutes Beispiel ist die Grabanlage KV5 im Tal der Könige. Schon seit dem frühen 19. Jahrhundert, nach der Untersuchung der ersten drei mit Schutt gefüllten Kammern durch den britischen Ägyptologen James Burton im Jahr 1825, hatte der Komplex teilweise freigeräumt offen gelegen. Allerdings wurde der Eingang zu Beginn des 20. Jahrhunderts wieder verschüttet und blieb bis zur Wiederauffindung 1985 durch den Amerikaner Kent Weeks auch verborgen. Als dann 1987 die intensiven Grabungen begannen, wurden die immensen Ausmaße der Anlage erstmals deutlich. Inzwischen ist die Anzahl der bisher entdeckten Kammern auf weit über hundert angewachsen.

Wie man heute weiß, wurde der Grabkomplex als Mausoleum für die Söhne des Pharaos Ramses II. angelegt, die alles andere als Sprösslinge einer Kleinfamilie waren – namentlich nachgewiesen sind mindestens 52 königliche Stammhalter. Von ihren Grabausstattungen konnte bisher eine beträchtliche Anzahl von Fragmenten geborgen werden, darunter Teile von Sarkophagen, Särgen, Kanopen und Juwelenschmuck. Daneben wurden auch einige Mumien in unterschiedlichem Erhaltungszustand gefunden.

Rechte Seite oben Steinernes Bild des Osiris, Gott der Unterwelt, am Schnittpunkt der beiden Korridore des T-förmigen Grabkomplexes in Stein verewigt. Das Gesicht wurde schon in der Antike zerstört.

Rechte Seite unten Der Ausgräber und sein Assistent durchkämmen vorsichtig den Schutt und Staub nach Überresten der Ausstattung des alten Grabes.

Links Das beeindruckende unterirdische Labyrinth, das bei den Ausgrabungen von Kent Weeks in KV5 offenbar wurde. Die Räumungsarbeiten dauern immer noch an und die Entdeckung weiterer Grabkammern ist nicht unwahrscheinlich.

Unten Die Wände verschiedener Kammern in KV5 waren ursprünglich mit empfindlichen Gipsreliefs geschmückt. Diese sind im Lauf der Zeit stark beschädigt worden. Die Ausgräber stehen nun vor der faszinierenden Herausforderung, die Reliefs zu rekonstruieren. Detail aus Kammer 1, westliche Wand, südliche Hälfte.

Steinernes Osirisbild

Opferkapellen

Nebenraum
(mit Anubis)

Erste und zweite Kammer
(mit Szenen von Ramses II.,
wie er seine Söhne Göttern
präsentiert)

Eingang

Gänge, die zum Grab
Ramses II. hinabführen

Bei den naturgemäß auftretenden Problemen der Sicherung einer solch umfangreichen unterirdischen Anlage wird es mit Sicherheit noch viele Jahre dauern, bis die Arbeiten abgeschlossen sind, und noch einmal einige bis zur vollständigen Veröffentlichung der Ergebnisse. Zwar ist kaum zu erwarten, dass hier noch unversehrte Gräber freigelegt werden, zumal sie am Ende des Neuen Reichs bereits das Ziel einer systematischen Plünderung durch die Verwaltung der Nekropole waren. In architektonischer Hinsicht kann man aber von KV5 zweifellos noch höchst interessante Erkenntnisse erwarten.

> » …die Grabanlage besteht vermutlich aus über 150 Gängen und Kammern und wir haben bisher weniger als sieben Prozent davon freigelegt. Die Untersuchung der Artefaktfragmente wird mehrere Jahre in Anspruch nehmen und die der Wandverzierungen noch länger.
> Ich bin aber sicher, dass, wenn wir fertig sind, …die Söhne Ramses' II. uns mehr Informationen über ihr Leben und ihre Gesellschaft anvertraut haben werden, als wir heute bereits besitzen. «
> KENT WEEKS

221

Datum
1987 – 1997

Entdecker
Alain-Pierre Zivie

Ort
Sakkara

Periode
Neues Reich,
18. Dynastie,
Herrschaft Amenophis' III.
und Echnatons,
1391 – 1335 v. Chr.

»*Nach mehr als zehnjährigem Graben und Suchen stieß der Archäologe Alain Zivie auf eine versiegelte Kammer mehr als 60 Fuß unter dem ägyptischen Sand.*
Er durchbrach die Wand und wurde fast überwältigt von dem Gestank eines antiken Grabes. Im Licht seiner Taschenlampe konnte er ein sechs Fuß weites Kellergewölbe voller Überreste, Juwelen, Bestattungsfiguren und Urnen sehen.
Professor Zivie ging zögernd vorwärts und betrat als erster Mensch nach 3 300 Jahren das Grab. Es war ihm dann klar, dass er eine äußerst wichtige Entdeckung gemacht hatte, allerdings erkennt man erst jetzt die wahre Bedeutung…«
SUNDAY EXPRESS

Während meiner ersten Grabungssaison in Äggypten – mit der Egypt Exploration Society in Sakkara-Nord – ging ich oft hinunter an den Fuß des Felsens unterhalb des Ruhehauses der Antikenverwaltung, um in die schwer zugänglichen Felskapellen Aperels und seiner Zeitgenossen zu gelangen, und ich fragte mich, warum wir nicht hier gruben, an diesem verwinkelten und weitaus ansprechenderen Ort als an der in keiner Weise attraktiven Stätte mit den Überresten des zerstörten, als Anubieion bekannten Tempels der Spätzeit.

Zwei Jahre später begann ein französischer Ägyptologe hier zu arbeiten, den das Areal unabhängig von mir angezogen hatte. Er entdeckte bald unter einer falschen Treppe die kaum zerstörte und reich ausgestattete Grabkammer Aperels und machte einen der wichtigsten archäologischen Funde der letzten Zeit.

Die verborgene Kammer
Eine Erforschung der Felsoberfläche, in die das Grab Aperels (oder Aperia, nach anderen Schreibweisen) geschlagen war, erfolgte durch Alain-Pierre Zivie und die Mission archéologique française du Bubastieion, die nach dem

Unten Die Grabkammer, wie sie von Alain Zivies Team entdeckt wurde – eine empfindliche, chaotische Masse durchwühlter, zerbrochener Grabausstattung. Die erfolgreiche Räumung, über mehrere Grabungssaisons, war ein Triumph menschlicher Geduld und archäologischen Könnens.

Unten Die Felswand in Sakkara, in welche die Gräber Aperels und anderer Größen des Neuen Reichs geschlagen wurden. Der Eingang zu Aperels Grab befindet sich unmittelbar unter der Schlusswand des Ruhehauses der Altertümerverwaltung.

Tempel der antiken Katzengöttin Bastet benannt war, deren mumifizierte Tiere in die Korridore und Schächte der früheren, unten liegenden Gräber gepackt worden waren. Das Graben in den ungesunden Überresten der späteren Katzeninhaber des Grabes war schwierig und unangenehm und es dauerte seine staubige Zeit, bis die Grabkammer Aperels (oder Aperias) schließlich in der vierten und untersten Ebene des Unterbaus des Grabes erreicht war, etwa zwanzig Meter unter der Grundebene.

Es war ein erstaunlicher Fund: die Grabkammer verbarg sich unter einer falschen Treppe – ein keineswegs einzigartiger Trick, wenn man danach urteilen kann, dass offenbar viele Grabtreppen im Lauf der Zeit »getestet« wurden. Trotz Aperels Raffiniertheit hatte die Grabkammer in der Antike Besuch erhalten – vielleicht durch die Leichenbestatter selbst – bevor sie wieder verschlossen wurde. In diesem Zustand entdeckte sie Zivie. Was aber hatten die Räuber übrig gelassen?

»Der Raum enthielt die einst mumifizierten Knochen und einen Teil der Grabausstattung und des ›Schatzes‹ dreier Personen, Aperels selbst…, seiner Frau Taweret und seines Sohns Hui…Die Freilegung der Gegenstände erwies sich als sehr schwierig, da hölzerne Stücke entweder auseinander genommen oder zerbrochen worden waren und einmal verwandelte ein Feuer auf der dritten Ebene den Raum in einen Ofen und das Material wurde ziemlich versengt… Einige der Stücke sind recht außergewöhnlich, weil sie schön, selten oder beides sind. Ein kurze Liste der unzähligen Objekte wird angeführt von Särgen mit sehr lebendig erscheinenden Masken, das Holz war ursprünglich vergoldet und weist noch herrliche Glasintarsien auf. Es gibt Kanopen der Taweret oder Aperels selbst, deren Verschlüsse erlesene Skulpturen sind, Alabastergefäße, ägäische Keramiken, Juwelen, Amulette, Ellen und so weiter. Trotz der Plünderung gab es noch ziemlich viel Gold an den Särgen oder im Raum…«

Oben Eine herrliche Holzmaske des innersten Sarges Tawerets mit farbigen Glaseinlagen für die Augen.

Unten links Das Gesicht des zweiten, mittleren Sargs der Taweret.

Unten rechts Alain Zivie im Grab Maias, der Amme Tutanchamuns, kurz nach der Entdeckung 1997. Die Grabinhaberin, die eine schwere Perücke trägt und ihre Hände bei der Anbetung hochhält, ist auf der teilweise freigelegten Wand zu sehen.

Rechts Drei der vier Kalksteinkanopen Tawerets, der Frau Aperels.

Wer war Aperel?

Aperels wichtigster Titel war der eines Wesirs, ein Amt, das er anscheinend während der Herrschaft Amenophis' III. und Echnatons ausübte. Sein Name ist allerdings eindeutig semitisch. Ein Ausländer als Erster Minister Ägyptens? Oder nur ein Mann ausländischer Abstammung? Zahlreiche Fragen, die mit diesem mysteriösen Grab und seinem interessanten Eigentümer zusammenhängen, sind noch ungeklärt.

Tutanchamuns Amme

Weitere Gräber sind seitdem von Zivies auf dem Friedhof der Katzen des Bubastieions freigelegt worden. Am bedeutendsten ist die Begräbnisstätte der bis dahin unbekannten Amme Tutanchamuns Maia – »diejenige, die den Körper des Gottes genährt hat« – mit der einzigartigen Abbildung des jungen Königs auf dem Knie der Frau. Zivie bemerkt treffend: »Ihr Grab« – das noch nicht vollständig ausgegraben ist – »wirft vielleicht Licht auf die immer noch im Dunkeln liegenden Ursprünge dieses berühmten Königs und auf Ereignisse am Ende der Amarna-Zeit, als der Hof nach Memphis zurückkehrte.«

1987

AUARIS UND DIE ÄGÄIS: MINOISCHE FRESKEN IN ÄGYPTEN

1987: Ein asiatischer Würdenträger

Entdecker
Manfred Bietak

Datum
1987

Ort
Tell ed-Daba

Periode
Zweite Zwischenzeit,
15. Dynastie,
um 1525 v. Chr.

4000
v. Chr.

3000
v. Chr.

2000
v. Chr.

1000
v. Chr.

0

700
n. Chr.

Unten Eine Rekonstruktion (durch das Österreichische Archäologische Institut) einer der Szenen, die früher die Innenwände eines Gebäudes in Tell ed-Daba verzierten. Das labyrinthische Hintergrundmuster und die Szenen des Stierspiels sind typisch minoisch.

»Die ägäischen Verbindungen der frühen 18. Dynastie [in Tell ed-Daba] bleiben ein Rätsel … Ein Schluss lässt sich allerdings ziehen: Die Stadt Auaris war auf Grund ihrer strategisch hervorragenden Lage an der Nordostgrenze nicht nur für die Hyksos, sondern auch für die frühe 18. Dynastie wichtig.«

MANFRED BIETAK

Seit 1966 graben die Österreicher unter der Leitung von Manfred Bietak in Tell ed-Daba im östlichen Nildelta – ein seit über einem Jahrhundert bekannter, aber lange unbeachteter Ort. Dank Bietaks jüngster Forschungen an dem Ort hat sich unser Bild der Geschichte und Topographie Ägyptens während des 2. Jahrtausends v. Chr. vollkommen verändert, da die österreichischen Grabungen den eindeutigen Beweis erbracht haben, daß Tell ed-Daba Auaris ist, die Hauptstadt der Hyksos-Herrscher der 15. Dynastie, von der auf der Stele Kamoses (Seite 202) berichtet wird. Auaris war zuvor fälschlicherweise in Tanis (Seite 189) lokalisiert worden.

1987 erbrachte Bietaks brillante Arbeit in Tell ed-Daba ein Ergebnis, das viele bis dahin für unmöglich gehalten hatten: Fragmente bemalten Wandgipses, die nicht mit traditionellen ägyptischen Motiven geschmückt waren, sondern mit Szenen von Stierspielen und anderen Aktivitäten, die mit dem minoischen Kreta des 2. Jahrtausends v. Chr. in Zusammenhang gebracht werden. Ausgeführt sind die Malereien in reinstem ägäischem Stil *in fresco* mit Details *al secco*. Die Zahl der ausgegrabenen Fragmente ist im Lauf der fortschreitenden Grabungsarbeiten auf mehrere Tausend angestiegen, wobei sich manche noch an den Wänden einer monumentalen Schlammziegelkonstruktion befinden: Inzwischen ist die minoische Freskenmalerei in Ägypten besser vertreten als in Kreta. Trotz der seefahrerischen Tüchtigkeit der Kreter fehlt eine endgültige Erklärung für solche nicht zu transportierenden Antiken auf ägyptischem Boden; allerdings meint Bietak:

»Da minoische Kunst in erster Linie rituell ist, liegt der Schluss nahe, dass die Abbildungen in Auaris gleichfalls rituellen Zwecken dienten und nicht einfach dekorative Kunst zur Verschönerung des Palastes des Herrschers oder hoher Beamter waren. Die rituellen Darstellungen

MANFRED BIETAK
(*1940)

- Geboren am 6. Oktober 1940 in Wien.
- Studium der Vorgeschichte und Ägyptologie an der Universität Wien; Promotion 1964.
- Teilnehmer und Leiter österreichischer Expeditionen in Nubien 1964–1965.
- Leiter der Ausgrabungen in Tell ed-Daba 1966–1969 und seit 1975 und in der Nekropole der Spätzeit in Westtheben 1969–1978.

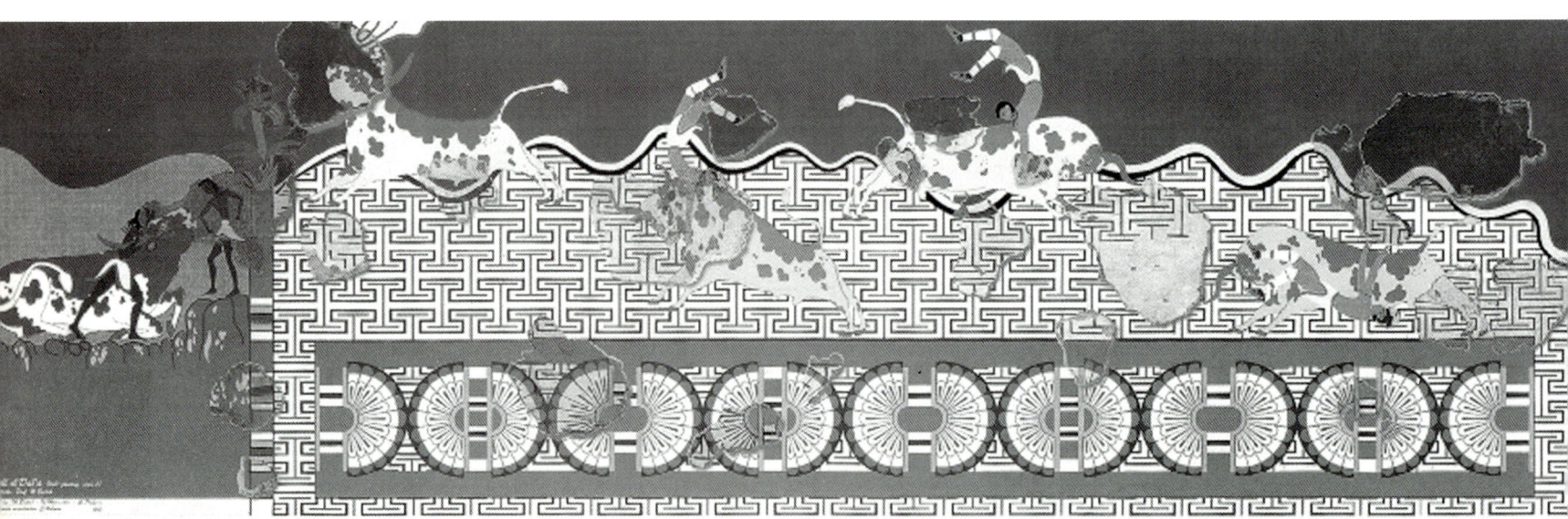

der Wandmalereien könnten darauf hindeuten, dass Minoer in Auaris lebten, einen engen Kontakt zu den Herrschenden pflegten und nach ihren eigenen Riten leben konnten.«

Ähnliche Fragmente wurden an anderen Orten außerhalb von Thera und Kreta gefunden, und zwar in Syrien, was Weite und Intensität der internationalen Beziehungen zu jener Zeit bezeugt. Die Malereien in Tell ed-Daba wurden am Ende der 15. Dynastie ausgeführt und – nach den Angaben der Archäologen – zwischen dem 11. und 15. Jahr der Herrschaft Ahmoses zerstört.

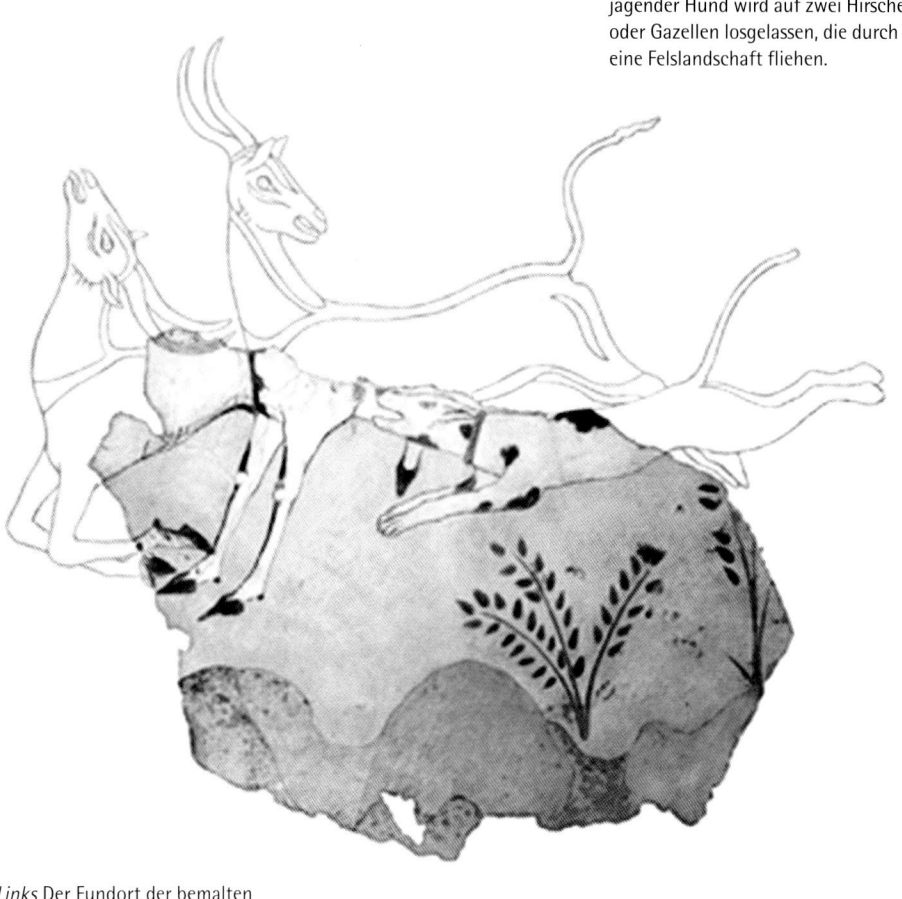

Unten Fragment aus einem weiteren Segment der Wanddekorationen: Ein jagender Hund wird auf zwei Hirsche oder Gazellen losgelassen, die durch eine Felslandschaft fliehen.

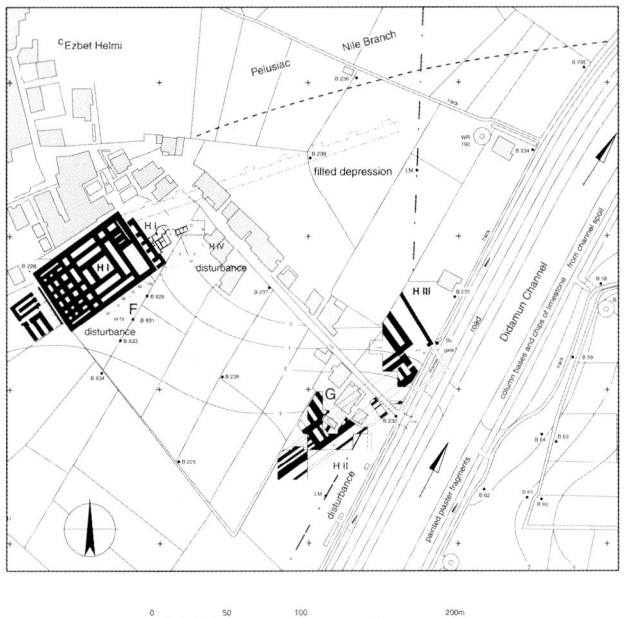

Links Der Fundort der bemalten minoischen Fragmente. Der Plan aus heutiger Zeit zeigt die Lage der Überreste der bisher ausgegrabenen Bauten.

1987 – Ein asiatischer Würdenträger

Tell ed-Daba war in den letzten Jahren Schauplatz mehrerer bedeutender Entdeckungen, keine allerdings warf mehr Fragen auf als die Überreste einer bemerkenswerten Kalksteinstatue, die beinahe die doppelte Lebensgröße aufweist und 1987 entdeckt wurde. Die sitzende Grabfigur, zweifellos ein asiatischer Würdenträger des frühen 2. Jahrtausends v. Chr., ist in einen bunten Schal gehüllt und hält einen Wurfstock an ihre Schulter.

Während einer folgenden Phase politischer Unruhen wurde die hervorragend gearbeitete Statue absichtlich zerstört, ihre Gesichtszüge ausgelöscht, die Fragmente vergrub man in einer Grabkapelle der späten 12. Dynastie. Die Skulptur aus Tell ed-Daba kennt in Ägypten nicht ihresgleichen, allerdings ist eine sehr ähnliche, jedoch weniger vollkommene Skulptur aus Ebla in Syrien bekannt. Die Fragmente fesseln die Forschung und zumindest für einen Historiker, David Rohl, kommt ihnen eine außergewöhnliche Bedeu-

tung zu. Rohl zufolge sind sie nichts weniger als die Überreste »einer Kultstatue des [biblischen] Joseph, die ihm von Amenemhet III. für die außerordentlichen Dienste des hebräischen Wesirs an den Ägyptern während einer Zeit großer Prüfungen und Leiden zuerkannt wurde«.

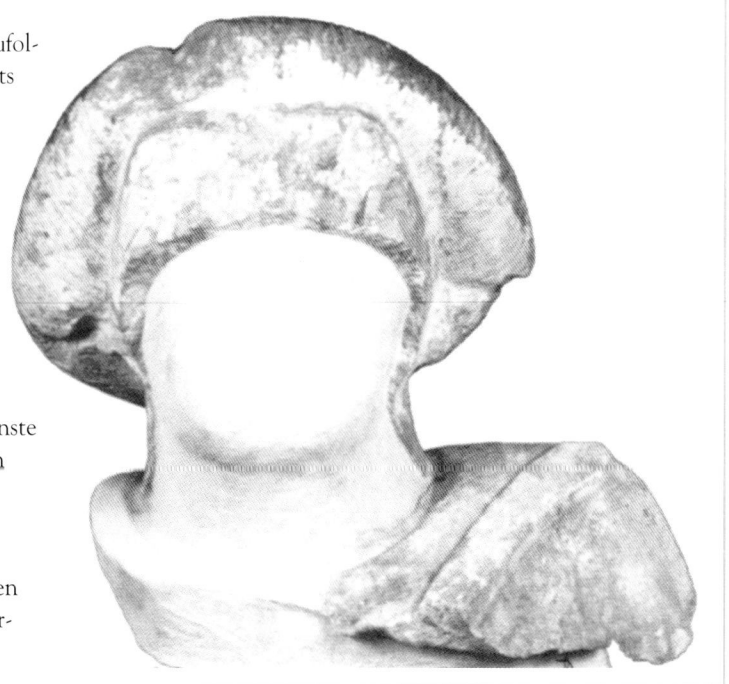

225

1989
DIE STATUEN VON LUXOR

1989: Der Goldschatz von Dusch

Datum
1989

Entdecker
Mohammed el-Saghir

Ort
Theben
(Tempel von Luxor)

Periode
Neues Reich bis Spätzeit,
1479–750 v. Chr.

»Präsident Mubarak war nach Luxor gekommen, um bei der Freilegung der ersten fünf Statuen dabei zu sein, die man bei Reinigungsarbeiten im Januar 1989 einen Meter unter der Oberfläche gefunden hatte; aber niemand war auf die Entdeckung weiterer 19 Statuen vorbereitet, deren jede unter einer Schicht kleiner Steine vergraben war …«
EGYPTIAN ARCHAELOGY

Eines der dramatischsten Ereignisse der jüngeren Grabungsgeschichte war die unerwartete Entdeckung einer Gruppe formvollendeter Statuen unter dem Sonnenhof von Amenophis III. im Tempel von Luxor. Sie waren dort beim Umbau des Geländes in ein römisches Militärlager im späten 3. Jahrhundert v. Chr. vergraben worden und die nächsten anderthalb Jahrtausende unbemerkt geblieben. Dann aber, am 22. Januar 1989, kamen sie bei Routinearbeiten der Altertümerverwaltung von Luxor, die hier gerade unter der Leitung von Mohammed el-Saghir stattfanden, völlig unvermutet an die Oberfläche.

Als erstes Stück erschien eine rechteckige Säulenplatte mit Vertiefungen zur Aufnahme von zwei Statuten. Am folgenden Tag brachten weitere Grabungen eine herrliche Figur aus purpurrotem Quarzit von Amenophis III. hervor, die den Pharao auf einem Schlitten stehend darstellt. Die Skulptur erwies sich als einmaliges Werk, das in sämtlichen ägyptischen Kunstsammlungen der Welt seinesgleichen sucht. Nachdem man das Gelände geprüft hatte, um sicherzustellen, dass eine Fortführung der Grabungen die Bausubstanz des Tempels nicht gefährden würde, nahm man die Arbeiten am 9. Februar wieder auf und steckte zunächst die Grube ab, in der die Statuen vergraben waren. Anschließend fand man in 2,5 Metern Tiefe fünf weitere Statuen – Bildnisse der Pharaonen Amenophis III. und Haremhab sowie der Gottheiten Hathor, Iunit und Atum. Die Skulpturen waren allesamt von höchstem künstlerischen Wert und wie durch ein Wunder vollständig erhalten. Aber es warteten noch mehr Überraschungen: Bei der Untersuchung der

Oben Die Göttin Hathor – während der Regierungszeit Amenophis' III. in menschlicher Lebensgröße in Granit gemeißelt und bis heute unversehrt erhalten.

Ganz links Die Grube im Sonnenhof von Amenophis III. im Tempel von Luxor. Im Hintergrund ragen die Säulen der Kolonnade des Königs in den Himmel.

Links Die kurz zuvor gefundenen Statuen werden für den Abtransport aus ihrem antiken Versteck vorbereitet.

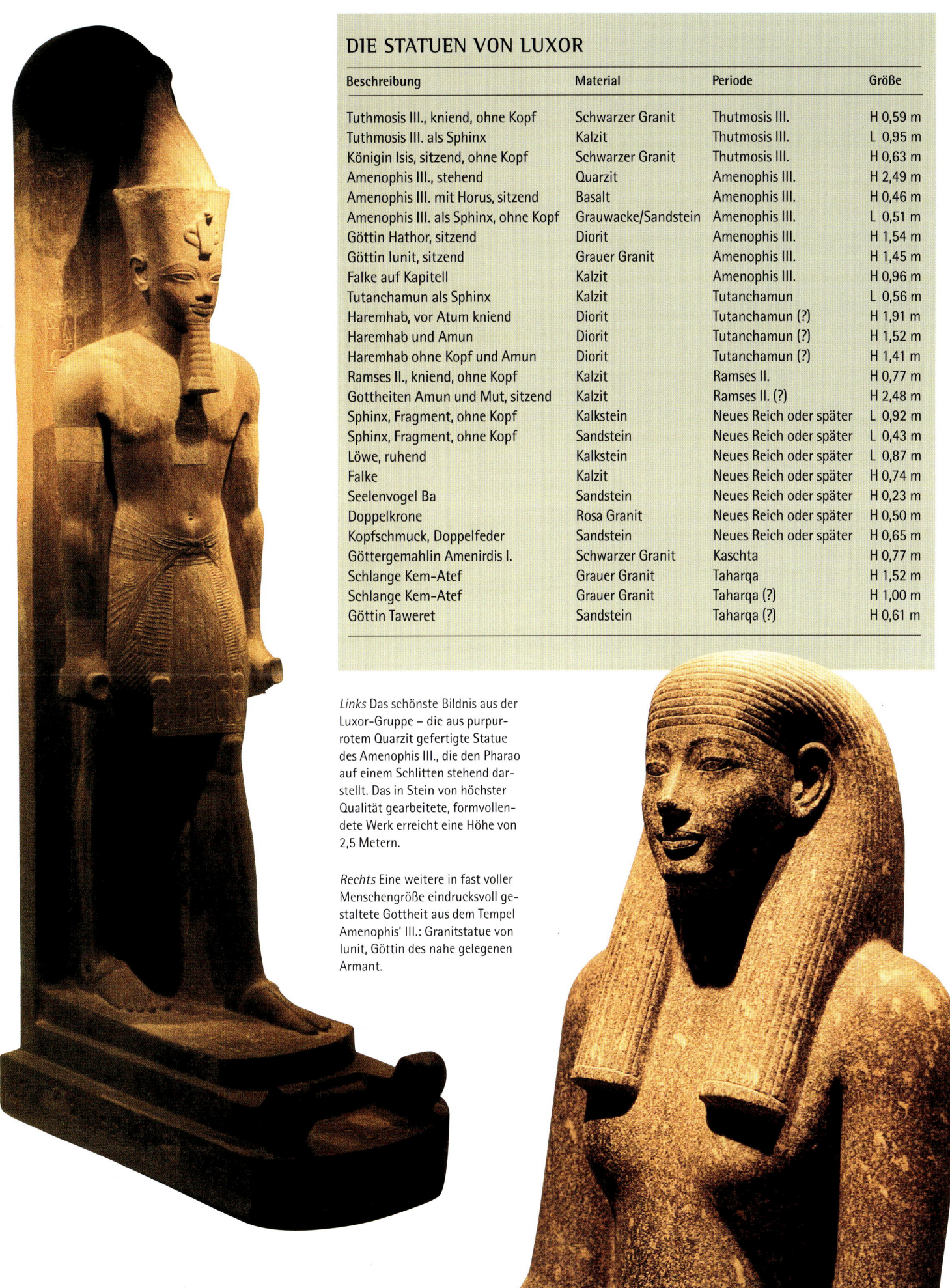

DIE STATUEN VON LUXOR

Beschreibung	Material	Periode	Größe
Tuthmosis III., kniend, ohne Kopf	Schwarzer Granit	Thutmosis III.	H 0,59 m
Tuthmosis III. als Sphinx	Kalzit	Thutmosis III.	L 0,95 m
Königin Isis, sitzend, ohne Kopf	Schwarzer Granit	Thutmosis III.	H 0,63 m
Amenophis III., stehend	Quarzit	Amenophis III.	H 2,49 m
Amenophis III. mit Horus, sitzend	Basalt	Amenophis III.	H 0,46 m
Amenophis III. als Sphinx, ohne Kopf	Grauwacke/Sandstein	Amenophis III.	L 0,51 m
Göttin Hathor, sitzend	Diorit	Amenophis III.	H 1,54 m
Göttin Iunit, sitzend	Grauer Granit	Amenophis III.	H 1,45 m
Falke auf Kapitell	Kalzit	Amenophis III.	H 0,96 m
Tutanchamun als Sphinx	Kalzit	Tutanchamun	L 0,56 m
Haremhab, vor Atum kniend	Diorit	Tutanchamun (?)	H 1,91 m
Haremhab und Amun	Diorit	Tutanchamun (?)	H 1,52 m
Haremhab ohne Kopf und Amun	Diorit	Tutanchamun (?)	H 1,41 m
Ramses II., kniend, ohne Kopf	Kalzit	Ramses II.	H 0,77 m
Gottheiten Amun und Mut, sitzend	Kalzit	Ramses II. (?)	H 2,48 m
Sphinx, Fragment, ohne Kopf	Kalkstein	Neues Reich oder später	L 0,92 m
Sphinx, Fragment, ohne Kopf	Sandstein	Neues Reich oder später	L 0,43 m
Löwe, ruhend	Kalkstein	Neues Reich oder später	L 0,87 m
Falke	Kalzit	Neues Reich oder später	H 0,74 m
Seelenvogel Ba	Sandstein	Neues Reich oder später	H 0,23 m
Doppelkrone	Rosa Granit	Neues Reich oder später	H 0,50 m
Kopfschmuck, Doppelfeder	Sandstein	Neues Reich oder später	H 0,65 m
Göttergemahlin Amenirdis I.	Schwarzer Granit	Kaschta	H 0,77 m
Schlange Kem-Atef	Grauer Granit	Taharqa	H 1,52 m
Schlange Kem-Atef	Grauer Granit	Taharqa (?)	H 1,00 m
Göttin Taweret	Sandstein	Taharqa (?)	H 0,61 m

Links Das schönste Bildnis aus der Luxor-Gruppe – die aus purpur-rotem Quarzit gefertigte Statue des Amenophis III., die den Pharao auf einem Schlitten stehend dar-stellt. Das in Stein von höchster Qualität gearbeitete, formvollen-dete Werk erreicht eine Höhe von 2,5 Metern.

Rechts Eine weitere in fast voller Menschengröße eindrucksvoll ge-staltete Gottheit aus dem Tempel Amenophis' III.: Granitstatue von Iunit, Göttin des nahe gelegenen Armant.

mit Grundwasser überfluteten unteren Bereiche der Grube Ende Februar erschienen weitere Statuen, darunter ein Alabastersphinx von Tutanchamun.

Während der folgenden Sicherungsarbeiten innerhalb des Hofs Amenophis' III. wurden dann noch andere wertvolle Objekte entdeckt, unter anderem »zwölf hieratische Texte … als Inschriften auf den Tempelfundamenten, deren vorläufige Übersetzung ergeben haben, dass sie die ursprüngliche Planung und die Konstruktion des Tempels betreffen«. Auf weitere Details wartet man seither mit großer Spannung.

Links Figur des knienden Haremhab aus einer mehrteiligen Gruppe, die auf einem Sockel aufgesetzt ist und den König bei der Darreichung von Opfergaben an den Gott Amun zeigten.

Rechts Alabastersphinx von Tutanchamun – wenn auch mit nicht unmittelbar zu erkennenden Gesichtszügen des Königs. Die aufgesetzte Doppelkrone besteht aus einem separaten Block, die ursprüngliche Farbschicht der Statue ist noch zu großen Teilen erhalten.

1989
Der Goldschatz von Dusch

An der Stelle des heutigen Dusch in der Charga-Oase, etwa 175 Kilometer westlich von Luxor, befand sich einst die griechisch-römische Siedlung Kysis. Die herausragenden Bauwerke des Ortes sind die Ruinen eines gleichermaßen Isis, Osiris und Sarapis geweihten Tempels und ein daran angebautes Kastell, dessen Mauern noch immer zwölf Meter hoch aufragen. Bei der Untersuchung eines kleinen Raumes im westlichen Bereich dieses Komplexes im März 1989 grub man ein verschlossenes Tongefäß des 4. oder 5. Jahrhunderts aus, das ursprünglich im Inneren des Mauerwerks verborgen war. Als sie den Deckel des Gefäßes entfernten, erblickten die Ausgräber zu ihrer Verwunderung den matten Glanz antiken Goldes: In dem Behälter geradezu hineingestopft war eine Masse wertvoller Juwelen mit einem Gesamtgewicht von weit über

einem Kilogramm. Bei der Entwirrung des Gemenges kamen unter einer Vielzahl von Gegenständen eine goldene Krone, zwei goldene Armreife, ein goldenes Halsband mit Anhängern und mehrere Spangen zum Vorschein.

Die gesamte Sammlung lässt sich in zwei Klassen gliedern: eine mit hochwertigen Objekten des 1. und 2. Jahrhunderts und eine mit eher minderwertigen aus etwas späterer Zeit. Die Schmuckstücke müssen schon alt gewesen sein, als sie – vermutlich von einem Mitglied der Tempelpriesterschaft – zusammengerafft und in ihrem schützenden Versteck abgelegt wurden. Unbekannt ist, welcher Art die Gefahr gewesen sein mag, vor der jener Priester die Juwelen gerettet hat, aber möglicherweise war sie letztlich auch für seinen Tod verantwortlich. Denn der Schatz blieb offenbar seit dem Tag seiner Deponierung unberührt.

DIE GRÄBER DER PYRAMIDENARBEITER VON GISEH

1993: Überraschungen eines Grabes in Theben

Datum
1990

Entdecker
Zahi Hawass

Ort
Giseh

Periode
Altes Reich,
4.–6. Dynastie,
2575–2134 v. Chr.

Unten Das Feld mit den einfachen Grabmälern der Erbauer der Pyramiden von Giseh. Es wurde von dem ägyptischen Archäologen Zahi Hawass ausgegraben.

»Die Theorien, nach denen die Pyramiden von Besuchern aus dem Weltall, von den Juden oder von den Bewohnern von Atlantis gebaut wurden, sind widerlegt. Unsere bedeutendste Entdeckung in Giseh waren die Gräber jener Baumeister und Arbeiter, die tatsächlich die Pyramiden errichtet haben, womit bewiesen ist, dass die Pyramiden von den Ägyptern stammen und dass sie das einzigartige Volk sind, das diese eindrucksvolle Kultur geschaffen hat.«
ZAHI HAWASS

Der Unterstaatssekretär für das Pyramidenfeld von Giseh Zahi Hawass und seine Mitarbeiter können sich einer großen Zahl von Entdeckungen rühmen. Ihre Erfolgsbilanz gründet sich zum einen auf solide Forschungsarbeit, zum anderen aber auch auf das nötige Quäntchen Glück; ein Beispiel für diese Verknüpfung sind ihre Entdeckungen bei den Pyramiden von Giseh.

Im Jahr 1978 reichte Hawass seine Dissertation über den Kult um die Pharaonen Cheops, Chephren und Mykerinos an der Universität von Pennsylvania ein. Er vertrat darin die Auffassung, dass sich die Gräber der handwerklich tätigen Erbauer der Pyramiden von Giseh im Bereich südlich des Großen Sphinx befinden müssten.

Erste Probegrabungen an der vermuteten Stelle im Jahr 1990 verliefen zwar erfolglos, doch kurze Zeit danach wurde Hawass berichtet, dass eine amerikanische Touristin im fraglichen Bereich von ihrem Pferd gefallen sei; das Tier war über den von Sand bedeckten oberen Rand

ZAHI HAWASS (*1947)

- Geboren am 28. Mai 1947 in Damietta.
- B. A. in griechisch-römischer Archäologie in Alexandria, 1980 Diplom der Ägyptologie an der Universität Kairo; M.A. an der Universität von Pennsylvannia 1983, Promotion ebenda 1987.
- Inspektor der ägyptischen Antikenverwaltung seit 1969, führt Grabungen an zahlreichen Orten durch; Oberinspektor des Pyramidenfeldes von Giseh 1980; Generaldirektor von Giseh, Sakkara und der Baharija-Oase 1987–1998; Unterstaatssekretär für Giseh seit 1998, umfangreiche Ausgrabungen und denkmalpflegerische Tätigkeit; Lehrtätigkeit und Vorträge in Ägypten und im Ausland.

4000 v. Chr.

3000 v. Chr.

2000 v. Chr.

1000 v. Chr.

0

700 n. Chr.

einer bis dahin vollkommen unbemerkt gebliebenen Mauer gestolpert. Daraufhin beschloss Zahi Hawass, noch einmal genau nachzusehen.

Es stellte sich heraus, dass die Mauer zu einer Grabkapelle mit einer länglichen Kammer und zwei als blinde Türen angelegten Stelen gehörte. Die Stelen sollten den Verstorbenen die Kommunikation mit der Außenwelt ermöglichen und trugen grob gestaltete Hieroglyphen, aus denen die Besitzer der Gräber hervorgingen. Es handelte sich um einen gewissen Ptahschepsesu und dessen Gattin, die vermutlich zusammen mit ihrem Sohn in drei senkrechten Grabschächten am hinteren Ende der Kammern beigesetzt worden waren. Vor der Kapelle befand sich ein quadratischer Hof mit Mauern aus Kalkstein und Granit mit einigen Basaltbrocken – offensichtlich Schutt von der nahen Pyramidenbaustelle.

Unten rechts Überblick über die Grabanlage der Erbauer der Pyramiden. Zu sehen sind die Schlammziegel-Oberbauten.

Diese Entdeckung bedeutete die überraschende Bestätigung der Theorie Hawass': Man hatte den Friedhof der Bauleute gefunden. Bei weiteren Grabungen konnten mehrere um die Kammer Ptahschepsesus' herum gruppierte kleine Schachtgräber freigelegt werden, die für dessen Untergebene bestimmt waren. Inzwischen sind zahlreiche zusätzliche Grabstätten ans Tageslicht gekommen, sodass heute die Gräber von etwa 30 Aufsehern und 600 Bauarbeitern bekannt sind.

Der Arbeiterfriedhof

Die Grabanlagen der Bauarbeiter sind extrem bescheiden ausgeführt, zeigen aber interessante Gestaltungsvarianten. Manche sind der Anlage der nahen Pyramiden nachempfunden, wenn auch in höchst vereinfachter Form, mit gestuften Kuppeln und Giebeldächern und einer Höhe von bis zu etwa einem Meter; unter diesem Aufbau befindet sich ein rechteckiges Grab, in dem der Verstorbene beigesetzt wurde – in Embryonalstellung, mit dem Gesicht nach Osten ausgerichtet und nicht als Mumie einbalsamiert. Andere Gräber ähneln dagegen kleinen Mastabas mit winzigen Innenhöfen und beschrifteten Steinportalen.

Die Leichen der Bauarbeiter zeigten deutlich die Spuren der hohen körperlichen Belastung durch ihre kräftezehrende Arbeit. Erkennbar waren vor allem Arthritis, insbesondere in der Lendengegend und an den Knien, aber auch Spuren von medizinischen Noteingriffen wie eingerichtete Knochenbrüche und sogar zwei Amputationen (eines linken Beines beziehungsweise eines rechten Armes). Das durchschnittliche Sterbealter der Männer lag bei 30 bis 35 Jahren und das der Frauen noch darunter. Zwei der verstorbenen Frauen waren Kleinwüchsige mit einer Körpergröße von etwa einem Meter und eine andere war bei der Geburt eines Kindes ums Leben gekommen.

Mit dem Fortgang der Ausgrabungen in diesem nun so genannten unteren Friedhof entdeckte man eine Rampe, die nach Westen den Hang hinauf zu einer oberen Ebene von Begräbnisstätten führte. Diese höher gelegenen Gräber, von denen bisher 43 gefunden wurden, sind größer und

1993 Überraschungen eines Grabes in Theben

Ein wichtiger Gegenstand der Grabanlagen des Neuen Reichs war die Statue des Besitzers. Meist in Stein gemeißelt, zeigte sie den Dargestellten oft neben seiner Gattin sitzend. Gelegentlich waren diese Statuen auch direkt als integrierter Teil der Grabkammer selbst in den Stein gehauen; auch wenn diese heute oft keineswegs mehr unversehrt sind, kann man sie noch im Inneren der Kammern bewundern. Die meisten der Grabstatuen stellen aber frei stehende, tragbare Figuren dar – mit der Folge, dass viele zur Weiterverwendung (oder auch um sie zu verkaufen), entfernt wurden. Insgesamt zählen also Grabstatuen zu den seltenen Funden vor Ort und gut erhaltene um so mehr.

Es kam daher als willkommene Überraschung, als 1993 Nigel Strudwick von der Universität Cambridge bei Grabungen in dem weitgehend zerstörten Grabmal 99 in Scheich Abd el-Qurna in Theben auf eine solche Statue stieß. Die Sandsteinfigur, die noch große

Teile der ursprünglichen Bemalung zeigte, war offenbar von Eindringlingen in einen später entstandenen Schacht der Dritten Zwischenzeit geworfen worden, wo man sie dann auch fand, allerdings ohne Kopf. Dieser tauchte kurze Zeit später in einem nahe gelegenen anderen Schacht auf. Interessanterweise stellt die Statue nicht Senneferi dar, den eigentlichen Grabbesitzer der 18. Dynastie, sondern dessen Schwiegersohn Amenhotep. Das Grab Amenhoteps wurde offenbar in den Achtzigerjahren des 19. Jahrhunderts etwas höher auf dem Hügel lokalisiert. Der genaue Standort ist heute nicht mehr bekannt.

der Göttin Neith und Freund des Königs« Intischedu, die den Dargestellten in verschiedenen Lebensabschnitten zeigen. Ein anderes Grab, das möglicherweise dem Leiter der Bäckereien zuzuordnen ist, enthält drei Stelen mit dem Namen des Besitzers, seiner Frau sowie ihrer 18 Kinder. Am interessantesten dürfte aber wohl das Grab von Peteti und seiner Gattin sein, an dem sich ein auffallend naiv formulierter Fluch findet:

> »Hört alle! Der Priester der Hathor wird jeden zwei Mal schlagen, der dieses Grab betritt oder beschädigt. Die Götter werden ihn stellen, denn ich bin ein von seinem Herrn Geehrter. Die Götter werden nicht zulassen, dass mir etwas passiert. Jeden, der mit diesem Grab etwas Schlechtes macht, werden das Krokodil, das Nilpferd und der Löwe auffressen.«

Leider konnte der Fluch seine Totenruhe nicht gewährleisten – als Hawass und seine Mitarbeiter das Grab entdeckten, war die Mumie längst verschwunden.

Der Friedhof der Pyramidenarbeiter scheint von der Regierungszeit des Pharaos Cheops bis zum Ende der 5. Dynastie in Gebrauch gewesen zu sein. Doch bislang sind nur etwa 20 Prozent des Grabungsortes freigelegt; wenn der Friedhof aber tatsächlich die von Hawass vermuteten Ausmaße aufweist, dann wird er einen wahrlich einzigartigen Blick auf Leben und Sterben der 20 000 oder mehr zumeist einfachen Männer und Frauen eröffnen, die das vielleicht bedeutendste Wunder der antiken Welt erbaut haben: die Pyramiden von Giseh.

kunstvoller gestaltet als die des unteren Friedhofs; die Titel ihrer Besitzer zeigen denn auch den Status der hier Beigesetzten – zu finden sind Bezeichnungen wie »Aufseher der Seite der Pyramide«, »Direktor der Handwerker«, »Aufseher der Maurerarbeiten«, »Direktor der Abeiter« oder »Direktor der königlichen Arbeiten«. Auch einige Statuen der Grabbesitzer und ihrer Familien wurden gefunden. Vier der schönsten gehören dem »Aufseher über das Boot

Oben Der kleine, bienenstockförmige Oberbau aus Schlammziegeln eines der Arbeitergräber.

Links Detail der blinden Tür des Nefertieties, das den Grabeigentümer und seinen Sohn zeigt. Unter ihnen sieht man zwei Männer, die Bier brauen und es in Gefäße abfüllen.

Rechts Die Inschrift mit dem Fluch aus dem Grab des Peteti und seiner Frau Nerisokur: »Jeden, der mit diesem Grab etwas Schlechtes macht, werden das Krokodil, das Nilpferd und der Löwe auffressen.«

1994
ARCHÄOLOGIE UNTER WASSER: »ALEXANDRIA AD AEGYPTUM«

1994: Juwelen im Sand und andere Funde in Dahschur · 1997: Der neue Wesir · 1995: Iufaa

Datum
1994

Entdecker
Jean-Yves Empereur

Ort
Alexandria

Periode
Ptolemäerzeit,
332 – 32 v. Chr.

4000 v. Chr.

3000 v. Chr.

2000 v. Chr.

1000 v. Chr.

0

700 n. Chr.

Die Stadt Alexandria war – wie der Name schon besagt – eine Gründung Alexanders des Großen, des makedonischen Eroberers, der im 4. Jahrhundert v. Chr. auch Ägypten unterwarf und dort im königlichen Mausoleum unter der heutigen Moschee Nebi Daniel begraben worden sein soll. Die Neugründung entwickelte sich – nahezu ohne pharaonisches Erbe – als hellenistisch geprägte Weltstadt und hieß später bei den Römern dementsprechend »Alexandria ad Aegyptum« oder »Alexandria bei Ägypten«.

Naturgemäß ist die Stadt schon immer von großem Interesse für Archäologen gewesen, die ihr auch zahlreiche neue Erkenntnisse abgewinnen konnten. Lange Zeit übersehen hat man jedoch die Tatsache, dass sich ein Großteil der antiken Metropole heute im Wasser des Hafenbeckens befindet. Den immensen Wert dieses Unterwassermuseums erkannte als Erster der Ägypter Kamal Abu El-Saadat, der 1961 die ägyptische Marine dazu bewegen konnte, eine Kolossalstatue der Göttin Isis aus dem Schlamm zu bergen. Dieser Fund ist heute im Garten des Seefahrtmuseums in Alexandria zu bewundern. Es sollte aber bis 1994 dauern, bis der französische Archäologe Jean-Yves Empereur die Bühne betrat und mit einem Team von 30 Tauchern die ersten ernsthaften Forschungen einleitete. Bald darauf folgte ein zweites Projekt, wieder unter der Leitung eines Franzosen, Frank Goddio vom Europäischen Institut für Unterwasserarchäologie.

Bei ersten Untersuchungen konnte Empereur auf dem Hafengrund über 300 große Steinblöcke orten, von denen manche auf ein Gewicht von bis zu 75 Tonnen geschätzt werden. Nach Ansicht des Forschers gehörte ein Teil davon zum legendären Leuchtturm von Pharos – einem der Sieben Weltwunder der Antike. Daneben fand das Team des französischen Archäologen Säulen, Obelisken, Statuen und aufgereiht vor einer Felsenkette parallel zum Uferverlauf, etwa 40 gut erhaltene griechische und römische Schiffswracks. Die erste

Oben Kopf – er wiegt über 800 Kilogramm – eines ptolemäischen Königs. Einer der Funde der Untersuchung des Meeresgrundes.

Links Der Unterwasser-Ägyptologe: Ein Taucher des Teams von Jean-Yves Empereur nimmt ein massives Granitkapitell aus der ptolemäischen Zeit auf. Die dazugehörige Säule muss einen Durchmesser von etwa 1,4 Metern gehabt haben.

1994
Juwelen im Sand und andere Funde in Dahschur

»Anfang November [1994] entdeckte die ägyptische Expedition des Metropolitan Museum of Art das Grab der Königin Weret, ein Bauwerk der 12. Dynastie, das auf etwa 1880 v. Chr. zu datieren ist. Das zuvor nicht ausgegrabene Grabmal liegt in der Nähe der Pyramide Senwosrets III. in Dahschur etwa 20 Kilometer südwestlich von Kairo … «
ADELA OPPENHEIM

Nach einer Zwischenzeit von mehreren Jahrzehnten,

während der das Gebiet unter militärischer Kontrolle stand, entwickelt sich Dahschur nun zu einem der für die Archäologie fruchtbarsten Areale Ägyptens. Die bisher für die Allgemeinheit eindrucksvollsten Ergebnisse konnte dabei das New Yorker Metropolitan Museum of Art vorweisen.

So kam zum Beispiel eine bedeutende Ergänzung der bereits umfangreichen Juwelenfunde von Jacques de Morgan in einer kleinen Nische im Korridor des Grabmals zum Vorschein. Angesichts der Tatsache, dass die Anlage schon in der Antike ausgeraubt worden war und die Grabüberreste selbst nur noch aus einigen

Knochen und Tonscherben bestanden, grenzt die Entdeckung fast an ein Wunder. Die Besitzerin des Grabes und des kleinen Juwelenschatzes ließ sich anhand einer zerbrochenen Alabasterkanope als Königin Weret identifizieren. Weret, deren Name auch auf einem Statuenfragment aus Elephantine sowie in den Kahun-Papyri auftaucht, war vermutlich die Tochter Amenemhets II. sowie eine Königin Sesostris' II. und die Mutter Sesostris' III.

Das Grab der Edeldame Sitwerut

Nördlich des Pyramidenkomplexes Sesostris' III. liegt ein Feld von Mastaba-ähnlichen Gräbern, die erstmals 1894 durch Jacques de Morgan, damals Direktor der Al-

tertümerverwaltung (Seite 90), erforscht wurden. Danach blieben sie unberührt, bis Dieter Arnold vom Metropolitan Museum of Art ein Jahrhundert später die Arbeiten wieder aufnahm. Zu den bedeutendsten Entdeckungen zählt dabei die völlig unversehrte Begräbnisstätte der Sitwerut, Gemahlin eines Wesirs namens Nebit (II.) und wahrscheinlich Zeitgenossin des Pharaos Amenemhet III. Die Mastaba (Nr. 31) war der Forschung bis dahin unbekannt, nicht aber antiken Grabräubern. Diese hatten ihr Werk jedoch nicht sonderlich erfolgreich beendet: Denn »an der östlichen Seite desselben Schachts, direkt im Anschluss an die Kammer des Mannes, entdeckten wir unverkleidete Kammern, die das intakte Grab einer Frau enthielten, welche vermutlich die Gattin des

Besitzers der Anlage war«. Der Ausgräber fährt fort:

»Der Boden der Vorkammer war vollständig bedeckt mit Tonflaschen, Geschirr, Tassen und mehreren Bottichen mit Fleisch, die zusammen die typischen Grabbeigaben des Mittleren Reiches darstellten. Die niedrige, schmale, in den Fels gehauene Grabkammer füllte fast vollständig ein riesiger

Kalksteinsarkophag, der einen rechteckigen Sarg aus Zedernholz enthielt. Blaue, mit Hieroglyphen beschriftete Bänder auf dem Sargdeckel … zeigten, dass dies das Grab der Sitwerut war. Wir fanden Teile eines stark verfallenen inneren anthropomorphen Sargs aus Holz mit Resten von Stuck- und Goldverzierungen; zusätzlichen Schaden hatte der schon in der Antike herabgefallene schwere Deckel des äußeren Sargs verursacht, durch den das Kopfende zerschmettert wurde. Reste von Stöcken, Amtsstäben, Fayenceperlen und vergoldetem Grabschmuck waren erhalten und deuteten auf die typische Ausstattung einer Oberschichtsdame aus der späten 12. Dynastie.«

WERETS JUWELEN
DIE WICHTIGSTEN STÜCKE

Anzahl	Beschreibung
2	Skarabäen aus Amethyst von Amenemhet II.
2	breites perlenbesetztes Armband aus Gold, Karneol, Lapislazuli und Türkis
1	Motto-Spange mit eingearbeitetem Gold
7	schneckenförmige Goldperlen
2	Löwenamulette aus Gold

Oben Ein großes Granitfragment eines Türrahmens wird 1995 aus den dunklen Tiefen geborgen. Zusammen mit einem anderen legt es eine übermäßige Höhe von elf Metern nahe. Die Teile scheinen von dem legendären Leuchtturm von Pharos zu stammen, einem der Sieben Weltwunder der Antike.

Rechts Ein ägyptischer Taucher aus dem Team von Empereur zeichnet einen schwarzen Granitsphinx, der die Kartuschen Ramses' II. aufweist. Dass der Kopf – obgleich abgenutzt – noch auf dem Rumpf sitzt, ist ungewöhlich: Die meisten wurden abgeschlagen, um die Skulptur neu nutzen zu können.

Skulptur – der Torso einer Ptolemäerkönigin – wurde am 4. Oktober 1995 aus den Fluten gehoben. Die Arbeiten Goddios, unterstützt durch ein satellitengesteuertes Orientierungssystem, konzentrierten sich auf einen mit Marmorfußböden ausgestatteten Palast auf dem Grund des östlichen Hafenbereichs. »Eine große Anzahl von Pieren und umgefallenen Säulen ... wurde gefunden und kartiert ... Ihre Anordnung entspricht der Beschreibung Strabons, des griechischen Geographen, der im Jahre 25 v. Chr., nur fünf Jahre nach der Schlacht von Actium, die Bibliothek in Alexandria besuchte. ›Es war phantastisch, in die Überreste der Stadt zu tauchen‹, sagte Goddio. ›Allein schon die Vorstellung bei der Berührung einer Statue oder eines Sphinx, dass Kleopatra selbst das Gleiche getan haben mag ...‹«

1997
Der neue Wesir

»Der Tote und einige seiner Frauen erscheinen häufig auf den Reliefs und Malereien der Grabkapelle … Zwei blinde Türen wurden an der Westwand gefunden und herrliche Szenen des Alltagslebens erscheinen an den Wänden. Diese farbigen Reliefs sind ziemlich gut erhalten, allerdings außerordentlich empfindlich und benötigten sofort konservierende Maßnahmen.«
KAROL MYSLIWIEC

Die leuchtenden Farben, die einst die Grabmäler und Tempel Ägyptens erstrahlen ließen, sind heute zum größten Teil verschwunden und dort, wo sie noch teilweise erhalten sind, ist nur mehr eine relativ blasse Kolorierung übrig geblieben. Auf diesem Gebiet hat das Polnische Zentrum für Mediterrane Archäologie an der Warschauer Universität Großes geleistet und vieles hervorragend restauriert, was früher verloren war – und dies nicht nur an seinem

hauptsächlichen Arbeitsort, dem Hatschepsut-Tempel in Dair Al Bahri (Seite 208). Westlich der Stufenpyramide Djosers in Sakkara haben die polnischen Forscher vor kurzem das Grab eines bisher unbekannten Wesirs der 6. Dynastie namens Merefnebef entdeckt. Noch weiß man nicht warum, aber die

Grabkapelle wurde – aus heutiger Sicht dankenswerterweise – noch vor ihrer Vollendung verschlossen, und zwar mit der Folge, dass die Bemalung im Inneren noch immer ihre ursprüngliche Strahlkraft aufweist. Die Ausgrabung der Grabkammern selbst wird zur Zeit noch fortgeführt.

1995 Iufaa

»Unser bisher ungewöhnlichster Tag. Der Deckel des Basaltsarkophags wird zur Seite gezogen und zum Vorschein kommt ein hölzerner Sarkophag. Er ist in viele Teile zerbrochen und durch die Ritzen kommen einige Schimmer von Blau hindurch. Ein Schweigen befällt uns, als die Holzstücke sorgfältig entfernt werden und Stück für Stück ein komplexes Perlenmuster hervortritt. Schließlich sehen wir das gesamte Dekor auf der Mumie – völlig intakt!«

MARGARET BURNETTE

Unberührte Gräber von hoch stehenden Persönlichkeiten sind selten. Dennoch werden auch heute noch gelegentlich Funde dieser Art gemacht, etwa das Grab der Edeldame Sitwerut (Seite 233) oder die Entdeckung eines »intakten Felsengrabs aus der Frühzeit der 18. Dynastie mit Särgen, Mumien, herrlichen Tongefäßen und einer bronzenen Paradeaxt« durch den Belgier Luc Limme im Winter 1995/96. Besondere Aufmerksamkeit erregte aber ein anderes bis zu seiner Entdeckung ungeöffnetes Grab: das eines hohen Beamten der Pharaonen Amasis und Psamtik III. mit Namen Iufaa, der vermutlich während der Regierung Darius'

I. verstarb und beigesetzt wurde. Das Grab legte 1995 der Tscheche Ladislav Bares in Abusir frei.

»Am Ende des tiefen Hauptschachts ist eine aus Kalkstein bestehende Grabkammer mit Verschlussstein, der sich noch an seiner ursprünglichen Stelle befindet. Im Inneren wurde der massive, mit Inschriften versehene Steinsarkophag zusammen mit den Grabbeigaben gefunden …«

Zur Ausstattung des Grabs gehörten unter anderem vier Kanopenbehälter, ein großes Gefäß mit Papyri und zahlreiche Tonwaren, vieles davon nicht ägyptischen Ursprungs. Die Innenwände der Kammer sind bedeckt mit fein gravierten Hieroglyphen aus den Pyramidentexten und dem *Totenbuch.*
Die »Anhebung des riesigen monolithischen Deckels des äußeren Kastensarkophags« fand im Februar 1998 statt. Zum Vorschein kam »ein innerer, mit hieroglyphischen Texten beschrifteter anthropomorpher Sarg aus Basalt. Dieser wiederum enthielt einen hölzernen anthropomorphen Sarg, der, ebenso wie die Mumie darin, durch die Feuchtigkeit schwer beschädigt war, da der Schacht sehr nah an das Grundwasser heranreichte …«
Erste Ergebnisse der Untersuchung der Mumie lassen vermuten, dass Iufaa vermutlich im Alter von 25 – 30 Jahren verstarb.

»Die Bedeutung dieses Fundes kann kaum hoch genug eingeschätzt werden. Kostbare Gegenstände waren zwar keine dabei, aber der wertvollste Aspekt der Entdeckung sind die Informationen zu den Begräbnisbräuchen und zu den religiösen Vorstellungen, die in der frühen persischen Periode der ägyptischen Geschichte geherrscht haben. Dies ist eine Zeit, von der wir bisher nur wenig wissen.«

MIROSLAV VERNER

1999
DAS TAL DER GOLDENEN MUMIEN: DIE NEKROPOLE IN DER OASE

Datum
1999

Ausgräber
Zahi Hawass

Ort
Bawit, Baharija-Oase

Periode
griechisch-römische Zeit,
330 v. Chr. – 400 n. Chr.

»Ein Wachmann bei den Altertümern war mit seinem Esel auf der Straße nach Farafra etwa fünf Kilometer südlich von Bawit, dem Hauptort der Baharija-Oase, unterwegs, als das Tier strauchelte und sein Bein in einem Grab hängen blieb. Als der Wachmann hineinblickte, sah er eine Vielzahl vergoldeter Mumien ...«
ZAHI HAWASS

Die Oasen der Libyschen Wüste im Westen Ägyptens waren jahrelang relativ unbedeutend für die ägyptische Archäologie, doch Grabungsarbeiten seit den Siebzigerjahren haben gezeigt, dass sie durchaus Überraschungen bergen. Im Juni 1990 kam denn auch die Libysche Wüste in die Schlagzeilen – die ägyptische Regierung verkündete die Entdeckung eines Friedhofs in Bawit in der Baharija-Oase mit schätzungsweise 10 000 oder mehr Mumien. Die bisher geborgenen einbalsamierten Körper werden auf das 1. und 2. Jahrhundert v. Chr. datiert, eine Zeit, in der die abgelegene Oase dank ihrer erfolgreichen Weinproduktion eine Blütezeit erlebte.

Schon seit langem gut bekannt sind die Tempel der Oasen; der bedeutendste unter ihnen in Siwa birgt das Orakel, das auch Alexander der Große konsultierte. Doch erst in jüngster Zeit hat man sich ernsthafter mit den Begräbnisstätten des Gebiets befasst, wobei eine große Anzahl aus der griechisch-römischen Zeit in verschiedenen Friedhöfen der Oasen freigelegt wurden. Wenn die ersten Informationen zutreffen, dann dürfte sich jedoch jener

Unten und rechts Typische Gipsmasken der Toten von Baharija. Grob bemalt und fast ohne Maß wurden diese Schöpfungen von Herbert E. Winlock (Seite 156) als »abscheuliche Scheußlichkeiten« bezeichnet.

von Bawit mit seiner Flächenausdehnung von über fünf Quadratkilometern als der bei weitem größte erweisen.

Die bis heute in Baharija ausgegrabenen Anlagen sind direkt in das Muttergestein gehauen und bestehen jeweils aus mehreren Kammern. Die einzelnen Räume sind mit Regalen ausgestattet, auf denen die Mumien abgelegt wurden – entweder in Kartonagen oder Terrakottasärgen gebettet oder schlicht in Bandagen gehüllt. Unter den Ausstattungsgegenständen fanden sich neben Grabfiguren und Tonwaren auch Münzen und wertvoller griechisch-römischer Schmuck.

Der Fund von Baharija, dessen Gräber größtenteils noch der Freilegung harren, verspricht eine unschätzbare Quelle zu Kunst und Geschichte der Region und zum Alltag der Menschen zu werden. Zugleich stellt er vermutlich, in den Worten des Forschers Roger Bagnall von der Columbia Universität, »eine wertvolle Datenbank statistischer, zuverlässiger Informationen über das Leben im Ägypten jener Zeit« dar.

»Ich begann die Arbeit an der ersten Grabkammer, die wie die anderen mit Mumien von Männern, Frauen und Kindern gefüllt war. Sie schienen alle in gutem Zustand zu ein, einbalsamiert in der griechisch-römischen Methode, wie wir sie von Orten wie Hawara im Faijum, 180 Kilometer im Nordosten, kennen. Die Mumien rochen immer noch nach dem Harz, der vor Jahrhunderten für die Einbalsamierung verwendet wurde. In einer Ecke sah ich eine anrührende Szene – eine Frau lag neben ihrem Mann und schaute ihn zärtlich an. Mein Blick fiel dann auf eine weitere Frau; die Sonne glitzerte in ihrer goldenen Maske … Während ihre

Rechts Detail einer der vergoldeten Mumienummantelungen aus Baharija. Die Göttin Nut breitet ihre Schwingen zum Zeichen des Schutzes aus – zu beiden Seiten beschützen die vier Söhne des Horus die Eingeweide.

Oben und rechte Seite Zugang zu den verschwundenen Katakomben verschaffte man sich von oben. Bisher wurde nur eine kleine Zahl der Gräber freigelegt – der Friedhof enthält vielleicht 10 000 Mumien.

Links Dr. Zahi Hawass, Leiter der Ausgrabungen, bürstet vorsichtig von einigen Mumien Staub und Moder von 2 000 Jahren weg.

Links Im Innern eines der Gräber von Baharija. Es ist in das Muttergestein geschlagen und zeigt eine große Vielfalt formalisierter Begräbnisszenen, die noch ihre ursprüngliche, helle Farbgebung aufweisen.

Frisur deutlich römisch war und an die Terrakottastatuen der Zeit erinnerte, zeigte die Hülle mit den aufgemalten Gottheiten, welche die Verstorbene schützten und ihre Reise in das Jenseits erleichtern sollten, reinste ägyptische Bildverzierungen.«

Zahi Hawass

Dieser Ort bietet viel und nicht alles stammt aus der Römerzeit, wie der jüngste Fund, von dem wir wissen – nämlich das Grab eines Gouverneurs der Oase Baharija aus der 26. Dynastie –, unterstreicht.

Rechts außen Detail der Wandbemalung: Der Gott der Einbalsamierung, Anubis, neigt sich zur Mumie, während der Geist des Toten, das *Ba* – hier als menschenköpfiger Vogel dargestellt – losfliegt. Die Göttinnen Iris und Nephthys trauern zu beiden Seiten der Totenliege.

2000
EPILOG

Oben und unten Mitte
Außergewöhnliche Tontafeln der mesopotamischen Art, die in hieratischer Schrift beschrieben sind. Selten, wenn für Ägypten bis zu diesem Zeitpunkt nicht unbekannt, waren diese Tafeln die Überraschungsfunde eines Teams des Französischen Archäologischen Instituts, das seit 1974 in Ain Asil in der Oase Dachla arbeitete.

»Ich beharre immer darauf, dass man nie weiß, was der Sand Ägyptens noch an Geheimnissen birgt. Deswegen glaube ich, dass wir bis heute nur 30 Prozent unserer Monumente entdeckt haben. 70 Prozent sind noch im Boden vergraben.«
ZAHI HAWASS

Zweihundert Jahre nachdem Napoleon als Erster Ägypten für den Westen öffnete, gehört ein allein auf Objekte ausgerichtetes Graben der Vergangenheit an; an den materiellen Überresten des alten Ägypten besteht kein Mangel. Was der Archäologe heute sucht, sind Antworten auf Fragen, die ihm das vorhandene Material stellt, wozu genau ausgerichtete Ausgrabungen mit präzisen Zielen am dienlichsten sind. Wie die Ägyptologie aus eigener Erfahrung weiß, bedeutet jede Grabung auch Zerstörung und kann nicht wiederholt werden; antike Stätten bilden eine begrenzte Ressource, die man nicht vergeuden sollte.

Trotz aller Wissenschaft, Systematik und Technik des modernen Ausgräbers wird der Einzelne immer noch von Aufregung und einem erhöhten Puls getrieben und von der Gewissheit, dass man auch in Zukunft Entdeckungen machen wird, die uns überraschen, erfreuen, anregen und gelegentlich Fachleute wie Laien verwirren. Die Arbeit geht jeden Tag weiter, in Alexandria und Giseh, in Sakkara, Daschur, Theben und überall sonst. Zweifellos wird man weitere Verstecke von Mumien und Statuen sowie vergrabene Schätze finden, weitere noch verborgene Pyramiden, zerlegte Boote, historische Texte und rituelle Papyri – vielleicht sogar andere Königsgräber, die es mit dem ehrfurchtgebietenden Glanz Tutanchamuns aufnehmen können. Die Wiederentdeckung des antiken Ägypten ist eine Geschichte, die noch zu schreiben ist – und alles was wir so weit zum Abschluss sagen können ist, dass die Entschleierung dieses wunderbaren Landes und seiner atemberaubenden Zivilisation kaum begonnen hat.

Linke Seite Diese großartige Gottesstatue mit den Gesichtszügen eines kuschitischen Königs der 25. Dynastie (wahrscheinlich Taharqa) zählt zu den schönsten Skulpturen, die aus jener Zeit erhalten sind. Das Stück lagerte mehr als ein Jahrhundert lang unerkannt im Keller des Southampton-Museums, seine Identifizierung wurde erst kürzlich von der Ägyptologin des Britischen Museums Vivian Davies bestätigt. Der Fund macht deutlich, dass nicht alle Entdeckungen notwendigerweise in Ägypten selbst (oder im Sudan) gemacht werden.

Rechts und unten Die Arbeit des Amarna Royal Tombs Project setzt dort wieder ein, wo Howard Carter aufhörte. Im Tal der Könige wird nun wieder gegraben – erstmals seit 1922. Gibt es in Ägyptens wichtigster Begräbnisstätte immer noch etwas zu finden? Vielleicht, aber nur die Zeit und sorgfältige Arbeit werden diese Frage beantworten.

Glossar

Apis-Stiere
Physische Erscheinung des Ptah, des Schöpfergottes von Memphis.

Ba-Vogel
Die Seele des Toten in Form eines menschenköpfigen Vogels.

Breitkollier
Tiefe, perlenbesetzte Kette, die gewöhnlich aus Fayence besteht und sowohl von Männern als auch von Frauen während der dynastischen Zeit der ägyptischen Geschichte getragen wurde.

Chedive
Vizekönig; Titel der Herrscher Ägyptens im 19. und im frühen 20. Jahrhundert.

Demotisch
Kursive, vor allem in Verwaltung und Justiz verwendete Schrift, die von der 26. Dynastie bis in die Römerzeit verwendet wurde.

Djed-Pfeiler
Die Hieroglyphe für Dauer, deren Gestalt als Rückgrat des Gottes Osiris gedeutet wird und die gewöhnlich als Amulett oder dekoratives Motiv verwendet wird.

Fayence
Die altägyptische »Fayence« besteht aus zermahlenem Quarz und einer Glasierung aus Soda, Kalk und Kieselerde.

Gau
Provinz des alten Ägypten, die von einem Gaufürsten regiert wurde; jeder Gau – wie etwa der Hasengau – hatte sein Symbol.

Herzskarabäus
Ein großer Skarabäus, der mit der Mumie eingewickelt wird und in der Regel mit dem 30. Kapitel des *Totenbuchs* beschriftet ist, um zu verhindern, dass das Herz gegen den Toten vor dem göttlichen Tribunal aussagt.

Hieratisch
Kursive Form der Hieroglyphenschrift, die während der ganzen dynastischen Zeit benutzt wurde.

Isis
Die Schwester-Frau des Osiris, des Herrn der Unterwelt, und Mutter des Gottes Horus – als dessen weltliche Erscheinung der Pharao galt.

Kanopen
Gefäße aus Stein mit einem menschen- oder tierförmigen Verschluß zur Bestattung einbalsamierter Eingeweide der Toten.

Kartonage
Das Material besteht aus abwechselnden Schichten von Leinen oder Papyrus und Leim, die mit Gips verstärkt werden. Es wird normalerweise zur Herstellung von Masken und Behältern von Mumien verwendet.

Kartusche
Ovaler Ring mit den Hieroglyphen des Thron- und Geburtsnamens des Pharaos.

Ka-Statue
Sitz für den Lebensgeist des Verstorbenen; die Statue trägt die Ka-Hieroglyphe mit den erhobenen Armen auf dem Kopf.

Maat
Das Prinzip der Wahrheit, Gerechtigkeit und Ordnung; als Person war Maat eine Göttin mit einer großen Feder auf dem Kopf.

Mastaba
Frei stehendes Grabmal der frühdynastischen Zeit oder des Alten Reichs mit einem »flachen« Oberbau über rechteckigem Grundriss.

Neith
Kriegsgöttin, die vor allem in Saïs im Delta verehrt wurde und gewöhnlich mit der Roten Krone Unterägyptens dargestellt wurde.

Nemes-Kopftuch
Königlicher Kopfschmuck, der aus einer gestreiften Perücke aus Tuch mit einem Zopf und Zipfeln besteht.

Nephthys
Königliche Schwester der Isis und Frau des Seth, Herrin des Chaos, die in der Regel mit den Hieroglyphen ihres Namens auf dem Kopf dargestellt wird.

Osiris
Gott der Unterwelt, der von seinem bösen Bruder Seth ermordet und zerstückelt und dann von seiner Schwester-Frau Isis wieder erschaffen wurde.

Palastfassadenstil
Nach der Nischengliederung der Fassade des königlichen Palasts aus Stein und Lehmziegeln, die für die früheste Grabarchitektur Ägyptens typisch ist.

Pyramidentexte
Bestattungstexte, die in verschiedenen königlichen Pyramiden der 1. bis 5. Dynastie gefunden wurden.

Rote Krone
Oben flache, rote Krone, welche die Herrschaft des Königs über Unterägypten symbolisiert.

Sa-Amulett
Die Hieroglyphe mit der Bedeutung »Schutz« wurde häufig als Amulett oder dekoratives Motiv verwendet.

Sargtexte
Pyramidentexte für den nichtköniglichen Gebrauch, die sich vor allem auf Särgen der Ersten Zwischenzeit und des Mittleren Reichs finden.

Schebju-Kette
Halskette aus kleinen goldenen Scheiben, mit welcher der König seine Beamten belohnt; während der späten 18. Dynastie wurde die auf Grund ihres Materials eng mit dem Sonnenkult zusammenhängende Kette vom König selbst getragen.

Sebach/sebachin
Arabisch; zerfallene Schlammziegel antiker Stätten bzw. diejenigen, die danach graben, um sie als Dünger zu verwenden.

Sed-Fest
Ritual der Verjüngung des Königs, das in der Regel nach 30 Jahren und sporadisch danach abgehalten wird, um die Regierungsfähigkeit des Königs zu gewährleisten und zu erweisen.

Serdab
Arabisch »Keller«; Raum für die Ka-Statue des Toten eines Mastaba-Grabs.

Skarabäus
Amulett in der Form des Skarabäus-Käfers, aus dessen in leblo-ser Materie abgelegten Eiern man neues Leben entstehen sah; er galt als weltliche Erscheinung des Sonnengottes Chepre.

Stele
Rechtwinklig oder rund abschließende Steinplatte oder Holztafel, die – vor allem als Grab- oder Weihestele – beschriftet und bebildert ist.

Totenbuch
Spruchsammlung für den Toten, die sich seit dem Neuen Reich auf Papyri und Amuletten findet.

Uräus
Die Uräusschlange, die weltliche Manifestation der Göttin Wadjit, wird vom Pharao an der Stirn – als Diadem, später als Teil der Krone – getragen und symbolisiert königliche Macht.

Uschebti
Mumienförmige Statuette aus Stein, Fayence oder Holz, in die oft ein Auszug des 6. Kapitels des *Totenbuchs* eingeschrieben ist, der die Figur dazu aufruft, wenn gefordert, in der nächsten Welt für den Toten Arbeit zu leisten.

Vier Söhne des Horus
Vier niedere Gottheiten, die vor allem die Eingeweide des Toten schützen: Duamutef (menschen-, später schakalköpfig, für den Magen); Hapi (menschen-, später affenköpfig, für die Lungen); Imset (menschenköpfig, für die Leber); Kebehsenuef (falkenköpfig, für die Gedärme).

Weiße Krone
Große, lang gestreckte weiße Krone, die des Königs Herrschaft über Oberägypten symbolisiert.

Literatur

Die veröffentlichte und unveröffentlichte Literatur, die diesem Buch zugrunde liegt, ist umfangreich und vielfältig. Die folgende Auflistung stellt eine Auswahl der wichtigsten veröffentlichten Werke mit einigen wenigen bibliographischen Hinweisen auf die weitere Literatur dar. Angaben zu weiteren Büchern und Artikeln finden sich im Nachweis der Zitate (siehe Seite 247 ff.).

Bibliographien
Sehr viele grundlegende Information findet sich in den wichtigen ägyptologischen Fachzeitschriften:
Annales du Service des Antiquités de l'Égypte, Bulletin of the Metropolitan Museum of Art, Part 2: Egyptian Expedition, Bulletin de l'Institut français d'archéologie orientale, Journal of Egyptian Archaeology und *Mitteilungen des Deutschen Archäologischen Instituts, Abteilung Kairo.*
Artikel dieser Zeitschriften lassen sich – mehr oder weniger einfach – mit Hilfe der wichtigsten Bibliographien zur Archäologie ermitteln:
C. Beinlich-Seeber, Bibliographie Altägypten 1822–1946 (Wiesbaden 1998)
I. Hilmy, The Literature of Egypt and the Soudan (London 1886)
J. M. A. Janssen et al., Annual Egyptological Bibliography (Leiden etc. 1948 ff.))
B. Porter, R. Moss, E. Burney u. J. Málek, Topographical Bibliography of Ancient Egyptian Hieroglyphic Texts, Reliefs, and Paintings (Oxford, 1934 ff.) (P-M)
I. A. Pratt, Ancient Egypt. Sources of Information in the New York Public Library (New York 1925) (Supplement, New York 1942)

Neben Artikeln der deutschen und internationalen Presse (unterschiedlicher Zuverlässigkeit) findet sich eine nützliche und sachliche Berichterstattung über die gegenwärtigen Entwicklungen in der Archäologie in *Orientalia* sowie in populäreren Zeitschriften wie *Egyptian Archaeology, KMT* und *Minerva*. Natürlich ist auch das Internet ein zunehmend wichtiges Forum, um neue Entdeckungen und aktuelle Forschungen vorzustellen – ein guter Ausgangspunkt sind Nigel Strudwicks *Egyptology Resources* unter: http://www.newton.cam.ac.uk/egypt

Nachschlagewerke
J. Baines u. J. Málek, Atlas of Ancient Egypt (Oxford 1980)
K. A. Bard (Hrsg.), Encyclopedia of the Archaeology of Ancient Egypt (London 1999)
J. von Beckerath, Handbuch der ägyptischen Königsnamen (Mainz 1999)
W. R. Dawson, E. S. Uphill u. M. L. Bierbrier, Who Was Who in Egyptology (3. Aufl., London 1995)
W. Helck, E. Otto u. W. Westendorff (Hrsg.), Lexikon der Ägyptologie (Wiesbaden 1975–1992)
W. Helck u. E. Otto: Kleines Lexikon der Ägyptologie (4. Aufl., bearb. v. R. Drenkhahn, Wiesbaden 1999)
B. J. Kemp, Ancient Egypt. Anatomy of a Civilization (London 1989)
W. J. Murnane, The Penguin Guide to Ancient Egypt (London 1983)
Th. Schneider, Lexikon der

Pharaonen. Die altägyptischen Könige von der Frühzeit bis zur Römerherrschaft (Zürich 1994)
I. Shaw u. S. Nicholson, British Museum Dictionary of Ancient Egypt (London u. New York 1995)

Allgemeine Darstellungen
Diese Auflistung zeigt eine Auswahl aus zeitgenössischen und neueren Titeln zum Thema, vorzugsweise in deutschsprachigen Ausgaben.

G. d'Athanasi, A Brief Account of Researches and Discoveries in Upper Egypt, made under the Direction of Henry Salt, Esq. (London 1836)
G. B. Belzoni, Entdeckungsreisen in Ägypten: 1815-1819 (Köln 1982)
E. A. W. Budge, By Nile and Tigris (London 1920)
A. Champdor, Das Ägyptische Totenbuch. Vom Geheimnis des Jenseits im Reich der Pharaonen (Freiburg 1993)
J. F. Champollion, Briefe aus Ägypten und Nubien, geschrieben in den Jahren 1828 und 1829 (Quedlinburg 1835)
Commission des Monuments d'Égypte, Description de l'Égypte (Paris 1809-1828)
L. Cottrell, Das Geheimnis der Königsgräber (München 1989)
E. David, Mariette Pacha 1821-1881 (Paris 1994)
V. Denon, Mit Napoleon in Ägypten: 1798-1799 (München 1982)
S. Donadoni, S. Curto u. A.-M. Donadoni Roveri, Ägypten vom Mythos zur Ägyptologie (Mailand 1990)
M. S. Drower, Flinders Petrie. A Life in Archaeology (London 1985)
A. B. Edwards, Pharaohs, Fellahs and Explorers (New York 1891)
T. G. H. James, Excavating in Egypt. The Egypt Exploration Society 1882-1982 (London 1982)
T. G. H. James, Pharaos Volk: Leben im alten Ägypten (München 1991)
T. G. H. James, Howard Carter. The Path to Tutankhamun (London 1992)
G. Maspero, Geschichte der Kunst in Ägypten (Stuttgart 1925)
G. Maspero, Führer durch das Ägyptische Museum zu Kairo (Berlin 1912)
W. M. F. Petrie, Ten Years Digging in Egypt, 1881-1891 (London 1892)
K. R. Lepsius, Denkmäler aus Aegypten und Aethiopien (Berlin 1848-1859)
S. Mayes, The Great Belzoni (London 1959)
R. T. Ridley, Napoleon's Proconsul in Egypt. The Life and Times of Bernardino Drovetti (London 1998)
I. Rosellini, I Monumenti dell'Egitto e della Nubia (Pisa 1832-1844)
M. Saleh, H. Sourouzian, J. Liepe, Die Hauptwerke im Ägyptischen Museum Kairo. Offizieller Katalog (Mainz 1986)
A. Siliotti, Pyramiden: Pharaonengräber des Alten und Mittleren Reiches (Erlangen 1998)
D. P. Silverman, Das alte Ägypten (München 1997)

R. Stadelmann, Die Ägyptischen Pyramiden. Vom Ziegelbau zum Weltwunder (Mainz 1997)
F. Tiradritti, A. DeLuca, Die Schatzkammer Ägyptens. Die berühmte Sammlung des Ägyptischen Museums in Kairo (München 2000)
M. Verner, Die Pyramiden (Reinbek 1998)
H. Wilson, Hieroglyphen lesen (München 1999)

Einzeldarstellungen
Der folgende Abschnitt listet die vom Autor für seine Arbeit herangezogenen und in der englischen Originalausgabe zitierten bibliographischen Angaben auf. Wo immer möglich und angemessen, erscheinen Verweise auf Porter, Moss, Burney u. Málek, *Topographical Bibliography* (P-M; oben, unter Bibliographien), auf einen zeitgenössischen Bericht über den Fund und eine aktuelle Darstellung; zudem gibt es hinsichtlich der Papyri und anderer Texte Hinweise auf Transkriptionen und Übersetzungen. Zu den älteren Funden kann der interessierte Leser weitere Informationen im *Lexikon der Ägyptologie* sowie in den oben aufgelisteten allgemeinen Darstellungen finden. Zu jüngeren Entdeckungen, die noch nicht Eingang in die allgemeine ägyptologische Literatur gefunden haben, gibt es nur wenige veröffentlichte Berichte. Schließlich sind viele der bedeutendsten Funde der ägyptischen Archäologie im Kairoer Museum, und ein Gutteil derjenigen, die im 19. und 20. Jahrhundert entdeckt wurden, sind auf den Tafeln des Catalogue général du Musée du Caire abgebildet. Ein Verzeichnis der veröffentlichten Titel der Reihe findet sich im Lexikon der Ägyptologie, I, S. XIX–XX, und in: F. Tiradritti: , The Cairo Museum. Masterpieces of Egyptian Art (London u. New York, 1999), S. 413–415.

S. 14 1799 Der Stein von Rosette: Die Entschlüsselung der Hieroglyphen
P-M IV, 1; Description de l'Égypte, Antiquités, Planches, V, 52–54, Texte, X, S. 547–550; J. F. Champollion, Lettre à M. Dacier, relative à l'alphabet des hiéroglyphes phonétiques, employés par les Égyptiens (Paris 1822); J. F. Champollion, Précis du système hiéroglyphique des anciens Égyptiens (Paris 1824); S. Quirke u. C. Andrews, The Rosetta Stone. Facsimile Drawing with an Introduction and Translations (London 1988); R. Parkinson, Cracking Codes (London 1999).

S. 16 1799 Das Grabmal Amenophis' III.
P-M I/2 (2. Aufl.)' S. 547–550; Description de l'Égypte, Antiquités, Planches, II, 80–88, Texte, III, S. 193; X, S. 218; N. Reeves u. R. H. Wilkinson, The Complete Valley of the Kings (London u. New York 1996), S. 110–115.

S. 16 1799 Der Denon-Papyrus
V. Denon, Travels in Upper and Lower Egypt, II (London 1803), S. 217 f.; M. Coenen, Journal of Egyptian Archaeology 81 (1995), S. 237–241.

S. 18 1816–1818 Das Abenteuer beginnt: Der große Belzoni
a) Tal der Könige: P-M I/2 (2. Aufl.), S. 534–546; G. B. Belzoni, Narrative of the Operations and Recent Discoveries within the Pyramids, Temples, Tombs, and Excavations, in Egypt and Nubia (London 1820), S. 123 f., 222–248; N. Reeves u. R. H. Wilkinson, The Complete Valley of the Kings (London u. New York 1996), passim; b) Pyramide auf Giseh: P-M III/1 (2. Aufl.), S. 25 f.; G. B. Belzoni, Narrative of the Operations and Recent Discoveries within the Pyramids, Temples, Tombs, and Excavations, in Egypt and Nubia (London 1820), S. 255–275; M. Lehner, The Complete Pyramids (London u. New York, 1997), S. 49, 122–124.

S. 19 Nach 1816 Die Dienerin von Durham
P-M I/2 (2. Aufl.), S. 670 f.; S. Smith, British Museum Quarterly 14 (1939 f.), S. 28 f.; C. Aldred, Journal of Near Eastern Studies 18 (1959), S. 113; A. Kozloff, in: A. Kozloff, B. M. Bryan u. L. M. Berman (Hrsg.), Egypt's Dazzling Sun. Amenhotep III and his World (Cleveland 1992), S. 361 f.

S. 20 1813–1817 Abu Simbel
P-M VII, S. 95–111; J. L. Burckhardt, Travels in Nubia (London 1819), S. 90–92; L. Christophe, Abou-Simbel et l'épopée de sa découverte (Brüssel 1965).

S. 24 Nach 1819 Früher Blick auf die Amarna-Kunst
M. Etienne, in: R. E. Freed, Y. J. Markowitz u. S. D'Auria (Hrsg.), Pharaohs of the Sun. Akhenaten, Nefertiti, Tutankhamen (Boston u. London 1999), S. 230.

S. 24 Nach 1818 Die Ramessiden-Papyri
J. Cerny, Late Ramesside Letters (Brüssel 1939); E. F. Wente, Late Ramesside Letters (Chicago 1967); E. F. Wente, Letters from Ancient Egypt (Atlanta 1990), S. 171–204; J. J. Janssen, Hieratic Papyri in the British Museum, VI: Late Ramesside Letters and Commentaries (London 1991).

S. 25 Um 1816 Die Statuen der Sachmet
P-M II (2. Aufl.), S. 262–268, 451 f.; A. M. Lythgoe, Bulletin of the Metropolitan Museum of Art, Teil 2 (Oktober 1919); J. Yoyotte, Bulletin de la Société française d'Égyptologie 87 f. (1980), S. 46–75.

S. 26 1820 Kapitän Caviglia und die Kolossalstatue Ramses' II.
P-M III/2 (2. Aufl.), S. 836 f.; D. G. Jeffreys, J. Málek u. H. S. Smith, Journal of Egyptian Archaeology 73 (1987), S. 20.

S. 27 1822–1825 Passalacqua und die Gräber der zwei Mentuhoteps
a) Königin Mentuhotep: P-M I/2 (2. Aufl.), S. 604; E. Thomas, The Royal Necropoleis of Thebes (Princeton 1966), S. 37; N. Reeves, Minerva 7/2 (März/April 1996), S. 47 f.; b) Der Verwalter Mentuhotep: P-M I/2 (2. Aufl.), S. 622 f.; J. Passalacqua, Catalogue raisonné et historique des antiquités découvertes en Égypte (Paris 1826), S. 117–138.

S. 29 1820er-Jahre Die Papyri des Bernardino Drovetti
a) Der Turiner Königspapyrus: A. H. Gardiner, The Royal Canon of Turin (Oxford, 1959); b) Plan des Grabmals Ramses IV.: A. H. Gardiner u. H. Carter, Journal of Egyptian Archaeology 4 (1917), S. 130–156; c) Goldminen-Papyrus: G. Goyon, Annales du Service des Antiquités de l'Égypte 49 (1949), S. 337–392.

S. 30 1824 Ein Grabmal für den Helden: General Djehuti
C. Lilyquist, Metropolitan Museum Journal 23 (1988), S. 5–68; N. Reeves, Journal of Egyptian Archaeology 79 (1993), S. 259–61.

S. 32 1827 Das erste unversehrte Königsgrab: Pharao Antef VII.
P-M I/2 (2. Aufl.), S. 602 f.; H. E. Winlock, Journal of Egyptian Archaeology 10 (1924), S. 226–233; E. Thomas, The Royal Necropoleis of Thebes (Princeton, 1966), S. 37 f.; M. Dewachter, Revue d'Égyptologie 36 (1985), S. 43–66.

S. 33 1828 Die Metternich-Stele
P-M IV, S. 5; V. S. Golenischeff, Die Metternichstele in der Originalgröße (Leipzig 1877); N. E. Scott, Bulletin of the Metropolitan Museum of Art 9/8 (April 1951), S. 201–217; C. E. Sander-Hansen, Die Texte der Metternich-Stele (Kopenhagen 1956).

S. 35 1834 Juwelen aus Meroe: Der Ferlini-Goldschatz
P-M VII, S. 245–246; G. Ferlini, Cenno sugli scavi operati nella Nubia e Catalogo degli oggetti ritrovati (Bologna 1837); K.-H. Priese, The Gold of Meroe (New York 1993); Y. Markowitz u. S. Lacovara, Journal of the American Research Center in Egypt 33 (1996), S. 1–9.

S. 36 1837 Howard Vyse und die Aufsprengung der Mykerinospyramide
P-M III/1 (2. Aufl.), S. 33 f.; H. Vyse, Operations Carried on at the Pyramids of Gizeh in 1837, II (London 1840); M. Lehner, The Complete Pyramids (London u. New York 1997), S. 50–53, 134–36.

S. 40 1851 Die Gräber der Apis-Stiere: Mariette und das Serapeion

S. 42 1850 Der sitzende Schreiber vom Louvre
P-M III/2 (2. Aufl.), S. 458 f.; W. S. Smith, A History of Egyptian Sculpture and Painting in the Old Kingdom (Oxford 1946), S. 47; C. Ziegler, Musée du Louvre, Département des Antiquités Égyptiennes: Les statues égyptiennes de l'Ancien Empire (Paris, 1997), S. 204–208.

S. 45 1855 Die Harris-Papyri: Quellen zur ägyptischen Geschichte
S. Birch, Facsimile of an Egyptian Hieratic Papyrus of the Reign of Rameses III (London 1876); T. E. Peet, The Great Tomb-Robberies of the Twentieth Egyptian Dynasty (Oxford 1930); S. Grandet, Le Papyrus Harris I (BM 9999), I (Kairo 1994), S. 3–10.

S. 46 1860 Rhinds Grabmal
P-M I/2 (2. Aufl.), S. 671; A. H. Rhind, Thebes, its Tombs and their Tenants (London 1862), S. 87–113; S. Birch u. A. H. Rhind, Facsimiles of Two Papyri Found in a Tomb at Thebes (London 1863).

S. 47 1857 Prinz Napoleon und das Grab des Kamose
P-M I/2 (2. Aufl.), S. 600; H. E. Winlock, Journal of Egyptian Archaeology 10 (1924), S. 259–265; E. Thomas, The Royal Necropoleis of Thebes (Princeton 1966), S. 39 f.

S. 47 Vor 1858 Der Bostoner Geier
S. Lacovara u. R. Newman, Journal of the Museum of Fine Arts, Boston 2 (1990), S. 22–37; A. Jahnke, Boston (August 1991), S. 78–81, 117–122.

S. 48 Nach 1858 Die Month-Priester
P-M I/2 (2. Aufl.), S. 643–649; L. Vassalli, I Monumenti istorici egizi, il Museo e gli scavi d'antichità eseguiti per ordine di S.A. Viceré Ismail Pascia; notizia sommaria (Rom 1869); H. Gauthier, Cercueils anthropoïdes des prêtres de Montou (Kairo 1913).

S. 49 1858 Die Königin von Punt
P-M II (2. Aufl.), S. 344–347; A. Mariette, Deir-el-Bahari (Leipzig 1877); M. Saleh u. H. Sourouzian, The Egyptian Museum, Cairo. Official Catalogue (Mainz 1987), Nr. 130; J. F. Nunn, Ancient Egyptian Medicine (London 1996), S. 83.

S. 50 1859 Aus dem Grabmal einer Königin
P-M I/2 (2. Aufl.), S. 600–602; W. von Bissing, Ein thebanischer Grabfund aus dem Anfang des Neuen Reiches (Berlin 1900); H. E. Winlock, Journal of Egyptian Archaeology 10 (1924), S. 252–255; E. Thomas, The Royal Necropoleis of Thebes (Princeton 1966), S. 39 f.; M. Saleh u. H. Sourouzian, The

Egyptian Museum, Cairo. Official Catalogue (Mainz 1987), Nr. 120–126.

S. 52 1859 Das Grab von Abydos
P-M V, S. 44 (genannt Ramses XII.);
A. Mariette, Catalogue général des monuments d'Abydos (Paris 1880), S. 527–529.

S. 53 1859 Mariettes »Hyksos«-Skulpturen
P-M IV, S. 16–17; J. Capart, Recherches d'art égyptien, I: Les monuments dits Hycsos (Brüssel 1914); J. Vandier, Manuel d'archéologie égyptienne, III: Les grandes époques. La statuaire (Paris 1958), bes. S. 204–208; M. Saleh u. H. Sourouzian, The Egyptian Museum, Cairo. Official Catalogue (Mainz 1987), Nr. 102–104.

S. 53 1860 Scheich el-Beled
P-M III/2 (2. Aufl.), S. 459–460; A. Mariette, Les mastabas de l'Ancien-Empire (Paris 1889), S. 127–129; C. Vandersleyen, Journal of Egyptian Archaeology 69 (1983), S. 61–65.

S. 54 1860 Die Chephren-Statue
P-M III/1 (2. Aufl.), S. 21; A. Mariette, Lettre de M. Auguste Mariette à M. le Vicomte de Rougé sur les résultats des fouilles entreprises par ordre du Vice-roi d'Égypte (Paris 1860), S. 7 f.; Metropolitan Museum of Art, Egyptian Art in the Age of the Pyramids (New York 1999), S. 253.

S. 55 1860 Die Mastaba Hesiras, des Vorstehers der königlichen Schreiber
P-M III (2. Aufl.), S. 437–439; J. E. Quibell, Excavations at Saqqara (1911–1912). The Tomb of Hesy (Kairo 1913); W. Wood, Journal of the American Research Center in Egypt 15 (1978), S. 9–24.

S. 56 1863 Die Grabstatuen des Psamtik
P-M III/2 (2. Aufl.), S. 670 f.; A. Mariette, Monuments divers recueillis en Égypte et en Nubie (Paris 1872), Tf. 96; B. V. Bothmer, Egyptian Sculpture of the Late Period, 700 BC–AD 100 (Brooklyn 1960), S. 64; M. Saleh u. H. Sourouzian, The Egyptian Museum, Cairo. Official Catalogue (Mainz 1987), Nr. 250–252.

S. 57 1864 Die Geschichte des Setna-Chaemwese
A. Mariette, Les papyrus du Musée de Boulaq, I (Kairo 1871), Tf. 29–32; G. Maspero, Popular Stories of Ancient Egypt (London, 1915), S. 115–117; M. Lichtheim, Ancient Egyptian Literature, III (Berkeley 1980), S. 125–151.

S. 57 Vor 1865 Die Papyri Edwin Smiths
J. H. Breasted, The Edwin Smith Surgical Papyrus (Chicago 1930); J. F. Nunn, Ancient Egyptian Medicine (London 1996), S. 25–30.

S. 57 Vor 1865 Der Stein von Palermo

P-M III/2, S. 873 f.; H. Schäfer, Ein Brüchstück altägyptischer Annalen (Berlin 1902); H. Gauthier, in: G. Maspero (Hrsg.), Le Musée égyptien, III (Kairo 1919), S. 29–53; W. M. F. Petrie, Ancient Egypt (1916), S. 119; C. N. Reeves, Göttinger Miszellen 32 (1979), S. 47–51; T. Wilkinson, Royal Annals of Ancient Egypt (London 2000).

S. 58 1871 Die Skulpturen von Meidum
P-M IV, S. 90–94; A. Daninos, Recueil de Travaux relatifs à la philologie et à l'archéologie égyptienne et assyrienne 8 (1886), S. 69–73; W. M. F. Petrie, Medum (London 1892); M. Saleh u. H. Sourouzian, The Egyptian Museum, Cairo. Official Catalogue (Mainz 1987), Nr. 26–27.

S. 58 1871 Das Grabmal des Ti
P-M III/2 (2. Aufl.), S. 468–478; G. Steindorff, Das Grab des Ti (Leipzig, 1913); L. Épron, F. Daumas u. G. Goyon, Le tombeau de Ti (Kairo, 1939–1966).

S. 59 1874 Die Taweret
P-M II (2. Aufl.), S. 299; A. Mariette, Monuments divers recueillis en Égypte et en Nubie (Paris 1872), Tf. 91, 92; M. Saleh u. H. Sourouzian, The Egyptian Museum, Cairo. Official Catalogue (Mainz 1987), Nr. 248.

S. 60 1881 Die Pyramidentexte: Die älteste religiöse Literatur der Welt
P-M III/2 (2. Aufl.), S. 393 ff.; G. Maspero, Les inscriptions des pyramides de Saqqarah (Paris 1894); A. Piankoff, The Pyramid of Unas (Princeton 1966).

S. 61 1881 Der Uschebti des Wesirs von Theben
P-M V, S. 60 f.; A. Mariette, Catalogue général des monuments d'Abydos (Paris 1880), S. 61–63; J.-F. u. L. Aubert, Statuettes égyptiennes. Chaouabtis, ouchebtis (Paris 1974), S. 49 f.

S. 61 1881 Die Relieftafel Charles Wilbours
J. Capart (Hrsg.), Travels in Egypt (December 1880 to May 1891). Letters of Charles Edwin Wilbour (Brooklyn 1936), S. 95–96; R. A. Fazzini, in: R. E. Freed, Y. Markowitz u. S. D'Auria (Hrsg.), Pharaohs of the Sun. Akhenaten. Nefertiti. Tutankhamen (Boston u. London 1999), S. 245.

S. 64 1881 Die Königsmumien von Dair Al Bahri
P-M I/2 (2. Aufl.), S. 658–667; G. Maspero, Les momies royales de Déir el-Baharî (Kairo 1889); C. N. Reeves, Valley of the Kings. The Decline of a Royal Necropolis (London 1990); G. B. Johnson, KMT 4/2 (1993), S. 52–57.

S. 65 Vor 1881 Medizinische Errungenschaften

N. Reeves, in: W. V. Davies (Hrsg.), Studies in Egyptian Antiquities. A Tribute to T. G. H. James (London 1999), S. 73–77.

S. 67 1883 Griechen in Ägypten: Naukratis
P-M IV, 50; W. M. F. Petrie u. E. Gardner, Naukratis (London 1886–1888); J. Boardman, The Greeks Overseas (Neuausg., London 1980), S. 111–140.

S. 69 1886 Das Grab des Sennedjem, Diener am Ort der Wahrheit
P-M I/1 (2. Aufl.), S. 1–5; G. Daressy, Annales du Service des Antiquités de l'Égypte 20 (1920), S. 147–160; D. Valbelle, 'Les ouvriers de la tombe'. Deir el-Médineh à l'époque ramesside (Kairo 1985), S. 294–298.

S. 72 1887 Das Archiv des Pharaos: Die Amarna-Briefe
P-M IV, S. 199; E. A. W. Budge, By Nile and Tigris, I (London 1920), S. 128 f., 139–143; W. L. Moran, The Amarna Letters (Baltimore, 1992); S. Izre'el, The Amarna Scholarly Tablets (Groningen 1997).

S. 74 1887 Der Kopf von Berlin
B. V. Bothmer, Egyptian Sculpture of the Late Period, 700 BC–AD 100 (Brooklyn 1960), S. 164–166; R. S. Bianchi (Hrsg.), Cleopatra's Egypt (Brooklyn 1988), S. 140–142.

S. 74 1888 Die Statue des Hetepdief
P-M III/2 (2. Aufl.), S. 864; G. Maspero (Hrsg.), Le Musée égyptien, I (Cairo, 1890–1900), S. 12 f.; E. L. B. Terrace u. H. G. Fischer, Treasures of the Cairo Museum (London 1970), S. 25–28; M. Saleh u. H. Sourouzian, The Egyptian Museum, Cairo. Official Catalogue (Mainz 1987), Nr. 22

S. 74 1887 Staatsgeschenke
W. Culican, Levant 4 (1972), S. 147–48; S. Spurr, N. Reeves u. S. Quirke, Egyptian Art at Eton College (New York 1999), S. 34–35.

S. 75 Vor 1888 Wallis Budge und das Totenbuch
E. A. W. Budge, By Nile and Tigris (London 1920), S. 136 ff.; E. A. W. Budge, Facsimile of the Papyrus of Ani in the British Museum (2. Aufl., London 1894); E. A. W. Budge, Facsimiles of the Papyri of Hunefer, Anhai, Karasher and Netchemet with supplementary texts from the Papyrus of Nu (London 1899); C. Andrews (Hrsg.), R. O. Faulkner (Übers.), The Ancient Egyptian Book of the Dead (London, 1985).

S. 76 1888–1889 Gesichter der Vergangenheit: Die Porträts aus dem Faijum
P-M IV, S. 103; W. M. F. Petrie, Hawara, Biahmu, and Arsinoe (London 1889), S. 8 ff.; W. M. F. Petrie, Roman Portraits and Memphis, IV (London 1911); K. Parlasca u. H. Seeman (Hrsg.), Augenblicke. Mumienporträts und ägyptische Grabkunst aus

römischer Zeit (Frankfurt am Main, 1999).

S. 77 1888 Das Labyrinth
P-M IV, S. 100–101; W. M. F. Petrie, Hawara, Biahmu, and Arsinoe (London 1889), S. 4–8; W. M. F. Petrie, G. A. Wainwright u. E. Mackay, The Labyrinth, Gerzeh and Mazghuneh (London 1912), S. 28 ff.; E. Uphill, Pharaoh's Gateway to Eternity (London 2000).

S. 77 1888 Kolossaler Kopf Amenemhets III. aus Bubastis
P-M IV, S. 28; É. Naville, Bubastis (1887–1889) (London, 1891), S. 26 ff.; H.-G. Evers, Staat aus dem Stein, I (München 1929), Tf. 113–116

S. 79 1888 Der Palast Amenophis' III.
P-M I/2 (2. Aufl.), S. 778–781; G. Daressy, Annales du Service des Antiquités de l'Égypte 4 (1903), S. 165–170; S. Lacovara, Amarna Letters 3 (1994), S. 6–21.

S. 80 1888 Zeichnungen aus dem Tal der Könige
G. Daressy, Annales du Service des Antiquités de l'Égypte 18 (1919), S. 270–274; G. Daressy, Ostraca (Kairo, 1901); W. H. Peck u. J. G. Ross, Egyptian Drawings (New York 1978).

S. 80 1889 Die Papyri von Kahun
P-M IV, S. 111–112; F. Ll. Griffith, The Petrie Papyri. Hieratic Papyri from Kahun and Gurob (London 1898); L. Borchardt, Zeitschrift für ägyptische Sprache und Altertumskunde 37 (1899), S. 89–103; U. Luft, in: S. Quirke, Lahun Studies (Reigate 1999), S. 1ff.

S. 81 1891 Die Mumien der Amun-Priester: Bab el-Gasus
P-M I/2 (2. Aufl.), S. 630–642; G. Daressy, Annales du Service des Antiquités de l'Égypte 1 (1900), S. 141–148; G. Daressy, Annales du Service des Antiquités de l'Égypte 8 (1907), S. 3–38; A. Niwinski, 21st Dynasty Coffins from Thebes (Mainz 1988), S. 25–27; J. Lipinska, KMT 4/4 (1993/1994), S. 48–58.

S. 83 1891/92 Palastmalereien des Echnaton in Amarna
P-M IV, S. 197–199; W. M. F. Petrie, Tell el Amarna (London 1894); N. de G. Davies, Journal of Egyptian Archaeology 7 (1921), S. 1–7; F. Weatherhead, Journal of Egyptian Archaeology 78 (1992), S. 179–194, und folgende Bände.

S. 86 1893 Die Gräber von Kagemni und Mereruka
P-M III/2 (2. Aufl.), S. 521–537; F. W. von Bissing, Die Mastaba des Gem-ni-kai (Berlin 1905–1911); C. Firth u. B. Gunn, Teti Pyramid Cemeteries, I (Kairo, 1926), S. 20 f.; S. Duell, The Mastaba of Mereruka (Chicago 1938).

S. 86 1893 Die Kolossalstatuen des Min

P-M V, S. 130; W. M. F. Petrie, Koptos (London, 1896); J. C. Payne, Catalogue of the Predynastic Egyptian Collection in the Ashmolean Museum (Oxford 1993), S. 12 f.

S. 87 1893 oder früher Die Soldaten des Mesehti
P-M IV, S. 265; G. Maspero (Hrsg.), Le Musée égyptien, I (Kairo, 1890–1900), S. 31–34; E. Brovarski, in: W. K. Simpson u. W. Davis (Hrsg.), Studies in Ancient Egypt, the Aegean, and the Sudan. Essays in Honor of Dows Dunham (Boston 1981), S. 24 Anm. 75.

S. 87 1893 Die Papyri von Abusir
P-M III/1 (2. Aufl.), S. 339 f.; S. Posener-Kriéger u. J. L. de Cenival, Hieratic Papyri in the British Museum, 5th series: Abu Sir Papyri (London 1968); S. Posener-Kriéger, Les archives du Temple funéraire de Néferirkare-Kakai (les papyrus d'Abousir) (Kairo 1976).

S. 88 1894/95 Die Juwelen der Prinzessinnen: Jacques de Morgan in Dahschur
P-M III/2 (2. Aufl.), S. 883–889, J. de Morgan, Fouilles à Dahchour (Wien 1895–1903); R. L. Cron u. G. B. Johnson, KMT 6/2 (1995), S. 34–43, und 6/4 (1995/96), S. 48–66; A. Oppenheim, in: F. Tiradritti (Hrsg.), The Cairo Museum. Masterpieces of Egyptian Art (London u. New York 1999), S. 136 ff.

S. 91 1894/95 Statuen des Sesostris I. aus Lischt
P-M IV, S. 82–83; J.-E. Gautier u. G. Jéquier, Mémoire sur les fouilles de Licht (Kairo 1902), S. 30–38; M. Saleh u. H. Sourouzian, The Egyptian Museum, Cairo. Official Catalogue (Mainz 1987); Nr. 87.

S. 92 1895 Meisterhafte Fayencen: Der Fund von Tunat Al Gabal
H. Wallis, Egyptian Ceramic Art (London 1900), S. XVI–XVIII; G. A. D. Tait, Journal of Egyptian Archaeology 49 (1963), S. 93–139.

S. 94 1895 Prädynastische Gräber in Naqada und Ballas
W. M. F. Petrie u. J. E. Quibell, Naqada and Ballas (London 1896); W. M. F. Petrie, Diospolis Parva (London 1901), bes. S. 4–12; M. A. Hoffman, Egypt Before the Pharaohs (London 1980), S. 105–124.

S. 95 1896 Die Israel-Stele
P-M II (2. Aufl.), S. 447 f.; W. M. F. Petrie, Six Temples at Thebes (London 1896), S. 13; A. J. Peden, Egyptian Historical Inscriptions of the Nineteenth Dynasty (Jonsered 1997), S. 173–187.

S. 96 1896 Das Grabmal des Hatiai
P-M I/2 (2. Aufl.), S. 672; G. Daressy, Annales du Service des Antiquités de l'Égypte 2 (1901), S. 2–13;

L. M. Berman, in: A. S. Kozloff, B. M. Bryan u. L. M. Berman (Hrsg.), Egypt's Dazzling Sun. Amenophis III and his World (Cleveland 1992), S. 312–317.

S. 96 1896 Die Papyri des Ramesseums
a) Papyri: P-M I/2 (2. Aufl.), S. 679; J. E. Quibell, The Ramesseum (London, 1896), S. 3; A. H. Gardiner, The Ramesseum Papyri (Oxford, 1955); LÄ IV, Sp. 726 f.; b) Meryetamun-Statue: P-M II (2. Aufl.), S. 431; W. M. F. Petrie, Six Temples at Thebes (London, 1897), S. 6 f.; M. Saleh u. H. Sourouzian, The Egyptian Museum, Cairo. Official Catalogue (Mainz 1987), Nr. 208.

S. 97 1897–1899 Hierakonpolis: Stadt des Falkengottes
P-M V, S. 191–199; J. E. Quibell u. F. W. Green, Hierakonpolis (London 1900–1902); B. Adams, Ancient Nekhen. Garstang in the City of Hierakonpolis (New Malden 1990); D. Forbes, KMT 7/3 (1996), S. 46–59, 68; F. Tiradritti u. R. Pirelli, in: F. Tiradritti (Hrsg.), The Cairo Museum. Masterpieces of Egyptian Art (London u. New York 1999), S. 88–89.

S. 99 Vor 1897 Die Gemahlin des Nachtmin
G. Maspero (Hrsg.), Le Musée égyptien, I (Kairo, 1890–1900), S. 39 f.; E. L. B. Terrace u. H. G. Fischer, Treasures of the Cairo Museum (London 1970), S. 137–140.

S. 100 1897 Das Grab des Neithhotep
P-M V, S. 118 f.; J. de Morgan, Recherches sur les origines de l'Égypte, II: Ethnographie préhistorique et tombeau royal de Négadeh (Paris 1897), S. 147–202; M. A. Hoffman, Egypt Before the Pharaohs (London 1980), S. 120, 280, 323.

S. 101 1898/99 Victor Loret im Tal der Könige
P-M I/2 (2. Aufl.), S. 551–559; G. Schweinfurth, Sphinx 3 (1900), S. 103–107; V. Loret, Bulletin de l'Institut égyptien (3e sér.) 8 (1899), S. 91–112; C. N. Reeves, Valley of the Kings. The Decline of a Royal Necropolis (London 1990).

S. 105 1890 und davor Aramäische Papyri aus Elephantine
P-M V, S. 226 f.; B. Porten et al., The Elephantine Papyri in English (Leiden 1996).

S. 106 1898 »Das Grab des Pferdes«
P-M II (2. Aufl.), S. 282 f.; H. Carter, Annales du Service des Antiquités de l'Égypte 2 (1901), S. 201–205; M. Saleh u. H. Sourouzian, The Egyptian Museum, Cairo. Official Catalogue (Mainz 1987), Nr. 67.

S. 107 1896–1906 Die Oxyrhynchus-Papyri: Auf der Suche nach dem klassischen Altertum

B. S. Grenfell u. A. S. Hunt, The Oxyrhynchus Papyri, I (London 1898), und folgende Bände; E. Turner, in: T. G. H. James (Hrsg.), Excavating in Egypt. The Egypt Exploration Society 1882–1982 (London 1982), S. 161–178.

S. 109 1899 Die Gräber der ersten Könige Ägyptens in Abydos
P-M V, S. 78–89; É. Amélineau, Les nouvelles fouilles d'Abydos (Paris, 1899–1905); W. M. F. Petrie, The Royal Tombs of the Earliest Dynasties (London 1900 f.); G. Dreyer, Umm El-Qaab, I: Das prädynastische Königsgrab U-j und seine frühen Zeugnisse (Mainz 1999).

S. 111 1900 Sechs Damen der 18. Dynastie
P-M IV, S. 115; É. Chassinat, Bulletin de l'Institut français d'archéologie orientale 1 (1901), S. 225–234; C. N. Reeves, Apollo (November 1987), S. 348.

S. 111 1899 Die »Persergräber«
P-M III/2 (2. Aufl.), S. 648 f.; A. Barsanti, Annales du Service des Antiquités de l'Égypte 1 (1900), S. 161 ff., 230 ff.; E. Bresciani, S. Pernigotti, M. S. Giangeri Silvis, La tomba di Ciennehebu, capo della flotta del Re (Pisa 1977), und andere in der Reihe, die noch erscheinen.

S. 112 1900 Das Pyramidion von Amenemhet III.
P-M III/2 (2. Aufl.), S. 888; G. Maspero, Annales du Service des Antiquités de l'Égypte 3 (1902), S. 206–208.

S. 113 1902–1914 Theodore Davis im Tal der Könige:
P-M I/2 (2. Aufl.), S. 546 ff.; T. M. Davis, The Tomb of Thoutmôsis IV (London 1904); T. M. Davis, The Tomb of Hâtshopsîtû (London 1906); T. M. Davis, The Tomb of Iouiya and Touiyou (London 1907, Repr. London 2000); T. M. Davis, The Tomb of Siphtah; the Monkey Tomb and the Gold Tomb (London 1908); T. M. Davis, The Tomb of Queen Tiyi (Neuausg., hrsg. v. N. Reeves, San Francisco 1990); N. Reeves u. R. H. Wilkinson, The Complete Valley of the Kings (London u. New York 1996).

S. 117 1902–1904 John Garstang in Beni Hassan
P-M IV, S. 141 ff.; J. Garstang, The Burial Customs of Ancient Egypt (London 1907); S. Orel, KMT 8/1 (1997), S. 54–63.

S. 118 1903 Das Unterirdische Lager von Karnak: Der größte Statuenfund in Ägypten
P-M II (2. Aufl.), S. 136–167; G. Maspero, Egypt. Ancient Sites and Modern Scenes (London 1910), S. 168–182; H. De Meulenaere, in: F. Tiradritti (Hrsg.), The Cairo Museum. Masterpieces of Egyptian

Art (London u. New York, 1999), S. 334–341.

S. 119 1903 Lasierte Kacheln aus Medinet Habu
P-M II (2. Aufl.), S. 524–525; G. Daressy, Annales du Service des Antiquités de l'Égypte 11 (1911), S. 49–63; M. Saleh u. H. Sourouzian, The Egyptian Museum, Cairo. Official Catalogue (Mainz 1987), Nr. 226.

S. 120 1903 Das Gesicht von Cheops
P-M V, S. 46; W. M. F. Petrie, Abydos, II (London 1903); Z. Hawass, in: Mélanges Gamal Eddin Mokhtar, I (Kairo 1985), S. 379–394.

S. 121 1904 Am »Sitz der Schönheit«: Nerfetari und ihr Grabmal
P-M I/2 (2. Aufl.), S. 762–765; E. Schiaparelli, Relazione sui Lavori della Missione Archeologica Italiana in Egitto, I. Esplorazione della »Valle delle Regine« nella Necropoli di Tebe (Turin 1923); C. Leblanc, Ta Set Neferou. Une nécropole de Thèbes-ouest et son histoire (Kairo 1989 ff.).

S. 123 1904/05 Zwei Porträts von Königin Teje
a) P-M VII, S. 361 f.; W. M. F. Petrie, Researches in Sinai (London, 1906), S. 126 f.; b) P-M IV, S. 113; L. Borchhardt, Der Porträtkopf der Königin Teje (Leipzig 1911); D. Wildung, Antike Welt 26/4 (1995), S. 245–249.

S. 124 1905 Die »protosinaitische« Schrift
P-M VII, S. 360 f.; W. M. F. Petrie, Researches in Sinai (London 1906), S. 129–132; B. Sass, The Genesis of the Alphabet and its Development in the Second Millennium BC (Wiesbaden 1988); B. Sass, Studia Alphabetica. On the Origin and Early History of the North-west Semitic, South Semitic and Greek Alphabets (Freiburg u. Göttingen 1991).

S. 124 1904 Der goldene Harsaphes aus Ehnasya
P-M IV, S. 119; W. M. F. Petrie, Ehnasya 1904 (London 1905), S. 18.

S. 124 1905 Das Brüsseler Relief von Königin Teje
P-M I/1 (2. Aufl.), S. 87; H. Carter, Annales du Service des Antiquités de l'Égypte 4 (1903), S. 177 f.; B. van de Walle, L. Limme u. H. De Meulenaere, La Collection égyptienne. Les étapes marquantes de son développement (Brüssel 1980), S. 18–20.

S. 125 1905 Der Schatz von Tuch el-Quaramus
P-M IV, S. 27; C. C. Edgar, Annales du Service des Antiquités de l'Égypte 7 (1906), S. 205–212; C. C. Edgar, in: G. Maspero (Hrsg.), Le Musée égyptien, II (Kairo 1907), S. 57–62.

S. 126 1906 Das Grab des Cha, Architekt des Pharao
P-M I/1 (2. Aufl.), S. 16–18; E. Schiaparelli, Relazione sui Lavori della Missione Archeologica Italiana in Egitto, II: La tomba intatta dell'architetto Cha nella necropoli di Tebe (Turin 1927); A. Weigall, The Treasury of Ancient Egypt (Edinburgh 1911), S. 177–182; S. Tyson-Smith, Mitteilungen des Deutschen Archäologischen Instituts, Abteilung Kairo 48 (1992), S. 193–231.

S. 128 1906 Hathor in Dair Al Bahri
P-M II (2. Aufl.), S. 380 f.; H. R. Hall u. E. R. Ayrton, The XIth Dynasty Temple at Deir el-Bahari, I (London 1907), S. 63–67; G. Maspero, New Light on Ancient Egypt (London 1908), S. 272–277; M. Saleh u. H. Sourouzian, The Egyptian Museum, Cairo. Official Catalogue (Mainz 1987), Nr. 138.

S. 128 1906 Nubischer Schnee
P-M VII, S. 98; J. A. Wilson, Signs and Wonders Upon Pharaoh (Chicago 1964), S. 135; A. J. Peden, Egyptian Historical Inscriptions of the Nineteenth Dynasty (Jonsered 1997), S. 117–143.

S. 129 1906 Zwei Schätze aus Tall Basta
P-M IV, S. 34 f.; C. C. Edgar, in: G. Maspero (Hrsg.), Le Musée égyptien, II (Cairo, 1907), S. 93–108; W. K. Simpson, Bulletin of the Metropolitan Museum of Art 8 (1949), S. 61–65.

S. 130 1907–1911 Carnarvon und Carter in Theben
P-M I/2 (2. Aufl.), S. 615–620; The Earl of Carnarvon u. Howard Carter, Five Years' Explorations at Thebes (Oxford 1912); N. Reeves u. J. H. Taylor, Howard Carter: Before Tutankhamun (London 1992), S. 85–103.

S. 131 1907 Das Grab zweier Brüder
P-M V, S. 3; M. A. Murray, The Tomb of Two Brothers (Manchester 1910); A. R. David (Hrsg.), Manchester Museum Mummy Project (Manchester 1979), passim.

S. 132 1908–1910 Statuen von Mykerinos: George A. Reisner in Giseh
P-M III/1 (2. Aufl.), S. 27 ff.; G. A. Reisner, Mycerinus. The Temple of the Third Pyramid at Giza (Cambridge, Ma. 1931); W. Wood, Journal of Egyptian Archaeology 60 (1974), S. 82–93.

S. 133 1908 Petries Fund in Dra abu'l Nega
P-M I/2 (2. Aufl.), S. 606; W. M. F. Petrie, Qurneh (London, 1909); S. Tyson-Smith, Mitteilungen des Deutschen Archäologischen Instituts, Abteilung Kairo 48 (1992), S. 193–231.

S. 134 1912 Nofretete, Ikone des alten Ägypten: Die Werkstatt des Bildhauers Thutmosis

P-M IV, S. 202–203; G. Roeder, Jahrbuch der preußischen Kunstsammlungen 62/4 (1941), S. 145–170; J. Phillips, Amarna Letters 1 (1991), S. 31–40; Do. Arnold, The Royal Women of Amarna (New York 1996), S. 41–83.

S. 136 1913 Das Grab des Impi
P-M III/1 (2. Aufl.), S. 91 f.; W. S. Smith, Ancient Egypt as Represented in the Museum of Fine Arts (6. Aufl., Boston 1961), S. 66, 68 f.

S. 137 Vor 1914 Das Messer von Gebel el-Araq
P-M V, S. 107; G. Bénédite, Monuments Piot 22 (1916), S. 1–34; É. Delange, erscheint demnächst (voraussichtlich Frühjahr 2001).

S. 137 1913 Statuen von Amenophis, Sohn des Hapu, und Paramesse
P-M II (2. Aufl.), S. 188; G. Legrain, Annales du Service des Antiquités de l'Égypte 14 (1914), S. 13–38; E. L. B. Terrace u. H. G. Fischer, Treasures of the Cairo Museum (London 1970), S. 117–120.

S. 138 1914 Der verborgene Schatz von Prinzessin Sat-Hathor-Iunit
P-M IV, S. 109 f.; G. Brunton, Lahun, I (London 1920); H. E. Winlock, The Treasure of el Lahun (New York 1934); A. Dodson, KMT 11/1 (2000), S. 39–49.

S. 141 1914 Holzskulpturen des Mittleren Reichs aus Lischt
P-M IV, S. 84; A. Lythgoe, Bulletin of the Metropolitan Museum of Art, Teil 2: Egyptian Expedition (Februar 1915), S. 6–20; S. B. Johnson, Journal of the American Research Center in Egypt 17 (1980), S. 11–20.

S. 144 1915 Das Grab von Djehutinacht in el-Berscheh
P-M IV, S. 177–179; S. D'Auria, S. Lacovara u. C. H. Roehrig, Mummies and Magic. The Funerary Arts of Ancient Egypt (Boston 1988), S. 109–117.

S. 145 1915 Das Ägypten der Ptolemäer und das Zenon-Archiv
C. Préaux, Les Grecs en Égypte d'après les archives de Zenon (Brüssel 1947); E. G. Turner, Greek Papyri (Oxford 1968), passim.

S. 146 1915 Die Juwelen von Tell el-Moqdam
P-M IV, S. 39; H. Gauthier, Annales du Service des Antiquités de l'Égypte 21 (1921), S. 21–27.

S. 147 1916–1920 Nubische Gräber der 25. Dynastie
P-M VII, S. 195–198, 223–233; D. Dunham, The Royal Cemeteries of Kush, I: El-Kurru (Boston 1950); II: Nuri (Boston 1955); T. Kendall, Kush. Lost Kingdoms of the Nile (Brockton 1981)

S. 149 1916 Der Carnarvon-Gold-Amun
C. Aldred, Journal of Egyptian Archaeology 42 (1956), S. 3–7.

S. 150 1916 Der Schatz der drei ägyptischen »Prinzessinnen«
P-M I/2 (2. Aufl.), S. 591–592; H. E. Winlock, The Treasure of Three Egyptian Princesses (New York 1948); C. Lilyquist, in: C. J. Eyre (Hrsg.), Proceedings of the Seventh International Congress of Egyptologists, Cambridge, 3–9 September 1995 (Löwen 1998), S. 677–681.

S. 152 1919 Das Grabmal von Petosiris in Tuna el-Gebel
P-M IV, S. 169–174; E. Lefebvre, Le tombeau de Petosiris (Kairo, 1923 f.); B. Menu, Bulletin de l'Institut français d'archéologie orientale 94 (1994), S. 311–327, und folgende Bände.

S. 153 1920 Die Gräber Aschayets und der kleinen Mayet
P-M II (2. Aufl.), S. 386–388; H. E. Winlock, Excavations at Deir el Bahari, 1911–1931 (New York 1942), S. 35–46.

S. 154 1920 Briefe eines tyrannischen Vaters: Die Heqanacht-Papiere
P-M I/2 (2. Aufl.), S. 651; H. E. Winlock, Excavations at Deir el Bahari, 1911–1931 (New York 1942), S. 58–67; T. G. H. James, The Hekanakhte Papers and Other Early Middle Kingdom Documents (New York 1962); Do. Arnold, Metropolitan Museum Journal 26 (1991), S. 5–48; J. S. Allen, erscheint demnächst (voraussichtlich Frühjahr 2001).

S. 154 Vor 1921 Das gelbe Jaspisgesicht aus der Carnarvon-Sammlung
Do. Arnold (Hrsg.), The Royal Women of Amarna (New York 1996), S. 35–39.

S. 155 Vor 1922 Eine silberne Kultdarstellung von Horus dem Älteren
N. Reeves u. J. H. Taylor, Howard Carter: Before Tutankhamun (London 1992), S. 170, 172; C. Roehrig, in: Metropolitan Museum of Art, Ancient Art from the Shumei Family Collection (New York 1996), S. 4–7.

S. 156 1920 Die Modelle des Mektire: Das alte Ägypten in Miniatur
P-M I/1 (2. Aufl.), S. 359–364; H. E. Winlock, Excavations at Deir el Bahari, 1911–1931 (New York 1942), S. 19–30; H. E. Winlock, Models of Daily Life in Ancient Egypt (Cambridge, Ma. 1955); Do. Arnold, Metropolitan Museum Journal 26 (1991), S. 5–48; D. Forbes, KMT 6/3 (1995), S. 24–37.

S. 157 1920 Der goldene Uräus von König Sesostris II. aus el-Lahun
P-M IV, S. 109; W. M. F. Petrie, G. Brunton u. M. A. Murray, Lahun, II (London 1923), S. 12 f.; M. Saleh u. H. Sourouzian, The Egyptian Museum, Cairo. Official Catalogue (Mainz 1987), Nr. 108.

S. 158 1920 Die Mumie Wahs wird aus ihren Binden gewickelt
P-M I/2 (2. Aufl.), S. 667; H. E. Winlock, Excavations at Deir el Bahari, 1911–1931 (New York 1942), S. 29–30, 222–228.

S. 159 1920 Die Statuen des Merirehaschtef
P-M IV, S. 115; W. M. F. Petrie u. G. Brunton, Sedment, I (London 1924), S. 2–5.

S. 160 1922 Das Grabmal von Tutanchamun
P-M I/2 (2. Aufl.), S. 569–586; H. Carter u. A. C. Mace, The Tomb of Tutankhamun (London, 1923–1933); H. Carter, Tutankhamun. The Politics of Discovery (hrsg. v. N. Reeves, London 1998); N. Reeves, The Complete Tutankhamun (London u. New York 1990).

S. 167 1923 Die gefallenen Soldaten eines ägyptischen Königs
P-M I/2 (2. Aufl.), S. 650 f.; H. E. Winlock, The Slain Soldiers of Nebhepet-Re' Mentu-hotpe (New York 1945); Do. Arnold, Metropolitan Museum Journal 26 (1991), S. 5–48.

S. 168 1925 Das rätselhafte Grab der Königin Hetepheres
P-M III/1 (2. Aufl.), S. 179–182; G. A. Reisner, The Tomb of Hetepheres, the Mother of Cheops (Harvard 1955); M. Lehner, The Pyramid Tomb of Hetep-heres and the Satellite Pyramid of Khufu (Mainz 1985).

S. 169 1924–1933 Statuen und Kacheln auf der Stufenpyramide von Djoser
P-M III/2 (2. Aufl.), S. 399 ff.; C. M. Firth, J. E. Quibell u. J.-S. Lauer, The Step Pyramid (Kairo 1935); R. Pirelli, in: F. Tiradritti (Hrsg.), The Cairo Museum. Master-pieces of Egyptian Art (London u. New York 1999), S. 46 f.

S. 172 1925 Ein Amarna-König und seine Königin: Die Karnak-Kolosse
P-M II (2. Aufl.), S. 253 f.; H. Chévrier, Annales du Service des Antiquités de l'Égypte 26 (1926), S. 121–127, und folgende Bände; D. Forbes, Amarna Letters 3 (1994), S. 46–55.

S. 173 1926 Skarabäen aus Dair Al Bahri
H. E. Winlock, Excavations at Deir el Bahari, 1911–1931 (New York 1942), S. 132 f.

S. 174 1928 Die Bibliothek des Gelehrten und Schreibers Kenherchepsef
A. H. Gardiner, The Library of A. Chester Beatty. The Chester Beatty Papyri, No. 1 (London 1931); A. H. Gardiner, Hieratic Papyri in the British Museum, 3rd series: Chester Beatty Gift (London 1935); J. Cerny, Papyrus de Deir el-Médineh, I (Kairo 1978); Y. Koenig, Bulletin de l'Institut français d'archéologie orientale 81 (1981), S. 41–43.

S. 176 1929 Das Grab der Königin Meretamun
P-M I/2 (2. Aufl.), S. 629–630; H. E. Winlock, The Tomb of Queen Meryet-Amun at Thebes (New York 1932); H. E. Winlock, Excavations at Deir el Bahari, 1911–1931 (New York 1942), S. 174–200.

S. 177 1930 Ein Krug mit Gold aus Tell el-Amarna
H. Frankfort u. J. D. S. Pendlebury, The City of Akhenaten, II (London 1933), S. 59–61; M. Chubb, Nefertiti Lived Here (London 1998), S. 132–136.

S. 178 1929/30 Mersuanch und seine Statuen
P-M III/1 (2. Aufl.), S. 269 f.; S. Hassan, Excavations at Giza, I (Kairo, 1932), S. 104–117; C. N. Reeves, Göttinger Miszellen 35 (1979), S. 47–49.

S. 179 1931–1934 Walter Emery in Ballane und Qustul
P-M VII, S. 123; W. B. Emery u. L. S. Kirwan, The Royal Tombs of Ballana and Qustul (Kairo, 1938); W. B. Emery, Nubian Treasure (London 1948).

S. 179 1931 Tutanchamuns Kolosse
P-M II (2. Aufl.), S. 458 f.; U. Hölscher, The Excavation of Medinet Habu, II (Chicago 1939), S. 102–105; M. Saleh u. H. Sourouzian, The Egyptian Museum, Cairo. Official Catalogue (Mainz 1987), Nr. 173; D. Forbes, KMT 9/3 (1998), S. 30–33.

S. 181 1932 Die Statuen von Heqaib
P-M V, S. 233; L. Habachi, Elephantine IV. The Sanctuary of Heqaib (Mainz 1985).

S. 182 1935–1939 Große Grabmäler aus dem frühen Ägypten
P-M III/2 (2. Aufl.), S. 440–447; W. B. Emery, Great Tombs of the First Dynasty (Kairo u. London, 1949–1958); W. B. Emery, Archaic Egypt (Harmondsworth 1961); B. J. Kemp, Antiquity 41 (1967), S. 22–32.

S. 183 Um 1935 Die Juwelen des Hohepriesters Herihor
H. W. Müller, Pantheon 38 (1979), S. 237–246; M. Seidel, in: A. Eggebrecht (Hrsg.), Pelizaeus-Museum, Hildesheim. Die ägyptische Sammlung (Mainz 1993), S. 76.

S. 184 1936 Das Grabmal der Eltern von Senenmut, dem Günstling der Hatschepsut
P-M I/2 (2. Aufl.), S. 669; A. Lansing u. W. C. Hayes, Bulletin of the Metropolitan Museum of Art, Teil 2: Egyptian Expedition (Januar 1937), S. 5–39; S. Tyson-Smith, Mitteilungen des Deutschen Archäologischen Instituts, Abteilung Kairo 48 (1992), S. 193–231; S. Dorman, erscheint demnächst.

S. 186 1936 Der Schatz von el-Tod: Gaben aus Ost und West
P-M V, S. 167; F. Bisson de la Roque, Trésor de Tôd (Kairo 1950); F. Bisson de la Roque, Le Trésor de Tôd (Kairo, 1953); B. J. Kemp u. R. Merrilees, Minoan Pottery in Second Millennium Egypt (Mainz 1980), S. 290–296.

S. 187 1937 Der Unas-Aufweg: Eine Galerie ägyptischer Kunst
P-M III/2 (2. Aufl.), S. 418–420; S. Hassan, Annales du Service des Antiquités de l'Égypte 38 (1938), S. 519–520.

S. 189 1939–1946 Die Königsgräber in Tanis: Schätze aus der Dritten Zwischenzeit
S. Montet, La nécropole royale de Tanis (Paris 1947–1960); J. Yoyotte et al., Tanis. L'or des pharaons (Paris 1987); G. Goyon, La découverte des trésors de Tanis (Paris 1987); J. Yoyotte, in: F. Tiradritti (Hrsg.), The Cairo Museum. Masterpieces of Egyptian Art (London u. New York 1999), S. 302–309.

S. 194 1939 Die Amarna-Reliefs aus Hermupolis
G. Roeder, Amarna-Reliefs aus Hermopolis (Hildesheim 1969); J. D. Cooney, Amarna Reliefs from Hermopolis in American Collections (Brooklyn 1965); R. Hanke, Amarna-Reliefs aus Hermopolis (Hildesheim 1978).

S. 194 1942 Das Grab Scheschonqs
P-M III/2 (2. Aufl.), S. 846; A. Badawi, Annales du Service des Antiquités de l'Égypte 54 (1957), S. 157–177; S. Schoske (Hrsg.), Nofret – die Schöne (Mainz 1984), S. 164 f.

S. 195 1944 Der Gürtel des Ptahschepses
P-M III/2 (2. Aufl.), S. 645; G. Brunton, Annales du Service des Antiquités de l'Égypte 47 (1947), S. 125–133; A. Y. Moustafa, Annales du Service des Antiquités de l'Égypte 54 (1957), S. 149–151; M. Vilimkova, Egyptian Jewellery (London, 1969), Nr. 8.

S. 195 1945 Die Kodizes von Nag Hammadi
Department of Antiquities of the Arab Republic of Egypt/ UNESCO, The Facsimile Edition of the Nag Hammadi Codices. Introduction (Leiden 1984); J. M. Robinson (Hrsg.), The Nag Hammadi Codices in English (Leiden 1996).

S. 198 1947 Der Schatz von Tell el-Maschuta
J. D. Cooney, Five Years of Collecting Egyptian Art 1951–1956 (Brooklyn 1956), S. 43 f.

S. 199 1950 Der Schatz von Königin Tachut
J. Leclant, Orientalia 19 (1950), S. 495 f.

S. 200 1952 Die verborgene Pyramide Sechemchets
P-M III/2 (2. Aufl.), S. 415–417; Z. Goneim, Horus Sekhem-khet. The Unfinished Step Pyramid at Saqqara, I (Kairo, 1957); Z. Goneim, The Buried Pyramid (London 1956); J.-S. Lauer, Saqqara. The Royal Cemetery of Memphis (London 1976), S. 137–140.

S. 202 1954 Die Stele des Kamose
P-M II (2. Aufl.), S. 37; L. Habachi, The Second Stela of Kamose (Glückstadt, 1972); H. S. Smith u. A. Smith, Zeitschrift für ägyptische Sprache und Altertumskunde 103 (1976), S. 48–76.

S. 203 1954 Die Boote der Cheopspyramide
P-M III/1 (2. Aufl.), S. 15; M. Z. Nour et al., The Cheops Boats, I (Kairo 1960); N. Jenkins, The Boat Beneath the Pyramid (London u. New York 1980); S. Lipke, The Royal Ship of Cheops (Oxford 1984).

S. 204 1956 Nefruptah
N. Farag u. Z. Iskander, The Discovery of Neferwptah (Kairo, 1971); M. Saleh u. H. Sourouzian, The Egyptian Museum, Cairo. Official Catalogue (Mainz 1987), Nr. 114–116.

S. 205 1957 Ein Porträt König Userkafs
P-M III/1 (2. Aufl.), S. 325; H. Ricke, Annales du Service des Antiquités de l'Égypte 55 (1958), S. 73–77; E. L. B. Terrace u. H. G. Fischer, Treasures of the Cairo Museum (London 1970), S. 53–56.

S. 206 1964–1971 Die Nekropole der heiligen Tiere in Sakkara
P-M III/2 (2. Aufl.), S. 820–827; W. B. Emery, Journal of Egyptian Archaeology 51 (1965), S. 3–8, und folgende Bände; H. S. Smith, A Visit to Ancient Egypt (Warminster 1974).

S. 208 1964/65 Das verlorene Gesicht einer Statue
J. Lipinska, Deir el-Bahari, II: The Temple of Thutmosis III: The Architecture (Warschau 1977), IV: The Temple of Thutmosis III: Statuary and Votive Monuments (Warschau 1984), S. 16; Roemer- und Pelizaeus-Museum, Hildesheim, Ägyptens Aufstieg zur Weltmacht (Mainz 1987), S. 184–187.

S. 209 1965 Das Echnaton-Tempel-Projekt: Rekonstruktion am Computer
R. W. Smith, National Geographic Magazine 138 (1970), S. 634–655; R. W. Smith, D. B. Redford et al., The Akhenaten Temple Project (Warminster u.a. 1976ff.).

S. 211 1967 Amenophis III. und Sebak – Eine Statue aus Damanscha
H. S. K. Bakry, Mitteilungen des Deutschen Archäologischen Instituts, Abteilung Kairo 27 (1971), S. 131–146; B. V. Bothmer (Hrsg.), The Luxor Museum of Ancient Egyptian Art. Catalogue (Kairo 1979), S. 82–84, 94–95.

S. 211 1960er-Jahre Bronzen des Mitleren Reichs aus dem Faijum
G. Ortiz, In Pursuit of the Absolute. Art of the Ancient World from the George Ortiz Collection (London 1994), Nr. 33–37.

S. 212 1974 Die unvollendete Pyramide: Das Rätsel des Neferefre
P-M III/2 (2. Aufl.), S. 340; M. Verner, Forgotten Pharaohs, Lost Pyramids. Abusir (Prague 1994).

S. 213 1978 Die Verse des Cornelius Gallus
R. D. Anderson, S. J. Parsons u. R. G. M. Nisbet, Journal of Roman Studies 69 (1979), S. 125–155.

S. 215 1975 Gräber des Neuen Reichs in Sakkara
P-M III/2 (2. Aufl.), S. 655 ff.; G. T. Martin, Journal of Egyptian

Archaeology 62 (1976), S. 5–13, und folgende Bände; G. T. Martin, The Hidden Tombs of Memphis (London 1991).

S. 217 1978 Der Schatz Ramses' XI. [J. Romer], Theban Royal Tomb Project. Introduction (Brooklyn 1979), S. 16; M. Ciccarello u. J. Romer, A Preliminary Report of the Recent Work in the Tombs of Ramesses X and XI in the Valley of the Kings (Brooklyn 1979), S. 4–7.

S. 219 1982 Das älteste Gesicht Ägyptens
J. Eiwanger, Mitteilungen des Deutschen Archäologischen Instituts, Abteilung Kairo 38 (1982), S. 67–82; F. Tiradritti, in: F. Tiradritti (Hrsg.), The Cairo Museum. Masterpieces of Egyptian Art (London u. New York 1999), S. 34.

S. 219 1981 Die Kolossalstatue der Meretamun
Y. S. S. Al-Masri, Annales du Service des Antiquités de l'Égypte 69 (1983), S. 7–13.

S. 220 1987 Der Grabkomplex der Söhne Ramses' II.
K. R. Weeks, The Lost Tomb (New York 1998); K. R. Weeks (Hrsg.),

KV5. A Preliminary Report (Kairo 2000)

S. 222 1987–1997 Aperel – Echnatons Erster Minister
a) Aperel: P-M III/2 (2. Aufl.), S. 562; A. Zivie, Découverte à Saqqarah. Le vizier oublié (Paris, 1990); b) Maia: A. Zivie, Egyptian Archaeology 13 (1998), S. 7–8

S. 224 1987 Auaris und die Ägäis: Minoische Fresken in Ägypten
M. Bietak u. N. Marinatos, Ägypten und Levante 5 (1994), S. 50–71; M. Bietak, Avaris. The Capital of the Hyksos (London 1996); M. Bietak, in: E. D. Oren (Hrsg.), The Hyksos: New Historical and Archaeological Perspectives (Philadelphia 1997), S. 117–124.

S. 225 1987 Ein asiatischer Würdenträger
M. Bietak, Ägypten und Levante 2 (1991), S. 47–75; M. Bietak, in: E. D. Oren (Hrsg.), The Hyksos: New Historical and Archaeological Perspectives (Philadelphia, 1997), S. 100 f.; D. M. Rohl, A Test of Time, I (London 1996), S. 36.

S. 226 1989 Die Statuen von Luxor
M. el-Saghir, Das Statuenversteck im

Luxortempel (Mainz 1992); W. R. Johnson, Amarna Letters 3 (1994), S. 129–149.

S. 228 1989 Der Goldschatz von Dusch
M. Reddé, Douch, IV: Le trésor (Cairo, 1992); A. Leone, in: F. Tiradritti (Hrsg.), The Cairo Museum. Masterpieces of Egyptian Art (London u. New York 1999), S. 398–399.

S. 229 1990 Die Gräber der Pyramidenarbeiter von Giseh
Z. Hawass, in: M. Bietak (Hrsg.), Haus und Palast im Alten Ägypten (Wien 1996), S. 53–67; Z. Hawass, Archaeology 50/1 (1997), S. 39–43.

S. 230 1993 Überraschungen eines Grabes in Theben
www.newton.cam.ac.uk/egypt/tt9/index.html

S. 232 1994 Archäologie unter Wasser: »Alexandria ad Aegyptum«
J.-Y. Empereur, Alexandria Rediscovered (London 1998), S. 62–80; F. Goddio (Hrsg.), Alexandria: The Submerged Royal Quarters. Surveys and Excavations 1992–1997 (London 1998).

S. 233 1994 Juwelen im Sand und andere Funde in Dahschur
A. Oppenheim, in: F. Tiradritti (Hrsg.), The Cairo Museum. Masterpieces of Egyptian Art (London u. New York 1999), S. 146 f.; Di. Arnold, Egyptian Archaeology 9 (1996), S. 24.

S. 235 1997 Der neue Wesir
K. Mysliwiec, in: Egyptian Archaeology 13 (1998), S. 37–39.

S. 236 1995 Iufaa
K. Bares u. K. Smolarikova, Göttinger Miszellen 156 (1997), S. 9–26; Z. Hawass, National Geographic Magazine 194 (1998), S. 102–113; M. Verner, KMT 10/1 (1999), S. 18–27.

S. 237 1999 Das Tal der goldenen Mumien: Die Nekropolis in der Oase
Z. Hawass, Archaeology 52/5 (1999), S. 38–43; Z. Hawass, Valley of the Golden Mummies (New York u. London 2000).

Quellen der Zitate

Abkürzungen

ASAE   Annales du Service des Antiquités de l'Égypte

BIE   Bulletin de l'Institut d'Égypte, Kairo

BMMA   Bulletin of the Metropolitan Museum of Art, New York

BSFE   Bulletin de la Société française d'Égyptologie

CRAIBL   Compte-Rendus de l'Academie des Inscriptions et Belles-Lettres

EEFAR   Egypt Exploration Fund Archaeological Report

JEA   Journal of Egyptian Archaeology

JRS   Journal of Roman Studies

MDAIK   Mitteilungen des Deutschen Archäologischen Instituts, Abteilung Kairo

RdT   Recueil de travaux relatifs à la philologie et à l'archéologie égyptiennes et assyriennes

ZÄS   Zeitschrift für ägyptische Sprache und Altertumskunde

Anmerkung

Die Zitate wurden nach der englischen Originalausgabe dieses Buches ins Deutsche übersetzt. Die Quellenhinweise beziehen sich auf die in der Orginalausgabe angegebenen Quellen.

S. 10 *[Abu Abd Allah…in Kairo stand.* H. Vyse, *Operations carried on at the Pyramids of Gizeh in 1837* (London 1840), II, S. 334. **S. 11** *Märchen … um Staunen hervorzurufen* George Sandys, zitiert nach L. Cottrell, *The Mountains of Pharaoh* (London 1956), S. 84. **S. 11** *alle Grenzen … überschreiten* A. H. Gardiner, *Egyptian Grammar* (3. Aufl., Oxford 1957), S. 11. **S. 12** *Soldaten … herab* zitiert nach J. C. Herold, *Bonaparte in Egypt* (London 1962), S. 95. **S. 14** *Sie sollen … aufstellen* S. Quirke u. C. Andrews, *The Rosetta Stone. Facsimile Drawing with an Introduction and Translations* (London 1988), S. 22. **S. 15** *Jedoch mag Herr Champollion…und Erweiterung* T. Young, An Account of Some Recent Discoveries in Hieroglyphical Literature, and Egyptian Antiquities (London 1823), S. 46. **S. 16** *Als mir [der Leichnam]…bekannten Welt* V. Denon, *Travels in Upper and*

Lower Egypt, III (London 1803), S. 217f. **S. 17** *Sie wollen…es beliebt* zitiert nach J. C. Herold, *Bonaparte in Egypt* (London 1962), S. 387. **S. 17** *Ich wurde…widersetzen würde* ebd., S. 387f. **S. 18** *…wir legten ab…Nation zu werden* G. B. Belzoni, *Narrative of the Operations and Recent Discoveries within the Pyramids, Temples, Tombs, and Excavations, in Egypt and Nubia* (London 1820), S. VIII. **S. 20** ›So antwortet…‹ ›Gott findet‹ ebd., S. 119. **S. 20** *Ich kann…zu haben* ebd., S. 124. **S. 21** *An dem Deckengemäde…Säulenhalle benannte* ebd., S. 232–234. **S. 23** *Meine Fackel … Sarkophag befand* ebd., S. 271. **S. 24** *Der Meister Mohammed…zum Verschließen* ebd., S. 272. **S. 24** *An den Fächerträger …uns aufgetragen wurde* British Museum EA 10375, zit. nach E. F. Wente, Late Ramesside Letters (Chicago 1967), S. 59–61, Nr. 28. **S. 25** *Herr Belzoni…weiterhin unerforscht* R. Richardson, *Travels Along the Mediterranean and Parts Adjacent; in the Company with the Earl of Belmore During the Years 1816, 1817–18* (London 1822), II, S.78. **S. 25** *monumentales Gebet…gefährliche Göttin* J. Yoyotte, BSFE 87/88 (1980), S. 46. **S. 26** *Vor sehr vielen Jahren…herüberzuholen…*

F. W. Fairholt, *Up the Nile, and Home Again* (London 1862), S. 92. **S. 26** *[Da] eine Entfernung… verzichten würde* E. A. W. Budge, *By Nile and Tigris*, I, S. 82, 103. **S. 28** *4. Dezember [1823]…in die Kammer* J. Madox, *Excursions in the Holy Land, Egypt, Nubia, Syria, & c.* (London 1834), II, S. 392 f. **S. 28** *Die Kammer war… Grabstätte gebracht wurden* ebd., S. 393. **S. 28** *Passalcquas Männer…Zeichen befanden* ebd., S. 393 f. **S. 28** *Streit entstand…alle rüsteten* ebd., S. 394 f. **S. 30** *Und er veranlasste…Seilfesseln anlegen* zitiert nach E. F. Wente, in: W. K. Simpson (Hrsg.), *The Literature of Ancient Egypt* (New Haven u. London 1973), S. 83. **S. 31** *Im Winter…in Leiden sind …* J. Bonomi, *Transactions of the Royal Society of Literature*, 2nd series, 1 (1843), S. 108–112. **S. 32** *…bei den Untersuchungen…auf der Brust lag* G. d'Athanasi, *A Brief Account of the Researches and Discoveries in Upper Egypt, made under the direction of Henry Salt, Esq.* (London 1836), S. XI–XII. **S. 33** *Während der Herrschaft…aufstellen wollte* N. E. Scott, BMMA 9/8 (April 1951), S. 201. **S. 33** *um den Schlund…zu schließen* ebd., S. 212. **S. 33** *Fließe hinaus…niedergeworfen…* ebd., S. 205.

S. 34 *Auf dieses…übrig geblieben ist…* É. Prisse d'Avennes, zitiert nach E. David, *Mariette Pacha 1821–1881* (Paris 1994), S. 59 f. **S. 35** *Der Fund von Ferlini… Schätze zu finden* R. Lepsius, *Briefe aus Ägypten, Aethiopien und der Halbinsel des Sinai* (Berlin 1852), S. 206. **S. 33 f.** *Die freigelegte Öffnung…Gold vor den Arabern…* G. Ferlini, *Cenno sugli scavi operati nella Nubia e Catalogo degli oggetti ritrovati* (Bologna 1837), zit. nach K.-H. Priese, *The Gold of Meroe* (New York 1993), S. 13. **S. 37** *Ich bestaune…zusammen befand…* ebd., S. 14. **S. 38** *Die Interessen…gesichert bleibt* J. F. Champollion, *Lettres écrites d'Égypte et de la Nubie* (Paris 1833), S. 460 f. **S. 40** *Ebenso schlägt M. Mariette …Nachforschungen zu bereichern* zitiert nach E. Davis, *Mariette Pacha 1821–1881* (Paris 1994), S. 35. **S. 40 f.** *Eines Tages…war geklärt* A. Mariette, *Le Sérapeum de Memphis* (Paris 1882), S. 5 f. **S. 42** *Diese Besuche…Plage Ägyptens* zitiert nach E. David, *Mariette Pacha 1821–1881* (Paris, 1994), S. 88. **S. 43** *Obwohl 3700 Jahre…Sand auf dem Boden* zitiert nach K. Baedeker, Egypt, I. Lower Egypt (Leipzig, 1878), S. 374. **S. 46** *…bei der Öffnung… deponiert waren* A. A. Eisenlohr, zitiert nach S. Grandet, *Le Papyrus Harris I (BM 9999)*, I (Kairo 1994), S. 7. **S. 47** *Wenige Ausgrabungen … dokumentiert* H. E. Winlock, *The Rise and Fall of the Middle Kingdom in Thebes* (New York 1947), S. 113. **S. 47** *Pascha Said … wieder vergraben* H. E. Winlock, *JEA* 10 (1924), S. 259.

S. 49 *Sie werden … in einen Tempel setzt* A. Mariette, *CRAIBL* 3 (1862), zitiert nach R. T. Ridley, *Abr-Nahraim* 22 (1983/84), S. 121. **S. 49** *… ein Wirbelwind … Ägypten zu zerstören* E. David, Mariette Pacha 1821–1881 (Paris, 1994), S. 103. **S. 50** *Ich habe die Freude … in Gold eingefasst …* zitiert nach G. Maspero, *RdT* 12 (1892), S. 214. **S. 50 f.** *Wir waren etwa … gegen eine Quittung …* zitiert nach H. E. Winlock, *JEA* 10 (1924), S. 253. **S. 52** *Darin lag … löste sich in Staub auf* A. Mariette, *Catalogue général des monuments d'Abydos* (Paris 1880), S. 528. **S. 52** *[Mariette] … Interesse aufrechtzuerhalten* W. M. F. Petrie, *Seventy Years in Archaeology* (London 1931), S. 49 f. **S. 53** *Sie sehen … beaufsichtigt wurden* zitiert nach E. David, *Mariette Pacha 1821–1881* (Paris 1994), S. 131. **S. 54** *[Die Statuen] … des Künstlers verlassen* A. Mariette, *Lettre de M. Auguste Mariette à M. le Vicomte de Rougé sur les résultats des fouilles entreprises par ordre du Vice-roi d'Égypte* (Paris 1860), S. 7.

S. 54 *Ein paar Hundert … im Louvre* A. Mariette, *Le Sérapéum de Memphis*, I (Paris 1882), S. 93.

S. 55 *Das Grab Hesiras … Wandtafeln …* A. Mariette, *Album du Musée de Boulaq* (Kairo 1871), gegenüber Tf. 12. **S. 55** *Es gab keine … unähnlich waren* J. E. Quibell, *Excavations at Saqqara (1911–12). The Tomb of Hesy* (Kairo 1913), S. 2. **S. 57** *Bis dahin … schreckten sie eher ab* G. Maspero, *Popular Stories of Ancient Egypt* (London 1915), S. X–XI. **S. 58** *Er hatte sich plötzlich … beharrlich anstarrten* A. Daninos, *RdT* 8 (1886), S. 71.

S. 58 f. *Ich habe … Grabmal des Ti sein müsste* A. A. Quibell, *A Wayfarer in Egypt* (London, 1925), S. 113. **S. 60** *Oh ihr … Gesichtern schreite!* zitiert nach A. Piankoff, *The Pyramid of Unas* (Princeton 1968), S. 29. **S. 61** *Die Pyramiden … dekoriert sind* G. Maspero, *Egyptian Archaeology* (2. Ausg. London 1889), S. 135 f. **S. 61** *… einen … ägyptischer Literatur …* E. A. W. Budge, *The Mummy* (2. Aufl., Cambridge 1925), S. 226. **S. 64** *Über die vergangenen … weiterverkauften* A. B. Edwards, *Illustrated London News*, *4 February 1882*. **S. 65** *Porzellanbehälter … glauben konnte* É. Brugsch, zitiert nach E. L. Wilson, *Century Magazine* 34/1 (Mai 1887), S. 6.

S. 65 *Ich nahm meine Sinne … meiner Vorfahren* É. Brugsch, ebd.

S. 67 *[Hier in el-Nebira] … griechischer Keramik* W. M. F. Petrie, *Ten Years' Digging in Egypt, 1881–1891* (London 1892), S. 36 f.

S. 67 *Trümmern … Museums* W. M. F. Petrie, *Seventy Years in Archaeology* (London 1931), S. 38.

S. 68 *Die einzige Wohnmöglichkeit … einen Namen …* W. M. F. Petrie, *Ten Years' Digging in Egypt, 1881–1891* (London 1892), S. 38.

S. 68 *Den ganzen Tag … auf dem Hügel herum* ebd., S. 38.

S. 68 *… den griechischen Einwanderern … errichten konnten* Herodot, Historien, griech.- deutsch, übers. v. Josef Feix (5. Aufl., Zürich 1995), II, 178, S. 357.

S. 69 *Um fünf Uhr … zugeschoben hatten …* E. Toda y Güell, *ASAE* 20 (1920), S. 147. **S. 69** *Es war klar … übersehen worden waren* ebd., S. 150. **S. 69** *Der Boden … erhalten hatten* ebd., S. 151.

S. 71 *außerhalb jeder Vernunft* W. M. F. Petrie, *Seventy Years in Archaeology* (London 1931), S. 135.

S. 71 *alle … die Berufung bedauerten* E. A. W. Budge, *By Nile and Tigris*, I (London 1920), S. 133.

S. 72 *Während die offiziellen … Keilschrift waren* ebd., S. 128 f.

S. 72 *Möge mein Bruder … Gold wie Sand* EA19, W. L. Moran (Übers.), *The Amarna Letters* (Baltimore 1992), S. 44.

S. 73 *Auf der größten … Bedeutung waren* ebd., S. 140 f.

S. 73 *… dem Professor Sayce … gefunden worden waren* W. M. F. Petrie, *Tell el-Amarna* (London 1894), S. 23. **S. 73** *in einer Kammer und zwei Abfallgruben* ebd.

S. 73 *… weitgehend zerstört … lokalisieren kann* J. D. S. Pendlebury, *The City of Akhenaten*, III (London 1951), S. 114. **S. 73** *An den König … zerstören sollen* EA299, W. L. Moran (Übers.), *The Amarna Letters* (Baltimore 1992), S. 340 f. **S. 75** *Schick mir … gebracht werde* EA9, ebd., S. 18.

S. 77 *Einige wenige … 20 Meter* W. M. F. Petrie, *Ten Years Digging in Egypt, 1881–1891* (London 1892), S. 83 f. **S. 77** *eine Grundfläche … Breite* W. M. F. Petrie, *Hawara, Biahmu, and Arsinoe* (London 1889), S. 5. **S. 77** *… sämtliche Tempel … Theben* ebd.

S. 78 *Als ich dort ankam … ihrer Entstehung* W. M. F. Petrie, *Ten Years Digging in Egypt, 1881–1891* (London 1892), S. 97.

S. 78 *… jahrelang … zum Haus* ebd., S. 99. **S. 80** *Dies ist eine Nachricht … weglaufen kann …* E. F. Wente (Übers.), *Letters from Ancient Egypt* (Atlanta, 1990), S. 86. **S. 80** *Da aus … Quellen dar* W. M. F. Petrie, *Ten Years' Digging in Egypt, 1881–1891* (London 1892), S. 120. **S. 81** *In Luxor … 160 Mumien* J. Capart (Hrsg.), *Travels in Egypt (December 1880 bis Mai 1891). Letters of Charles Edwin Wilbour* (Brooklyn, 1936), S. 590, 25. Februar 1891.

S. 82 *Ein oder zwei Tage … finden konnten* W. M. F. Petrie, *Seventy Years in Archaeology* (London 1931), S. 136 f. **S. 82** *… alle eine große Befriedigung …* E. A. W. Budge, *By Nile and Tigris*, II (London 1920), S. 328. **S. 84** *… sicherlich … hinterlassen hat* N. de G. Davies, *JEA* 7 (1921), S. 1.

S. 84 *… nur ein paar Blätter …* ebd., S. 1. **S. 85** *… das Amt … nie abholen* W. M. F. Petrie, *Seventy Years in Archaeology* (London 1931), S. 138. **S. 85** *Wer hereintrat … Strahlen erleuchtet;* M. Saleh u. H. Sourouzian, *The Egyptian Museum, Kairo. Official Catalogue* (Mainz 1987), Nr. 170. **S. 88** *Im Winter … gerechtfertigt wurde …* Illustrated London News 7 (März 1896), zitiert nach E. Bacon (Hrsg.), *The Great Archaeologists* (London 1976), S. 114. **S. 89** *Wie bei der Mumie … prachtvoll …* J. De Morgan, *Fouilles à Dahchour en 1894–1895* (Wien 1903), S. 55 f. (trans. after R. L. Cron)

S. 91 *… bald fanden … abgelegt worden waren* J. de Morgan, *Fouilles à Dahchour, mars–juin, 1894* (Wien 1895), S. 108 (trans. after R. L. Cron). **S. 91** *Hüte dich … Tage des Schmerzes* M. Lichtheim (Übers.), *Ancient Egyptian Literature*, I (Berkeley 1973), S. 136.

S. 92 *Von den … bekannt ist …* H. Wallis, Egyptian Ceramic Art (London 1900), S. XVI. **S. 92** *… Gefäße … Eroberung reicht* ebd., S. XVII. **S. 93** *Die Gesamtheit … Sieg davon zu tragen* ebd., S. XVII.

S. 94 *Annähernd 2000 … hergestellt wurden* The Times (5. Juli 1895). **S. 95** *Die prähistorischen Tongefäße … verursacht wurde* W. M. F. Petrie, *The Arts and Crafts of Ancient Egypt* (London 1909), S. 130. **S. 95** *Ich ließ … bestimmt freuen* W. M. F. Petrie, *Seventy Years in Archaeology* (London 1931), S. 160. **S. 96** *… etwa … kleine Objekte* J. E. Quibell, *The Ramesseum* (London, 1898), S. 3.

S. 97 *Der besondere Gewinn … Zeugnisse erweitern* The Times (9. Juli 1898). **S. 97** *Quibell … Verzweiflung zu bringen …* M. A. Murray, My First Hundred Years (London 1963), S. 109. **S. 97** *… ein mit … Federn aus Gold* J. E. Quibell u. F. W. Green, Hierakonpolis, II (London 1902), S. 27.

S. 98 *Die Beine … Pepi I.* ebd., S. 27 f. **S. 101** *[Émile] Brugsch … harmlos gewesen* W. M. F. Petrie, *Seventy Years in Archaeology* (London 1931), S. 168.

S. 101 *… sich seinen … ertragen zu müssen* ebd., S. 168.

S. 101 *Schon bald … nie wieder getan* A. H. Sayce, *Reminiscences* (London 1923), S. 306.

S. 103 *Der Fund … unversehrt … The Times* (13. April 1898).

S. 103 f. *Alle Särge … überall Kartuschen* V. Loret, *BIE*, 3e sér., 9 (1898), S. 108 f. **S. 105** *Loret hatte … Verfügung stand …* W. M. F. Petrie, *Seventy Years in Archaeology* (London 1931), S. 173.

S. 106 *Wir müssen … ernennen werden* A. H. Sayce, *Reminiscences* (London 1923), S. 306.

S. 106 *Maspero hatte … teilhatte* ebd. **S. 106** *… der letzte … Ägyptologie* É. Naville, *JEA* 3 (1916), S. 234. **S. 106** *Als ich … Steinarbeiten* H. Carter, *ASAE* 2 (1901), S. 201. **S. 107** *Wütend … hoch im Kurs* H. I. Bell, *Egypt, from Alexander the Great to the Arab Conquest* (Oxford 1948), S. 17. **S. 108** *Die Papyri … Weg nach England … The Times* (29. Mai 1897). **S. 108** *Kurz vor … weggeworfen worden war* EEFAR 1905/06, S. 8 f. **S. 109** *Der Egypt Exploration Fund … gerechtfertigt The Times* (24. April 1900).

S. 109 *… ein aus ungebrannten … Granit The Standard* (3 März 1898). **S. 110** *Die Tonkrüge … Schutt geworfen* W. M. F. Petrie, *The Royal Tombs of the Earliest Dynasties*, II (London 1901), S. 2. **S. 110** *Bedauerlicherweise … gefährlicher Ort* W. M. F. Petrie, *Seventy Years in Archaeology* (London 1931), S. 174.

S. 112 *Dreyer behauptet … geschaufelt hatte* L. S. Brock, *KMT* 2/4 (1991/92), S. 8. **S. 112** *… ausschließlich für den Export … Handelsbeziehungen* G. Dreyer, *Egyptian Archaeology* 3 (1993), S. 12.

S. 112 *In Tafeln … eingraviert* L. S. Brock, *KMT 2/4* (1991/92), S. 8. **S. 112** *Möge das Gesicht … unzerstörbar* zit. nach I. E. S. Edwards, The Pyramids of Egypt (Harmondsworth, 1985), S. 263.

S. 114 *Man lebte von … die Büchse* M. A. Murray, *My First Hundred Years* (London, 1963), S. 112.

S. 115 *Stellen Sie sich vor … gestört hat …* A. Weigall, *The Treasury of Ancient Egypt* (Edinburgh u. London, 1910), S. 174 f.

S. 117 *Anzahl … Telegramm* zit. nach S. Orel, *KMT 8/1* (1997), S. 58. **S. 118** *Ein Jahr … am Ende …* G. Maspero, *Egypt. Ancient Sites and Modern Scenes* (London 1910), S. 168. **S. 118** *… nie mit der Untersuchung … Vorschein gebracht waren* ebd., S. 169.

S. 118 *Dieser energische … ägyptische Regierung …* J. L. Smith, *Tombs, Temples and Ancient Art (Norman 1956)*, *S. 23*.

S. 119 *… zahlreiche Holzstatuen … unmöglich war* G. Legrain, *EEFAR* 1904–1905, S. 23.

S. 120 *… brach der Kopf … verloren* W. M. F. Petrie, *Seventy Years in Archaeology* (London 1931), S. 182. **S. 120** *Petrie veranlasste … finden würde* M. S. Drower, *Flinders Petrie. A Life in Archaeology* (London 1985), S. 266.

S. 120 *… wurde der Kopf … gefunden* W. M. F. Petrie, *Seventy Years in Archaeology* (London 1931), S. 182. **S. 120** *… die Kuppe … Lebensgröße halten* ebd., S. 182. **S. 121** *Ein großer … Schiaparelli* *JEA* 14 (1928), S. 181. **S. 124** *Während der Freilegung … schimmern …* W. M. F. Petrie, *Ehnasya 1904* (London 1905), S. 18. **S. 125** *Etwa Anfang August … Silbermünzen* C. C. Edgar, *ASAE* 7 (1906), S. 206.

S. 125 *… rund 117 Unzen …* H. Carter, in *EEFAR* 1904/1905, S. 29. **S. 126** *Am Fuße der Treppe … gesehen hatte …* A. Weigall, *The Treasury of Ancient Egypt* (Edinburgh u. London 1911), S. 178. **S. 126** *Ein schwerer Holzriegel … ›wo er ist, Sir‹* ebd., S. 178. **S. 127** *Man fragte … vollzogen war* A. Weigall, *The Treasury of Ancient Egypt* (Edinburgh u. London, 1911), S. 180 f.

S. 128 *Ein Kuhkopf … aus der Öffnung* G. Maspero, *New Light on Ancient Egypt* (London, 1908), S. 272. **S. 128** *An Washingtons Geburtstag … erste Mal zu finden* J. A. Wilson, *Signs and Wonders Upon Pharaoh* (Chicago 1964), S. 135. **S. 129** *Ein Mann … einen Händler …* G. Maspero, *New Light on Ancient Egypt* (London 1908), S. 285. **S. 129** *Sobald die … herausgezogen* C. C. Edgar, *Le Musée égyptien*, II (Kairo 1907), S. 95. **S. 129** *Alles lag … war verloren* ebd., S. 95. **S. 130** *… ein Teil … gehörte* G. Maspero, *New Light on Ancient Egypt* (London 1908), S. 287. **S. 131** *Die gesamte … nichts nach …* W. M. F. Petrie, *Gizeh and Rifeh* (London 1907), S. 12. **S. 132** *Während Reisners … an sich halten …* J. L. Smith, *Tombs, Temples and Ancient Art* (Norman 1956), S. 122. **S. 133** *Vor der Ausgrabung … zu betrachten …* G. A. Reisner, *Mycerinus. The Temples of the Third Pyramid at Giza* (Cambridge, Mass. 1931), S. 108. **S. 134** *… zu denjenigen … hätten* Biri Fay, *Egyptian Museum Berlin* (Berlin 1985), S. 78.

S. 137 *… von allen … der erstaunlichste* M. Hoffman, Egypt Before the Pharaohs (New York 1980), S. 340. **S. 138** *Nur meine Frau … schafften …* W. M. F. Petrie, *Seventy Years in Archaeology* (London 1931), S. 233.

S. 140 *Eine Woche … Fundstücke* ebd., S. 233. **S. 140** *… ich schriftlich … betrug; Die Antwort … erübrigt hatte* ebd., S. 233f.

S. 141 *… Augen … selten findet* W. C. Hayes, *The Scepter of Egypt*, I (New York 1953), S. 194. **S. 142** Gaston Maspero … *Veränderungen an …* J. L. Smith, *Tombs, Temples and Ancient Art* (Norman, 1956), S. 139.

S. 144 *Das außergewöhnlichste … entdeckt wurden* D. Dunham, *The Egyptian Department and its Excavations* (Boston 1958), S. 67. **S. 145** *Vor allem … Alexandrinischen Zeitalters* C. C. Edgar, *Zenon Papyri in the University of Michigan Collection* (Ann Arbor 1931), S. 3. **S. 145** *In einem Brief … Ptolemaios Philadelphos* S. R. K. Glanville (Hrsg.), *The Legacy of Egypt* (Oxford 1942), S. 272. **S. 146** *Die nördliche Kammer … Deckel …* C. C. Edgar,

zitiert nach H. Gauthier, *ASAE* 21 (1921), S. 22 f. **S. 147** *Die aufschlussreichsten … 82 Zentimeter* D. Dunham, *The Egyptian Department and its Excavations* (Boston 1958), S. 111.
S. 148 f. *… hier fand … ibesiegten* ebd., S. 102. **S. 150** *Als wir das Grab … Palastverschwörung* H. E. Winlock, *The Treasure of Three Egyptian Princesses* (New York 1948), S. 5 f. **S. 150** *Noch vor Mitte … gefunden worden war* ebd., S. 8. **S. 151** *Die Namen … Silbenschrift geschrieben; … da diese … Stammesführer gewesen sein* … ebd., S. 3. **S. 151** *Die Inspektoren … Grabmal befand* ebd., S. 7.
S. 152 *Die Liebe … Vermögen entging* T. G. Wakeling, *Forged Egyptian Antiquities* (London 1912), S. 8 f. **S. 152** *… ein viel gereister … Grabmonuments zieren* C. Aldred, *Egyptian Art in the Days of the Pharaohs, 3100–320 BC* (London 1980), S. 236.
S. 152 *… eine vollständige Stadt … andauern konnten* A. H. Zayed, *The Antiquities of El Minia* (Kairo 1960), S. 101. **S. 153** *Sobald … erkennnen* H. E. Winlock, *Excavations at Deir el Bahri, 1911 – 1931* (New York 1942), S. 38 f.
S. 153 *An ihrer Seite … Rock bekleidet* ebd., S. 44. **S. 153** *Die Augen … getragen hatte* ebd., S. 39. **S. 153** *… bleibt unserer Phantasie überlassen* ebd., S. 43.
S. 154 *… die privaten Briefe … zu belauschen* H. E. Winlock, *BMMA*, Teil 2: *Egyptian Expedition 1921 – 1922* (1922), S. 38.
S. 154 *… du musst … schlecht behandelt* S. Heqanakht I, E. F. Wente (Übers.), *Letters from Ancient Egypt* (Atlanta 1990), S. 60. **S. 154** *Kompositstatue der Königin Nofretete* Burlington Fine Arts Club, *Catalogue of an Exhibition of Ancient Egyptian Art* (London 1921), S. 80, Nr. 40.
S. 155 *… [Heqanacht] genoss … ›zu vernachlässigen‹* H. E. Winlock, *Excavations at Deir el Bahri, 1911 – 1931* (New York 1942), S. 67. **S. 155** *Dies ist ein Sohn … über die Arbeit gebeugt …* S. Heqanakht II, E. F. Wente (Übers.), *Letters from Ancient Egypt* (Atlanta 1990), S. 60 f.
S. 155 *Eine sitzende Figur … gut …* Howard Carters »Rough Diary«, 6. April 1922, zitiert nach N. Reeves u. J. H. Taylor, *Howard Carter: Before Tutankhamun* (London 1992), S. 170.
S. 156 *Der Ost ist … der Höflinge* H. E. Winlock, *Excavations at Deir el Bahri, 1911 – 1931* (New York 1942), S. 18. **S. 156** *… die Gänge … unterlassen hatten* ebd., S. 18 f. **S. 156** *Bis auf … einen Ausgräber* ebd., S. 21.
S. 156 f. *Der Strahl … gelangen können* H. E. Winlock, *Models of Daily Life in Ancient Egypt* (New York 1955), S. 3. **S. 156** *Als außergewöhnlich … Kollegen galt* T. Hoving, *Tutankhamun, the Untold Story* (New York 1978), S. 51. **S. 157** *[Der Arbeiter] … gehalten habe …* Z. Goneim, *The Buried Pyramid* (London 1956), S. 49. **S. 157** *Aus verschiedenen Gründen … getragen worden war* W. M. F. Petrie, G. Brunton u. M. A. Murray, *Lahun*, II (London 1923), S. 12 – 13.
S. 158 *Die angeblich … Namen Wah* H. E. Winlock, *Excavations at Deir el Bahri, 1911 – 1931* (New York 1942), S. 29. **S. 158** *In der Woche … Kruste zurück* ebd., S. 29 f. **S. 159** *Am 17. Dezember … des Alten Reichs* W. M. F. Petrie, *Seventy Years in Archaeology* (London 1931), S. 242 f.
S. 160 *Wir arbeiten … Gutes ist … Brief*, Howard Carter to Lord Carnarvon, 27. Dezember 1920, zit. nach N. Reeves u. J. H. Taylor, *Howard Carter: Before Tutankhamun* (London 1992), S. 138. **S. 160** *Zu guter Letzt … Glückwunsch* Telegramm Howard Carters an Lord Carnarvon, zitiert nach H. Carter u. A. C. Mace, *The Tomb of Tut. ankh. Amen*, I (London 1923), S. 90. **S. 162** *Zunächst … von Gold* ebd., S. 95 – 96. **S. 164** *… ein Schilfrohr … geschnitten hat* N. Reeves, *The Complete Tutankhamun* (London u. New York 1990), S. 178. **S. 165** *Im April 1923 … Spiel gebracht* R. Engelbach, *Air Force News* (17. Februar 1945), S. 12. **S. 165** *… in Ägypten … dieselbe Weise* S. Donadoni, S. Curto u. A. M. Donadoni Roveri, *Egypt from Myth to Egyptology* (Mailand 1990), S. 177. **S. 166** *… Monsieur Lacau … beherrscht habt?* zitiert nach J. A. Wilson, *Signs and Wonders Upon Pharaoh* (Chicago 1964), S. 192 f. **S. 167** *… der Ort … gelassen hatten …* H. E. Winlock, *Excavations at Deir el Bahri, 1911 – 1931* (New York 1942), S. 122.
S. 167 *In der heißen … koptisch wirkte* ebd., S. 123. **S. 167** *… [die Körper] … Soldaten aus Assiut* ebd., S. 124. **S. 167** *Wir … Brust herausragte* ebd., S. 123.
S. 168 *Dieses unberührte … Möbelstücke* G. A. Reisner, *Illustrated London News*, 12. März 1927, S. 436. **S. 169** *Als wäre … aufsteigen* E. Drioton u. J.-S. Lauer, *Sakkarah, les monuments de Zoser* (Kairo 1939), S. 22.
S. 169 *Zwischen 1924 … Steingefäßen* ebd., S. 7. **S. 170** *Ich erinnere mich … abwärts glitt* D. Dunham, *Recollections of an Egyptologist* (Boston 1972), S. 33.
S. 171 *Am 3. März … Sarkophags sehen …* D. Dunham, *Recollections of an Egyptologist* (Boston 1972), S. 33. **S. 171** *Als [der Deckel] … ›Erfrischungen servieren‹* J. L. Smith, *Tombs, Temples and Ancient Art* (Norman 1956), S. 148. **S. 174** *Mein Herz … flatterre nicht* M. Lichtheim (Übers.), *Ancient Egyptian Literature*, II (Berkeley 1976), S. 183 f.
S. 175 *Was die Schriftstücke … meines [Urgroß-]vaters* zitiert nach S. W. Pestman, in: R. J. Demarée u. J. J. Janssen (Hrsg.), *Gleanings from Deir el-Medîna* (Leiden 1982), S. 157.
S. 176 *Mitte Januar … gestoßen waren …* H. E. Winlock, *Excavations at Deir el Bahri, 1911 – 1931* (New York 1942), S. 173 f.
S. 176 *Die Stille … bei Ausgrabungen* ebd., S. 180. **S. 176** *… geschmückt … erkennen konnte* ebd., S. 180. **S. 177** *19. Jahr … Gemahlin des Königs* C. N. Reeves, *Valley of the Kings* (London 1990), S. 236, Nr. 25 (with correction). **S. 177** *Die Vase … Veröffentlichung* H. Frankfort u. J. D. S. Pendlebury, *City of Akhenaten*, II (London 1933), S. 61, Anm. 1. **S. 177** *Da die Arbeiter … Kappe aus Gold* ebd., S. 59.
S. 179 *1931 … Sudan gelegen* R. Engelbach, *Introduction to Egyptian Archaeology* (Kairo 1946), S. 103 f. **S. 180** *… ausschließlich Glück … entdeckt worden war … Illustrated London News* (10. März 1934) S. 351. **S. 185** *Nachdem wir … Raum übrig* A. Lansing u. W. C. Hayes, *BMMA*, Teil 2: *Egyptian Expedition 1935 – 1936* (1937), S. 14. **S. 185** *fiel der Blick … Körben und Krügen* ebd., S. 14. **S. 185** *Sobald wir … ›Ramose‹* ebd., S. 15. **S. 187** *… einige der Szenen … künstlerische Leistungen …* S. Hassan, *ZÄS* 80 (1955), S. 136. **S. 187** *… eine der seltsamsten … entsetzlichen Notlage …* ebd., S. 139. **S. 187** *… spiegeln diese Gestalten … übrigen Szenen* ebd., S. 139. **S. 189** *Wir entfernten … Augenblick zu sein scheint* S. Montet, Brief an seine Frau, 27. Februar 1939, zitiert nach: H. Coutts (Hrsg.), *Gold of the Pharaohs* (Edinburgh 1988), S. 19. **S. 189** *›Sehen Sie … rief ich schließlich‹* G. Goyon, *La découverte des trésors de Tanis* (Paris 1987), S. 90. **S. 190** *Überwältigt … Wirklichkeit wurden* ebd., S. 90. **S. 191** *Nachdem ich … von Osorkon [II.] S. Montet, Brief an seine Frau, 27. Februar 1939, zitiert nach H. Coutts (Hrsg.),* Gold of the Pharaohs (Edinburgh 1988), S. 19. **S. 191** *… ein wundervoller … Nacht* ebd., S. 20.
S. 194 *In der Grabungssaison … gefunden werden konnten* J. D. Cooney, *Amarna Reliefs from Hermopolis* (Brooklyn 1965), S. 1 f. **S. 194** *… Fragmente von Papyri … Textilien ähnelten* S. Donadoni, S. Curto u. A. M. Donadoni Roveri, *Egypt from Myth to Egyptology* (Mailand 1990), S. 262. **S. 195** *… goldenen Gürtel … unversehrt war* G. Brunton, *ASAE* 47 (1947), S. 125.
S. 196 *Meiner Meinung … Erwägung geworden sind* A. H. Gardiner u. A. E. S. Weigall, *A Topographical Catalogue of the Private Tombs of Thebes* (London 1913), S. 8. **S. 198** *1947 wurde … im östlichen Delta …* J. D. Cooney, *Five Years of Collecting Egyptian Art 1951 – 1956* (Brooklyn 1956), S. 43. **S. 200** *›Wo ist die Pyramide?‹ … was ich suchte* Z. Goneim, *The Buried Pyramid* (London 1956), S. 44. **S. 200** *Meistens … humorvoll* L. Cottrell in ebd., S. VIII. **S. 201** *Als wir … ›Ist er unversehrt?‹* ebd., S. 99.
S. 202 *Ich kniete … war leer* ebd., S. 123. **S. 202** *Ich fühlte … immer fortlebte* ebd., S. 87 f. **S. 202** *Keine Entdeckung … Aufregung gesorgt* A. H. Gardiner, *Egypt of the Pharaohs* (London 1961), S. 165.
S. 202 *… zwischen dem losen Schutt … geplünderten Grab …* A. H. Gardiner, *JEA* 3 (1917), S. 95. **S. 202** *… eine der … Tempel von Karnak* L. Habachi, *The Second Stela of Kamose* (Glückstadt 1972), S. 20. **S. 203** *Ich schloss … Boot war hier* Kamal el-Mallakh in: N. Jenkins, *The Boat Beneath the Pyramid* (London u. New York 1980), S. 53.
S. 206 *Seit Dezember … Grab befinden müsse … Illustrated London News* (29. Juli 1967), S. 23.
S. 207 *… vorsichtig geschätzt … Millionen* H. S. Smith, *A Visit to Ancient Egypt* (Warminster 1974), S. 27. **S. 207** *… die bemerkenswerteste … Schreinen hervorgeholt* W. B. Emery, *JEA* 56 (1970), S. 6. **S. 208** *… der Papierkorb … Mannes* J. D. Ray, *The Archive of Hor* (London 1976), S. XIV. **S. 209** *Durch Fotografien … erstehen sehen …* R. W. Smith, *National Geographic Magazine*, 138/5 (Nov. 1970), S. 634 f.
S. 209 *Keiner von uns … › … Herz ist erfreut‹* ebd., S. 638.
S. 210 *Wir konnten … Mauer zu vermitteln* D. B. Redford, *KMT* 2/2 (1991), S. 26. **S. 211** *Das Monument … Oberfläche gesetzt …* H. S. K. Bakry, *MDAIK* 27 (1971), S. 139. **S. 212** *Die tschechischen … des Neferefre* M. Verner, *Egyptian Archaeology* 7 (1995), S. 19. **S. 213** *… die Gefälligkeiten … das Leben nahm* J. Lemprière, *A Classical Dictionary* (hrsg. v. F. R. Sowerby, London o.D.), S. 279. **S. 215** *Vor 1975 … Grabanlagen* G. T. Martin, *Egyptian Archaeology* 1 (1991), S. 24. **S. 215** *Kurz nach Beginn … Stellvertreter* G. T. Martin, in: T. G. H. James (Hrsg.), *Excavating in Egypt* (London 1982), S. 119. **S. 217** *Eines Abends … glitzernde Juwelen …* J. Romer, TV Times, 29 September – 5 Oktober 1984. **S. 218** *Mein Gott, es ist Maja! zitiert nach* G. T. Martin, *The Hidden Tombs of Memphis* (London u. New York 1991), S. 177. **S. 218 f.** *Anfang Februar … gelb bemalt* ebd., S. 149 – 152. **S. 220** *… wir krochen … ›im ganzen Tal!‹* K. R. Weeks, *The Lost Tomb* (London 1998), S. 126 f. **S. 221** *… die Grabanlage … bereits besitzen* K. R. Weeks, *The Lost Tomb* (London 1998), S. 297 f. **S. 222** *Nach mehr als … wahre Bedeutung … Sunday Express* (12. November 1989).
S. 223 *Der Raum enthielt … oder im Raum …* A. Zivie, *Egyptian Archaeology* 1 (1991), S. 27.
S. 223 *… diejenige … Memphis zurückkehrte* A. Zivie, *Egyptian Archaeology* 13 (1998), S. 7.
S. 224 *Die Ägäischen … Dynastie wichtig* M. Bietak, in: *Seventh International Congress of Egyptologists, Cambridge, 3 – 9 September 1995. Abstracts of Papers*, S. 21.
S. 224 f. *Die minoische Kunst … leben konnten* M. Bietak, *Egyptian Archaeology* 2 (1992), S. 28.
S. 225 *… einer Kultstatue … zuerkannt wurde* D. M. Rohl, *A Test of Time* (London 1995) S. 366. **S. 226** *Präsident Mubarak … vergaben war … Egyptian Archaeology* 2 (1992), S. 9. **S. 228** *… zwölf hieratische … Tempels betreffen* S. Ikram, *KMT* 8/1 (1997), S. 69. **S. 229** *Die Theorien … Kultur geschaffen hat* Z. Hawass, *Horus* (Juli – September 1997), S. 11. **S. 231** *Hört alle … Löwe auffressen* ebd., S. 18.
S. 233 *Anfang November … südwestlich von Kairo …* A. Oppenheim, *KMT* 6/1 (1995), S. 10.
S. 233 *… an der östlichen Seite … Besitzers der Anlage war* Di. Arnold, *Egyptian Archaeology* 9 (1996), S. 24. **S. 233** *Der Boden … 12. Dynastie* ebd., S. 24 – 25.
S. 234 *Eine große Anzahl … ›getan haben mag‹ Egyptian Archaeology* 10 (1997), S. 15. **S. 235** *Der Tote … konservierende Maßnahmen* K. Mysliwiec, *Egyptian Archaeology* 13 (1998) S. 38 f.
S. 236 *Unser bisher … völlig intakt!* M. Burnette, www.nationalgeographic.com/ media/tv/onlocation/abusir. **S. 236** *… intakten Felsengrabs … Paradeaxt Egyptian Archaeology* 9 (1996), S. 28.
S. 236 *Am Ende … Grabbeigaben gefunden … Egyptian Archaeology* 9 (1996), S. 27. **S. 236** *… Anhebung des Kassettensarkophags Egyptian Archaeology* 13 (1998), S. 14. **S. 236** *… ein innerer … Grundwasser heranreichte* ebd., S. 14. **S. 236** Die Bedeutung … wenig wissen www.ff.cuni.cz/ ~krejci/ lufaaeng. html.CP1250.
S. 237 *Ein Wachmann … vergoldeter Mumien …* Z. Hawass *Archaeology* 52/5 (1999), S. 39 – 40. **S. 237** *… abscheuliche Scheußlichkeiten* H. E. Winlock, *Excavations at Deir el Bahri, 1911 – 1931* (New York 1942), S. 99.
S. 238 f. *Ich begann … Bildverzierungen* Z. Hawass *Archaeology* 52/5 (1999), S. 41. **S. 240** *Ich beharre … im Boden vergraben* Z. Hawass, BBC/The Learning Channel *Nefertiti, Egypt's Mysterious Queen*, 1999.

Abbildungsnachweis

Autor und Verlag danken folgenden Personen , die mit Rat und Tat bei der Bebilderung dieses Buches halfen: Miroslav Barta, Manfred Bietak, Lyla Pinch Brock, Patrick Chapuis, Peter Clayton, Vassil Dobrev, Aidan Dodson, Yvonne Harpur, George Johnson, Jürgen Liepe, Yvonne Marzoni, Bernhard Rasch, Maarten Raven, John Rutter, John G. Ross, Paulo Scremin, Patricia Spencer, Henri Stierlin, Nigel Strudwick, Alain Zivie.

go = ganz oben; o = oben; l = links; r = rechts; M = Mitte; u = unten

AKG London/Fotos: Erich Lessing 31gol, 127go, 189l
Cyril Aldred 83
Staatliche Museen zu Berlin – Äyptisches Museum und Papyrussammlung © bpk 27u, 35oM, 49r, 74go, 123r, 134r, 135l, Fotos Margarete Büsing 135M, 135r
Birmingham Library Services 113r
Mit freundlicher Genehmigung, Museum of Fine Arts, Boston.© 1999 Museum of Fine Arts, Boston. Alle Rechte 47u, 105l, 124Mr, 136, 145ul, 148M, 148u, Foto© Egyptian Photographic Archive 132go, 132u, 133ur, 144l, 144r, 147, 148go, 149ul, 168u, 170
Musée Municipal, Boulogne-sur-Mer 40r
Brüssel:
Bibliothèque Royale 47r
© IRPA-KIK Brüssel 124u
Fitzwilliam Museum, Cambridge 20u
Patrick Chapuis 219u, 226r
Oriental Institute of the University of Chicago 49go
Peter Clayton 14or, 15ur, 16ol, 19ol, 24Ml, 43ol, 72 f., 94ol, 138r, 139go, 139ul, 151go, 151u, 152gol, 152ol, 174, 188go, 188u, 206l, 208u, 217r, 226l, 226or, 227l, 227r, 228gol, 228gor
Stéphane Compoint/Sygma 197, 232go, 232u, 234go, 234u
Aidan Dodson 60ul, 91ur, 153go, 191l
Lucinda Douglas-Menzies, mit freundlicher Genehmigung von Euphrosyne Doxiades 78l, 79l, 79gor
Trinity College, Dublin 108o
Durham University Oriental Museum, Co. Durham 19u
Echnaton-Tempel-Projekt 209gor
Treuhänder der National Museums of Scotland, Edinburgh 133ul
Myers Museum, Eton College, Eton 74ur, 92go, 92u, 93ol, 93Ml, 93ul, 93r
Philippe Plailly/99 Eurelios 237l, 238u, 238M, 238go, 239gol, 239ul, 239ur
Werner Forman Archive 112u, 190l, 192go
Sammlung George Ortiz, Vandœuvres 211
Ray Gardner 183ul
Fotos Heidi Grassley/©Thames u. Hudson Ltd. London 30ul, 50l, 54ul, 54or, 168gor, 169gor, 172r, 173u, 201gor, 211go, 215l, 215r, 216go, 217gol
Fotos Hirmer 55, 69, 91l, 120M, 120Mr, 217ul
© IFAO/Foto A. Lecler 240gol, Foto

J.-Fr. Gout 240ul
George Johnson 24go, 36ur, 70go, 114gor, 141r, 145M, 145gor, 149ur, 153ur, 191r, 193gor, 195gor, 204M, 208r, 233l, 233uM
Kairo:
Ägyptisches Museum 49l, 53go, 106gor, 120gol, 120ol, 130or, 133gol, 137r, 182ol, 189r, 218oM
Mit freundlicher Genehmigung der Direktion der Altertümerwaltung 180go
DAI 110ur, 112go, 125
Mit freundlicher Genehmigung des Österreichischen Archäologischen Instituts, alle Rechte 224gor, 225ol, 225u; M. Bietak, N. Marinatos und C. Palyvou 224u, 225or
Lehnert u. Landrock 26l
A.F. Kersting 61M
Fotos Keystone 190gol, 190gor
Kodansha Ltd, Tokio 103u, 164l
Miho Museum, Shigaraki, Kyoto 155
P. Lacau 118go, 118u
J.-P. Lauer 41r, 42Mr, 43ur, 60ur, 183gol, 187M, 187u, 200ul, 200ur, 201ur
Rijksmuseum van Oudheden, Leiden 30M, 30ur, 31u, 32l, 218gor, 219l
Brita LeVa 231go, 231ul, 231ur
Jürgen Liepe, Berlin 53or, 53ur, 55l, 56l, 56r, 58gol, 58ul, 59ur, 61gor, 63, 66Mr, 70u, 74M, 85M, 85u, 87l, 87r, 96ul, 96ur, 98gol, 98ul, 99r, 106ur, 119go, 133M, 138l, 152gor, 152u, 156u, 157gor, 169ur, 171u, 176l, 178l, 178r, 184, 194ur, 195ol, 195Ml, 195ul, 210gol, 219go
London:
© Britisches Museum 15o, 17o, 17u, 19Mr, 21Ml, 21gor, 23ur, 24ur, 26u, 31go, 32r, 33gol, 33Ml, 45u, 46go, 65gor, 67u, 68u, 72go, 72ul, 73go, 74ul, 75go, 75u, 76l, 77u, 78r, 82ur, 102ul, 109l, 110gor, 124gol, 159u, 175, 198
Egypt Exploration Society 84u, 85go, 107ul, 108u, 109u, 110gol, 110ul, 128go, 177go,177u, 182gor, 206r, 207gor, 207u, 208gol; EES und Rijksmuseum van Oudheden, Leiden, Expedition 218ul, 218ur
Mit freundlicher Genehmigung des Petrie Museum of Egyptian Archaeology, University College London 6, 67go, 68go, 68M, 80gor, 80ur
Mit freundlicher Genehmigung des Getty Conservation Institute, Los Angeles, California, © 1992 J. Paul Getty Trust/Fotos Guillermo Aldana 122r, 122 f.
Manchester Museum, University of Manchester 131l, 131r
Bildarchiv Foto-Marburg 76l, 76r
University of Michigan Papyrus Collection 145Ml
Staatliche Sammlung Ägyptischer Kunst, München 35ul, 35ur
New York:
Brooklyn Museum of Art, Charles Edwin Wilbour Fund 10u, 14M, 61u, Geschenk von Miss Theodora Wilbour aus dem Besitz ihres Vaters, Charles Edwin Wilbour 47.218.89 105r
Metropolitan Museum of Art 79u, 78Mr, 103or, 111gor, 116M, 140,

149gor, 150gor, 150ol, 153l, 154gor, 154u, 156ol, 156gor, 157u, 159go, 159M, Egyptian Expedition 167l, 167r, 185ul, 185r, Fletcher Fund, 1950 (50.85) 33Mr, Kauf finanziert Henry Walters und Edward S. Harkness, 1926 150ul, Museumsausgrabungen 1919/20; Rogers Fund, ergänzt durch Beitrag von Edward S. Harkness (20.3.203) 158l, 158gor, 158Mr, 158ur
New York Academy of Medicine 57gor
Wilbour Library, Brooklyn 101u
David O'Connor 97u
Oxford:
Ashmolean Museum, University of Oxford 84go, 86ur, 94ul, 94r, 98gor, 100u
Bodleian Library, University of Oxford – MS Wilkinson dep. A. 17, fol. 21v-22r 28go, MS Gr, th. E. 7 (P) 107r
Griffith Institute, Ashmolean Museum 4–5, 160u, 161go, 162ul, 162ur, 163ul, 163go, 163ur, 166gol, 166ur
Paris:
Bibliothèque nationale, Paris 64gor
© Hypogées (MAFB) – Foto P. Chapuis, 222u, 223ul, 223ur, Zeichnung: M.-G. Froidevaux 222t, Fotos: Alain Zivie 223c, 223tr
Musée du Louvre – 42u, 137l, © Foto RMN Chuzeville 21gol, 39, 44, 186, © Foto: RMN Hervé Lewandowski 48gol
Soprintendenza alle Antichità, Palermo 7, 57ur
Popperfoto/Reuters 237r
Robert Partridge: The Ancient Egypt Picture Library 213M
Mit freundlicher Genehmigung des Archivs des Tschechischen Instituts für Ägyptologie Prag 212u, 212go, 213ur, 214Ml, 214gor, 214u, 214ul, 236ul, 236gol, 236gor, 236ur
Private Collection 271
Nicholas Reeves 33gor, 42Ml, 57ul, 65gol, 65u, 66r, 66l, 102gor, 104go, 104M, 104r, 104u, 111ul, 113l, 115gor, 116go, 116u, 117go, 118gor, 129u, 130ul, 164gor, 165gor, 179r, 194ul, 229u, 229go, 230ur
Nicholas Reeves/The Amarna Royal Tombs Project 241
John G. Ross 25, 80ul, 80gol, 95l, 98ur, 114r, 115M, 123l, 165u, 195ur, 202l, 203l, 203r, 204ur, 205gol, 205ul, 205ur, 210ur, 215gor
A. M. Rowlatt 45go
Abtei St. Peter, Salzburg/Foto: O. Anrather 18u
Washington University Gallery of Art, St. Louis, Geschenk von Charles Parsons, 1896 96ol
Albert Shoucair 50r, 51go, 51u, 52go, 58gor, 58 f., 59go, 59M, 86Ml, 89go, 89M, 89u, 130gol, 130ol, 130or, 164u, 164Mr, 187go, 190ur, 191go, 191u, 192u
Alberto Siliotti/Geodia, Archivio Bilddienst 2, 22ur, 102u
Archäologische Sammlungen, Southampton City Council 240
Henri Stierlin 146, 157gol
Nigel Strudwick 230l
John Taylor 48ul

Frank Teichmann 21u, 71u, 103ol, 114ul
E. Thiem – Lotos Film, Kaufbeuren 52u, 183gor, 183Mr
John Topham Picture Library 200gol
Soprintendenza per le Antichità Egizie, Museo Egizio, Turin 29go,29M, 29u, 121go, 121u, 126l, 126M, 126r, 127l, 127r
Eileen Tweedy 183ur
David Wallace/BBC 220ul, 221go, 221u
Polnisches Zentrum für Mittelmeerische Archäologie, Universität Warschau 235l, 235go, 235r
Emory Kristoff/National Geographic Image Collection, Washington D.C. 209ul
Archivio Whitestar/Fotos: Araldo da Luca 53ul, 99, 119l, 119u, 139r, 141l, 161l, 165ol, 169ul, 171go, 182ul, 193ul, 193ur, 201ol, 204gol, 228ul, 228or, Foto: Giulio Veggi 120u
Roger Wood 179l, 180l, 180r

Andere Bildquellen:
C. Aldred, Akhenaten, King of Egypt (London u. New York 1991) 210l
R. D. Anderson, P. Parsons u. R. G. M. Nisbet, Journal of Roman Studies 69 (1979) 213go
Giuseppe Angelelli, The Franco-Tuscan Expedition, Museo Archeologico, Firenze/Scala 34
Annales du Service des Antiquités de l'Égypte, 1901 106ul, 1947 101go
E. Bacon Vanished Civilisations (London u. New York 1963) 181ur
Nach Bulletin of the Metropolitan Museum of Art, Teil 2, Egyptian Expedition 1928–1829 176M
G. B. Belzoni, Narrative of the Operations and Recent Discoveries within the Temples, Tombs, and Excavations, in Egypt and Nubia, Tafeln (London 1820) 22go, 22ul
F. Cailliaud, Voyage à Meroe (Paris 1823–1927), Tf. XLI 37u
J. F. Champollion, Grammaire Égyptien (Paris 1836–1841) 16
La Description de l'Égypte (Paris 1809) 11or, 14u, 16or, 16ur
Documentation photographique, Paris 182ur
European Magazine (London 1822) 18go
D. Forbes Tombs, Treasures and Mummies (Santa Fe 1998) 60gor
L. N. P. A. de Forbin, Voyage dans le Levant (Paris 1819) 1
H. Frankfort u. J. D. S. Pendlebury The City of Akhenaten, II (London 1933) 134l
G. Frey aus Das Haus Lepsius, Berlin 1933, mit freundlicher Genehmigung von Susanne Lepsius/Foto: Eileen Tweedy 37go
O. Guerville, La Nouvelle Égypte (Paris 1905) 97go
G. Denning nach Landström, 1970, in: N. Jenkins, The Boat Beneath the Pyramid (London u. New York 1980)
A. H. Gardiner The Ramesseum Papyri (Oxford 1955) 96gor
Illustrated London News 1882 13, 231, 64ul, 1896 88u, 90
B. J. Kemp, Ancient Egypt. Anatomy

of a Civilization (London 1989) 86ul
A. Kircher, Oedipus Aegyptiacus, III (Rom 1652–1654) 11ul
E. W. Lane, The Thousand and One Nights (London 1861) 10ol
J.-P. Lauer, Saqqara. The Royal Cemetery of Memphis (London u. New York 1976) 207M
K. R. Lepsius, Denkmäler aus Aegypten und Aethiopien (Berlin 1849–1858) 36go, 77go
L. M. A. Linant de Bellefonds, Excavation of the Great Temple of Ramesses II at Abu Simbel, 1819, mit freundlicher Genehmigung von Philip Barker, London 20o
Revd S. Manning, The Land of the Pharaohs (London, 1887; nach Fotografien von Émile Brugsch) 64ur
A. Mariette, Choix des monuments (Paris 1854) 40l, 41l
G. Maspero, La Trouvaille de Deir-el-Bahari (Kairo 1881) 65ur, 65Mr
J. de Morgan, Fouilles à Dahchour, mars–juin 1894 (Wien 1895) 88r
J. de Morgan Les Recherches sur les origines de l'Égypte. L'âge de la pierre et les métaux. II: Ethnographie préhistorique et tombeau royale de Négadah (Paris 1897) 100gol, 100gor
Orientalia 19 (1950) 199Mr, 199ur
G. Passalacqua, Catalogue raisonné et historique des antiquités découvertes en Égypte (Paris 1824), mit Genehmigung der British Library (1044.c.25) 28ur
W. M. F. Flinders Petrie, The Labyrinth, Gerzeh and Mazuneh (London 1912) 77Ml, 77Mr
W. M. F. Flinders Petrie, The Arts and Crafts of Ancient Egypt (London 1909) 95r
P. Philippoteaux, Unwrapping the Mummy of Ta-uza-ra. Collection of Mr u. Mrs Taghert, Chicago. Foto mit Genehmigung des MFA, Boston
J. E. Quibell, Excavations at Saqqara (1911–1912). The Tomb of Hesy (Kairo 1913) 56go
N. Reeves, The Complete Tutankhamun (London/N.Y. 1990) 120l
A. H. Rhind Thebes: its Tombs and their Tenants (London 1862), mit Genehmigung der British Library (7702.c.22) 46u
A. Rhoné, L'Égypte à petites journées (Paris 1910) 42go
B. G. Trigger, Egypt under the Pharaohs (London u. New York 1976) Tf. 42 207M
H. Vyse, Operations carried on at the Pyramids of Gizeh in 1837 (London 1840) 36ul
R. H. Wilkinson, The Complete Temples of Ancient Egypt (London u. New York 2000) 212ul
H. E. Winlock, Excavations at Deir el Bahri,1911–1931 (New York 1942) 173M
Philip Winton 8–9, 135go, nach Barry Girsch 162ol, 176r nach einer unveröffentlichten Zeichnung von H. Parkinson, jetzt im Griffith Institue, Oxford; copyright H. und R.B. Parkinson, 185go nach der Ägyptenexpedition, Metropolitan Museum of Art, 193gol, 212ul, 220ur

Register

Anmerkung zu den Zeitangaben

Es war gelegentlich schwierig, das genaue Datum einer Entdeckung festzustellen. Die Quellen liefern darüber oft widersprüchliche oder gar keine Informationen. Dies bedeutet, dass die Angabe eines Datums oder einer Zeitspanne nicht immer dem exakten Zeitpunkt entspricht, sondern bisweilen dem genauest möglichen Zeitraum.

Dank

Viel verdankt dieses Buch der Ermutigung, der konkreten Hilfe und den Anregungen verschiedener Freunde und Kollegen. Zu nennen sind insbesondere Morris Bierbrier, Manfred Bietak, Vivian Davies, Aidan Dodson, Carla Gallorini, John Harris, George Hart, Zahi Hawass, Peter Lacovara, Stephen Quirke, Jeffrey Spencer, Nigel Strudwick, John Taylor, Yumiko Ueno, Miroslav Verner und Alain Zivie. Jackie Pegg wurden erste Recherchen zu einer Reihe von Themen anvertraut. Auf Grund ihres außergewöhnlich großen Einsatzes bin ich der Lektorin Sarah Vernon-Hunt von Thames & Hudson zu Dank verpflichtet. Die Bildrecherche wurde von Elizabeth Mitchell durchgeführt.

Dieses Buch ist den Mitgliedern des Amarna Royal Tombs Project, dessen großzügigen Unterstützern und – vor allem – meinen ägyptischen Freunden, Kollegen und Mitarbeitern gewidmet.

Titel der englischen Originalausgabe:
Ancient Egypt. The Great Discoveries, erschienen 2000 bei Thames & Hudson Ltd, 181A High Holborn, London WC1V 7QX

Rechte der englischen Originalausgabe:
© 2000 Thames & Hudson Ltd, London
Text © 2000 Nicholas Reeves
Gestaltung der englischen Originalausgabe: Ivan Dodd Designers

Rechte der deutschsprachigen Ausgabe:
© 2001 Frederking & Thaler Verlag,
München, in der Verlagsgruppe Bertelsmann GmbH
www.frederking-und-thaler.de

Übersetzung aus dem Englischen:
Andreas Stieber, München (Seite 1–100, Seite 196–243),
Elisabeth Parada Schönleitner, Amsterdam (Seite 142–195),
Ursula Pesch, Bremen (Seite 101–141)
Redaktion:
Dr. Markus Schreiber, München
Satz und Typographie:
Veit-Rost · Kommunikation & Medien, Ingolstadt
Gesamtkoordination der deutschsprachigen Ausgabe:
InterConcept Medienagentur, München
Umschlaggestaltung:
Daphne Design, Caroline Georgiades, München
Druck und Verarbeitung:
Toppan
Printed in Hong Kong

ISBN 3-89405-430-1

Abbildungen Frontispiz und Titelei
Seite 1: Bernardino Drovetti und seine Assistenten (Text siehe Seite 29)
Seite 2: Das Grab der Nefertari (Text siehe Seite 121)
Seite 4/5: Vorraum des Grabes von Tutanchamun (Text siehe Seite 160)